상상된 공동체

우리 시대의 새로운
프런티어21
지적 대안 담론

상상된 공동체

민족주의의 기원과 보급에 대한 고찰

베네딕트 앤더슨 지음 | 서지원 옮김

도서출판 길

지은이 **베네딕트 리처드 오거먼 앤더슨**(Benedict R. O'G. Anderson, 1936~2015)은 중국 윈난 성의 쿤밍에서 태어나 베트남인 보모의 손에 자랐으며, 캘리포니아·아일랜드·영국에서 학교를 다닌 후 케임브리지대학교에서 고전학으로 학사학위를 받았다. 미국 코넬대학교 대학원생으로서 일본 점령기와 그 직후의 인도네시아에 대해 여러 해 동안 현지에서 수집한 자료로 자바의 '해방 3년사'에 관한 박사학위논문을 완성했고, 1967년부터 2002년까지 같은 대학교에서 교수로 재직하며 정치학과 동남아시아학을 가르쳤다. 1970년대 초 인도네시아의 군사 정권에 의해 입국이 금지된 후에는 태국과 필리핀도 연구했다. 영국 국적을 포기하면서 아일랜드 국적을 취득했고, 1970년대 후반에는 인도네시아의 공산당 출신 정치범들과 인도네시아 점령 하 동티모르인들이 겪는 현실에 대해 미국 의회에서 증언했다. 대표작 『상상된 공동체』 외에도 역사와 정치, 문화, 문학 분야에 걸쳐 수많은 연구를 남겼으며. 자전적 회고록 『경계를 넘은 삶』(A Life Beyond Boundaries, 2016/일본어판 『코코넛 껍질 밖으로』(ヤシガラ椀の外へ, 2009))을 출간했다. 미국 사회과학연구위원회의 앨버트 O. 허시먼 상(2011)을 비롯해 학술상을 다수 수상했다. 유럽과 동남아시아의 여러 언어에 능통했으며, 동남아시아 작가와 혁명가들의 글 다수를 영미권에 소개하면서 때로는 직접 번역했다. 2015년 12월 인도네시아 동부자바에서 영면했다.

옮긴이 **서지원**은 1980년 서울에서 태어나 서울대학교 정치학과를 졸업했다. 같은 대학교 대학원에서 「태국 탁신 정부의 빈곤 정책과 그 정치적 동학에 대한 연구」로 석사학위를, 미국 오하이오주립대학교 정치학과에서 수하르토 이후 인도네시아의 과거 청산에 대한 논문으로 박사학위를 받았다. 베네딕트 앤더슨의 「세 깃발 아래에서: 아나키즘과 반식민주의적 상상력」(도서출판 길, 2009), 「최초의 필리핀인」(『계간 아시아』 15호, 도서출판 아시아, 2009 겨울호), 「서양 민족주의와 동양 민족주의: 중요한 차이가 있을까」(『뉴레프트리뷰 3』, 도서출판 길, 2011) 등을 번역했으며, 「대한민국 해외투자 선구자들의 초국적 연계성과 의식세계: 인도네시아 한인기업가 회고록 분석」(2017, 공저), "The Suharto Case"(2016), "Burmese Political Activists and Human Rights in Korea"(2015), 「민간 기념물과 논쟁적 기억: 민주화 이후 인도네시아의 사례를 중심으로」(2015) 등의 논문을 출간했다. 현재 서울대학교 아시아언어문명학부 부교수로 일하면서 과거 청산과 인권, 정체성 등의 문제에 관심을 두고 인도네시아를 비롯한 동남아시아 정치를 연구하고 있다.

우리 시대의 새로운
프런티어21
지적 대안 담론㉓

상상된 공동체
민족주의의 기원과 보급에 대한 고찰

2018년 6월 20일 제1판 제1쇄 펴냄

2023년 10월 10일 제1판 제6쇄 찍음

2023년 10월 20일 제1판 제6쇄 펴냄

지은이 | 베네딕트 앤더슨
옮긴이 | 서지원
펴낸이 | 박우정

기획 | 이승우
편집 | 천정은
전산 | 한향림

펴낸곳 | 도서출판 길
주소 | 06032 서울 강남구 도산대로 25길 16 우리빌딩 201호
전화 | 02) 595-3153   팩스 | 02) 595-3165
등록 | 1997년 6월 17일 제113호

ISBN 978-89-6445-156-4 93300

†마마와 탄티엣에게
사랑과 감사를 담아

‖ 차례 ‖

일러두기

- 이 책은 베네딕트 앤더슨(Benedict Anderson)이 1983년도에 처음 발표한 *Imagined Communities*의 개정증보판(Verso, 2006)을 번역 대본으로 삼았다.
- 영어판 원본에서 그대로 가져온 지은이의 주(註)는 1, 2, 3…으로 표시했고, 인도네시아어판의 지은이 주에서 취사선택 및 절취하여 가져온 보충주는 ■로, 그리고 옮긴이의 주는 ●으로 표시하여 구별했다.

감사의 말

독자에게 뚜렷이 보이게 될 것처럼, 민족주의에 대한 나의 사고는 에리히 아우어바흐(Erich Auerbach), 발터 벤야민(Walter Benjamin), 빅터 터너(Victor Turner)의 저술에서 깊은 영향을 받았다. 이 책을 준비하는 데에는 내 동생 페리 앤더슨(Perry Anderson)과 앤서니 바넷(Anthony Barnett), 스티브 헤더(Steve Heder)의 비판과 충고가 크나큰 이로움으로 작용했다. J. A. 밸러드(J. A. Ballard), 모하메드 참바스(Mohamed Chambas), 피터 카첸스타인(Peter Katzenstein), 고(故) 렉스 모티머(Rex Mortimer), 프랜시스 멀헌(Francis Mulhern), 톰 네언(Tom Nairn), 시라이시 다카시(白石隆), 짐 시겔(Jim Siegel), 로라 서머스(Laura Summers), 에스타 웅가(Esta Ungar)도 여러 가지로 귀중한 도움을 주었다. 물론 이 우호적인 비평가들 누구에게도 텍스트의 결점에 대한 책임을 어떤 식으로든 물어서는 안 될 것이다. 결점은 전적으로 나의 책임이다. 아울러 나는 훈련에서나 직업에서나 동남아시아 전문가라는 점을 덧붙여야 할 것 같다. 책의 일부 편향과 사례 선택의 이유를 설명하는 데에, 그리고 지구적인 체하는 시늉의 바람을 빼는 데에도 이러한 시인이 도움이 되리라.

그는 결을 거슬러 역사를 솔질하는 것을 자신의 과제로 본다.
— 발터 벤야민, 「역사의 개념에 대하여」

그리하여 온갖 인종들이 섞이고 섞여
저 혼종적인 것, 잉글랜드인이 탄생했다네
열렬한 강간과 길길이 뛰는 욕정 속에
분칠한 브리튼인과 스코트인이 생식하였고-
이렇게 낳은 후손들은 재빨리 숙이는 법을 배워
암송아지들에게 씌운 멍에를 로마의 쟁기에 매었는데-
그곳에서 혼혈의 잡종이 나왔지,
이름도, 민족도, 말도, 명성도 없이.
잉글랜드인의 뜨거운 핏줄에는
색슨인과 데인인의 피가 섞여 활기차게 흘렀다지
그동안 번식력이 왕성한 그 딸들은, 그들의 부모마냥
문란한 욕정으로 모든 민족을 받아들였네.
이 메스꺼운 피가 담은 것이 바로
알맞게 추출된 잉글랜드인의 피라네…

— 대니얼 디포, 「진정한 잉글랜드인」

제2판 서문

폭풍이 더욱 거칠게 불어닥칠수록 등 뒤에 남겨진 천국은 더더욱 멀어지리라고 그 누가 생각했으랴?[●]

『상상된 공동체』 원문의 출현에 직접적인 계기를 제공했던 1978~79년의 인도차이나 무장분쟁은, 12년밖에 지나지 않았는데도 벌써 다른 시대에 속한 일 같다. 그때 나는 사회주의 국가들 간의 전면전이 재차 발발할 것이라는 예상에 사로잡혀 있었다. 이제 이러한 국가들의 절반은 천사의 발아래 놓인 잔해에 합류했고, 나머지도 곧 그들을 따르게 될까 봐 두려워하고 있다. 생존자들이 직면한 전쟁들은 내전들이다. 새 천년이 열릴 즈음에는 소비에트사회주의공화국연방(Union of Soviet Socialist Republics)에서 남은 것이 거의 없을 가능성이 매우 크다. 공화국들을 제외하고는.

이 모든 것은 어떻게든 예견되어야 했던가? 1983년에 나는 소련이 "21세기 국제주의 질서의 선봉에 선 만큼이나, 민족에 선행하는(prenational) 19세기 왕조 국가의 유산 상속자이기도 하다"라고 썼다. 그러나 빈과 런

[●] 제9장에 나오는 발터 벤야민으로부터의 인용구 참조.(최성만 옮김, 『역사의 개념에 대하여』, 도서출판 길, 2009, 336쪽)

11

던, 콘스탄티노플, 파리, 마드리드로부터 통치된 광대한 다언어, 다종족 영지들을 파괴한 민족주의의 폭발을 추적했음에도, 나는 그 도화선이 적어도 모스크바까지는 이어져 있다는 것을 보지 못했다. 저자가 해보려고 했던 것보다 역사가 『상상된 공동체』의 '논리'를 더 잘 지탱하는 모습을 지켜보며 애상적인 위로를 얻는다.

지난 12년간 얼굴을 바꾼 것은 세계뿐만이 아니다. 민족주의 연구 역시 그 방법과 규모, 세련도, 순전한 양에서 깜짝 놀랄 만큼 변모했다. 영어로 나온 핵심적인 텍스트 가운데 고작 몇 권만 뽑아보아도 1982년 J. A. 암스트롱(J. A. Armstrong)의 『민족주의 이전의 민족』, 1982년 존 브륄리(John Breuilly)의 『민족주의와 국가』, 1983년 어니스트 겔너(Ernest Gellner)의 『민족과 민족주의』, 1985년 미로슬라프 흐로흐(Miroslav Hroch)의 『유럽 민족 부흥의 사회적 전제 조건』, 1986년 앤서니 스미스의 『민족의 종족적 기원』, 1986년 파사 채터지(Patha Chatterjee)의 『민족주의 사상과 식민지 세계』, 그리고 1990년 에릭 홉스봄(Eric Hobsbawm)의 『1780년 이후의 민족과 민족주의』가 있으며,• 이들은 역사적 범위와 이론적 힘에 있어 이 주제에 대한 전통적 문헌들을 폐물이 되다시피 하게 만들었다. 부분적으로는 이러한 작업들로부터 역사학과 문학, 인류학, 사회학, 페미니즘 등등의 분야에서 다루는 대상들을 민족 및 민족주의와 연결해 보려는 연구가 범상치 않은 규모로 증식했다.[1]

• J. A. Armstrong, *Nations Before Nationalism*; John Breuilly, *Nationalism and the State*; Ernest Gellner, *Nations and Nationalism*; Miroslav Hroch, *Social Preconditions of National Revival in Europe*; Anthony Smith, *The Ethnic Origins of Nations*; P. Chatterjee, *Nationalist Thought and the Colonial World*; Eric Hobsbawm, *Nations and Nationalism since 1780*.

1 홉스봄에게는 이 학문적 폭발로부터 민족주의의 시대가 종말에 다다랐다는 결론을 내릴 만한 용기가 있었다. 미네르바의 올빼미는 황혼 녘에 날개를 펴니까.

『상상된 공동체』를 이러한 방대한 세계적, 문헌적 변동이 요구하는 대로 각색하는 것은 지금의 내 역량 밖의 일이다. 그러니 책을 그냥 '복원되지 않은' 당대적 작품으로, 특유의 스타일과 실루엣, 무드와 함께 남겨두는 편이 나을 것 같다. 두 가지가 내게 위안을 준다. 한편으로 옛 사회주의 세계의 발전이 최종적으로 산출할 결과는 앞에 놓인 모호한 미래에 가려진 채이다. 다른 한편으로 『상상된 공동체』의 개성적 방법과 관심사는 내가 보기에 아직도 민족주의에 대한 새로운 학문적 성과의 가장자리에는 있는 것 같다. 그런 의미에서 적어도 아직 완전히 폐기 (supersede)되지는 않았다는 말이다.

내가 이번 개정판에서 하려고 했던 일은 그저 초판을 준비할 때 피했어야 했던 사실적, 개념적, 해석적 오류를 바로잡는 것이다. 말하자면 1983년 정신에서 이루어지는 이러한 교정들은 몇 가지 초판 내용의 변경과, 기본적으로 별개의 부록들이라는 성격을 갖고 있는 새로운 두 개장의 추가이다.

본문에서 나는 두 가지 심각한 번역 오류와 적어도 하나의 지켜지지 않은 약속, 그리고 오해를 불러일으키는 강조 하나를 발견했다. 1983년에 스페인어를 읽을 줄 몰랐던 나는 호세 리살(José Rizal)의 『놀리 메 탕헤레』(*Noli Me Tangere*)■에 대해, 그 이전의 번역본들을 입수할 수 있었는데도, 레온 마리아 게레로(Leon Ma. Guerrero)의 영어 번역에 생각 없이 의존했다. 1990년에야 비로소 나는 게레로의 버전이 얼마나 황홀하게 오염되어 있었는지를 발견했다. 오토 바우어(Otto Bauer)의 『민족문제와 사회민주주의』(*Die Nationalitätenfrage und die Sozialdemokratie*)에서 길고 중요한 인용문을 가져오면서, 나는 게으르게도 오스카르 야시(Oscar Jászi)의 번역에 의존했다. 최근에 독일어 원본을 찾아보고서 나

■ '놀리 메 탕헤레'란 라틴어로 '나를 만지지 말라'라는 뜻이다. 무덤에서 일어난 예수가 이르시길.

는 아시의 정치적 성향이 그의 인용구를 얼마나 깊게 물들였는지를 알게 되었다. 적어도 두 개의 단락에서 나는 신의 없이, 왜 브라질 민족주의가 그토록 늦게 그토록 개성적으로 발달했는지를 다른 라틴아메리카 나라들의 민족주의와 비교해 설명하겠다고 약속했다. 따라서 제2판에서는 지키지 못한 약속을 이행하려고 한다.

민족주의가 신세계에서 기원했음을 강조하는 것은 나의 본래 계획의 일부였다. 내 느낌은 자각 없는 지방스러움(provincialism)이 오랫동안 이 주제의 이론화를 왜곡해 왔다는 것이었다. 근대 세계에서 중요한 것은 무엇이나 다 유럽에서 기원했다는 자만심에 익숙한 유럽 학자들은, 민족주의에 대한 '찬반' 여부를 떠나 너무도 쉽게 '2세대' 종족언어 민족주의(헝가리, 체코, 그리스, 폴란드 등등)를 그들의 모델화에서 시발점으로 잡았다. 나는 『상상된 공동체』에 대한 여러 논평에 이러한 유럽중심주의적 촌티가 꽤나 흔들리지 않고 남아 있다는 데에, 그리고 아메리카를 시조로 잡는 중대한 장은 대개 무시당한다는 데에 기겁했다. 불행히도 나는 제4장의 제목을 '크리올 선구자들'로 바꾸어 붙이는 것 외에 이 문제에 대한 '즉석' 해결책을 찾지 못했다.

부록 두 가지는 초판에서의 심각한 이론적 오류를 교정하려는 시도이다.[2] 우호적인 비평가들 여러 명이, 제7장('마지막 물결')이 초기 '제3세계' 민족주의가 모델을 본뜨는 과정을 지나치게 단순화했다는 의견을 제시해 주었다. 게다가 이 장은 이 민족주의들의 스타일을 구성하는 데에서 본국보다는 현지 식민지 국가가 수행한 역할에 대한 문제를 진지하게 다루지 않았다. 동시에 나는, 내가 민족주의에 대한 사고에 유효하게

---

[2] 첫 번째 부록은 국제연합대학교(United Nations University)의 세계발전경제학연구소(World Institute for Development Economics Research) 후원으로 1989년 1월 카라치에서 열린 학회의 발표문을 손본 것이다. 두 번째 부록의 초안은 '민족 내러티브 만들기'(Narrating the Nation)라는 제목으로 1986년 6월 13일 《타임스 문예 부록》(The Times Literary Supplement)에 게재한 바 있다.

이바지하는 새로운 지점이라고 생각했던 것, 즉 시간을 파악하는 방식의 변화에 그것에 대응하는 좌표, 즉 공간을 파악하는 방식의 변화가 빠져 있다는 점을 거북하게 깨닫게 되었다. 젊은 태국 역사가인 통차이 위니짜꾼(Thongchai Winichakul)의 훌륭한 박사논문이 지도 만들기가 민족주의적 상상에 기여한 바를 사고할 수 있도록 내게 자극을 주었다.

그래서 '센세스, 지도, 박물관'은, 19세기 식민지 국가(그리고 그 사고 방식이 부추긴 정책들)가 이윽고 그것에 대항해 싸우려고 일어선 민족주의들의 문법을 자각이라곤 없이, 변증법적으로 발생시킨 방식을 분석한다. 실로 국가가 그 현지의 적수를, 불길한 예언의 꿈속에서, 그들의 역사적 실존 훨씬 이전에 상상했다고까지 말할 수 있을지도 모르겠다. 이 상상을 형성하는 데에는 개인들에 대한 센세스의 추상적인 계량화/직렬화, 지도로 인한 정치적 공간의 종국적인 로고화, 박물관의 '범교회적'이면서 범속한 계보화가 서로 맞물리며 기여했다.

두 번째 '부록'은 1983년에 내가 조제프 에르네스트 르낭(Joseph Ernest Renan)을 인용하면서 그가 실제로 말한 바에 대해 조금도 이해하지 못했다는 창피한 인정으로부터 출발했다. 나는 실제로는 완전히 야릇한 점을 쉬운 아이러니 정도로 받아들였던 것이다. 또한 이러한 창피 때문에 나는 내가 신흥 민족들이 정확히 어떻게 그리고 왜 그들 자신을 고대적인 것으로 상상하는지에 대한 이해 가능한 설명을 제공하지 않았다는 것을 깨달을 수밖에 없었다. 대부분의 학문적 저술에서 마키아벨리적 야바위나 부르주아적 환상, 또는 파헤쳐진 역사적 진실로 등장하는 것이 이제 더 깊이 있고 더 흥미로운 것으로 나에게 다가왔다. 특정한 역사적 국면에서, '고대성'에 대한 상정은 '참신함'의 필연적인 결과였던가? 만일 내가 상정했듯이 민족주의가 급진적으로 변화한 의식의 형태를 표출한 것이라면, 그러한 단절에 대한 깨달음, 그리고 오래된 의식에 대한 필수적인 망각은 고유의 내러티브를 창조하지 않겠는가? 이러한 관점에서 보면, 1820년대 이후 대부분의 민족주의 사고의 특징인 격세유전적 판타지화는 부수현상(epiphenomenon)으로 나타난다. 정말로 중요한 것은 근대적 전기와 자서전의 내적 전제들과 관습들을 동반한 1820년대 이후 민족주의적 '기억'의 구조적 정렬이다.

두 '부록'이 가지는 것으로 드러날지 모를 이론적인 상점이나 벌점과는 별개로, 더 일상적인 한계가 각각 존재한다. '센서스, 지도, 박물관'의 데이터는 전부 동남아시아에서 가져왔다. 몇 가지 점에서, 과거 거의 모든 제국주의 강대국(잉글랜드, 프랑스, 홀란드, 포르투갈, 스페인, 미국)에 의해 식민지화되었던 영역들과 식민지였던 적이 없는 시암(Siam)•을 포함하는 이 지역은 비교에 따른 이론화(comparative theorizing)의 더할 나위 없는 기회를 제공한다. 그럼에도 나의 분석이 설사 이 지역에 관한한 그럴듯하다고 한들 설득력 있게 지구 곳곳에 적용될 수 있을지는 두고 보아야 한다. 두 번째 부록에서 사용한 개략적인 실증적 자료들은 거의 오로지 서유럽과 신세계에만 관련된 것인데, 이 지역들에 대한 나의 지식은 싱딩히 피싱적이다. 그렇지만 이 지역들에서 민족주의의 기억상실이 처음 울려 퍼졌으므로 초점은 그곳에 두어야만 했다.

1991년 2월
베네딕트 앤더슨

• 태국의 옛 이름.

제 1 장

서론

눈치 챈 사람은 아직 별로 없을지 몰라도, 우리는 마르크스주의와 마르크스주의 운동의 역사에서 근본적인 전환점을 맞고 있다. 그 가장 가시적인 조짐은 최근에 베트남과 캄보디아, 중국 사이에서 일어난 전쟁들이다. 독립성과 혁명성의 자격 요건을 갖추고 있음을 부정할 수 없는 정권들 사이에서 벌어진 최초의 전쟁들인 데다, 교전 당사자들 가운데 어느 쪽도 **마르크스주의**라고 알아볼 수 있을 만한 이론적 관점을 빌려 유혈 사태를 정당화하려는 형식적인 시도조차 거의 하지 않았다는 데 이 전쟁들의 세계사적 중요성이 있다. 1969년의 중소국경분쟁과 독일(1953), 헝가리(1956), 체코슬로바키아(1968), 아프가니스탄(1980)에서 일어난 소련의 군사 개입은 취향에 따라 '사회제국주의', '사회주의의 방어' 등등으로 해석하는 것이 여전히 가능하지만, 인도차이나에서 일어난 사태를 풀이하는 데 그런 식의 어휘가 유의미하리라고 진지하게 믿는 사람은 아무도 없을 것이다.

  1978년 12월과 1979년 1월에 베트남이 캄보디아를 침공 및 점령한 일이 하나의 혁명적 마르크스주의 정권이 다른 혁명적 마르크스주의 정권에 대해 벌인 최초의 **대규모 재래전**을 표상한다면,[1] 중국은 2월 베트남을 공격함으로써 이 선례를 재빨리 추인했다. 20세기가 저물어가는 시점에서, 국가 간에 심각한 교전이 발발했을 때 소련과 중국이 — 사회주의 소국들은 말할 것도 없이 — 틀림없이 같은 편을 지지하거나 함께 전투에 나서리라는 쪽에 내기를 걸면, 아주 의심이 없는 사람이어야만 할 것이다. 유고슬라비아와 알바니아가 장차 조각나 날아가지 않으리라고 누가 장담하겠는가? 적군(赤軍)이 동유럽의 주둔지들에서 철군할 것을 요구하는 저 각양각색의 집단들은 1945년 이래 막강한 소련 군대의 존재가 지역 내 마르크스주의 정권들 간의 무력 분쟁 가능성을 차단하는 데 기여한 정도에 관해 되새겨 보아야 할 것이다.

이러한 점들을 고려하고 보면, 제2차 세계대전 이래 성공한 혁명은 예외 없이 민족적(national) 방식으로 스스로를 정의했다는 사실 — 중화인민공화국(People's Republic of China), 베트남사회주의공화국(Socialist Republic of Vietnam) 등 — 과, 그 과정에서 혁명 이전의 과거로부터 물려받은 영토적, 사회적 공간에 스스로를 굳건히 뿌리박았다는 사실이 눈에 더 확연하게 들어올 것이다. 반대로, 소비에트연방에 그

---

1 이런 식의 표현은 단지 분쟁의 규모와 방식을 강조하기 위해 택했을 뿐, 책임을 따지려는 의도는 없다. 혹시 모를 오해를 피하기 위해 덧붙이자면, 1978년 12월의 침공은 1971년까지 거슬러 올라갈 수 있는 두 혁명 운동 당파(partisan) 간의 무력 충돌로부터 불거져 나온 것이다. 1977년 4월 이후, 캄보디아인들이 시작하고 베트남인들이 신속하게 맞받아친 국경에서의 기습 공격들은 규모와 범위가 점점 커져갔고, 1977년 12월 베트남의 대규모 침공으로 절정에 달했다. 그러나 이러한 공격이 적국의 정권을 전복하거나 넓은 영토를 점령하려는 목적으로 이루어진 적은 없으며, 여기에 개입된 병력도 1978년 12월에 배치된 부대의 규모와는 비교할 수 없는 수준이었다. 이 전쟁의 원인에 대한 논쟁을 가장 사려 깊게 다룬 문헌들은 다음과 같다. Stephen P. Heder, 'The Kampuchean-Vietnamese Conflict,' David W. P. Elliott ed., *The Third Indochina Conflict*, pp. 21~67; Anthony Barnett, 'Inter-Communist Conflicts and Vietnam,' *Bulletin of Concerned Asian Scholars*, 11: 4 (October-December 1979), pp. 2~9; Laura Summers, 'In Matters of War and Socialism Anthony Barnett would Shame and Honour Kampuchea Too Much,' ibid., pp. 10~18.

레이트브리튼·북아일랜드연합왕국(United Kingdom of Great Britain and Northern Ireland)과 마찬가지로 민족성(nationality)을 거부하는 드문 특징을 지닌 이름이 붙었다는 사실은, 소련이 21세기 국제주의 질서의 선구자인 만큼이나 민족에 선행하는 19세기 왕조 국가의 유산 상속자이기도 하다는 점을 시사한다.[2]

"마르크스주의 운동과 국가들이 민족적으로 변해 가는 경향은 형식뿐만 아니라 실질, 즉 민족주의적(nationalist) 성향에서도 발견할 수 있다. 이 추세가 앞으로 계속되지 않으리라는 징후는 전무하다"[3]라는 에릭 홉스봄의 말은 완벽하게 정확하다. 이러한 경향은 비단 사회주의 세계에만 국한되지 않는다. 국제연합(United Nations)은 거의 해마다 새로운 회원국을 받아들인다. 그리고 한때 완전히 공고해진 것으로 여겨졌던 '오래된 민족'(old nation)들 여럿은 국경 안에서 '하부'(sub)의 민족주의들, 당연히도 언젠가 그날이 오면 이 '하부'라는 꼬리표를 떼어내기를 꿈꾸는 그들에게 도전받게 되었다. 현실은 꽤 단순하다. 그토록 오래 예언되어 오던 '민족주의 시대의 종말'은 아무리 멀리 봐도 시야에 들어오지 않는다. 민족됨(nation-ness)은 실로 우리 시대의 정치적 삶에서 가장 보편적으로 정당성을 띠는 가치이다.

그런데 사실은 명백하더라도 그에 대한 설명은 오랜 논쟁의 대상으로 남아 있다. 민족과 민족성, 민족주의. 이 모두는 분석은 고사하고 정의

---

2 그 점에서는 USSR과 동격이라는 UK의 주장이 미덥지 않은 분은 그 이름이 어떤 민족성을 지시하는지 곰곰이 생각해 보시길. 그레이트브리튼아일랜드인 (Great Brito-Irish)? 〔● 잘 알려져 있다시피 그레이트브리튼은 섬 이름이며, 그 레이트브리튼·북아일랜드연합왕국(줄여서 연합왕국)은 잉글랜드·스코틀랜드·웨일스·북아일랜드 4개 단위가 연합한 국가 이름이지만, 한국에서는 대개 잉글랜드, 브리튼, 연합왕국을 모두 영국으로 번역한다. 이 번역본도 그러한 관습에서 크게 벗어나지는 못했다.〕

3 Eric Hobsbawm, 'Some Reflections on "The Break-up of Britain"', *New Left Review*, 105 (September-October 1977), p. 13.

하기조차 힘들기로 악명이 높다. 민족주의가 근대 세계에 끼친 막대한 영향력에 반해, 이에 대한 그럴듯한 이론은 두드러지게 빈약하다. 민족주의에 관한 가장 뛰어나면서도 포괄적인 영어 텍스트를 저술했으며, 자유주의 역사기술론(historiography)과 사회과학이라는 방대한 전통의 계승자인 휴 시턴-왓슨(Hugh Seton-Watson)은 애상적인 관찰을 내놓는다. "그리하여 나는 민족에 관한 어떠한 '과학적 정의'도 고안될 수 없다는 결론에 이끌리고야 말았다. 그러나 민족이라는 현상은 존재했으며 지금도 존재하고 있다."[4] 획기적인 저작 『브리튼의 해체』(*The Break-up of Britain*)를 저술했으며, 딱히 덜 방대할 것도 없는 마르크스주의 역사기술론과 사회과학의 계승자인 톰 네언(Tom Nairn)은 다음과 같이 솔직하게 말한다. "민족주의 이론은 마르크스주의의 거대한 역사적 실패를 표상한다."[5] 그러나 이 고백마저 다소 오해의 소지가 있다. 민족주의 이론을 명쾌하게 하려는 탐색이 오랫동안 의식적으로 이루어져왔는데 결과가 유감스럽게 나온 것이리는 의미로 받아들여진다면 말이다. 민족주의는 마르크스주의 이론으로 풀이하기 거북한 이상현상(anomaly)임이 판명되었으며, 바로 그러한 이유로 인해 마르크스주의 이론은 민족주의를 맞닥뜨리기보다는 회피해 왔다는 쪽이 더 정확할 것이다. 그렇지 않다면 "각국의 프롤레타리아트는 당연히도 먼저 자기 나라의 부르주아지와 일을 매듭지어야 한다"[6]는, 길이 남을 1848년의 공식에 등장하는 저 중대한 꾸밈말을 마르크스가 해명하지 못한 이유를 어떻게 설명할 것인

---

4 Hugh Seton-Watson, *Nations and States*, p. 5 참조. 강조는 덧붙임.

5 Tom Nairn, 'The Modern Janus,' *New Left Review*, 94 (November–December 1975), p. 3 참조. 이 에세이는 수정 없이 *The Break-up of Britain*의 제9장으로 수록되어 있다(pp. 329~63).

6 Karl Marx and Friedrich Engels, *The Communist Manifesto*, *Selected Works*, I, p. 45. 강조는 덧붙임. 이론적 해석에 나선 독자라면 '당연히도'라는 말 앞에서 잠시 멈춰 서야 마땅하다.

가? 한 세기가 넘도록 '민족 부르주아지'라는 개념이 저 꾸밈말의 적절성을 이론적으로 정당화하려는 진지한 노력도 없이 그냥 사용되어 왔다는 것을 달리 어떻게 설명할 것인가? 생산관계라는 측면에서 정의되는 한 세계적 계급인 부르주아지 가운데 유독 이 부분이 이론적으로 중요한 이유는 무엇인가?

이 책의 목적은 민족주의라는 '이상현상'을 더 만족스럽게 해석하고자 몇 가지 잠정적 제안을 내놓는 것이다. 이 주제에 관해 마르크스주의와 자유주의 이론 모두 '현상을 구제'(save the phenomena)하기 위한 후기 프톨레마이오스적인 노력으로 시들시들해지고 있으며, 그러니 말하자면 코페르니쿠스의 정신으로 관점을 시급히 전환해야 하겠다는 것이 나의 생각이다. 먼저 민족성(nationality) ─ 이 단어가 다의적이라는 것을 고려한다면 nation-ness라고 해도 좋다 ─ 이 민족주의와 마찬가지로 특정한 종류의 문화적 인공물들(cultural artefacts)이라는 데서 출발하자. 적절한 이해를 위해, 우리는 민족성과 민족주의가 어떻게 역사적으로 생겨났는지, 시간이 흐름에 따라 그 의미는 어떻게 변화해 왔는지, 그리고 오늘날 그토록 심원한 감정적 정당성을 행사하는 이유는 무엇인지 주의 깊게 생각해 볼 필요가 있다. 나는 이러한 인공물들이 18세기 후반 무렵[7] 창조된 것은 개별 역사적 세력들이 복잡하게 '교차'하면서

---

7 아이라 케밀래이넨(Aira Kemiläinen)이 언급하듯이, 민족주의 학술 연구의 쌍둥이 '건학의 아버지'(founding fathers)인 한스 콘(Hans Kohn)과 칼턴 헤이스 (Carleton Hayes)는 이 시기에 대해 설득력 있게 논했다. 특정 국가 내의 민족주의 이데올로그들을 제외하고는 누구도 그들의 결론을 진지하게 논박하지 않았다는 것이 나의 생각이다. 케밀래이넨은 또한 '민족주의'라는 단어가 일반적으로 널리 쓰이게 된 것은 19세기 말이 되어서라고 이야기한다. 예를 들어 19세기의 여러 표준적인 사전에는 이 단어가 나와 있지 않다. 애덤 스미스가 '민족들'의 부(富)를 〔●『국부론』(The Wealth of Nations)에서〕 소환해 냈을 때, 그가 이 단어로 의미한 것은 '사회들'이나 '국가들'에 지나지 않았다. Aira Kemiläinen, Nationalism, pp. 10, 33, 48~49.

자생적으로 증류된 결과이지만, 일단 창조되고 나자 이들은 '모듈화'(modular)●되어, 상당히 다양한 사회적 토양에 서로 다른 정도의 자의식과 함께 이식이 가능해졌으며, 마찬가지로 폭넓은 정치적, 이데올로기적 집합군을 흡수하거나 거기에 흡수될 수 있었다고 논하려 한다. 또한 나는 이 특정한 문화적 인공물들이 그토록 깊은 애착을 불러일으켜온 이유를 제시하고자 시도할 것이다.

개념과 정의

앞에 제기한 질문들을 다루기 전에, '민족'의 개념에 대해 간략히 살펴보고 여기에서 사용할 만한 정의를 제공하는 것이 좋겠다. 민족주의 이론가들은 다음 세 가지의 역설 때문에 종종, 짜증까지는 가지 않더라도, 난처함에 시달려왔다. 첫째, 역사가가 객관적으로 보기에 민족들은 근대의 산물이지만, 민족주의자들이 주관적으로 보기에는 그 기원이 고대로 거슬러 올라간다. 둘째, 근대 세계에서는 누구나, 성별(gender)을 '갖는' 것과 마찬가지로 민족성(nationality, 국적)을 '가질' 수 있고, 가져야만 하며, 가지게 될 것이다. 그러므로 사회문화적 개념으로서의 민족성은 공식적인 보편성을 띠고 있다. 그렇지만 '그리스'의 민족성이 정의상 고유한(sui generis) 것처럼, 그 구체적인 발현은 돌이킬 수 없는 특유성을 띠고 있다. 셋째, 민족주의의 '정치적' 힘은, 그것의 철학적 빈곤 또는 앞뒤조차 맞지 않는다는 점과 대조를 이룬다. 즉 대부분의 다른 '주의'(主義, ism)들과 달리 민족주의는 결코 독자적으로 대사상가를 배출한 적이 없다. 홉스들도, 토크빌들도, 마르크스들도, 베버들도 없다. 이렇게 '공허한'(emptiness) 탓에 여러 언어를 사용하는 코스모폴리탄

● 표준 치수로 제작되어 여러 다른 종류의 완성품에 끼워 맞출 수 있는 부품화.

지식인들은 쉽사리 일종의 깔보는 태도를 갖게 된다. 거트루드 스타인 (Gertrude Stein)이 오클랜드에 관해 한 말을 빌자면, 다소 성급하게 '거기에는 거기가 없더라'(there is 'no there there')라고 결론지을 수 있는 것이다. 톰 네언만큼이나 민족주의에 호의적인 연구자조차 다음과 같이 쓸 수 있었다는 것은 특징적이다. "'민족주의'는 근대 발전 역사의 병리 증상으로, 개인의 '신경증'만큼이나 빠져나오기 힘든데, 거의 동일한 본질적인 모호성이 붙어 있으며, 치매로 진행하는 능력이 유사하게 내장되어 있고, 세계의 대부분을 덮친 무력감의 공세라는 딜레마에 뿌리박은 것 (사회가 어린아이로 돌아가는 병에 시달리는 것이라고 보면 된다)으로서, 대개는 치유가 불가능하다."[8]

곤란한 점은 사람들이 무의식적으로(대문자로 시작하는 Age와 마찬가지로) 대문자로 시작하는 민족주의(Nationalism)가 존재하는 것처럼 가정해 놓고는 '그것'을 하나의 이데올로기로 분류하는 데에도 있다. (누구나 나이(age)가 있지만, 대문자로 시작하는 Age, 즉 '시대'는 단지 분석적 표현일 뿐이라는 데 주의하라.) 민족주의를 '자유주의'나 '파시즘'보다는 '친족'이나 '종교'와 같은 부류로 취급하면 난점은 많이 줄어들 것이라고 생각한다.

그렇다면 인류학적인 정신에서 나는 다음과 같이 민족을 정의할 것을 제안한다. 민족은 상상된 정치적 공동체로서, 본성적으로 제한적이며 주권을 지닌 것으로 상상된다.

민족은 **상상되었다**(imagined). 가장 작은 민족의 일원들조차도 같은 겨레를 이루는 이들 절대 다수를 알거나 만나보지 못한다. 그들에 대한 얘기를 들어볼 일조차도 거의 없으리라. 그럼에도 각자의 가슴속에는 그들의 교감(communion)에 대한 심상이 살아 숨쉬고 있다.[9] 르낭은 그

---

8 *The Break-up of Britain*, p. 359.
9 Cf. Seton-Watson, *Nations and States*, p. 5. "민족이 존재하는 것은, 어떤 공동

나름의 우아하게 빗대는 방식으로 이러한 상상에 대해 언급했다. "그래서 민족의 본질은 개개인 모두가 공동으로 많은 것을 가지면서, 많은 것을 잊었다는 데 있다."[10] 겔너는 다소 격앙된 어조로 "민족주의는 민족의 자각을 일깨우는 것이 아니라, 민족이 없는 곳에서 민족을 **발명해 낸다**"[11]고 유사하게 지적한다. 그러나 이 공식에는 결점이 있다. 겔너는 민족주의가 허구를 뒤집어쓰고 있다는 것을 보여주려고 안달이 난 나머지, '발명'을 '상상' / '창조'가 아니라 '허위' / '날조'로 받아들인다. 이렇게 하여 그는 민족에 알맞게 병치할 수 있는 '진정한' 공동체가 존재한다고 암시하게 되었다. 사실 대면 접촉으로 이루어진 원초적인 촌락(어쩌면 이것마저도)보다 큰 공동체는 전부 상상된 것이다. 그러므로 공동체는 가짜냐 진짜냐가 아니라, 어떠한 스타일로 상상되었는가를 기준으로

체에서 상당수의 사람들이 자신들이 민족을 구성한다고 간주하거나, 마치 민족을 구성하고 있는 것처럼 행농할 때라는 것이 내가 이야기할 수 있는 선부이다." 여기서 '간주하다'를 '상상하다'로 받아들여도 무방할 것이다.

10 'Or l'essence d'une nation est que tous les individus aient beaucoup de choses en commun, et aussi que tous aient oublié bien des choses.' Ernest Renan, 'Qu'est-ce qu'une nation?', *OEuvres complètes*, 1, p. 892. 덧붙이기를, 'tout citoyen français doit avoir oublié la Saint-Barthélemy, les massacres du Midi an XIIIe siècle. Il n'y a pas en France dix familles qui puissent fournir la preuve d'une origine franque……'. (프랑스 시민이라면 누구나 생바르텔레미와 13세기 미디의 학살을 잊었어야 한다. 프랑스에 프랑크족 혈통을 증명할 수 있는 이들은 열 가문도 되지 않는다…) 〔■생바르텔레미(성 바르톨로메오 축일의 학살)란 프랑스 영토에서 벌어진 개신교도 학살을 뜻한다. 가톨릭 광신도인 이탈리아 귀족 출신의 어머니에게 조종당해 샤를 9세가 계획한 이 학살은 성 바르톨로메오 축일인 1572년 8월 24일에 자행되었다. 미디의 학살이란 13세기에 미디(현재 남프랑스의 일부분)에 정착해 있던 알비파 교도에 대한 대학살을 뜻하며, 교황 인노켄티우스 3세는 알비파를 '이단'이라고 비난했다. 1208∼29년에 저 잔인한 교황이 보낸 처형자들은 유럽의 여러 지역에서 왔으며, 알비파 교도의 대다수는 프랑스어를 할 줄 몰랐다는 점을 알아둘 필요가 있다.〕

11 Ernest Gellner, *Thought and Change*, p. 169. 강조는 덧붙임.

구별해야 한다. 자바 농촌의 촌민들은 늘 자신들이 한번도 본 적이 없는 사람들과 연결되어 있다는 것을 알고 있었지만, 이러한 연계들은 전에는 개별주의적인 방식으로(particularistically), 즉 무한히 뻗어나갈 수 있는 친족과 후견 관계의 그물망으로 상상되었다. 얼마 전까지만 해도 자바어에는 '사회'라는 추상적 개념을 의미하는 단어가 없었다. 오늘날 우리는 구체제 프랑스의 귀족이 계급이라고 생각할지 모르지만, 이는 확실히 극히 최근에 들어서야 상상된 것이다.[12] 'X 백작은 누구지?'라는 질문에 대한 정상적인 답은 '귀족 계급의 일원이야'가 아니라 'X의 주군이야', 'Y 남작의 아저씨야', 아니면 'Z 공작의 봉신이야'였으리라.

민족은 제한적(limited)인 것으로 상상된다. 10억가량의 살아 있는 인간들을 포괄하는 가장 큰 민족조차도 그 경계는 유연할지언정 유한하며, 그 너머에는 다른 민족들이 있다. 어떠한 민족도 스스로 인류라는 집합과 경계가 동일하다고 상상하지 않는다. 가장 메시아적인 민족주의자들조차도, 어떠한 시대에 이를테면 기독교도들로 하여금 기독교도들만의 지구를 꿈꿀 수 있게 했던 그런 방식으로, 인류 구성원 모두가 그들의 민족에 참여할 날을 꿈꾸지 않는다.

민족은 주권을 가진(sovereign) 것으로 상상된다. 민족이라는 개념은 계몽 운동과 대혁명이 신이 하사한 계서적인 왕조령(dynastic realm)의 정통성을 파괴하고 있던 시대에 태어났다. 어떠한 보편적 종교이든 간에 그 가장 독실한 추종자들조차도 그러한 종교들의 살아 있는 다원주의에, 그리고 신앙 각각의 존재론적인 주장들과 그 영역이 뻗어 있는 형태 간의 어긋남에 어쩔 도리 없이 맞닥뜨렸던 인류 역사의 단계에서 성숙

---

12 이를테면 홉스봄은 1789년에 귀족 계급이 2300만 명의 인구 중 40만 명 정도였다고 이야기함으로써 그들의 계급성을 '고정'(fix)한다. (그의 *The Age of Revolution*, p. 78을 참조.) 그러나 귀족에 대한 이런 통계적 그림을 구체제 아래서 상상이나 할 수 있었을까?

에 이른 민족들은 자유롭기를 꿈꾸었으며, 신의 가호 아래 있을 것이라면 다른 누구를 통하지 않기를 바랐다. 주권 국가는 이러한 자유를 표상하는 도전장이자 휘장이었다.

마지막으로, 민족은 **공동체**로 상상된다. 각각의 민족 내에서 실제로 횡행하고 있을 법한 착취와 불평등과는 상관없이, 민족은 언제나 깊은 수평적 동지애의 모습으로 그려진다. 지난 두 세기 동안 수백만의 사람들이 그토록 제한적인 상상물을 위해 목숨을 빼앗는다기보다는 기꺼이 목숨을 던진 것은 궁극적으로 이러한 형제애(fraternity)가 있기에 가능했다.

이러한 죽음들로써 우리는 민족주의가 제기하는 중심 질문과 돌연 마주한다. 무엇이 얼마 되지 않은(기껏해야 두 세기 정도밖에 되지 않은) 역사의 오그라든 상상물로 하여금 그토록 거대한 희생을 일으키도록 했는가? 나는 해답의 출발점이 민족주의의 문화적 뿌리들에 있다고 생각한다.

제 2 장

문화적 뿌리들

무명용사의 묘와 비만큼 민족주의라는 근대 문화를 매혹적으로 상징
하는 것도 없다. 이러한 기념물에 공적이자 의례적인 경의를 바치는 이
유는 바로 이것이 의도적으로 비워져 있거나 아무도 그 안에 누가 누워
있는지 모르기 때문인데, 앞선 시대에는 진정한 선례가 없던 일이다.[1] 이
근대성의 힘을 느끼기 위해서는, 무명용사의 이름을 '발견'하거나 위령
탑에 진짜 유골을 가져다가 채워야 한다고 고집하는 오지랖 넓은 자에
대한 반응이 보통 어떨지 상상해 보기만 하면 된다. 기묘한 현대적 종류
의 신성모독 아니겠는가! 그러나 이 무덤들은 식별이 가능한 필멸의 유
해 또는 불멸의 영혼이 들어 있지 않다는 점에서는 비어 있지만, 그럼에
도 불구하고 유령과 같은 **민족적 상상**들로 꽉 차 있다.[2] (그토록 많은 수

1　고대 그리스인들은 위령비를 세웠지만, 이것은 신원을 알고 있는 구체적인 개인
　　들의 시체가 어떤 이유에서든지 정식으로 매장될 수 있도록 인도되지 못했을 경
　　우에 한해서였다. 이 정보는 비잔틴 연구자인 동료 주디스 헤린(Judith Herrin)
　　에게서 얻었다.
2　예를 들어 이런 식의 눈에 띄는 구절들에 대해 생각해 보라. 1. '웨스트포인트의
　　생도들은 우리를 실망시킨 적이 없다. 만일 그리 된다면 황록색과 황갈색, 푸른
　　색과 회색의 제복을 걸친 수백만의 영령들이 흰 십자가로부터 일어나 저 마법의

의 서로 다른 나라(nation)들이 그런 무덤을 두고서도 그 자리에 없는 주인의 국적을 명시할 필요를 전혀 느끼지 않는 것은 이 때문이다. 독일인이나 미국인, 아르헨티나인 …… 이 아니면 그들이 대체 무엇이겠는가?)

그런 기념물들의 문화적 중요성은 '무명 마르크스주의자의 묘'나 '전몰 자유주의자 위령비' 같은 것을 상상해 보려고 할 때 한층 더 뚜렷해진다. 무언가 말이 안 된다는 느낌을 피할 수 있는가? 마르크스주의도, 자유주의도 죽음과 불멸에 대해 크게 신경을 쓰지 않는다는 점이 그 이유이다. 민족주의적 상상이 그에 대해 신경을 쓰고 있다면, 이는 종교적 상상과의 강한 친화력을 시사한다. 이 친화력이 결코 우연은 아닌 만큼, 민족주의의 문화적 뿌리에 대한 고찰을 온갖 숙명적 사건 중 마지막으로 오는 죽음으로부터 시작하는 것도 괜찮을 것이다.

인간이 죽음을 맞는 방식이 그때마다 제멋대로인 것으로 보인다 해도, 죽을 운명 자체는 피할 수 없다. 인간의 삶은 그러한 필연성과 우연성의 결합으로 채워져 있다. 우리 모두는 우리가 특유하게 물려받은 유전자와 우리의 성별, 우리가 살아가는 시대, 우리의 육체적 능력, 우리의 모어 등이 우연적이면서도 불가항력적이라는 것을 잘 알고 있다. 전통적인 종교적 세계관(당연히도 특정한 지배와 착취의 시스템을 정당화하는 역할로부터는 구별되어야 하는)의 대단한 장점은 그들이 우주 속의 인간, 유적(類的) 존재로서의 인간, 그리고 삶의 우연성에 대해 신경을 쓴

단어들을 우레와 같이 외치리라. 의무, 명예, 나라. 2. [미국의 용사에 대한] 나의 판단은 전장에서 아주 여러 해 전에 형성되었으며, 한번도 바뀐 적이 없다. 나는 그때 그가 지금과 마찬가지로 세계에서 가장 고귀한 인물의 하나라고 여겼다. 가장 훌륭한 군인의 자질을 갖추었을 뿐만 아니라, 가장 흠이 없기도 한 …… 그는 성공적인 애국심의 가장 위대한 사례 중 하나를 제공하며 역사에 남을 것이다. 그는 자유의 원칙에 대한 가르침을 미래 세대에 선사하는 교관으로 후세에 남을 것이다. 그는 오늘을 살아가는 우리에게 그의 미덕과 성취로서 남을 것이다.' 더글러스 맥아더, 1962년 5월 12일 미국 육군사관학교 웨스트포인트에서의 연설, 'Duty, Honour, Country'. 그의 A Soldier Speaks, pp. 354, 357.

다는 점이다. 불교와 기독교 또는 이슬람교가 수천 년이 넘는 긴 시간 동안 수십 가지의 서로 다른 사회적 형태 속에서 살아남아 왔다는 엄청 난 사실은 질병과 슬픔, 노화, 죽음 등 인간의 고통이라는 압도적인 짐 에 대한 그들의 상상력 넘치는 대답을 증언한다. 왜 나는 태어날 때부터 눈이 멀었을까? 왜 내 친한 친구는 몸이 마비되었을까? 왜 내 딸은 정신 지체일까? 종교는 설명하려고 한다. 마르크스주의도 제외되지 않는 모 든 진화적/진보적 부류의 사상들이 지닌 커다란 약점은 이런 질문들에 성마른 침묵으로 답한다는 것이다.[3] 동시에, 서로 다른 방식으로, 종교 적 사고는 불멸에 대한 모호한 암시에도, 보통은 숙명을 연속성(업보, 원 죄 등)으로 변모시킴으로써, 대응한다. 이렇게 하여 종교는 죽은 자와 아 직 태어나지 않은 자 사이의 연계, 즉 재생의 신비에 발을 들여놓는다. 본인의 아이를 수태하고 낳는 경험을 하면서 유대감과 우연성, 숙명을 결합한 어떤 것에 대해 어렴풋이나마 '연속성'의 언어로 파악해 보지 않 은 이가 있겠는가? (다시금 진화적/진보적 사고의 단점은 연속성에 대한 어 떤 관념에도 거의 헤라클레이토스적인 ▪ 반발심을 드러낸다는 것이다.)

---

3 Cf. Régis Debray, 'Marxism and the National Questions,' *New Left Review*, 105 (September-October 1977), p. 29. 1960년대에 인도네시아에서 현지 조사를 하 던 도중, 나는 무슬림들 대다수가 다윈의 생각들을 받아들이기를 침착하게 거부 한다는 데에 주의가 끌렸다. 처음에 나는 이 거부를 완고한 몽매함으로 해석했 다. 그 후 나는 이것을 모순을 거부하려는 명예로운 노력으로 보게 되었다. 진화 론은 이슬람의 가르침과 양립 가능하지 않았을 뿐이다. 물(物)에 관한 한 물리학 의 성과를 공식적으로 받아들이면서도, 이러한 성과를 계급 투쟁이나 혁명 같은 것들과 연결지어 보려는 노력은 거의 하지 않는 과학적 유물론을 우리는 어떻게 보아야 할 것인가. 프로톤과 프롤레타리아 사이의 간극이 인간에 대한 시인되지 않은 형이상학적 관념을 은폐하는 것은 아닌가? 그러나 세바스티아노 팀파나로 (Sebastiano Timpanaro)의 참신한 글, *On Materialism*과 *The Freudian Slip* 및 그에 대한 사려 깊은 응답인 레이먼드 윌리엄스(Raymond Williams)의 'Timpanaro's Materialist Challenge,' *New Left Review*, 109 (May-June 1978), pp. 3~17을 참 조할 것.

내가 이런 식의 어쩌면 단순무지한 견해들을 내놓는 주된 이유는 18세기의 서유럽이 민족주의 시대의 새벽일 뿐만 아니라 종교적 사고방식의 황혼기이기도 하기 때문이다. 계몽 운동의 세기에는 합리주의적 세속주의(secularism)와 함께 그 나름의 근대적 암흑도 딸려 왔다. 종교적 신앙은 수그러들었지만, 신앙이 다소 가라앉혀 주기도 했던 고통은 사라지지 않았다. 천국의 해체, 이만큼 숙명을 자의적으로 만드는 것도 없다. 구원의 터무니없음, 이만큼 다른 방식의 연속성을 필요로 하게끔 하는 것도 없다. 이제 요구되는 것은 숙명을 연속성으로, 우연성을 의미로 변모시키는 세속의 방식이었다. 우리가 보게 될 것처럼, 민족이라는 관념보다 이 목적에 더 잘 들어맞았던(들어맞는) 것은 별로 없었다. 민족국가가 '새롭고' '역사적인' 것으로 널리 인정된다면, 그에 정치적 표현을 부여하는 민족은 언제나 아득한 과거로부터 불거져 나와,[4] 더욱더 중

■ 헤라클레이토스는 기원전 5세기 고대 그리스의 철학자로서, 그가 남긴 '판타 레이'(만물유전)라는 말은 지금까지 유명하다.

4 고(故) 수카르노(Sukarno) 대통령은 언제나 그의 '인도네시아'가 감내해 왔던 350년간의 식민주의에 대해, '인도네시아'라는 개념 자체가 20세기의 발명품이고, 오늘날 인도네시아의 대부분이 네덜란드에 의해 점령된 것은 겨우 1850년에서 1910년 사이의 일일 뿐인데도, 완전한 진심을 담아 이야기했다. 현대 인도네시아의 민족 영웅 중 돋보이는 인물은 19세기 초반의 자바 왕자 디포네고로인데, 왕자 본인의 회고록에 의하면 그의 의도는 '**자바**를 정복(해방이 아니라!)'하는 것이었지, '네덜란드인'을 쫓아내는 것이 아니었다. 실로 그에게는 분명히 집합체로서의 '네덜란드인'에 대한 인식이 전혀 없었다. Harry J. Benda and John A. Larkin eds., *The World of Southeast Asia*, p. 158 ; Ann Kumar, 'Diponegoro (1778?~1855),' *Indonesia*, 13 (April 1972), p. 103을 참조. 강조는 덧붙임. 마찬가지로 케말 아타튀르크는 그의 국영은행 중 한 곳에는 에티 방카(히타이트 은행)라는 이름을, 다른 한 곳에는 수메르 은행이라는 이름을 붙였다.(Seton-Watson, *Nations and States*, p. 259) 이 은행들은 오늘날 번영하고 있으며, 케말 본인도 포함해 터키인들 다수가 히타이트인과 수메르인이 자신들의 터키인 조상이라고 진지하게 생각했고 또 생각하고 있다는 것을 의심할 이유는 없다. 너무 심하게 웃기 전에 영어 독자들은 일단 아서 왕과 부디카 여왕〔● 로마에 대항해

34

요하게는 무한한 미래로 미끄러져 들어간다. 우연을 운명으로 바꾸는 것이 민족주의의 마술이다. 레지 드브레(Regis Debray)와 함께, 이렇게 말할 수 있겠다. '그래, 나는 어쩌다 프랑스인으로 태어난 것이지. 그러나 프랑스는 결국 영원하다.'

말할 필요도 없이, 나는 18세기 말 즈음 출현한 민족주의가 종교적 확실성의 침식으로 인한 '소산'(produce)이라거나, 이러한 침식 자체에 대한 복잡한 설명이 필요 없다고 주장하고 있는 것이 아니다. 민족주의가 역사적으로 종교를 '대체'(supersede)한다는 식의 설명을 내놓는 것도 아니다. 나의 제안은 민족주의를, 자의식적으로 택하는 정치적 이데올로기들과 나란히 볼 것이 아니라, 민족주의에 선행했으며 그 안에서 그리고 그에 대항해 민족주의가 태어난 큰 문화적 체계들과 함께 보아야 한다는 것이다.

현재의 목적에 걸맞은 두 개의 문화적 체계는 **종교 공동체**(religious community)와 **왕조의 영지**(dynastic realm)이다. 이 두 가지 모두 전성기에는 똑 오늘날의 민족주의처럼 의심의 여지가 없는 준거틀로 여겨졌기 때문이다. 그러므로 이 문화적 체계들에 자명한 설득력이 주어진 이유가 무엇인지 생각해 봄과 동시에 그 분해를 통해 몇 가지 핵심적 요소를 주의 깊게 살펴보아야 할 것이다.

종교 공동체

모로코로부터 술루 열도●에 이르는 이슬람 공동체 움마(Ummah), 파

반란을 일으킨 1세기 브리튼의 여왕]에 대해 떠올려 봄과 동시에 톨킨의 『반지의 제왕』 시리즈의 상업적 성공에 대해 숙고해 보아야겠다.
● 필리핀 민다나오 섬의 남서쪽부터 보르네오 섬의 말레이시아 땅 사바까지 길게

라과이에서 일본에 이르는 기독교의 땅, 스리랑카로부터 한반도에 이르는 불교 세계. 이 광대하게 뻗어 있는 영역들보다 더 인상적인 것도 드물다. 저 위대한 성스러운 문화들(우리의 목적을 위해서는 여기에 '유교'를 끼워 넣어도 괜찮을 것 같다)은 거대한 공동체의 관념들을 포괄했다. 그런데 기독교의 땅과 이슬람 움마는, 그리고 ─ 오늘날 우리는 다른 나라 사람들과 마찬가지로 '중국 사람'이라고 생각하지만 그때의 자체적 상상으로는 '중심에 있는 사람들'이었던 ─ 중화(中華)조차도 대체로 신성한 언어 및 문자로 된 경전이라는 매개를 통해 상상이 가능한 것이었다. 이슬람의 예만 들어보자. 마긴다나오•인이 베르베르인••을 메카에서 만나면, 서로의 언어를 전혀 모르므로 말로 의사소통을 할 수는 없었다. 그렇지만 서로의 글자를 이해할 수는 있었는데, 그들이 공유한 신성한 텍스트는 오로지 고전 아랍어로만 존재했기 때문이었다. 이렇게 문어로서의 아랍어는 소리가 아니라 기호를 통해 공동체를 창조한다는 점에서 한자와 같은 기능을 했다. (마찬가지로 오늘날의 수학적 언어는 오래된 전통을 지속시키고 있다. 태국인들이 '+'를 뭐라고 부르는지 루마니아인들은 전혀 모르고 거꾸로도 마찬가지이지만, 부호의 뜻은 모두가 이해한다.) 저 모든 위대한 고전적 공동체들은 신성한 언어라는 매개를 통해 지상을 초월하는 권력의 질서에 연결되었기에 우주의 중심에 있다고 스스로를 인식했다. 따라서 문어로서의 라틴어와 팔리어, 아랍어, 한문의 영역은 이론적으로는 무한했다. (사실 문어는 사어가 될수록, 즉 담화에서 멀어질수록 더 좋다. 원칙적으로 순수한 기호의 세계에는 모든 이가 접근할 수 있으므로.)

그러나 성스러운 언어로 엮인 그런 고전적 공동체들의 성격에는 근대

뻗어 있는 섬들.

• 민다나오 섬 남서쪽 지방.

•• 북아프리카의 토착민.

36

민족이라는 상상된 공동체와는 다른 점이 있었다. 중대한 차이점의 하나는 그들의 언어에 독특한 신성함이 있다는 오래된 공동체의 확신과 그리하여 생겨난 회원권에 대한 관념이다. 중국 관리들은 중화의 표의문자를 그리는 법을 고통스럽게 배운 야만인들을 따뜻한 눈길로 바라보았다. 이 야만인들은 이미 완전한 흡수에 거지반 도달해 있었다.[5] 반쯤 문명화된 것은 야만보다는 훨씬 나았다. 이러한 태도는 결코 중국인들 특유의 것이 아니며, 고대에 국한된 것도 아니다. 이를테면 19세기 초 콜롬비아 자유주의자인 페드로 페르민 데 바르가스(Pedro Fermín de Vargas)가 수립한 다음의 '야만인에 대한 정책'에 관해 생각해 보라.

우리의 농업을 확장하기 위해 우리의 인디언들을 스페인화하는 것은 필수적이다. 그들의 게으름과 멍청함, 정상적인 노력에 대한 무관심을 보고 있자면, 그들이 뿌리에서 멀어질수록 퇴화하는 퇴보적 인종에 속한다는 생각을 하게 된다 …… 백인들과의 이종교배를 통해, 그리고 인디언들에게 공물 및 다른 의무를 면제해 주고, 토지를 사유재산으로 주어 그들을 멸종시키는 것이 무척 바람직할 것이다.[6]

이 자유주의자가 아직 그의 인디언들을 '멸종'시키는 방식으로, 그의 후계자들이 브라질, 아르헨티나, 미국에서 곧 시작하게 될 것처럼 총과 균으로 몰살하는 대신, '공물을 면제'하고 '토지를 사유재산으로 주자'는 제안을 내놓는 것은 얼마나 놀라운가. 게다가 깔보는 잔인함과 나란히 가는 우주적인 낙관주의에 주목하라. 인디언들은 궁극적으로 백인의 '문명화된' 정액을 수태하고, 다른 모든 이들처럼 사유재산을 얻음으로써 구제가 가능하다. (페르민의 태도는 이후 유럽 제국주의자들이 '잡종', '교육

---

5 그리하여 그들은 중국화된 몽골인들과 만주인들을 태연하게 천자로 받아들였다.
6 John Lynch, *The Spanish-American Revolutions, 1808~26*, p. 260. 강조는 덧붙임.

을 좀 받은 원주민', '워그'(wog)[●] 등에 비해 '순종' 말레이인, 구르카인, 하우사인들을 선호한 것과는 얼마나 다른가.)

그렇지만 묵음의(silent) 신성한 언어가 과거의 위대한 세계적 공동체들이 상상되는 매개였다면, 그러한 환영의 실재는 현대 서유럽의 정신세계에는 다소 낯선 관념, 즉 기호의 비임의성에 기대고 있었다. 한자와 라틴어, 아랍어 글자들은 실재의 발산이었지, 실재를 무작위로 가공한 표상이 아니었다. 우리는 미사에 적합한 언어가 무엇인가(라틴어냐 일상어(vernacular)냐)에 대한 오랜 논쟁에 친숙하다. 극히 최근까지도 이슬람 전통에서 『쿠란』은 문자 그대로 번역이 불가능한 것(그러므로 번역되지 않는 것)이었는데, 알라의 진리는 오직 문어 아랍어라는 대체 불가능한 진리의 기호에 의해서만 접근할 수 있기 때문이었다. 여기에는 언어로부터 분리되어 있는, 그래서 모든 언어가 그에 대해 같은 거리에 있는 (고로 서로 바꾸어 써도 되는) 기호가 되는 세계에 대한 관념은 존재하지 않는다. 요컨대 존재론적 실재는 오로지 특권을 가진 단일한 표상 체계, 즉 교회 라틴어나 『쿠란』의 아랍어, 과거 시험에 쓰이는 한문이라는 진리의 언어를 통해서만 이해가 가능한 것이다.[7] 그리고 진리의 언어로서 이들은 민족주의에는 다소 낯선 충동, 즉 개종에의 충동으로 물들어 있다. 여기에서 개종이란 특정한 종교 교리의 수용보다는 연금술적인 흡수를 뜻한다. 야만인은 '중화'(中華)가 되고, 리프족^{●●}은 무슬림이, 일

- Westernized Oriental Gentleman의 준말로 '도그'(dog)와 발음도 비슷하다. 일본어판 역주를 참조했음.

7 교회 그리스어는 진리의 언어로서의 위치를 획득하지 못한 것 같다. 이 '실패'의 원인은 다양하지만, 하나의 핵심적 요인은 틀림없이 그리스어가 (라틴어와는 달리) 동로마제국에서 **살아 있는** 일상적 담화 언어로 널리 남아 있었다는 사실일 것이다. 이 통찰은 주디스 헤린 덕분이다.

●● 북아프리카 베르베르인의 일부.

롱고족●은 기독교인이 된다. 인간 존재의 본성 전체는 성스러운 변형이
가능한 것이다. (우뚝 서서 모든 일상어들을 내려다보는 이 오래된 세계어들
의 위신을, 일상어들 사이에서 버려진 채 놓여 있는 에스페란토나 볼라퓌크●●
와 대조해 보라.) '잉글랜드인'이 교황이 되고[8] '만주인'이 천자가 될 수
있었던 것은 결국은 신성한 언어를 통한 개종의 가능성 덕분이었다.

그렇지만 신성한 언어 덕분에 기독교 세계와 같은 공동체가 상상 가
능해졌다고는 해도, 이러한 공동체들의 실제 규모와 공동체다운 그럴듯
함은 신성한 경전만으로는 설명할 수 없다. 그 독자들은 결국 문맹들의
거대한 바다에서 고개를 내민 식자층의 조그마한 바위섬에 지나지 않는
것이다.[9] 충분한 설명을 하려면 식자층과 그들이 속한 사회의 관계를 잠
깐 살펴보아야 한다. 식자층을 신학의 기술관료층 같은 것으로 보는 것
은 오해이다. 그들이 지탱했던 언어들이 난해했을지언정, 그 난해함의
성격은 변호사나 경제학자들이 스스로 난해하게끔 만든 은어, 사회가
지닌 현실에 대한 관념의 끄트머리에 매달려 있는 그런 언어들과는 완
전히 달랐다. 그보다 식자층은 달인으로서 신을 정점으로 한 우주론적
인 위계질서에서 전략적인 층위를 점하고 있었다.[10] '사회 집단들'에 대

● 필리핀 중부 비사야 섬 서부의 종족언어집단.
●● 19세기 말 독일인 신부가 국제어이자 제2언어로 쓰기 위해 만들어낸 언어.
8 니컬러스 브레이크스피어(Nicholas Brakespear)는 1154년부터 1159년까지 하
    드리아누스 4세라는 이름으로 교황직을 맡았다.
9 마르크 블로크(Marc Bloch)는 '[중세의] 영주들 대다수와 대귀족 다수는 혼자
    서 보고서나 회계 장부도 볼 줄 모르는 행정관들이었다'고 우리에게 일깨워준
    다. *Feudal Society*, I, p. 81.
10 그렇다고 문맹들이 아무것도 읽지 않았다는 것이 아니다. 하지만 그들이 읽은
    것은 단어들이 아니라 가시적인 세계였다. '성찰할 능력을 지닌 누구에게나 물
    질적 세계는 가면 같은 것에 지나지 않았으며, 정말로 중요한 일들은 전부 그
    가면의 뒤에서 일어났다. 그들에게 그것은 기호를 통해 더 심오한 실재를 표현
    하려는 의도를 담은 하나의 언어로 보이기도 했다.' Ibid., p. 83.

한 근본적인 관념들은 계서제적(階序制的)이고 중심 지향적인 것이었지, 수평적이고 경계 지향적인 것이 아니었다. 한창때에 교황이 가졌던 놀라운 권력은 오로지 유럽 전역에 퍼져 있던 라틴어 작문이 가능한 교양인층, 그리고 거의 모두가 공유했던 세계에 대한 관념, 즉 이중언어를 사용하는(bilingual) 인텔리들이 일상어와 라틴어를 매개함으로써 지상과 천상을 매개한다는 생각을 통해서만 이해할 수 있다. (파문의 무시무시함은 이러한 우주론을 반영한다.)

그러나 종교적으로 상상된 위대한 공동체들이 지닌 저 모든 위엄과 권력에도 불구하고, 그들이 자각하지 않았던 응집력(unselfconscious coherence)은 중세 후기 이래로 꾸준히 시들어갔다. 이러한 쇠퇴의 원인 가운데 나는 여기에서 이 공동체들의 독특한 신성함과 직접 관련된 두 가지 점만을 강조하려고 한다.

첫 번째는 비유럽 세계에 대한 탐험의 효과로서, 이는 '돌연히 문화적·지리적 지평선을, 또한 그리하여 인간 생활의 가능한 형태들에 대한 사람들의 관념을 넓히는'[11] 결과를 주로 유럽에서, 그러나 결코 그곳에만 국한되지는 않으면서, 낳았다. 이 과정은 유럽의 모든 기행문 중 가장 탁월한 작품에서 이미 명백히 보인다. 선량한 베네치아인이자 기독교도인 마르코 폴로(Marco Polo)가 13세기 말에 다음과 같이 경외심을 담아 쿠빌라이 칸(Kublai Khan)을 묘사한 것을 검토해 보자.[12]

위엄 있는 칸은 이 중대한 승리를 쟁취한 후 화려함과 의기양양함을 뽐내며 수도인 칸발루(Kanbalu)•로 개선했다. 이것은 11월에 있었던 일로, 그는

---

11 Erich Auerbach, *Mimesis*, p. 282.
12 Marco Polo, *The Travels of Marco Polo*, pp. 158~59. 강조는 덧붙임. 입맞춤은 있었으되 복음이 읽히지는 않았다는 점에 유의하라.
• 대도, 오늘날의 베이징.

2월과 3월에도 계속 그곳에서 지냈는데, 3월에는 **우리의** 명절인 부활절이 있었다. 그는 이것이 **우리의** 주요한 의식 중 하나라는 것을 알고 모든 기독교인들에게 자신을 알현하면서 사대복음을 담은 **그들의** 책을 가져오라고 명했다. 그는 의식에 임하는 태도로 책을 향내로 수차례 적시게 한 후 경건하게 책에 입을 맞추었으며, 그 자리에 있는 자신의 귀족들에게도 똑같이 하라고 지시했다. 부활절이나 크리스마스 같은 기독교의 주요 명절 때마다 그는 보통 이렇게 했으며, 사라센인들과 유대인들, 우상숭배자들의 명절에도 마찬가지의 의식을 행했다. 이러한 행위의 동기가 무엇이냐고 누군가가 묻자, 그는 이렇게 말했다. "인류의 서로 다른 부류들이 숭배하고 존경하는 네 명의 위대한 예언자들이 있소. 기독교인들은 예수 그리스도를, 사라센인들은 마호메트를, 유대인들은 모세를, 우상숭배자들은 그들의 우상 중 가장 뛰어난 소고몸바르-칸(Sogomombar-Kan)을 신성하게 여기오. 나는 이 넷 모두에게 경의를 표하며, 그들 중 누가 천상을 진짜로 지배하고 있든 간에 그에게 도움을 간구할 것이오." 그러나 황제 폐하께서 대하는 방식을 볼 때, 그는 기독교도들의 신앙을 가장 진리이고 가장 좋은 것으로 여기는 게 분명하다…….

이 문단에서 눈에 띄는 것은 위대한 몽골 군주의 침착한 종교적 상대주의보다는(그것은 여전히 **종교적 상대주의**이다) 마르코 폴로의 태도와 언어이다. 동포인 유럽의 기독교도들을 위해 이 글을 쓰고 있었는데도, 그에게는 쿠빌라이를 위선자나 우상숭배자라고 불러야 한다는 생각이 들지 않았다. (그야 "신민의 수, 영토의 크기, 세입의 규모에서 그는 지금은 물론이고 여태까지 세계에 존재했던 그 어떤 군주도 능가한다"[13]는 점도 틀림없이 그 이유에 들어가겠지만.) 그리고 자각 없이 '우리의'('그들의'가 되는)라는 단어를 사용한 것과 기독교도들의 신앙을 그냥 '진리' 대신 '가

---

13 *The Travels of Marco Polo*, p. 152.

장 진리'라고 묘사하는 것에서 우리는 여러 민족주의자들이 쓰는 말('우리' 민족이 '최고' ─ 경쟁적이고 비교적인 장(field)에서)의 전조가 되는 신앙의 영토화의 씨앗을 감지할 수 있다.

페르시아인 여행자 '리카'가 '1712년' 파리에서 '이벤'이라는 친구에게 쓴 편지의 서두보다 이와 더 뜻깊은 대조를 이루는 것이 있으랴.[14]

교황은 기독교인들의 우두머리야. 그는 이제는 습관적으로 숭배되는 고래(古來)의 우상이지. 그가 왕자(王者)들에게조차 위협적이던 때가 있었어. 우리의 위대한 술탄들이 이레메티아나 그루지야의 왕을 폐하듯이, 그도 그렇게 쉽게 그들을 폐하곤 했으니까. 그렇지만 이제 아무도 그를 두려워하지 않아. 그는 자신이 최초의 기독교인들 중 하나인 성 베드로라는 사람의 후계자라고 주장해. 분명히 괜찮은 후계권이야. 그의 재산은 막대하고, 커다란 나라가 그의 지배하에 있으니 말이야.

18세기의 가톨릭 신자가 꾸며낸 고의적이면서 세련된 이야기들은 13세기 선조의 순진한 현실주의를 반영하고 있지만, 이제 '상대화'와 '영토화'는 완전히 자각 속에 들어와 있고, 의도는 정치적이다. 아야톨라 루홀라 호메이니(Ayatollah Ruhollah Khomeini)가 거대한 사탄(The Great Satan)을 이단이나 어떤 악마적인 인물(작고 존재감 없는 카터(Carter)가 무슨 악마씩이나 되겠는가)이 아니라 민족●과 동일시한 데서 이 진화하는 전통이 역설적으로 정교해지는 것을 발견한다면 이치에 맞는 일일까, 아닐까?

두 번째는 신성한 언어 그 자체가 서서히 격하되었다는 점이다. 마르

---

14 Henri de Montesquieu, *Persian Letters*, p. 81. 『페르시아인의 편지』는 1721년에
  처음 나왔다.
● 미국을 의미함.

크 블로크는 중세 서유럽에 대해 "라틴어는 가르침의 매개가 된 언어였을 뿐만 아니라, 가르침의 대상이 된 단 하나의 언어였다"[15]라고 적었다. (여기에서 '단 하나'라는 수식어는 꽤 명백하게 라틴어의 신성함을 보여준다. 그 외의 언어는 가르칠 가치가 없는 것으로 여겨졌다.) 그런데 16세기경에는 이 모든 것이 빠르게 바뀌고 있었다. 이러한 변화가 일어난 이유들은 여기에서 우리를 지체시킬 필요가 없다. 인쇄자본주의의 중추적인 중요성은 다음에 논의될 것이다. 그 규모와 속도에 대해 되새기고 넘어가는 것으로 충분하다. 뤼시앵 페브르(Lucien Febvre)와 앙리-장 마르탱(Henri-Jean Martin)은 1500년 이전에 인쇄된 책의 77퍼센트가 여전히 라틴어로 쓰여 있었다고 추정한다(그래도 23퍼센트는 벌써 일상어였다는 뜻이다).[16] 1501년에 파리에서 인쇄된 88종의 책이 그중 8종을 제외하고는 다 라틴어로 쓰였다면, 1575년 이후에는 항상 프랑스어 책이 과반수였다.[17] 대응종교개혁(Counter-Reformation)의 기간 동안 일시적으로 회복되기는 했으나, 라틴어의 헤게모니는 이미 운명을 다한 것이었다. 단순히 전반적인 인기에 대해서 이야기하고 있는 것만도 아니다. 어느 정도 시간이 걸리기는 했지만 마찬가지로 현기증 나는 속도로, 라틴어는 범유럽적 상류 인텔리의 언어로서의 기능을 멈추었다. 17세기에 홉스(1588~1678)는 대륙에서 명성을 떨치는 인사였는데, 이는 그가 진리의 언어로 글을 썼기 때문이었다. 반면 셰익스피어(1564~1616)는 일상어로 글을 지었기 때문에 영국 해협 건너에서는 전혀 무명이나 다름없었다.[18] 그리고 200년이 흐른 후 영어가 세계 제국의 독보적인 언어가 되지 않았더라면, 그는 본래와 같이 섬에 고립되어 대체로 무명으로

---

15 Bloch, *Feudal Society*, I, p. 77. 강조는 덧붙임.
16 Lucien Febvre and Henri-Jean Martin, *The Coming of the Book*, pp. 248~49.
17 Ibid., p. 321.
18 Ibid., p. 330.

남아 있지 않았을까? 한편, 해협 건너에서 이 인물들과 거의 동시대를 살아가고 있던 데카르트(1596~1650)와 파스칼(1623~62)은 대부분의 서신 교환을 라틴어로 했는데, 볼테르(1694~1778)는 편지를 거의 다 일상어로 썼다.[19] '1640년 이후 라틴어로 나오는 책은 점점 더 줄어들고, 일상어로 나오는 책은 점점 더 늘어나면서, 출판은 더 이상 국제적인(international[sic]) 사업이 아니게 되었다.'[20] 한마디로 라틴어의 추락은 오래된 신성한 언어들로 통합되었던 신성한 공동체들이 서서히 파편화, 다원화, 영토화되는 더 큰 과정의 본보기였다.

왕조의 영지

오늘날, 왕조령이 대부분의 사람들에게 유일하게 상상 가능한 '정치적' 체계로 보였던 세계에 감정 이입을 하기란 아마도 어려울 것이다. 근본적으로 '진지한' 군주제는 정치적 삶에 대한 모든 근대적 관념에 가로놓인 것이기 때문이다. 왕권은 모든 것을 높은 곳의 중심을 둘러싸고 조직한다. 그 정당성은 주민들이 아니라 신에게서 비롯되며, 주민들은 결국 시민이 아니라 신민일 뿐이다. 근대적 관념에서 국가의 주권은 법적인 경계를 그은 영토의 각 1평방센티미터마다 완전히, 고르게, 균일하게 작동한다. 그렇지만 국가들이 중심에 의해 정의되었던 오래된 상상 안에서 국경은 군데군데 뚫려 있는 불분명한 것이었으며, 주권의 영역은 모르는 사이에 서로 겹쳐 들어갔다.[21] 그리하여 상당히 역설적으로 전근

---

19 Ibid., pp. 331~32.
20 Ibid., pp. 232~33. 원문의 프랑스어는 더 온건하고 역사적으로 엄밀하다. 'Tandis que l'on édite de moins en moins d'ouvrages en latin, et une proportion toujours plus grande de textes en langue nationale, le commerce du livre se morcelle en Europe.' *L'Apparition du Livre*, p. 356.

대적 제국과 왕국들은 큰 힘을 들이지 않고도 엄청나게 이질적이면서 종종 서로 이웃하고 있지도 않은 인구 집단들을 긴 시간에 걸쳐 지배할 수 있었다.[22]

이 옛 왕정 국가들이 전쟁뿐만 아니라—오늘날 행해지는 것과는 아주 다른 종류의—섹스의 정치에 의해서도 팽창했다는 것 역시 기억해야 한다. 수직성이라는 일반적 원리를 통해 왕조의 결혼은 다양한 인구 집단을 새로운 정점 아래 모아놓았다. 이러한 측면에서 모범이 되는 것은 합스부르크 왕가로서, 그 가훈은 이러하다. '다른 나라들은 전쟁을 치르게 하라. 그대, 행복한 오스트리아는 결혼을 하라!'(Bella gerant alii, tu felix Austria nube!) 여기에 다소 생략된 형태로 후기 군주들의 직함을 소개한다.[23]

오스트리아 황제/헝가리와 보헤미아, 달마티아, 크로아티아, 슬라보니아, 갈리시아, 로도메리아, 일리리아의 왕/예루살렘 등등의 왕/오스트리아

---

21 지배자들의 명명법이 치환되면서 이 전환에 대응한다는 점을 주목하라. 어린 학생들은 왕들은 이름으로(정복자 윌리엄의 성이 뭐**였지**?), 대통령은 성으로(에베르트 대통령〔●독일 사회민주당 출신의 바이마르 공화국 초대 대통령, 1919~25 재임〕의 세례명이 뭐**였지**?) 기억한다. 이론적으로는 모든 사람이 대통령이 될 자격이 있는 시민들의 세계에서, 다양성이 제한되어 있는 세례명('Christian' names)은 지시 대상을 구체적으로 가리키는 데 적합하지 않다. 그러나 지배권이 단 하나의 성씨에만 부여되는 왕정에서는 숫자나 별명을 붙인 세례명으로 꼭 필요한 구별의 딱지를 만들어야 하는 것이다.

22 네언이 잉글랜드와 스코틀랜드 간의 1707년 연합법(Act of Union)에 대해 연합의 설계자들이 귀족 정치가들이었다는 의미에서 '귀족의 거래'라고 확실히 옳게 기술했던 것을 여기에서 짚고 넘어가도 좋겠다. (그의 명료한 논의는 *The Break-up of Britain*, pp. 136f를 참조.) 그렇지만 그러한 거래가 두 공화국의 귀족들 간에 성사될 수 있었으리라고 상상하기는 어렵다. 연합**왕국**이라는 관념이 분명히 이 거래가 성사되는 데 중대한 매개가 된 요소였다.

23 Oscar Jászi, *The Dissolution of the Habsburg Monarchy*, p. 34.

태자(원문 그대로 인용)/토스카나와 크라쿠프의 대공/로타링기아와 잘츠부르크, 슈타이어마르크, 케른텐, 카르니올라와 부코비나 공/트란실바니아 대공이자 모라비아 변경백/상하 슐레지엔과 모데나, 파르마, 피아첸차, 구아스탈라, 아우슈비츠 및 사토르, 테셴, 프리울리, 라구사, 차라 공/합스부르크와 티롤, 키부르크, 괴르츠, 그라디스카 백작/트리엔트와 브리첸 공/상하 라우시츠와 이스트리아 변경백/호헤넴스, 펠트키르히, 브레겐츠, 존넨베르크 등등의 백작/트리에스테, 카타로, 빈디셰 마르크 위의 영주/보이보디나, 세르비아의 위대한 영주, 등등.

야시가 올바르게 언급했듯이, 이것은 "어떤 희극적인 측면이 없지 않았던 …… 합스부르크 일가의 무수한 결혼과 사소한 거래, 점령의 기록"이었다.

일부다처제가 종교적으로 용인되었던 영지의 통합에는 층층이 쌓아 올린 축첩의 복잡한 체계가 필수적이었다. 사실 왕가의 혈통은 종종 그들의 위신을, 신의 아우라 같은 것을 제쳐놓으면, 음, 이종교배에서 끌어낸다고 말해도 되려나?[24] 이렇게 섞이는 것은 고매한 신분의 표시였으니 말이다. 11세기 이래(그때는 어떠했든) 런던에서 통치를 한 왕조 중 '잉글랜드인'이 여태 한 명도 없었다는 점은 특징적이다. 그뿐 아니라

---

24 그중에서도 특히 전근대 아시아에서. 하지만 같은 원리가 일부일처제인 기독교 유럽에서도 작용했다. 1910년 오토 포르스트(Otto Forst)라는 사람이 *Ahnentafel Seiner Kaiserlichen und Königlichen Hoheit des durchlauchtigsten Herrn Erzherzogs Franz Ferdinand*라는 책에 곧 암살될 황태자의 선조 2,047명의 목록을 올려놓았다. 여기에는 독일인 1,486명, 프랑스인 124명, 이탈리아인 196명, 스페인인 89명, 폴란드인 52명, 덴마크인 47명, 잉글랜드인 20명과 그 외 4개의 국적이 포함되어 있었다. 이 '흥미로운 문서'는 Ibid., p. 136, no. 1에 인용되어 있다. 괴짜 황태자가 살해당했다는 소식을 들은 프란츠 요제프 황제의 대단한 반응을 여기에 인용하고픈 충동을 누르기가 힘들다. '저 위의 권력은 이런 식으로 내가 불행히도 유지할 수 없었던 질서를 회복했구나.'(Ibid., p. 125)

부르봉가에는 어떤 '국적'(nationality)을 부여해야 할지?[25]

그러나 17세기의 도중에, 우리를 여기에서 지체시킬 필요가 없는 이유들로 인해 성스러운 군주의 자동적인 정당성은 서유럽에서 서서히 내리막길을 타기 시작한다. 1649년 근대 세계 최초의 혁명으로 찰스 스튜어트의 목이 잘렸으며, 1650년대에는 중요한 유럽 국가들 중 한 군데를 왕이 아닌 평민 출신의 호국경이 통치하게 되었다. 그러나 포프와 애디슨*의 시대에조차 앤 스튜어트는 여전히 왕의 손을 얹어 병든 자를 치유하고 있었고, 계몽된 프랑스에서도 구체제가 끝날 때까지 부르봉가의 루이 15세와 16세에 의해 이러한 치유가 행해졌다.[26] 그러나 1789년 이후 정통성의 원칙은 자의식적으로 요란하게 변호되어야만 했으며, 이 과정에서 '왕정'(monarchy)은 반(半)표준화된 모델이 되었다. 천황과 천자는 '황제'(Emperor)가 되었다. 저 멀리 떨어진 시암(Siam)에서는 라마 5세(쭐라롱껀 왕)가 아들과 조카들을 상트페테르부르크, 런던, 베를린의 궁정에 보내 세계적 모델의 복잡한 사정을 배우게 했다. 1887년 그는 법적 장자에 의한 왕위 계승이라는 필수적인 원칙을 도입함으로써 시암이 "유럽의 '문명화된' 왕조들과 어깨를 나란히 하도록"[27] 만들었다. 1910년, 새로운 체계는 이전 시대 같았으면 틀림없이 그냥 건너뛰었을 괴짜 동성애자를 왕좌에 올려놓았다. 그러나 브리튼, 러시아, 그리스, 스웨덴, 덴마크, 그리고 일본의 왕자들이 대관식에 참석함으로써,

---

25 겔너는 왕조가 전형적으로 외국 출신들로 이루어졌다는 점을 강조하지만, 이 현상을 너무 좁게 해석한다. 지역의 귀족들이 그들의 내부적 다툼에서 한쪽 편을 들지 않을 외국인 왕을 선호했다는 것이다. *Thought and Change*, p. 136.

● 알렉산더 포프(Alexander Pope), 조지프 애디슨(Joseph Addison). 18세기 초반에 활동한 잉글랜드의 문인들.

26 Marc Bloch, *Les Rois Thaumaturges*, pp. 390, 398~99.

27 Noel A. Battye, 'The Military, Government and Society in Siam, 1868~1910,' PhD thesis, Cornell 1974, p. 270.

그가 라마 6세로 즉위하는 건에는 왕정 간의 결재로 옥새가 꽝 찍혔다.[28]

　1914년이 되어서도 여전히 왕조 국가들은 세계 정치 체계의 회원권 과반수를 차지하고 있었지만, 우리가 앞으로 자세하게 살펴볼 것처럼, 정통성의 오랜 원칙이 조용히 시들어감에 따라, 다수의 왕들은 이미 '민족'의 인장에 손을 뻗치고 있었다. 프리드리히 대왕(재위 1740~1786)의 군대는 '외국인'들을 상당수 고용하고 있었지만, 샤른호르스트 · 그나이제나우 · 클라우제비츠의 눈부신 개혁의 결과, 그의 종손인 프리드리히 빌헬름 3세(재위 1797~1840)의 군대는 배타적으로 '민족적-프로이센적'인 것이 되었다.[29]

시간을 파악하는 방식

　그러나 민족이라는 상상된 공동체가 단순히 종교 공동체와 왕가의 영지로부터 자라나 그것들을 대체했다고만 생각한다면 그것은 근시안적인 판단일 것이다. 신성한 공동체와 언어, 혈통이 쇠퇴하면서 그 밑에서는 세계를 파악하는 방식에 대한 근본적인 변화가 일어나고 있었으며, 다른 무엇보다도 이것으로 인해 민족에 대한 '사고'가 가능해졌다.

　이 변화를 느끼려면 중세 교회의 부조(浮彫)나 스테인드글라스 창, 아

---

28 Stephen Greene, 'Thai Government and Administration in the Reign of Rama VI (1910~1925),' PhD thesis, University of London 1971, p. 92.

29 1806년 프로이센 군대의 장교 명단에 올라 있는 7,000~8,000명 중 1,000명 이상은 외국인이었다. "중산층 프로이센인들은 그들 자신의 군대에서 외국인들에게 수적으로 압도당했다. 이는 프로이센이 군대를 가진 나라가 아니라 나라를 가진 군대라는 말을 참말 같아 보이게 했다." 1798년 프로이센의 개혁가들은 "여전히 하급 사병의 50퍼센트를 차지하고 있는 외국인의 절반을 감원" 할 것을 요구했다. Alfred Vagts, *A History of Militarism*, pp. 64, 85.

니면 초기 이탈리아와 플랑드르 거장들의 회화와 같은 신성한 공동체들의 시각적 표상으로 주의를 돌리는 것이 유익하겠다. 이러한 표상들에는 '현대적 복장'(modern dress)과 비슷하다고 잘못 유추할 수 있는 어떤 특징적 외양이 있다. 별을 좇아 그리스도가 태어난 구유로 향한 목자들은 부르고뉴 농민들의 용모를 간직하고 있다. 성모 마리아는 토스카나 상인의 딸처럼 생겼다. 그림을 주문한 후원자가 시민(burgher)이나 귀족의 복장을 갖추어 입고 목자들과 나란히 무릎을 꿇고 경배하는 모습이 나온 경우도 많다. 오늘날 아귀가 맞지 않아 보이는 것들이 중세 신자들의 눈에는 완벽하게 자연스러워 보였다. 우리는 상상된 현실을 형상화하는 방식이 압도적으로 시각적 · 청각적이었던 세계를 마주하고 있다. 기독교 세계는 수없이 많은 구체성과 특정성 — 이 부조나 저 창문, 이 설교, 저 이야기, 이 도덕극, 저 성물 — 을 통해 그 보편적 형태를 드러낸다. 유럽 전역에 퍼져 있던 라틴어 독해가 가능한 교양인층은 기독교적 상상의 구조화에서 하나의 필수적인 요소였지만, 언제나 개인적이고 특정한 시각적 · 청각적 창작물을 통해 그 관념을 문맹인 대중에게 중개하는 일 역시 그만큼 중요했다. 선조가 누구이고, 약점은 무엇인지, 그의 찬양을 들은 사람이라면 누구나 알고 있는 변변찮은 교구 신부는 여전히 그의 교구민들과 신 사이의 직접적인 매개자였다. 우주적인 보편성과 평범한 특정성의 이러한 병치는, 기독교 세계가 얼마나 광대하든 그리고 얼마나 광대하다고 인식되든 간에 슈바벤 · 안달루시아 등의 특정한 공동체들에게는 그들 자신의 복제(replication)로서 **각양각색으로** 현현했다는 것을 의미한다. 〔있는 그대로 복원해야 한다는〕 근대적 박물관의 정신에 따라 '유대인'의 외양과 '1세기' 복장을 갖춘 성모 마리아를 형상화하는 일은 상상 불가능한 것이었는데, 중세 기독교의 사고방식에는 원인과 결과의 끝없는 사슬이라든가, 과거와 현재의 급격한 단절이라는 역사 관념이 없었기 때문이다.[30] 블로크에 의하면, 사람들은 그리스도의 재림이 언제고 일어날 수 있다는 차원에서 자신들이 틀림없

이 시간의 끝에 거의 다 다다랐다고 생각했다고 한다. 성 베드로는 "주
님의 날은 한밤중의 도둑같이 올지니"라고 말했다. 그러므로 12세기의
위대한 연대기 기록자인 프라이징의 오토 주교에게는 '시간의 끝에 놓
인 우리'에 대해 반복적으로 언급하는 것이 자연스러운 일이었다. 블로
크는 중세인들이 '명상에 사로잡히게 되면서, 젊고 생기 넘치는 인류에
게 펼쳐진 긴 미래에 대한 전망보다 그들의 사고방식에서 더 동떨어진
것도 없었다'는 결론을 내린다.[31]

아우어바흐는 의식의 이러한 형태에 대해 뇌리에 박힐 만한 밑그림을
제공한다.[32]

이삭의 희생과 같은 사건이 그리스도의 희생을 예시(豫示)하는 것으로
해석되어, 후자는 전자에서 예고되고 약속된 것과 같이 되고, 후자가……
전자를 '실현'하게 된다면, 시간적으로도 인과적으로도 연결되어 있지 않은
두 사건 사이에 어떤 관계가 성립하는데, 이 관계를 수평적 차원에서 이성
에 의해 수립하는 것은 불가능하다. …… 이는 오직 두 사건이 신의 섭리에
수직적으로 연결되어야만 성립할 수 있는 것으로, 신의 섭리만이 그러한 역
사의 계획을 고안하고, 그 이해에 대한 열쇠를 제공할 수 있다. …… 오늘
여기는 더 이상 그저 지상의 사건들의 사슬을 잇는 고리가 아니라, 언제나
그랬던 **동시에**(simultaneously) 미래에 실현될 어떤 것이다. 그리고 엄밀히
말하자면 신의 견지에서 이는 무언가 영원한 것, 무언가 모든 시간에 걸친
것(omnitemporal), 무언가 지상의 파편적인 사건의 영역에서 이미 완성된

---

30 과거와 현재를 등가물로 만드는 비유로서의 '현대적 복장'이라는 사고는, 우리
  에게는 그 둘의 숙명적 분리에 대한 암시적인 인정이다.

31 Bloch, *Feudal Society*, I, pp. 84~86.

32 Auerbach, *Mimesis*, p. 64. 강조는 덧붙임. 구약을 '미래의 [즉 미래에 의해 거
  슬러 투사된] 그림자'(Bloch, *Feudal Society*, I, p. 90에 인용)라고 한 성 아우구
  스티누스의 기술과 비교해 보라.

것이다.

　그는 이러한 **동시성**(simultaneity)의 관념은 우리에게는 완벽하게 낯설다고 올바르게 강조한다. 여기에서의 시간은 벤야민이 메시아적 시간이라고 불렀던 것, 즉 순간적인 현재 안에서의 과거와 미래의 동시성에 가까운 것으로 파악된다.[33] 그러한 관념에서 '한편'(meanwhile)이라는 단어는 진정한 중요성을 가질 수가 없다.

　동시성에 대한 우리의 관념이 형성되는 데에는 오랜 시간이 걸렸으며, 그 출현은 분명히, 지금껏 잘 연구되지 않은 방식으로, 세속 과학의 발전과 연관되어 있다. 그런데 이는 무척 근본적인 중요성을 띤 관념으로, 이것을 완전히 고려하지 않고서는 민족주의의 모호한 창세기를 탐구하기가 어려워질 것이다. 시간에 걸친 동시성(simultaneity-along-time)이라는 중세적 개념을 대체하게 된 것은, 다시금 벤야민으로부터 빌려 오자면, '비어 있는 동질적 시간'(homogeneous, empty time)이라는 관념으로, 여기에서 동시성이란 말하자면 시간에 가로놓인 것, 시간과 교차하는 것, 예시와 실현이 아니라 시간적 동시 발생으로 특징지어지는 것, 그리고 시계와 달력으로 측정되는 것이다.[34]

　이 전환이 민족이라는 상상된 공동체의 탄생에 그토록 중요해야만 했던 이유를 살펴보려면, 소설과 신문이라는, 18세기 유럽에서 처음으로 꽃핀 두 가지 상상 형식의 기본 구조를 고찰하는 것이 가장 좋은 방법이다.[35] 이러한 형식들이 민족이라는 상상된 공동체의 **종류**를 '재현'(re-

---

33　Walter Benjamin, *Illuminations*, p. 265.

34　Ibid., p. 263. 이 새로운 관념은 모든 근본적인 근대적 개념이 '한편'이라는 개념에 기초한 것이라고 주장할 수 있을 정도로 무척 깊은 곳에 놓여 있다.

35　『클레브 공작부인』(*Princesse de Clèues*)은 이미 1678년에 출간됐지만, 리처드슨과 디포, 필딩의 시대는 18세기 초였다. 근대적 신문의 기원은 17세기 후반 네덜란드의 소식지에서 찾을 수 있다. 그러나 신문은 1700년 이후에야 인쇄물의 일

presenting)하기 위한 기술적 수단을 제공했기 때문이다.

먼저 고풍스러운 소설의 구조, 발자크의 걸작들뿐만 아니라 우리 시대의 싸구려 통속소설에서도 마찬가지로 전형적인 구조를 살펴보자. 그것은 명백히 '비어 있는 동질적 시간' 안에서 동시성을 표현하기 위한 장치, 또는 '한편'이라는 단어에 관한 복잡한 주석이다. 설명에 도움을 주기 위해, 간단한 소설 플롯의 한 부분을 생각해 보자. 어떤 남자(A)에게는 아내(B)와 정부(C)가 있고, 이 정부에게도 애인(D)이 있다. 이 부분에 대한 일종의 시간표(time chart)를 다음과 같이 상상할 수 있을 것이다.

시간	I	II	III
사건	A가 B와 싸운다	A가 C에게 전화한다	D가 바에서 술에 취한다
	C와 D가 사랑을 나눈다	B가 쇼핑을 한다	A가 집에서 B와 저녁을 먹는다
		D가 당구를 친다	C가 불길한 꿈을 꾼다

이 시퀀스가 진행되는 동안 A와 D는 전혀 만나지 않으며, 실로 C가 처신만 제대로 했다면 서로의 존재에 대해 눈치조차 채지 못할 수도 있다.[36] 그러면 A와 D를 실제로 잇는 것은 무엇인가? 두 가지 보완적인 개념이다. 첫째, 그들이 '사회'(웨섹스, 뤼베크, 로스앤젤레스)에 자리 잡고 있다는 것. 이러한 사회들이란 무척 단단하고 안정적인 실재의 사회학적 실체이기에, 그 구성원들(A와 D)은 소개조차 받지 않은 상태로 길거리에서 서로 스쳐 지나간다고 묘사되면서도 여전히 연결되어 있을 수

반적 분류 체계에 들어가게 되었다. Febvre and Martin, *The Coming of the Book*, p. 197.

36 실로 이 플롯의 매력은 시간 I, II, III에 A, B, C, D가 다른 사람들이 무얼 하는지 모른다는 데 **달려** 있을 수도 있다.

있는 것이다.[37] 둘째, A와 D가 전지적 독자의 머릿속에 자리 잡고 있다는 것. 오직 독자들만이, 마치 신처럼, A가 C에게 전화하고, B가 쇼핑을 하고, D가 당구를 치는 모습을 한꺼번에 볼 수 있다. 이 모든 행위가 시계와 달력상에서의 똑같은 시간에 행해진다는 것, 그러나 행위자들은 대개 서로에 대해 알고 있지 못하다는 것이 저자가 독자들의 머릿속에 소환해 낸 이 상상된 세계의 참신함을 드러낸다.[38]

비어 있는 동질적 시간을 통해 달력을 따라 움직이는 사회적 유기체라는 관념은 민족이라는 관념과 딱 맞는 동형으로, 민족 역시 역사를 타고 내려가며(또는 올라가며) 꾸준히 움직이는 견고한 공동체로 인식된다.[39] 한 명의 미국인이 2억 4000만 남짓의 동료 미국인들 중 극히 일부를 제외한 나머지를 만날 일은 결코 없을 것이며, 거의 대부분 이름조차도 모를 것이다. 다른 미국인들이 어떤 한 순간에 뭘 하고 있는지 그는 전혀 알 길이 없다. 그런데도 그에게는 그들이 꾸준히, 이름 없이, 동시에 활동하고 있다는 완벽한 확신이 있다.

이제 우리가 서로 다른 문화와 시대에서 나왔지만 하나를 제외하고는 모두 민족주의 운동과 긴밀하게 엮여 있는 네 편의 소설을 간략하게 검

---

37 이 대위법은 근대 소설을 페트로니우스(Petronius)의 『사티리콘』(*Satyricon*)만큼 뛰어난 선구자로부터조차 결정적으로 구분한다. 『사티리콘』의 내러티브는 단일한 선을 따라 진행된다. 이를테면 엔콜피우스가 자신의 젊은 애인이 바람을 피운다고 탄식할 때, 기톤이 아스킬토스와 침대에 들어 있는 장면이 우리에게 동시에 제공되지는 않는다.〔■로마의 훌륭한 풍자가 페트로니우스는 1세기 중반 네로 황제 시대에 『사티리콘』을 저술했다. 귀여운 노예 소년 기톤은 두 남자 애인인 엔콜피우스와 아스킬토스를 능숙하게 관리한다.〕

38 이러한 맥락에서, 아무 역사소설이나 집어 거기에서 소설화된 시기에 기록된 문서나 내러티브와 비교하는 작업은 할 만한 가치가 있다.

39 소설이 비어 있는 동질적 시간에 푹 파묻혀 있다는 것은, 종종 인간의 기원에까지 거슬러 올라가기도 하는 계보를 다룬 서문의 부재에서 가장 잘 드러나는데, 이러한 서문은 고대의 연대기와 전설, 경전에서는 대단히 전형적인 특징이었다.

토하기 시작한다면, 내가 제안하는 관점은 아마도 덜 추상적으로 보일 것이다. 1887년 '필리핀 민족주의의 아버지' 호세 리살은 『놀리 메 탕헤레』라는 소설을 썼고, 오늘날 이 소설은 필리핀 근대 문학의 가장 위대한 성과로 여겨지고 있다. 이것은 '인디오'가 쓴 거의 최초의 소설이기도 하다.[40] 소설은 이렇게 굉장한 서두로 출발한다.[41]

10월의 끝이 가까워올 무렵, 보통 꺼삐딴 티아고(Capitan Tiago)로 알려진 돈 산티아고 데 로스 산토스는 저녁 만찬을 주최하고 있었다. 그의 평소 습관과는 달리 그날 오후에야 공표했음에도 불구하고, 만찬은 이미 비논도와 도시의 다른 구역들, 심지어는 마닐라 도성(Intramuros) 안에서까지 장안의 화제였다. 연회를 베풀 때 손이 크다는 것이 당시 꺼삐딴 티아고의 평판이었다. 그의 집은 그의 나라와 마찬가지로 상업이나, 새롭거나 대담한 생각이 아닌 한 모든 것에 문호를 개방한다고 알려져 있었다.

그리하여 소식은 전기 쇼크와 같이, 신께서 무한한 은혜로 창조하시었고 사랑으로 마닐라에 번식시키시는 기생충들과 식객, 불청객들의 사회에 돌아 퍼졌다. 몇몇은 부츠를 닦으려고 구두약을 찾아 나섰으며, 다른 이들은 칼라 단추와 넥타이를 찾았지만, 그들 모두는 어떻게 하면 주인장과 친밀

---

40 리살은 당시 종족적으로 다양한 유라시아인과 토착민 엘리트들의 링구아 프랑카(lingua franca, 공용어)였던 식민 지배자의 언어(스페인어)로 소설을 썼다. 이 소설과 나란히 최초의 '민족주의' 언론도 출현했는데, 그 언어로는 스페인어뿐만 아니라 타갈로그어와 일로카노어 같은 '종족' 언어도 사용되었다. Leopoldo Y. Yabes, 'The Modern Literature of the Philippines,' pp. 287~302, Pierre-Bernard Lafont and Denys Lombard eds., *Littératures Contemporaines de l'Asie du Sud-Est* 참조.

41 José Rizal, *Noli Me Tangere*(Manila: Instituto Nacional de Historia, 1978), p. 1. 나의 번역. 『상상된 공동체』가 처음 발표되었을 때 나는 스페인어를 전혀 못했기 때문에, 레온 마리아 게레로의 교훈적으로 오염된 번역에 본의 아니게 의존해야 했다.

한 인사를 나누어 오래된 친구인 양 연출할 수 있을까, 더 일찍 도착하지 못한 것에 대한 핑계를 대야 한다면 뭐라고 댈 것인가 등의 문제에 골몰해 있었다.

만찬은 안로아게 거리에 있는 집에서 열렸다. 그 번지수가 기억나지 않으니만큼, 지금이라도 알아볼 수 있을 만한 방식으로 우리가 묘사해 보아야 하겠다. 그러니까 지진이 그 집을 무너뜨리지 않았다면 말이다. 집주인이 집을 부쉈어야 할 것 같지는 않다. 아무래도 보통 그런 업무는 신이나 자연 — 게다가 우리 정부와도 계약을 많이 체결해 놓은 — 에게 남겨진 일인 것이다.

포괄적인 해설은 물론 필요 없다. 서두에서부터 서로를 모르는 수백 명의 이름 없는 사람들이 특정한 연대의 특정한 달에 마닐라의 꽤나 다른 여러 구역에서 이야기하고 있는 저녁 만찬의 이미지(필리핀의 글쓰기에는 완전히 새로운)가 상상된 공동체를 즉각 소환한다는 점에 주목하는 것으로 충분하다. 그리고 "지금이라도 알아볼 수 있을 만한 방식으로 우리가 묘사해 보아야" 할 "안로아게 거리에 있는 집"이라는 구절에서, 그 집을 알아보게 될 사람들은 우리-필리핀인-독자들이다. 이 집이 소설의 '내부적' 시간으로부터 [마닐라] 독자의 일상생활이라는 '외부적' 시간으로 예사로이 진행해 가는 것은 등장인물들과 작가, 독자들을 껴안고 달력의 시간을 통해 앞으로 움직여 나아가는 단일한 공동체의 견고함에 대한 최면과 같은 확인 절차를 제공한다.[42] 또한 어조에도 주목하라. 리살은 그의 독자들의 개별적 신원에 대해 희미하게조차도 모르고 있다. 그러면서도 그는 그들에게 반어적인 친밀감을 나타내며 글을 써 나가는데, 마치 그들 서로 간의 관계에는 최소한도로도 문제될 것이 없

----

42 이를테면 리살이 한 문장 안에서 '창조하시었고'(crió)라는 과거형 시제에서 '번식시키시는'(multiplica)이라는, 우리 모두 다 함께(all-of-us-together)의 현재형 시제로 미묘하게 옮기는 것에 주목하라.

다는 투이다.[43]

『놀리 메 탕헤레』를 그 전에 나온 '인디오'의 문학작품 중 가장 유명한 프란시스코 발락타스(Francisco Balagtas, 발타사르)의 『알바니아 왕국의 플로란테와 라우라 이야기』(*Pinagdaanang Buhay ni Florante at ni Laura sa Cahariang Albania*)와 비교하는 것은 의식의 급작스러운 불연속에 대한 푸코적인 의미를 가장 생생하게 전달해 주는 일일 것이다. 이 작품의 최초 인쇄본은 1861년에 나왔지만, 창작 연도는 1838년까지 거슬러 올라갈 가능성도 있다.[44] 리살이 태어날 때 발락타스가 아직 살아 있기는 했지만, 그의 걸작의 세계는 모든 기본적인 측면에서 『놀리 메 탕헤레』의 세계에는 낯선 것이었기 때문이다. 환상적인 중세의 알바니아라는 배경은 시간적으로도 공간적으로도 1880년대의 비논도와 완전히 동떨어져 있다. 그 주인공들인 기독교도이자 알바니아인 귀족인 플로란테와 그의 막역한 친구인 무슬림('모로')▪ 페르시아인 귀족 알라딘에게서 필리핀이 연상되는 요소라고는 기껏해야 기독교인-모로라는 연관뿐이다. 리살은 '현실감'이나 풍자, 민족주의 등의 효과를 노리고 스페인어 산문에 타갈로그어 단어들을 일부러 흩뿌려 놓았지만, 발락타스는 단지 발

---

43 독자의 이름 없는 무명성, 그 반대편에는 작가의 즉각적인 명성이 있(었)다. 우리가 앞으로 보게 될 것처럼, 이 무명성/명성은 인쇄자본주의의 확산과 밀접한 관계가 있다. 일찍이 1593년에 정력적인 도미니크회 수사들은 마닐라에서 *Doctrina Christiana*를 펴냈다. 그러나 그 이후 수 세기 동안 인쇄는 교회의 빈틈 없는 통제 아래 남아 있었다. 자유화는 1860년대에야 시작되었다. Bienvenido L. Lumbera, *Tagalog Poetry 1570~1898, Tradition and Influences in its Development*, pp. 35, 93 참조.

44 Ibid., p. 115.

▪ '모로'(모로코에서 유래)는 15세기 스페인 사람들이 무슬림 일반을 가리킬 때 쓰던 말이다. 그들이 16세기 중반에 필리핀에 도착해 그곳에서 무슬림을 만났을 때, 이 집단을 '모로'라고 일컫게 되었다. 흥미롭게도 1960년대부터 남부 필리핀의 분리주의 운동가들은 자신들에게 '모로 민족'이라는 이름을 붙였다.

음에 위엄과 울림을 더하기 위해 타갈로그어 4행시에 스페인어 구절들을 자각 없이 섞어놓았다. 『놀리 메 탕헤레』는 읽게끔 되어 있는 반면, 『알바니아 왕국의 플로란테와 라우라 이야기』는 소리 높여 읊게끔 되어 있다. 무엇보다 놀라운 것은 발락타스가 시간을 다루는 방식이다. 룸베라가 언급하듯이, "플롯이 펼쳐지는 방식은 연대기적 순서를 따르지 않는다. 줄거리는 사건의 도중에(in medias res) 시작되며, 그리하여 전체 줄거리는 플래시백의 기능을 하는 일련의 대사를 통해 우리에게 알려지도록 되어 있다."[45] 399연의 거의 반절은 플로란테의 어린 시절과 아테네에서의 학생 시절 그리고 이어지는 군사적 공적에 대한 설명으로, 주인공이 알라딘과의 대화를 통해 전달한다.[46] 발락타스에게는 이 '플래시백 대사'가 똑바로 나아가는 단선적 내러티브의 유일한 대안이었다. 우리가 플로란테와 알라딘의 '동시적' 과거에 대해 알게 된다고 해도 그 둘을 연결하는 것은 대화하는 그들의 목소리이지, 서사시의 구조가 아니다. 이 기법은 소설의 기법과 얼마나 동떨어져 있는가. "같은 해 봄, 플로란테가 아직 아테네에서 공부하고 있는 동안, 알라딘은 주군의 궁정에서 쫓겨났다……." 사실상 발락타스에게는 주인공들을 '사회'에 '위치'시킨다든가, 그들에 대해 청중과 이야기한다는 생각이 전혀 떠오르지 않았던 셈이다. 또한 타갈로그어 다음절어의 감미로운 흐름 말고는 그의 텍스트에는 별로 '필리핀다운'(Filipino) 것도 없다.[47]

---

45 Ibid., p. 120.

46 이 기법은 아우어바흐가 능란하게 논의하는 호메로스의 기법과 유사하다. Auerbach, *Mimesis*, ch. 1 ('오디세우스의 흉터').

47 'Paalam Albaniang pinamamayanan
   ng casama, t, lupit, bangis caliluhan,
   acong tangulan mo, i, cusa mang pinatay
   sa iyo, i, malaqui ang panghihinayang.'
   "안녕, 알바니아여, 왕국이여, 이제
   사악하고 잔인하며, 야수 같고 교활한!

『놀리 메 탕헤레』가 쓰이기 70년 전인 1816년에 호세 호아킨 페르난데스 데 리사르디(José Joaquín Fernandez de Lizardi)는 『페리키요 사르니엔토』(El Periquillo Sarniento, 옴 붙은 앵무새)라는 소설을 썼는데, 이는 명백히 이 장르에서 라틴아메리카 최초의 작품이다. 어떤 평론가의 말을 빌자면, 이 텍스트는 "무지와 미신, 부패가 가장 두드러진 특징으로 보이는 스페인의 멕시코 통치에 대한 신랄한 고발"[48]이다. 이 '민족주의' 소설의 핵심적인 형식은 그 내용에 대한 다음과 같은 서술에서 드러난다.[49]

처음부터 [주인공인 옴 붙은 앵무새 씨는] 미신을 주입하는 무식한 하녀들과 응석을 다 받아주는 어머니, 사명감도 훈육할 능력도 없는 교사들 등의 나쁜 영향에 노출된다. 그의 아버지는 아들이 변호사와 기생충들의 무리를 부풀리기보다는 쓸모 있는 직업에 종사하기를 바라는 지적인 사람이었지만, 애정이 과한 페리키요의 어머니가 승리를 거두고 아들을 대학에 보내, 그가 미신적인 허튼소리만을 배우도록 확실히 한다. …… 페리키요는 선량하고 현명한 사람들을 많이 만났음에도 불구하고 구제불능의 무식쟁이로 남는다. 그는 일을 하거나 무얼 심각하게 받아들이려 하지 않으며, 차례로 사제, 노름꾼, 도둑, 약제사의 견습생, 의사, 지방 도시의 서기가 된다. …… 이러한 에피소드들 덕분에 작가는 병원들, 감옥들, 외딴 마을들, 수도원들을 묘

너의 수호자인 나를 네가 지금 살해하여도
너에게 닥친 운명을 나는 탄식하도다."
이 유명한 연은 간혹 필리핀 애국주의의 감추어진 선언으로 해석되기도 했으나, 룸베라는 그러한 해석이 시대착오적인 견강부회에 불과함을 설득력 있게 보여준다. Tagalog poetry, p. 125. 룸베라의 번역. 나는 1861년판을 바탕으로 한 시의 1973년 판본을 따라 그의 타갈로그어 텍스트를 조금 바꾸었다.

48 Jean Franco, An Introduction to Spanish-American Literature, p. 34.
49 Ibid., pp. 35~36. 강조는 덧붙임.

사할 수 있게 되며, 동시에 스페인 정부와 교육 체계가 무위도식하며 게으르게 살도록 부추긴다는 하나의 핵심적 메시지를 전달한다. …… 페리키요의 모험은 그를 여러 차례 인디언들과 네그로들 속으로 데려간다. ……

여기서 우리는 다시금 단독자인 주인공이 소설 안쪽의 세계를 바깥쪽의 세계에 용접하는 부동의 사회학적 풍경을 통과하며 움직이는 데서 '민족적 상상'의 작용을 본다. 이 피카레스크적인 전체상(tour d'horizon) — 병원들, 감옥들, 외딴 마을들, 수도원들, 인디언들, 네그로들 — 은 그렇지만 세계 일주(tour du monde)는 아니다. 시야(horizon)는 분명히, 식민지 멕시코에, 묶여 있다. 복수형 단어들의 연속만큼 이 사회학적인 견고함에 대해 우리를 확실히 납득시키는 것도 없다. 단어들이, 비슷비슷한(comparable) 감옥들, 그 자체로 고유한 중요성이 있는 감옥은 하나도 없지만 모두가 이 식민지의 억압성을 (동시적으로 따로따로 존재함으로써) 표상하는 감옥들로 가득 찬 사회적 공간을 소환하기 때문이다.[50] (성경에 나오는 감옥들과 대조해 보라. 감옥들은 절대로 이 사회나 저 사회의 **전형적인** 것으로 상상되지 않는다. 각각의 감옥들은, 이를테면 살로메가 세례 요한에게 매혹된 그 감옥처럼, 마술적으로 홀로이다.)

마지막으로 리살과 리사르디가 둘 다 스페인어로 썼기 때문에 우리가 살펴본 분석틀이 다소 '유럽적'인 것일 수도 있다는 가능성을 제거하기 위해, 비운의 인도네시아인 공산주의자·민족주의자 청년인 마스 마르코 카르토디크로모(Mas Marco Kartodikromo)의[51] 『스마랑 히탐』(Semarang

---

50 이렇게 단독자인 주인공이 철옹성 같은 사회적 풍경을 통과하여 움직이는 것은 초기 (반)식민지 소설 다수의 전형적 특징이었다.

51 급진적 저널리스트로서의 짧고 화려한 경력을 거친 이후 마르코는 네덜란드 식민 당국에 의해 보벤 디굴(Boven Digul)이라는, 서부 뉴기니의 내륙 늪지대 깊숙한 곳에 자리한 세계 최초의 강제수용소 중 한 곳에 구금되었다. 그는 6년간의 구금 생활 끝에 1932년 그곳에서 사망했다. Henri Chambert-Loir, 'Mas

Hitam, 검은 스마랑)의 서두를 제시해 보겠다. 이 이야기는 1924년에 연재물로 발표되었다.[52]

토요일 저녁 7시였다. 스마랑의 젊은이들은 토요일 밤을 집에서 보내는 법이 없었다. 그러나 이날 밤에는 돌아다니는 사람이 없었다. 종일 퍼붓는 세찬 빗줄기로 길이 젖은 데다 많이 미끄러워서, 다들 집에서 나오지 않은 것이다.

가게들과 사무실들에서 일하는 노동자들에게 토요일 아침은 기대만발의 시간이었다 — 저녁에 도시 곳곳을 걸어다니며 여가 시간을 즐겁게 보내리라는 기대. 그러나 이날 밤 그들은 실망하게 될 것이었다 — 나쁜 날씨와 캄풍●의 질척거리는 길이 유발한 무기력함 때문에. 평소에는 온갖 종류의 탈 것들로 미어터지는 주요 도로들과 사람들로 꽉 차는 보도들, 모두 인적이 끊겨 있었다. 이따금씩 승객용 마차의 채찍이 찰싹 하며 말에게 길을 가도록 박차를 가하는 소리나, 따그닥 따그닥 마차를 끌고 가는 말발굽 소리가 들려왔다.

스마랑에는 인적이 없었다. 줄지어 선 가스등들의 빛은 번쩍이는 아스팔트 길 위를 바로 내리비추었다. 가스등들의 맑은 빛은 간혹 동쪽에서 불어오는 바람을 맞아 희미해지기도 했다. ……

한 젊은 남자가 긴 등나무 벤치에 앉아 신문을 읽고 있었다. 그는 완전히 몰두해 있었다. 간혹 화를 내는 것이며 그러다가 미소를 짓곤 하는 것은 영

Marco Kartodikromo (c. 1890~1932) ou L'Education Politique, p. 208, *Littératures contemporaines de l'Asie du Sud-Est*. 마르코의 생애에 대해 최근에 나온 훌륭하고 상세한 설명은 Takashi Shiraishi, *An Age in Motion : Popular Radicalism in Java, 1912~1926*, chapters 2~5, 8.

52 Paul Tickell, *Three Early Indonesian Short Stories by Mas Marco Kartodikromo (c. 1890~1932)*, p. 7에 실린 번역. 강조는 덧붙임.

● 마을을 가리킴.

락없이 그가 이야기에 깊이 빠져 있다는 표시였다. 그는 신문의 페이지를 넘기며 어쩌면 그가 그토록 비참하게 느끼는 것을 멈추게 할 무언가를 찾을 수도 있겠다고 생각하고 있었다. 갑자기 그는 어떤 기사를 맞닥뜨렸는데, 그 제목은 이러했다.

번영
빈곤한 부랑자가 병에 걸려
길가에서 체온 저하로 사망했다.

젊은이는 이 짧은 보도에 마음이 흔들렸다. 길가에 누운 채 죽어가는 가없은 영혼의 고통을 그는 그저 상상할 수 있었다. …… 한순간 그는 폭발적인 분노가 마음속으로부터 치밀어 오르는 것을 느꼈다. 다음 순간에는 연민을 느꼈다. 그러다 그의 분노는 소수의 몇몇 사람들에게 부를 안기는 동시에 그러한 빈곤을 만들어낸 저 사회 체계로 돌려지는 것이었다.

『페리키요 사르니엔토』에서와 같이, 여기에서 우리는 복수형의 세계 안에 있다. 가게들, 사무실들, 마차들, 캄퐁들, 가스등들. 『놀리 메 탕헤레』의 경우와 마찬가지로 우리 -인도네시아인- 독자들은 달력의 시간과 친숙한 풍경 속으로 즉시 던져 넣어진다. 물론 우리 중 일부는 저 '질척거리는' 스마랑의 길들을 걸어보았을 수도 있다. 다시금, 단독자인 주인공은 꼼꼼하고 일반적인 세부 묘사로 그려진 사회 풍경에 병치된다. 그런데 여기에는 뭔가 새로운 것도 있다. 주인공의 이름은 결코 나오지 않지만, 그는 자주 '우리의 젊은이'로 언급된다. 텍스트의 서투름과 문학적 단순함, 바로 이것이 이 수식대명사의 자각 없는 '진정성'을 확인한다. 마르코도, 그의 독자들도 이러한 언급에 대해 전혀 의심하지 않는다. 18세기와 19세기 유럽의 익살맞고 세련된 소설에서 '우리의 주인공'이라는 어구가 단지 작가가 독자(아무나)와 장난치는 것을 부각한다면, 마르코의 '우리의 젊은이'는 무엇보다도 그 참신함으로 인도네시아인 독자들이라는 집합체에 속한 젊은이를, 또한 그리하여, 막 태어나려 하는 인도네시아라는 '상상된 공동체'를 은연중에 뜻하는 것이다. 마르코가 이 공동체를 특정한 이름으로 부를 필요를 느끼지 못했다는 데 주목하라. 그것은 이미 거기에 있다. (여러 언어로 작동하는 네덜란드 식민 당국의 검열이 그의 독자층에 끼어들 수 있었다고 하더라도, 그들은 이러한 '우리됨'으로부터 제외되는데, 이것은 젊은이의 분노가 '우리의' 사회 체계가 아니라 '저' (the) 사회 체계로 돌려진다는 사실에서 알 수 있다.)

마지막으로 상상된 공동체는 읽고 있는 우리의 젊은이에 대해 우리가 읽고 있다는 이중성에 의해 확인된다. 그는 질척거리는 스마랑 길가에서 빈곤한 부랑자의 시체를 본 것이 아니라 신문에 실린 활자로부터 그 시체를 상상한 것이다.[53] 또한 그는 죽은 부랑자가 개인으로서 누구였는지에 대해서는 조금도 개의치 않는다. 그는 개인의 삶이 아니라 대표체 (representative body)에 대해 생각한다.

『스마랑 히탐』에서 신문이 소설에 묻혀 나오는 것은 딱 알맞은 일로, 이제 우리는 문화적 산물로서의 신문에 주의를 돌려 그 심원한 소설스러움(fictiveness)에 놀라게 될 것이다. 신문이 지닌 문학적 관습의 정수는 무엇인가? 만일 우리가 이를테면 《뉴욕 타임스》의 1면 견본을 본다면, 거기에서 소련의 반체제 인사들, 말리의 기근, 섬뜩한 살인 사건, 이라크의 쿠데타, 짐바브웨에서 발견된 희귀 화석, 미테랑의 연설을 발견

---

53 1924년 마르코의 친한 친구이자 정치적 동지였던 어떤 작가가 '자유를 느끼다/자유의 느낌' (Rasa Merdika)이라는 제목의 소설을 발표했다. 샹베르 루아르는 (마르코라고 그가 잘못 말하고 있는) 이 소설의 주인공에 대해 '그는 "사회주의"라는 단어의 뜻에 대해 전혀 모르고 있다'고 쓴다. '그렇지만 그는 그를 둘러싼 사회 조직을 직면하고 깊은 불쾌감을 느끼며, **여행과 독서**라는 두 가지 방법으로 자신의 시야를 넓힐 필요를 느낀다.' ('Mas Marco', p. 208. 강조는 덧붙임.) 자바로, 20세기로 자리를 옮긴 옴 붙은 앵무새이다.

할 수 있을지도 모른다. 왜 이 사건들은 그렇게 병치되었나? 무엇이 이들을 서로 연결하는가? 순전히 제멋대로 이루어진 것은 아니다. 그렇지만 명백히 이 사건들 대부분은 독립적으로 일어나며, 행위자들은 서로에 대해, 아니면 다른 이들이 뭘 하고 있는지에 대해 인지하고 있지 않다. 이들을 포함하고 병치하는 방식이 자의적이라는 것(다음 판에서는 야구 승전보가 미테랑을 대체할 것이다)은 그들 사이의 연계가 상상되었다는 점을 드러낸다.

이 상상된 연계는 에둘러 관련된 두 가지 원천에서 도출된다. 첫 번째는 단순히 달력상의 일치이다. 신문에서 가장 중요한 휘장인 맨 위에 박힌 날짜는 비어 있는 동질적 시간이 꾸준히 째깍째깍 흘러가며 전진한다는 연결의 정수를 제공한다.[54] 그 시간 속에서 '세계'는 한 걸음씩 뚜벅뚜벅 앞으로 나아간다. 그에 대한 표시로, 이틀 동안 기근에 관한 현장 보도가 나간 후 말리가 《뉴욕 타임스》의 지면에서 사라져 몇 달씩이나 계속 나오지 않더라도, 독자들은 아주 잠깐이라도 말리가 사라졌다거나 기근이 말리 국민들을 다 쓸어내 버렸다고 상상하지는 않을 것이다. 신문의 소설 같은 형식은 어딘가 저 밖에서 말리라는 '등장인물'이 플롯에서 다음에 재등장할 것을 기다리며 조용히 움직이고 있다는 확신을 준다.

상상된 연계의 두 번째 원천은 책의 한 형태로서의 신문과 시장 간의 관계에 있다. 구텐베르크 성경이 출판된 시점과 15세기가 끝난 시점 사이의 40년 남짓한 기간 동안 2000만 부 이상의 인쇄본이 유럽에서 생산된 것으로 추정된다.[55] 1500년과 1600년 사이에 제작된 수는 1억 5000

---

54 신문을 읽는 것은 마치 작가가 일관된 플롯에 대한 생각을 팽개쳐버린 소설을 읽는 것과 같다.

55 Febvre and Martin, *The Coming of the Book*, p. 186. 236개나 되는 도시에서 3만 5,000종이나 되는 판본이 생산되었다. 일찍이 1480년에 110개 이상의 도시에 인쇄기가 존재했으며, 이 중 50대가 오늘날의 이탈리아에, 30대는 독일에, 9대

만~2억 부에 이르렀다.[56] "일찍부터 …… 인쇄소는 중세 수도원의 작업실보다는 근대의 작업장 같은 모습이었다. 1455년에 이미 푸스트와 쇠퍼는 표준화된 생산을 겨냥한 사업을 운영하고 있었고, 20년 후에는 유럽 전역에서 대형 인쇄업체가 돌아가고 있었다."[57] 다소 특별한 의미에서 책은 최초로 근대적 방식에 의해 대량생산된 공업 상품이었다.[58] 내가 생각하는 의미라는 것은 우리가 책을 직물, 벽돌, 설탕 따위의 초기의 공산품들과 비교해 보면 알 수 있다. 이 상품들은 산술적 양(한 조각, 한 트럭, 1파운드)에 따라 **측정**되기 때문이다. 설탕 1파운드는 그저 수량이고 편리하게 쓸 수 있는 단위일 따름이지 그 자체로서 객체는 아니다. 그러나 책은— 그리고 여기에서 우리 시대의 내구재들이 예시되는데 — 갖출 것을 다 갖춘 별개의 객체로서, 대규모로 똑같이 복제된다 (reproduced).[59] 1파운드의 설탕은 다음 봉지로 흘러 들어가지만, 각각

는 프랑스에, 각각 8대가 홀란드와 스페인에, 각각 5대가 벨기에와 스위스에, 4대가 잉글랜드에, 2대가 보헤미아에, 1대가 폴란드에 있었다. "그때부터 유럽에서는 인쇄된 책이 보편적으로 사용되었다고 할 수 있을 것이다." (p. 182)

56 Ibid., p. 262. 저자들은 16세기가 되자 책은 읽을 줄 아는 사람 누구에게나 쉽게 이용 가능한 것이 되었다고 언급한다.

57 안트베르펜의 위대한 플랑탱 인쇄소는 16세기 초에 24대의 인쇄기와 작업장마다 100명이 넘는 노동자들을 관리했다. Ibid., p. 125.

58 이것은 마셜 맥루언의 이랬다저랬다 하는 『구텐베르크 갤럭시』에서 충실하게 확립된 단 하나의 논점이다(p. 125). 책 시장은 다른 상품 시장들에 비해 왜소해 보이기는 했어도, 생각의 전파에서의 전략적인 역할 덕분에 근대 유럽의 발전에서 핵심적인 중요성을 띠었다고 덧붙일 수 있겠다.

59 여기에서는 규모보다 원리가 더 중요하다. 19세기까지는 발행 부수가 적은 편이었다. 엄청난 베스트셀러였던 루터의 성경도 초판은 4,000부뿐이었다. 디드로의 『백과전서』는 유별나게 초판을 많이 찍었지만 4,250부밖에 되지 않았다. 18세기에는 1쇄당 평균 2,000부도 찍지 않았다. Febvre and Martin, *The Coming of the Book*, pp. 218~20. 동시에 책은 언제나 본성적으로 제한된 시장에 의해 다른 내구재들과 구별될 수 있었다. 돈이 있으면 누구나 체코산 차를 살 수 있지만, 체코어 책을 사는 사람은 체코어를 읽을 줄 아는 사람뿐이다. 이 차이의

의 책에는 고유하게 초연한 자족성이 있다. (대량생산된 상품을 개인이 수집해 놓은 서재(library)가 16세기 무렵에는 이미 파리 같은 중심 도시에서 친숙한 광경이었다는 것은 놀랄 만한 일이 아니다.)[60]

이러한 관점에서 신문은 책의 '극단적 형태', 즉 어마어마한 규모로 팔리지만 인기는 하루살이인 책일 뿐이다. 일일 베스트셀러라고 할 수 있지 않을까?[61] 찍어내자마자 수명을 다하는 신문의 특성 — 초기 대량생산 상품으로서 이렇게 근대적 내구재들이 타고나는, 수명을 다할 운명을 예시(豫示)한다는 것이 흥미롭다 — 은 그렇지만 바로 이러한 이유로 거의 정확하게 동시적으로 소설로서의 신문을 소비('상상')하는, 이 범상치 않은 대중적 의례를 창조한다. 신문의 특정한 조간과 석간판이 압도적으로 이 시간과 저 시간 사이에, 그리고 저 날이 아닌 오직 이 날에만 소비된다는 것을 우리는 알고 있다. (설탕과 대조해 보자. 설탕의 사용은 시계로 측정되지 않으면서 계속되는 흐름이다. 상한 설탕은 있어도 시대에 뒤진 설탕은 없다.) 이 대중적 의례의 중요성 — 헤겔은 근대인에게 신문이 새벽기도의 대용품이라는 관찰을 내놓았다 — 은 역설적이다. 의례는 고요한 혼자만의 공간에서, 두개골의 귀퉁이에서 수행된다.[62] 그럼에도 교감에 참여하는 자[communicant, 성체를 받는 자] 각각은 자신이 수

중요성은 뒤에서 살펴보겠다.

60 나아가 일찍이 15세기 말에 베네치아의 인쇄업자 알두스는 휴대할 수 있는 '포켓판'을 선구적으로 출시했다.

61 『스마랑 히탐』의 경우에서처럼, 두 종류의 베스트셀러는 오늘날보다 더 긴밀하게 연관되어 있었다. 디킨스도 그의 인기(popular) 소설을 대중적인(popular) 신문에 연재했다.

62 "인쇄된 자료들은 그것의 옹호자들이 어느 한 교구에 있다고 말할 수 없고, 멀리서부터 보이지 않는 공중(public)을 상대로 이야기하는 대의명분에 대한 조용한 신봉을 부추겼다." Elizabeth L. Eisenstein, 'Some Conjectures about the Impact of Printing on Western Society and Thought', *Journal of Modern History*, 40: 1 (March 1968), p. 42.

행하는 의례가, 그 존재에 대해서는 그가 확신하고 있으나 그 정체에 대해서는 어렴풋한 실마리조차 갖지 못한 수천(또는 수백만)의 다른 이들에 의해 동시에 복제되고 있다는 것을 잘 알고 있다. 나아가 이 의례는 달력을 따라 매일 또는 반일의 간격을 두고 끊임없이 되풀이된다. 역사의 시계에 맞추어 흘러가는 세속의 상상된 공동체를 이보다 더 생생한 모습으로 그릴 수 있을까?[63] 동시에 신문의 독자는 지하철이나 이발소, 사는 동네 등에서 자신이 읽는 신문과 똑같은 복제품들이 소비되는 것을 관찰하면서, 상상된 세계가 일상의 삶에 가시적으로 뿌리박혀 있다고 잇따라 안심하게 된다. 소설은 『놀리 메 탕헤레』에서처럼 조용히 그리고 부단히 현실에 스며들어 근대 민족의 특징인 익명성의 공동체에 대한 놀라운 확신을 창조한다.

민족주의의 구체적인 기원에 대해 논의하기에 앞서 지금껏 내세운 주요 명제들을 개괄하는 것이 좋겠다. 핵심적으로 나는 아주 오래된 세 가지 근본적인 문화적 관념이 사람들의 정신에 자명한 이치로서 행사하던 지배력을 잃었을 때에야, 그리고 지배력을 잃은 곳에서만 민족을 상상한다는 가능성 자체가 역사적으로 떠올랐다고 주장했다. 첫 번째는 특정한 경전의 언어가 존재론적 진리의 떼어놓을 수 없는 일부분이기 때문에 그 언어가 진리에 대한 특권적인 접근을 제공한다는 생각이다. 기독교 세계나 이슬람 공동체 등 대륙을 초월하는 신도들의 거대한 연합

---

63 중산 계급 사회의 물질적 아나키와 추상적인 정치적 국가 질서의 관계에 대해 쓰면서, 네언은 "대의제의 메커니즘은 실재하는 계급적 불평등을 시민들의 추상적인 평등주의로, 개인들의 이기주의를 몰개인적인 집합 의지로, 그렇지 않으면 혼란이었을 상태를 새로운 국가의 정당성으로 바꾸어냈다"고 관찰한다. *The Break-up of Britain*, p. 24. 틀림없이 그렇다. 그러나 대의제의 메커니즘(선거?)이란 드물고, 날짜가 달라지는 축제이다. 내 생각에 몰개인적인 의지의 형성은 상상하는 삶의 날마다 반복되는 규칙성에서 찾는 것이 더 알맞다.

을 출현시킨 것은 바로 이러한 생각이었다. 두 번째는 사회란 당연히 높이 있는 중심, 즉 다른 인간들과 구분되는 인격이자 어떤 우주론적인(신성한) 섭리로써 통치하는 왕들을 둘러싸고, 그리고 그들의 아래에서 조직되어야 한다는 믿음이었다. 인간의 충성은 반드시 계서제적이고 중심 지향적인 것이어야 했는데, 그것은 지배자가 신성한 경전과 마찬가지로 존재에 대한 접근의 마디이자 그 본질적인 요소였기 때문이다. 세 번째는 우주론과 역사를 떼어놓고 생각하는 것이 불가능하며, 세계와 인간의 기원을 본질적으로 동일한 것으로 인식하는 시간성에 대한 관념이었다. 이 관념들이 결합됨으로써 인간의 삶은 필연성에 확고하게 뿌리내렸으며, 일상적인 존재의 숙명(특히 죽음, 상실, 예속)에 일정한 의미가 주어졌고, 숙명으로부터의 구원이 다양한 방식으로 제공되었다.

서로 연관된 이 확실성들은 경제적 변화, (사회적·과학적) '발견'들, 점점 빨라지는 커뮤니케이션 발달의 효과로 처음에는 서유럽에서, 그 후에는 다른 곳에서 서서히, 고르지 않게 몰락하면서 우주론과 역사 사이에 거친 쐐기를 박았다. 그렇다면 형제애와 권력, 시간을 서로 의미 있게 엮는 새로운 방식에 대한, 말하자면, 탐색이 진행되고 있었다고 해도 놀랄 일은 아니다. 빠르게 숫자가 불어나는 사람들로 하여금 심원하게 새로운 방식으로 그들 자신에 대해 생각하게 하고, 자신을 다른 이들에게 관계지을 수 있도록 한 인쇄자본주의는 그 어떤 것보다 더 크게 이러한 탐색을 촉진했으며, 더 큰 결실을 선사했다.

제 3 장

민족의식의 기원

상품으로서의 인쇄물이 동시성에 관한 완전히 새로운 관념들이 생성되는 데 열쇠였다고 한다면, 그래도 우리는 그저 '수평적-세속적이며, 시간에 가로놓인' 종류의 공동체들이 가능해진 지점에 서 있는 것이다. 그러한 종류 중에서 민족이 이렇게 인기를 끈 이유는 무엇일까? 여기에 개입되어 있는 요인들은 명백하게 복잡하고 다양하다. 그러나 자본주의가 으뜸 요인이라는 주장에 강한 설득력을 부여할 수 있겠다.

이미 언급했듯이, 1500년까지[1] 이미 적어도 2000만 부의 책이 인쇄되어 벤야민의 '기술복제 시대'가 개시되었음을 알렸다. 필사본의 지식이 희소하고 비밀스러운 전승이라면, 인쇄 지식의 생명줄은 복제 가능성과 보급이었다.[2] 만일 페브르와 마르탱이 생각한 것처럼 1600년까지 2억 권이나 되는 책이 제작되었다고 추정할 수 있다면, 프랜시스 베이컨 (Francis Bacon)이 인쇄가 '세계의 양상과 상태'를 바꾸었다고 믿은 것은

---

1 인쇄가 알려지게 되었을 때 그 유럽의 인구는 1억 명 정도였다. Fevbre and Martin, *The Coming of the Book*, pp. 248~49.
2 마르코 폴로의 『여행기』가 상징적인데, 이 책은 1559년 처음 인쇄될 때까지 거의 알려지지 않은 상태였다. Polo, *Travels*, p. xiii.

놀랄 일이 아니다.[3]

자본주의 기업의 초기 형태 중 하나로서, 서적 출판업은 쉬지 않고 시장을 찾아 나서는 자본주의의 움직임을 그대로 느끼고 있었다. 초기 인쇄업자들은 유럽 전역에 지점을 설립했다. "이러한 방식으로 민족의 (national) 경계를 무시하는 출판사들의 진정한 '인터내셔널'이 만들어졌다."[4] 그리고 1500년부터 1550년까지는 유럽의 예외적인 번영기였으므로, 출판업도 전반적인 호황을 함께 누렸다. "다른 그 어느 때보다도 더 (출판업의 성격은) 부유한 자본가들의 통제하에 있는 커다란 산업이었다."[5] 자연히 "서적 판매상들의 가장 큰 관심사는 이윤을 내고 생산품을 파는 것이었으며, 따라서 그들은 무엇보다도 가능한 한 많은 수의 동시대인들이 관심을 가질 만한 작품을 추구했다."[6]

최초의 시장은 글을 읽는 유럽, 즉 넓지만 얇게 퍼져 있는 라틴어 독자층이었다. 이 시장이 포화되는 데 150년 정도가 걸렸다. 신성함을 제쳐놓는다면, 라틴어를 특징짓는 결정적인 사실은 그것이 이중언어 사용자들의 말이라는 점이었다. 태어나면서부터 라틴어를 습득하는 경우는 거의 없는 편이었고, 라틴어로 꿈을 꾸는 사람은 더더구나 없으리라. 16세기에 유럽의 전체 인구 중 이중언어 사용자의 비율은 굉장히 낮았다. 틀림없이 지금 세계 인구 중에서의 비율보다 높지 않았을 것이고, 프롤레타리아 국제주의에도 불구하고, 앞으로 올 여러 세기에도 이 비

---

3 Eisenstein, 'Some Conjectures,' p. 56에 인용됨.

4 Febvre and Martin, *The Coming of the Book*, p. 122. (프랑스어 원문은 그저 'par-dessus les frontières.'일 뿐이다. *L'Apparition*, p. 184.)

5 Ibid., p. 187. 프랑스어 원문에서 자본가들은 '부유한' 것이 아니라 '힘 있는' (puissants, powerful) 자들로 나온다. *L'Apparition*, p. 281.

6 "그러므로 이러한 측면에서 보았을 때, 인쇄의 도입은 우리 현대 사회의 대량 소비와 표준화로 이르는 길에 놓인 한 단계였다." Ibid., pp. 259~60. (프랑스어 원문은 '표준화된 대중적 문명'이라고 번역하면 더 나을 수도 있는 'une civilisation de masse et de standardisation'이다. *L'Apparition*, p. 394).

율은 마찬가지일 것이다. 그때나 지금이나 인류의 대다수는 한 가지 언어만 할 줄 안다. 그러므로 자본주의의 논리를 따르자면 일단 엘리트의 라틴어 시장이 포화되면, 한 가지 언어만 하는 대중이라는 잠재적으로 거대한 시장들이 손짓을 보내오게 되는 것이었다. 물론 대응종교개혁에 의해 라틴어 출판이 일시적으로 부활하기는 했지만, 17세기 중엽이 되자 그 운동은 시들해졌고 열렬한 가톨릭 서재의 서가들은 꽉 채워져 있었다. 그동안 유럽 전체에 돈 기근이 일어나 인쇄업자들은 점점 더 일상어로 싸구려 판본을 유통시킬 생각을 하게 되었다.[7]

일상어로의 전환을 향한 자본주의의 혁명적 공세는 세 가지 외생적 요인에 의해 더 큰 자극을 받았는데, 이 중 두 가지는 민족의식의 부상에 직접적으로 기여했다. 첫 번째이자 궁극적으로 가장 덜 중요한 요인은 라틴어 자체의 성격이 변화했다는 것이었다. 기독교 이전 고대의 폭넓은 문학을 부활시키고 인쇄 시장에 퍼뜨린 인문주의자들의 수고 덕분에, 유럽 전역의 인텔리들은 고대인들이 이루어낸 세련된 스타일의 성취에 대해 확연히 새로운 평가를 내리게 되었다. 이제 그들이 추구하는 라틴어 작문은 점점 더 키케로적인 것이 되어갔고, 마찬가지로 교회의 삶과 일상의 삶에서는 점점 더 멀어져갔다. 이렇게 되어 라틴어는 중세의 교회 라틴어와는 상당히 다른 이유로 극소수만이 해독할 수 있다는 특징을 얻게 되었다. 오래된 라틴어가 선택된 소수의 비밀이었던 이유는 내용이나 문체의 문제가 아니라 단지 그것이 쓰여 있다는 바로 그 사실, 즉 **텍스트**로서의 지위 때문이었다. 이제 라틴어는 쓰여 있는 내용 때문에, 언어 그 자체 때문에 해독하기 힘든 것이 되었다.

두 번째는 종교개혁의 효과로, 종교개혁의 성공은 동시에 상당한 정도로 인쇄자본주의에 기인하는 것이기도 했다. 인쇄의 시대가 오기 전까지 서유럽에서 로마 교황청은 이단에 대한 모든 전쟁에서 손쉽게 승

---

7 Ibid., p. 195.

리했는데, 그 이유는 그들에게는 언제나 도전자들보다 더 나은 내부 커뮤니케이션 라인이 있었기 때문이다. 그러나 1517년 마르틴 루터(Martin Luther)가 비텐베르크 성당 문에 95개조를 붙이자, 이 글의 독일어 번역문이 바로 인쇄되었고 "15일 안에 나라 곳곳에서 보이게"[8] 되었다. 1520년부터 1540년까지의 20년 동안 독일어로 출판된 책의 양은 1500년부터 1520년까지 출판된 양보다 세 배나 많았으며, 루터는 이러한 놀라운 전환의 중심에 우뚝 서 있었다. 1518년부터 1525년까지 팔린 모든 독일어 책 중 그의 책이 3분의 1을 차지했다. 1522년부터 1546년까지 나온 루터의 성경 번역본은 전부 430종(전체이든 부분이든)이었다. "여기에 있는 것은 최초의 진정한 대중 독자층(mass readership)과 누구나 손에 쥘 수 있는 대중문학(popular literature)이다."[9] 요컨대 루터는 최초로 베스트셀러 작가로 알려진 인물이 된 셈이었다. 또는 다르게 말하자면 그의 이름을 바탕으로 그가 쓴 신간을 '팔' 수 있는 최초의 작가가 된 것이다.[10]

루터가 이끌고 다른 이들이 재빨리 따라오면서 다음 세기 동안 유럽을 휩쓴 어마어마한 종교 프로파간다 전쟁이 개시되었다. 이 거대한 '마음을 향한 전쟁'에서 언제나 근본적으로 공세를 취한 쪽은 개신교였으며, 그 이유는 바로 그들이 자본주의에 의해 창조되고 있던 일상어 인쇄 시장의 팽창을 이용할 줄 알았기 때문이었는데, 그동안 대응종교개혁 세력은 라틴어의 성채를 방어했다. 그 상징은 개신교에는 없었던 바티칸의 『금서 목록』(*Index Librorum Prohibitorum*)으로서, 순전히 전복적인

---

8 Ibid., pp. 289~90.

9 Ibid., pp. 291~95.

10 이 지점으로부터 코르네유, 몰리에르, 라퐁텐이 비극과 희극 원고를 출판사에 직접 팔고, 원고를 사들이는 출판사는 작가들에 대한 시장의 평판이라는 관점에서 이것을 엄청나게 괜찮은 투자로 여기던 17세기 프랑스의 상황까지는 한 발짝만 내디디면 될 뿐이었다. Ibid., p. 161.

인쇄물의 양 때문에 필요해진 기발한 목록이었다. 프랑수아 1세가 1535
년 공황 상태에 빠져 그의 영지에서 어떠한 책의 인쇄도 금하며, 이를 어
길 경우 교수형으로(!) 다스리겠다고 선언한 것은 이러한 포위 피해 의
식(siege mentality)을 가장 잘 드러낸다. 금지령과 그 실행 불가능성은
둘 다 그의 영지 동쪽 경계들이 밀수 가능한 인쇄물을 막대한 규모로 생
산하던 개신교 국가와 도시들로 빙 둘러싸여 있다는 데에 기인했다. 장
칼뱅(Jean Calvin)의 제네바 한 곳만 놓고 보아도, 1533년과 1540년 사
이에 그곳에서 출판된 책은 42종에 지나지 않지만, 1550년부터 1564년
사이에는 527종으로 불어났고, 1564년이 되자 40대나 되는 인쇄기가
각각 잔업에 시달리며 돌아가고 있었다.[11]

값싼 대중적 판본을 이용한 개신교와 인쇄자본주의의 동맹은 빠르게
대규모의 새로운 독자층 — 그중에서도 일반적으로 라틴어를 거의 모르
거나 전혀 몰랐던 상인들과 여성들 — 을 창출했으며, 동시에 이들을 정
치적·종교적 목적에 동원했다. 불가피하게도 뼛속까지 흔들린 것은 교
회뿐만이 아니었다. 똑같은 지진이 네덜란드 공화국과 청교도 혁명의 공
화국이라는, 유럽 최초의 왕정도 도시도 아니면서 중요한 국가들을 만들
어냈다. (프랑수아 1세의 공황은 종교적인 만큼이나 정치적인 것이었다.)

세 번째는 절대군주를 배출하게 될 몇몇 자리를 잘 잡은 왕정에서 행
정적 중앙집권화의 도구로서 특정한 일상어를 천천히, 그리고 지리적으
로 고르지 않게 보급했다는 것이다. 여기서 잠깐, 중세 서유럽에서 라틴
어가 누리던 보편성에는 결코 그에 대응할 만한 보편적인 정치 체계가
없었다는 점을 기억해 두는 것이 유용하리라. 중국 제국에서는 관리들
과 붓으로 그려진 문자가 도달하는 범위가 대체로 일치했다는 점과 대
조해 보면 도움이 될 것이다. 요컨대 서로마제국의 붕괴 이후에 일어난
서유럽의 정치적 파편화는 어떠한 지배자도 라틴어를 독점해 자신의,

---

11 Ibid., pp. 310~15.

그리고 자신만의 국가 언어로 만들 수 없었고, 따라서 라틴어의 종교적 권위에 대한 진정한 정치적 상응물은 없었다는 뜻이다.

행정 일상어(administrative vernacular)들의 탄생은 16세기의 인쇄와 종교 양쪽에서의 지각 변동에 앞선 것이었고, 그러므로 (적어도 초창기에는) 신성한 상상된 공동체들을 갉아먹은 독립적인 요인으로 생각되어야 한다. 동시에 이러한 일상어로의 전환이 일어난 곳에서 원시민족주의는 고사하고 그 저변에 놓인 심층적인 이데올로기적 자극이 무엇이라도 있었다는 증거는 전혀 없다. 라틴어 유럽의 북서쪽 변두리에 있던 '잉글랜드'의 사례를 여기서 살펴보는 것은 특별히 계몽적일 것이다. 노르만족의 정복 이전에 궁정, 문학, 행정의 언어는 앵글로색슨어였다. 그다음 150년 동안에는 거의 모든 궁정 문서가 라틴어로 작성되었다. 그리고 1200년과 1350년 사이에 이 국가 라틴어는 노르만 프랑스어로 대체되었다. 그러는 동안 외국인 지배계급의 이 언어와 그에 종속된 인구의 앵글로색슨어 사이에 서서히 융합이 일어나 초기 영어(Early English)를 만들어냈다. 융합을 통해 이 새로운 언어는 1362년 이후 법정의 언어이자 의회의 개회사에 쓰이는 언어로서의 역할을 이제 맡을 수 있게 되었다. 일상어로 된 존 위클리프(John Wycliffe)의 필사본 성경이 1382년에 뒤따랐다.[12] 이러한 연속된 과정이 '민족'의 언어가 아니라 일련의 '국가'의 언어들에 관한 것임을, 그리고 이 국가라는 것은 다양한 시기에 오늘날의 잉글랜드와 웨일스뿐만 아니라 아일랜드, 스코틀랜드 및 프랑스의 일부분까지 포괄했다는 점을 명심해야 한다. 명백히도, 여기에 종속된 인구 중에서는 라틴어와 노르만 프랑스어, 초기 영어를 거의 모르거나 전혀 모르는 이들이 엄청난 수를 차지했다.[13] 초기 영어가 정치적 왕

---

12 Seton-Watson, *Nations and States*, pp. 28~29; Bloch, *Feudal Society*, I, p. 75.

13 일상어로의 행정적 단일화가 즉시 또는 완전히 성취되었다고 가정해서는 안 될 것이다. 기엔에 대한 런던의 통치가 주로 초기 영어로 이루어졌던 시절이 있었

좌에 오른 다음 거의 한 세기가 지날 때까지 런던의 권력은 '프랑스'에서 싹 밀려나지 않았다.

센(Seine) 강변에서도 속도는 더 느렸을지 몰라도 비슷한 움직임이 일어나고 있었다. 블로크가 비틀어 이야기했듯이, "프랑스어, 말하자면 그냥 라틴어의 오염된 형태로 여겨졌기 때문에 문학어의 품위를 갖춘 것으로 격상되기까지는 몇 세기나 걸렸던 언어"[14]는 프랑수아 1세가 비예르코트레 칙령을 반포한 1539년에야 법원의 공식 언어가 되었다.[15] 다른 왕조의 영지에서 라틴어는 훨씬 오래 명맥을 유지했고, 합스부르크가 치하에서는 19세기까지도 살아남았다. 또 다른 영지들은 '외래' 일상어들에 점령당했다. 이를테면 18세기 로마노프 궁정의 언어는 프랑스어와 독일어였다.[16]

어떤 경우에든 언어의 '선택'은 아무렇게나까지는 아니라도, 뚜렷한 자의식 없이 서서히 실용적으로 이루어진 발전으로 보인다. 그러므로 이는 적대적이고 인민적인 언어 민족주의의 흥기에 맞닥뜨린 19세기의 군주들이 추구한 뚜렷한 자의식을 동반한 언어 정책과는 전혀 달랐다. (이하 제6장을 참조할 것.) 차이의 명확한 징표의 하나는 오래된 행정 언어는 그저 그것일 뿐이었다는 것이다. 이 언어들은 관료제의 행정적 절차와 그들의 내부적 편의에 의해, 그리고 그것을 위해 사용되었다. 그 언어를 군주가 지배하는 다양한 신민의 집단에 체계적으로 강제한다는 식의 생각은 전혀 없었다.[17] 그런데도 이 일상어들이 어떤 측면에서는 라

을 것 같지는 않다.

14 Bloch, *Feudal Society*, I, p. 98.

15 Seton-Watson, *Nations and States*, p. 48.

16 Ibid., p. 83.

17 이 논점을 유쾌하게 확인해 주는 것이 프랑수아 1세인데, 우리가 이미 보았듯이 그는 1535년에 책의 인쇄를 전면 금지하고 나서 4년 뒤에는 프랑스어를 법원의 언어로 정했다!

틴어와 경쟁했던 지역들(파리의 프랑스어, 런던의 [초기] 영어)에서 권력의 언어로 지위가 격상된 것은 기독교 세계의 상상된 공동체가 퇴락하는 데에 나름의 기여를 했다.

기본적으로 라틴어의 난해함이 심해진 것과 종교개혁, 행정 일상어들이 아무렇게나 발전한 것 등은 모두 현재의 맥락에서는 주로 소극적인 의미에서 중요한 듯하다. 즉 이들의 역할은 라틴어를 왕좌에서 내모는 것이었다. 새로운 상상된 민족 공동체들이 출현하는 데 이들 중 어느 한 가지가 또는 어쩌면 전부가 빠져 있는 상황도 충분히 생각할 만한 것이다. 적극적인 의미에서 새로운 공동체들을 상상 가능하게 했던 것은 반쯤은 우연적이면서도 폭발적이었던 생산과 생산관계의 체계(자본주의), 커뮤니케이션 테크놀로지(인쇄) 그리고 인간의 언어적 다양성이라는 숙명 간의 상호작용이었다.[18]

숙명이라는 요소는 핵심적이다. 자본주의가 어떠한 초인적인 업적들을 이루어낼 수 있었다 한들, 죽음과 언어라는 두 가지 끈질긴 적을 이길 수는 없었다.[19] 특정한 언어들이 죽거나 사라져 없어질 수는 있어도, 인류의 전반적 언어 통일이 이루어질 가능성은 예전에도 없었고, 지금도 없다. 그러나 이러한 상호이해 불가능성은 자본주의와 인쇄가 단일 언어를 사용하는 대중 독자층들을 창조하기 전까지는 역사적으로 그다지 중요하지 않았다.

---

18 이런 식의 '우연한 사태'가 처음은 아니었다. 페브르와 마르탱은 부르주아지가 13세기 후반의 유럽에 이미 가시적으로 존재하고 있었지만, 종이는 14세기 말 이전에는 일반적으로 사용되지 않았다고 기록한다. 종이의 부드럽고 편평한 표면만이 텍스트와 그림의 대량 복제를 가능하게 할 수 있었는데, 이는 다시 75년이 더 흐르고 나서야 이루어졌다. 그런데 종이는 유럽의 발명품이 아니었다. 종이는 다른 역사 — 중국 — 로부터 이슬람 세계를 건너 흘러 들어왔다. *The Coming of the Book*, pp. 22, 30, 45.

19 아직 출판의 세계에는 거대 다국적 기업이 존재하지 않는다.

돌이킬 수 없는 언어적 다양성이라는 **일반적** 조건의 의미에서 숙명이라는 관념을 마음에 새겨두는 것이 핵심적이기는 하지만, 이 숙명을 **특정한** 언어들의 원초적 숙명 및 이들이 **특정한** 영토 단위와 결합되어 있다는 것을 강조하는 민족주의 이데올로기의 공통된 요소와 같이 놓고 보는 것은 오해이다. 핵심적인 것은 숙명과 테크놀로지, 자본주의의 **상호작용**이다. 세계의 다른 곳은 물론, 인쇄술이 도입되기 이전의 유럽에서는 화자(speaker)들의 삶의 기초를 형성했던(그리고 형성하고 있는) 구어의 다양성이 엄청났다. 실로 엄청난 나머지, 인쇄자본주의가 잠재력 있는 구어 일상어 시장을 하나하나 다 개척하려고 했더라면 사소한 쪼가리들의 자본주의로밖에 남지 못했을 것이다. 그러나 이 다종다양한 개별어(idiolect)들은 일정한 한계 안에서 조립해서 수적으로 훨씬 적은 활자어(print-language)들로 만들 수 있었다. 소리에 대한 기호 체계는 무엇이든 자의적이라는 바로 그 점이 이 조립 과정을 용이하게 했다.[20] (동시에 기호가 표의문자에 가까울수록 잠재적으로 조립될 수 있는 지역은 더 광대해진다. 대수에서 중국어와 영어를 거쳐 프랑스어나 인도네시아어의 규칙적인 음절표까지 내려오는 질서 같은 것을 감지할 수 있겠다.) 문법과 구문이 부과하는 한계 안에서 시장을 통해 보급할 수 있도록 기술적으로 복제된 활자어들을 창조한 자본주의는 관련된 일상어들을 '조립'하는 데 누구보다도 충실히 복무했다.[21]

---

20 이 논점에 대한 유용한 논의로는 S. H. Steinberg, *Five Hundred Years of Printing*, 제5장을 참조. ough라는 기호가 although, bough, lough, rough, cough, hiccough 등의 단어에서 다르게 발음된다는 것은 현재의 표준 영어 철자가 비롯된 바탕의 개별어적 다양성 및 최종 산물의 표의문자적 특성을 모두 드러낸다.

21 나는 '자본주의의 충실한 복무'에 관한 이야기를 부러 넣는다. Steinberg와 Eisenstein은 둘 다 거의 인쇄 그 자체로서의 '인쇄'를 근대 역사의 수호신으로 신격화하는 지경에 이르렀다. 페브르와 마르탱은 인쇄의 배후에 인쇄업자와 출판사가 있었다는 것을 결코 잊지 않는다. 이러한 맥락에서 인쇄술이 중국에서

이러한 활자어들은 세 가지의 구별되는 방식으로 민족의식의 주춧돌을 놓았다. 첫 번째이자 으뜸으로는 라틴어의 아래이자 구어 일상어의 위에 교환과 커뮤니케이션의 통일된 장을 창조했다는 것이다. 엄청나게 많은 종류의 프랑스어들, 영어들, 스페인어들을 사용하는 사람들은 대화로는 서로를 이해하기가 힘들거나 아예 불가능할 수도 있지만, 활자와 종이를 통해 서로의 의사를 파악할 수 있게 되었다. 그 과정에서 그들은 차차 그들이 사용하는 특정한 언어의 장(language-field)에 있는 수십만, 심지어 수백만의 사람들에 대해, 그리고 동시에 오직 그 수십만 또는 수백만의 사람들만이 거기에 속해 있다는 것을 깨닫게 된다. 인쇄를 통해 그들에게 연결된 이 동료 독자들이 저 세속적이고 특정하면서도 가시적인 비가시성을 통해 민족적으로 상상된 공동체의 맹아를 형성했다.

두 번째로 인쇄자본주의가 언어에 부여한 고정성은 새로운 것으로서, 주관적 민족 관념에 그토록 중심이 되는 이미지, 곧 고대로부터 전래되었다는 이미지를 쌓는 데 장기적으로 도움이 되었다. 페브르와 마르탱이 상기시키듯이 인쇄된 책은 영구적 형태를 간직했고, 시간적으로나 공간적으로나 거의 무한한 복제가 가능했다. 책은 더 이상 필사본을 만드는 수도사들의 개인화하는, 그리고 '무의식적으로 근대화하는' 습성에 속박되지 않았다. 그리하여 12세기의 프랑스어는 프랑수아 비용(François Villon)이 15세기의 저술에 쓴 언어와 확연히 달랐지만, 16세기로 접어든 뒤로는 변화의 속도가 결정적으로 느려졌다. "17세기 무렵에는 유럽 언어들 대개가 근대적 형태를 띠게 되었다."[22] 다르게 말하자

처음 발명되었고 아마 유럽에서보다 500년이나 앞서 출현했을 수도 있지만, 혁명적 영향력은 고사하고 어떤 주요한 영향력조차 없었다는 것을 기억해 둘 만하다. 그 이유는 바로 그곳에 자본주의가 부재했기 때문이다.

22 *The Coming of the Book*, p. 319. Cf. *L'Apparition*, p. 477: 'Au XVIIe siècle, les langues nationales apparaissent un peu partout cristallisées.'

면, 이제 3세기 동안 이 안정화된 활자어들은 거무스름한 광택을 발하게 된 것이다. 우리는 17세기 조상들의 말을, 비용이 12세기 선조들이 써놓은 말을 읽으려고 했을 때에는 불가능했던 방식으로 파악할 수 있다.

세 번째로 인쇄자본주의는 그 전의 행정 일상어와는 종류가 다른 권력의 언어를 만들어냈다. 특정한 사투리들이 각각의 활자어에 더 '가까운' 것은 어쩔 수 없었고, 그 최종적 형태를 지배했다. 그런 혜택을 받지 못한 사촌들은 출현하고 있는 활자어에 동화될 수는 있었지만 신분을 상실했는데, 그 이유는 무엇보다도 그들 나름의 활자화된 형식을 밀고 나가는 데 성공적이지 못했기 때문(이거나 오로지 상대적으로만 성공적이었기 때문)이었다. '북서부 독일어'는 대개 구어인, 그러니까 표준 이하인 저지(低地) 독일어(Platt Deutsch)가 되었는데, 이는 그것이 보헤미아의 구어 체코어에는 불가능했던 방식으로 활자 독일어에 동화될 수 있었기 때문이다. 고지(高地) 독일어, 표준 영어(King's English), 그리고 나중의 중부 태국어는 이에 따라 새로운 정치문화적 지위로 격상되었다. (그리하여 20세기 후반 유럽에는 활자—그리고 라디오—로 결연히 치고 들어옴으로써 종속적 지위를 바꾸려는 몇몇 '하부' 민족들의 분투가 있게 되었다.)

기원으로 돌아가면 활자어들의 고정과 그들 간에 일어난 지위의 분화는 대체로 자의식 없이 일어난 과정으로서 자본주의와 테크놀로지, 인간의 언어적 다양성의 폭발적인 상호작용의 결과였다는 것을 강조하기만 하면 되겠다. 그렇지만 민족주의의 역사에서 다른 것들이 다 그렇듯이 한번 '있은' 후에는, 이들은 모방의 대상이자, 사정이 맞아 떨어지는 경우에는 마키아벨리적인 정신에 입각하여 의식적으로 이용할 공식 모델이 될 수 있었다. 오늘날 태국 정부는 외국인 선교사들이 소수민족인 고산족들에게 그들 나름의 음운 표기법(transcription system, 전사 체계)을 만들어주고 고유어로 된 출판을 발전시키려고 하는 것을 적극적으로 막고 있다. 이 정부는 소수민족이 무얼 말하는지에 대해서는 대체로 무

관심하다. 오늘날의 터키와 이란, 이라크, 소련에 병합된 지구에 사는 튀르크어 사용 인구들의 운명이 특히 좋은 예이다. 아랍어 철자법 내에서 한때 어디서나 조립이 가능했으며, 그렇기에 이해가 가능했던 구어들의 일족이 의식적인 개입의 결과로 그 통일성을 잃었다. 더 넓은 이슬람으로의 그 어떤 동일시도 희생하는 비용을 치르면서, 터키의 민족의식을 높이기 위해 아타튀르크는 로마자화를 강제했다.[23] 소비에트 당국도 이를 본받아, 먼저 반이슬람적, 반페르시아적인 로마자 의무화를, 이후 스탈린의 1930년대에는 러시아화라는 맥락에서 키릴문자 의무화를 추진했다.[24]

자본주의와 인쇄 테크놀로지가 인간 언어의 숙명적 다양성에 수렴함으로써 상상된 공동체의 새로운 형태의 가능성을 창조했으며, 그 기본형이 근대 민족이 등장할 무대를 마련했다고 이야기하면서 지금까지의 논의에서 끌어낼 결론들을 요약할 수 있을 것이다. 이 공동체들이 잠재적으로 뻗어나갈 영역은 본성적으로 제한적이었으며, 동시에 현존하는 정치적 경계선들(전반적으로 왕조의 팽창주의가 최고조에 달한 지점을 표시했던)과는 가장 우연한 관계밖에 없었다.

그러나 명백하게도 오늘날 스스로를 민족으로 상상하는 거의 모든 근대적 민족들과 민족국가들이 '민족 활자어'를 보유하고 있기는 하지만, 이들 중 다수는 그런 언어들을 공유하고 있으며, 다른 경우에는 인구의 극소수만이 대화에서나 문서에서 민족어를 '이용'한다. 스페인령 아메리카나 '앵글로색슨 계열'의 민족국가들은 첫 번째 결과의 분명한 사례

---

23 Hans Kohn, *The Age of Nationalism*, p. 108. 아마도 케말은 이렇게 하여 터키 민족주의를 근대적이고 로마화된 서유럽 문명과 나란히 놓기를 바라기도 했다고 덧붙여 주어야만 하리라.

24 Seton-Watson, *Nations and States*, p. 317.

이며, 전에 식민지였던 여러 국가들, 특히 아프리카의 국가들은 두 번째에 속한다. 즉 현대 민족국가들의 구체적 형태는 결코 특정한 활자어가 명확히 도달하는 범위와 일치하는 모양을 갖지 않는다는 것이다. 활자어와 민족의식, 민족국가 간의 이어짐 속의 불연속성(discontinuity-in-connectedness)을 설명하기 위해서는, 1776년부터 1838년 사이에 서반구에서 솟아오른 새로운 정치적 실체들, 모두가 자각을 띠고 스스로를 민족으로, 그리고 브라질이라는 흥미로운 예외를 제외하고는 (왕조 국가가 아닌) 공화국으로 정의한 저 커다란 무리로 시선을 돌려야 하겠다. 그들은 역사적으로 세계 무대에 출현한 최초의 그러한 국가들로서 필연적으로 그러한 국가들이 어떻게 '보여야' 하는지에 관한 최초의 진짜 모델을 제시했을 뿐만 아니라, 그 숫자와 동시대적인 탄생이 비교 연구에 알맞은 토양을 제공하기 때문이다.

제 4 장

크리올 선구자들

18세기 후반과 19세기 초반 아메리카의 새로운 국가들은 비상한 홍미를 불러일으키는데, 이는 아마도 세기 중반 유럽의 민족주의들에서 바로 끄집어낼 수 있다는 이유로 민족주의의 부상에 대한 꽤나 촌스러운 유럽의 생각을 지배해 왔던 두 가지 요인으로는 이들을 설명하기가 거의 불가능해 보이기 때문이다.

　우선 브라질이든, 미국이든, 아니면 스페인의 예전 식민지들이든 간에 언어는 그들을 각각의 제국주의 본국으로부터 대별시킨 요소가 아니었다. 미국을 포함해 그 모두는 크리올 국가들, 즉 대항해 싸우는 대상과 공통의 언어, 공통의 핏줄을 나눈 사람들이 만들고 이끄는 국가들이었다.[1] 실로 민족 해방을 위한 이 초기의 투쟁들에서 언어는 전혀 쟁점이 아니었다고 해도 무방할 것이다.

　두 번째로, 다른 경우에는 설득력이 있는 네언의 다음과 같은 명제를 서반구의 많은 지역에 적용할 수 있는가 하는 의문을 제기할 만한 진지

---

1 크리올(Creole): 스페인어로는 크리오요(Criollo). (적어도 이론적으로는) 순수한 유럽계이지만 아메리카에서 (그리고 나중에 확장되기로는 유럽 바깥 어느 곳에서든) 태어난 사람.

한 이유들이 있다.

　확연한 근대적 의미에서의 민족주의의 도래는 하층 계급들의 정치적 세례와 관련되어 있다. …… 가끔 민주주의에 적대적일 때도 있었지만, 민족주의 운동들은 그 전망에 있어 항상 인민주의적이었으며, 하층 계급들을 정치적 삶에 입회시키려 했다. 가장 전형적인 형태는 들썩이는 중산 계급들과 지식인 지도부가 인민 계급의 기운을 일으켜 세워 새로운 국가들에 대한 지지로 돌리려고 노력하는 것이다.[2]

　적어도 중앙·남아메리카에서는, 유럽식의 '중산 계급들'은 18세기 말에도 아직 하찮은 수준이었다. 인텔리도 변변치 않기로는 마찬가지였다. "저 조용한 식민지의 나날들에는, 독서가 사람들이 영위하는 삶의 장엄하고 속물다운 리듬을 방해하는 일은 거의 없었"기에.[3] 우리가 살펴본 것처럼, 스페인령 아메리카 최초의 소설은 1816년에야 비로소, 그러니까 독립전쟁들이 발발한 지 한참 지나서 발표되었다. 증거를 보면, 상당수의 지주들이 그보다 적은 수의 상인들 및 다양한 부류의 전문직(변호사, 군인, 지방과 도 단위의 공무원들)과 연합해 지도부를 차지하고 있었음이 분명하다.[4]
　'하층 계급들을 정치적 삶에 입회'시키려 하기는커녕, 베네수엘라나 멕시코, 페루처럼 중요한 사례들에서 맨 처음에 마드리드로부터의 독립이라는 움직임에 박차를 가한 하나의 핵심적 요인은 하층 계급의 정치적 동원, 즉 인디언이나 네그로의 봉기에 대한 **공포**였다.[5] (이 공포는 혜

---

2 *The Break-up of Britain*, p. 41.

3 Gerhard Masur, *Simón Bolívar*, p. 17.

4 Lynch, *The Spanish-American Revolutions*, pp. 14~17 and passim. 이러한 비율은 스페인에서 태어난 스페인인들이 더 중요한 상업과 행정의 직분을 대개 독점했던 데 반해 토지 소유는 크리올에게도 완전히 열려 있었다는 사실에 기인한다.

겔이 칭송한 '세계정신담당대신'●이 1808년에 스페인을 정복하여 위급상황시 크리올들이 의지할 본국의 예비 병력을 없앰으로써 더 커졌을 뿐이다.) 페루에서는 투팍 아마루(1740~81)■가 이끈 거대한 반란(jacquerie)의 기억이 여전히 생생했다.[6] 1791년 투생 루베르튀르(Toussaint L'Ouverture)■■는 흑인 노예들의 반란을 이끌었으며, 이는 1804년 서반구 두 번째의 독립 공화국을 만들어냈다. 노예를 소유한 베네수엘라의 대농장주들은 경악했다.[7] 1789년에 마드리드가 주인과 노예의 권리 및 의무를 상세히 명시한 새롭고 더 인간적인 노예법을 반포했을 때, "크리올들은 노예들이 악덕과 독립심[!]에 빠지기 일쑤이며 경제에 필수적이라는 이유로 국가의 개입을 거부했다. 베네수엘라에서, 실로 스페인령 카리브 전역에서 농장주들은 법에 저항했고, 1794년 그 효력 정지를 얻어냈다."[8] 해방자 볼리바르■■■ 자신도 한때 네그로 봉기가 "스페인의 침략보다 천

---

[5] 이러한 측면에서는 한 세기 지난 다음의 보어 민족주의와 명백한 유사성이 있다.

● 나폴레옹을 말함.

■ 투팍 아마루(Tupac Amaru)는 잉카 귀족의 후예로, 18세기 말 페루의 크리올들에 대항해 반란을 일으킨 지도자이다. 지금은 민족 영웅으로 추앙받고 있다.

[6] 투팍 아마루가 스페인 왕에 대한 충성을 완전히 철회하지 않았다는 것이 어쩌면 눈에 띌 수도 있겠다. 그와 그의 추종자들(대개 인디언들이지만 몇몇 백인들과 메스티소들도 포함)은 리마의 정권에 대한 분노로 일어섰다. Masur, *Bolívar*, p. 24.

■■ 투생 루베르튀르(1749~1803 추정): 서아프리카 왕의 손자로, 아버지가 (지금은 아이티와 도미니카공화국 둘로 나뉜) 스페인령 카리브에 노예로 잡혀왔다. 아이티 흑인 노예 반란의 지도자로 활동했으며, 오랜 기간 대규모로 지속된 반란은 마침내 세계 최초의 독립 흑인 공화국(아이티)이라는 결과를 낳았다. 투생 루베르튀르는 '정치적' 이름이고, 본명은 피에르 프랑수아 도미니크 투생이다.

[7] Seton-Watson, *Nations and States*, p. 201.

[8] Lynch, *The Spanish-American Revolutions*, p. 192.

■■■ 시몬 볼리바르, 라틴아메리카의 해방자(1783~1830). 프랑스 혁명과 미국혁명의 이상으로부터 영향을 받았다. 그는 최고로 우수한 장군이자 현명하고 훌륭한 정치인, 재능 있는 작가였다. 그가 이끄는 군대는 베네수엘라(볼리바

배는 더 나쁘다"는 의견이었다.[9] 13개 주 독립운동의 지도자 여럿 역시 노예 소유주이자 농장의 부호였다는 점도 잊어서는 안 될 것이다. 토머스 제퍼슨(Thomas Jefferson) 자신도 1770년대에 영국에 충성하는 주지사가 선동적인 주인과 결별한 노예들에게는 자유를 주겠다고 선언하자 분노를 터뜨린 버지니아 농장주들 중 하나였다.[10] 마드리드가 1814~16년에 성공적으로 베네수엘라에 귀환했으며 1820년까지 외딴 키토를 지켜냈던 이유 중 하나가 베네수엘라에서는 노예들이, 키토에서는 인디언들이 반란자 크리올들에 대한 투쟁에서 스페인을 지지했기 때문이라는 점은 교훈적이다.[11] 게다가 그때에는 유럽의 2류 강국이었고 얼마 전에는 다른 나라에 점령당하기까지 했던 스페인에 대한 대륙의 투쟁이 오래 걸린 것은 저 라틴아메리카 독립운동들이 지닌 어떤 '사회적 얄팍함' 같은 것을 시사한다.

그렇기는 하지만 이 운동들은 그래도 민족적 독립운동이었다. 볼리바르는 노예들에 대한 생각을 바꾸어 먹었고,[12] 그의 동료 해방자 산 마르

르의 출생지)와 콜롬비아, 에콰도르, 그리고 페루의 일부분을 연이어 스페인 식민 지배로부터 해방했다. 현재의 볼리비아라는 이름은 지금까지 라틴아메리카 반제국주의 투쟁에서 으뜸의 인물로 여겨지는 해방자로부터 가져온 것이다.

9 Ibid., p. 224.

10 Edward S. Morgan, 'The Heart of Jefferson,' *The New York Review of Books*, August 17, 1978, p. 2.

11 Masur, *Bolívar*, p. 207 ; Lynch, *The Spanish-American Revolutions*, p. 237.

12 다소 우여곡절이 있기는 했다. 그는 1810년 베네수엘라의 독립 선언 이후 얼마 안 되어 자신이 소유한 노예들을 풀어주었다. 1816년에 아이티로 도망쳤을 때에는 해방된 영토 전체에서 노예제를 끝장내겠다는 약속에 대한 보답으로 알렉상드르 페티옹 대통령으로부터 군사 원조를 얻어냈다. 약속은 1818년 카라카스에서 이행되었지만, 마드리드가 1814년과 1816년 사이에 베네수엘라에서 성공을 거둔 것은 부분적으로는 **스페인이** 충성스러운 노예들을 해방한 데 기인했다는 점을 기억하자. 1821년 볼리바르가 그란콜롬비아(Gran Colombia. 베네수

틴은 1821년에 "미래에는 토착민들(aborigines)이 인디언이나 원주민 (natives)이라고 불려서는 안 될 것이다. 그들은 페루의 아들딸이자 시민이 며, 페루인이라고 알려져야 한다"고 선포했다.[13] (아직 인쇄자본주의가 이 문맹들에게 가 닿지 않았다는 사실에도 불구하고, 라고 덧붙일 수도 있겠다.)

그렇다면 여기에 수수께끼가 있다. 왜 다름 아닌 크리올 공동체들이 그들의 민족됨에 대한 관념을 그토록 일찍, 유럽 대부분에 훨씬 앞서서, 발전시킨 것일까? 보통 다수의 억압받는 스페인어 비(非)구사자 인구들 을 품고 있는 그런 식민지 지방들이 이런 이들을 민족적 동포로 — 그리 고 본인들이 그토록 여러 방면으로 이어져 있는 스페인을[14] 적국으로 — 의식적으로 재정의하는 크리올을 배출해 낸 이유는 무엇이었을까? 왜 거의 300년이나 되는 시간 동안 조용히 존재해 왔던 스페인령 아메 리카 제국이 꽤나 갑자기 열여덟 개의 서로 다른 국가들로 산산조각 난 것일까?

설명에 가장 흔히 제시되는 요인은 18세기 후반의 50년간 마드리드의 통제가 조여온 것과 계몽 운동의 자유화하는 사고들이 퍼진 것, 두 가지 이다. 능력 있는 '계몽전제군주' 카를로스 3세(재위 1759~88)가 추구한 정책들이 크리올 상류 계급들을 점점 좌절과 분노, 불안에 빠뜨렸다는 것은 의심할 여지가 없는 진실이다. 가끔 냉소적으로 제2차 아메리카 정 복이라 불린 움직임으로 마드리드는 새로운 세금들을 부과했으며, 그

엘라 · 콜롬비아 · 에콰도르)의 대통령이 되었을 때, 그는 의회에 노예의 **아들들** 을 해방하는 법을 요청해 얻어냈다. 그는 "의회에 노예제를 완전히 없애자고 요 청하지 않았는데, 그 이유는 대지주들의 노여움을 일으키고 싶지 않았기 때문 이다." Masur, *Bolívar*, pp. 125, 206~207, 329, 388.

13 Lynch, *The Spanish-American Revolutions*, p. 276. 강조는 덧붙임.
14 시대착오. 18세기에 보통 쓰였던 단어는 여전히 '라스' 에스파냐 '스'(Las Españas, Spains)였지, 에스파냐(España, Spain)가 아니었다. Seton-Watson, *Nations and States*, p. 53.

징수를 더 효율화하고, 본국의 상업적 독점을 실시하고, 마드리드에 유리하도록 반구 내의 무역을 제한하고, 행정계서제를 중앙집권화하면서 내지 태생자들(peninsulares)*의 대규모 이민을 장려했다.[15] 예를 들어 멕시코는 18세기 초반 매년 300만 페소 정도의 세입을 왕에게 제공했다. 그러나 세기가 끝날 무렵에는 그 총액이 1400만 페소로 거의 5배나 뛰어올랐고, 이 가운데 지방 행정 비용으로 지출된 액수는 400만 페소에 지나지 않았다.[16] 이와 유사하게, 1780년에서 1790년 사이의 10년간 내지에서 들어온 이민자의 수는 1710년에서 1730년 사이보다 5배나 많았다.[17]

대서양을 가로지르는 커뮤니케이션 수단이 향상된 점, 그리고 다양한 아메리카가 그들 각각의 식민 본국과 언어 및 문화를 공유했다는 사실로 말미암아 서유럽에서 생산되는 새로운 경제적·정치적 교의들의 전송이 빠르고 쉬운 편이었다는 데에도 이의는 없을 것이다. 1770년대 말 13개 주의 반란이 성공하고, 1780년대 말에는 프랑스 혁명이 발발한 것 역시 강력한 영향력을 끼칠 수밖에 없었다. 이 '문화 혁명'은 무엇보다도 새로이 독립한 공동체들에 널리 퍼진 **공화주의**에 의해 입증된다.[18] 브라질을 제외하고는 아메리카의 어떤 곳에서도 왕조의 원리를 부활시키려는 진지한 시도가 이루어진 바 없으며, 아마 1808년 포르투갈 군주 본인이 나폴레옹으로부터 도망치는 길에 이주해 오지 않았더라면 브라

---

* 이베리아 반도에서 태어난 스페인인들. 조선 '반도인'과의 도치가 흥미롭다.

15 식민 본국의 이런 새로운 공격성은 일부는 계몽 운동 교의의 산물이었고, 일부는 고질적인 재정 문제, 일부는 1779년 이후에 벌어진 영국과의 전쟁 때문이었다. Lynch, *The Spanish-American Revolutions*, pp. 4~17.

16 Ibid., p. 301. 400만 페소는 스페인령 아메리카의 다른 부분에서 발생하는 행정 비용을 보조하는 데 쓰였고, 600만 페소는 순수익이었다.

17 Ibid., p. 17.

18 제1차 베네수엘라공화국(1811)의 헌법은 여러 군데에서 미국 헌법을 토씨도 틀리지 않게 빌려 왔다. Masur, *Bolívar*, p. 131.

질에서도 가능한 일은 아니었으리라. (그는 13년 동안 그곳에 머물렀고, 본국으로 돌아가면서 아들을 브라질의 페드로 1세라고 하여 그 지역의 왕으로 앉혔다.)[19]

그러나 마드리드의 공세적인 태도와 자유주의 정신은 스페인령 아메리카들에서의 저항의 충동을 어떤 식으로 이해하는 데 있어서도 중심이 되기는 하겠지만, 그 자체로서 왜 칠레나 베네수엘라, 멕시코 같은 실체들이 정서적으로 그럴듯하면서도 정치적으로 유망한 것으로 드러났는지를,[20] 또는 왜 산 마르틴이 일정한 토착민들을 '페루인들'이라는 신조어로 불러야 한다고 선포했는지를 설명하지는 못한다. 궁극적으로 그러한 요인들은 실제로 일어난 희생을 설명하지 못한다. 역사적인 사회적 형성물로 이해되는 크리올 상층 계급은 물론 장기적으로는 독립으로 득을 보았지만, 1808년에서 1828년 사이에 살았던 크리올 상층 계급들의 실

---

19 브라질 예외주의의 구조적 요인들에 관한 탁월하고 복잡한 분석은 다음 글에서 찾을 수 있다. José Murilo de Carvalho, 'Political Elites and State Building : The Case of Nineteenth-Century Brazil', *Comparative Studies in Society and History*, 24:3 (1982), pp. 378~99. 두 가지 더욱 중요한 요인을 들자면, (1) 교육의 차이. 스페인령 아메리카에서는 "장차 13개의 다른 나라가 될 영토에 대학 스물세 개가 흩어져 있었던" 반면, "포르투갈은 식민지에서 어떠한 고등교육기관의 구성을 허용하는 것에 대해서도, 신학을 가르치는 수도원은 고등교육기관에 포함하지 않으면서, 체계적으로 거부했다." 고등교육이 이루어지는 곳은 쿠임브라대학교뿐이었으며, 크리올 엘리트의 아이들은 저편 모국으로 건너가 대다수가 법학을 공부했다. (2) 크리올들의 출세 가능성의 차이. De Carvalho는 "아메리카에서 태어난 스페인인들이 스페인 쪽[sic]의 고위직에서 배제되는 경향이 훨씬 심했다"고 적는다. "식민지 시대의 첫 300년 동안 브라질에서는 단 한 대의 인쇄기도 돌아가지 않았다"고 짧게 언급한 다음의 글도 참조. Stuart B. Schwartz, 'The Formation of a Colonial Identity in Brazil', chapter 2 in Nicholas Canny and Anthony Pagden eds., *Colonial Identity in the Atlantic World, 1500~1800*, p. 38.

20 13개 주에 대한 런던의 입장이나 1776년 혁명의 이데올로기에 대해서도 마찬가지로 말할 수 있다.

제 구성원 가운데 여럿은 경제적으로 파멸했다. (한 가지 예만 들어보자. 1814년에서 1816년 사이에 마드리드가 반격을 펼치는 동안 "베네수엘라 지주 가문의 3분의 2 이상이 대대적인 몰수라는 피해를 입었다."[21]) 그리고 그만 큼 많은 이들이 기꺼이 대의를 위해 목숨을 바쳤다. 넉넉한 계급들이 이 렇게 기꺼이 감수한 희생이라는 것은 생각해 볼 만한 거리이다.

그러면? 해답의 단초는 "남아메리카의 공화국들 각각은 16세기부터 18세기까지 행정 단위였다"는 놀라운 사실에 있다.[22] 이러한 측면에서 이들은 20세기 중반 아프리카와 아시아 일부의 새로운 국가들을 예시했 으며, 19세기 후반과 20세기 초반 유럽의 새로운 국가들과는 날카로운 대조를 이룬다. 아메리카 행정 단위들의 원래 모습은 어느 정도 자의적 이고 우연한 것으로서, 개개의 군사적 정복으로 만들어진 공간의 한계 들을 나타냈다. 그러나 시간이 흐르면서 이들은 지리적 · 정치적 · 경제 적 요인들의 영향 아래 더 단단한 실체로 발전했다. 스페인령 아메리카 제국의 광대함 그 자체, 토양과 기후의 엄청난 다양성, 그리고 무엇보다 도 산업화 이전 시대에 커뮤니케이션이 대단히 어려웠던 점 등이 이 단 위들에 자족적인 성격을 부여하곤 했다. (식민지 시대에 부에노스아이레 스에서 아카풀코까지 바닷길로 가는 데에는 넉 달이 걸렸고, 돌아오는 여행은 더 오래 걸렸다. 부에노스아이레스에서 산티아고까지 육로로 여행하는 데에 는 보통 두 달, 카르타헤나까지는 아홉 달이 소요되었다.[23]) 게다가 마드리 드의 통상(commercial) 정책은 행정 단위들을 독립적인 경제 지구로 변 모시키는 효과를 낳았다. "아메리카에서는 모국과의 경쟁이 일체 금지 되었으며, 대륙의 개별 지역들끼리도 서로 교역할 수 없었다. 아메리카

---

21 Lynch, *The Spanish-American Revolutions*, p. 208; cf. Mansur, *Bolívar*, pp. 98~ 99, 231.

22 Masur, *Bolívar*, p. 678.

23 Lynch, *The Spanish-American Revolutions*, pp. 25~26.

한쪽에서 다른 쪽으로 가는 아메리카 물품들은 스페인 항구를 거쳐 돌아가야만 했으며, 스페인 선박이 식민지와의 교역을 독점했다."[24] 이러한 경험들은 "아메리카 혁명의 기본적인 원칙들 중 하나"가 "각각의 민족이 독립운동을 개시한 해인 1810년 영토 그대로의 상태를 보전한다는 현상유지의 원칙(uti possidetis)"이었던 이유를 설명하는 데 도움이 될 것이다.[25] 그로 인한 영향은 의심할 여지 없이 볼리바르의 단명한 그란 콜롬비아와 리오데라플라타 연합주(Rio de la Plata. 오늘날의 아르헨티나 · 우루과이 · 파라과이 · 볼리비아)가 오래된 구성물들로 해체되는 데에도 기여했다. 그렇기는 해도 시장 구역이라는 것은, '자연적' · 지리적이든 정치적 · 행정적이든, 그 **자체로서** 애착을 창조하지는 않는다. 코메콘이나 EEC를 위해 기꺼이 죽을 자 그 누구인가?

시간이 지나면서 어떻게 아메리카들에서뿐만 아니라 세계 다른 지역들에서도 행정 단위들이 조국으로 인식될 수 있었던가 하는 것을 알려면, 행정 기구들이 의미를 창조하는 방식을 살펴보아야 한다. 인류학자 빅터 터너는 시간들, 지위들, 장소들 사이의 '여행'(journey)을 의미를 창조하는 경험으로서 해명한 바 있다.[26] 모든 그러한 여행에는 해석이 필요하다. (예를 들어 탄생에서 죽음으로의 여행은 다양한 종교적 관념을 발생시켰다.) 여기에서의 우리의 목적을 고려하자면, 전형적 양식의 여행

---

24 Masur, *Bolívar*, p. 19. 당연히 이러한 조치들은 부분적으로만 시행될 수 있었으며, 상당량의 밀수가 늘상 계속되었다.

25 Ibid., p. 546.

26 Victor Turner, *The Forest of Symbols, Aspects of Ndembu Ritual*, 특히 'Betwixt and Between: The Liminal Period in *Rites de Passage*' 장을 참조. 이후에 더 복잡하고 정교해진 설명을 보려면 다음을 참조. Victor Turner, *Dramas, Fields, and Metaphors, Symbolic Action in Human Society*, chapter 5('Pilgrimages as Social Processes') and 6('Passages, Margins, and Poverty: Religious Symbols of Communitas').

은 순례(pilgrimage)이다. 문제는 단순히 기독교인들과 무슬림들, 힌두교도들의 마음에서 로마나 메카, 바라나시라는 도시가 신성한 지리학의 중심지라는 것보다는, 이러한 도시들의 중심성이 멀리 떨어져 있고 다른 이유로는 서로 관련이 없는 지역들로부터 그곳을 향해 움직이며 끊임없이 흘러 들어오는 순례자들에 의해 경험되고 (연출 기법이라는 차원에서) '실현된다'는 데에 있다. 실로 어떻게 생각하면 상상으로 이루어진 오래된 종교 공동체들의 바깥 경계는 사람들이 행하는 순례에 의해 결정되었다고도 할 수 있다.[27] 이미 지적했듯이 메카에 늘어선 말레이인들과 페르시아인들, 인도인들, 베르베르인들, 투르크인들의 기묘한 신체적 병치는 어떠한 형식이든 그들의 공동체라는 관념 없이는 불가해한 것이다. 카바●를 앞에 두고 말레이인을 마주친 베르베르인은, 말하자면, 자신에게 물을 것이다. "왜 이 사람이 내가 하고 있는 것을 하고 있으며 내가 읊는 것과 똑같은 말들을 읊고 있을까, 우리는 서로 이야기를 나눌 수도 없는데?" 한번 배운 적이 있다면, 이에 대한 답은 하나뿐이다. "왜냐하면 우리는 …… 무슬림이니까." 물론 위대한 종교적 순례라는 안무에는 언제나 이중적인 측면이 있었다. 일상어를 하는 문맹들의 거대한 무리가 의례 행렬의 빽빽한 신체적 실재를 제공하는 동안, 각각의 일상어 공동체로부터 나온 소수의 식자층이 이중 언어를 하는 달인으로서 그들의 공동의 움직임의 의미를 저마다 따르는 이들에게 해석해 주며 통합의 의식을 거행했다.[28] 인쇄 이전의 시대에 상상된 종교 공동체의

---

27 Bloch, *Feudal Society*, I, p. 64 참조.
● 순례의 목적지인 메카의 성역, 무슬림의 기도는 카바를 향한다.
28 여기에는 라디오가 등장하기 전에 이중언어 인텔리와 대개 문맹인 노동자, 농민들이 특정한 민족주의 운동들의 발생에서 각각 수행한 역할과 명백한 유사성이 있다. 1895년에야 발명된 라디오로 인해, 인쇄물이 거의 뚫고 들어오지 못한 곳에서 인쇄물을 우회해 상상된 공동체의 청각적 표상을 소환하는 것이 가능해졌다. 베트남과 인도네시아 혁명에서, 그리고 전반적으로 20세기 중반의

실재는 셀 수 없고 쉼 없는 여행들에 깊이 기대고 있었다. 전성기의 서유럽 기독교 세계를 볼 때 누가 강요하지도 않았는데 유럽 전역으로부터, 수도원에서의 배움이 이루어지는 유명한 '종교적 중심지들'을 거쳐, 로마로 향한 신실한 구도자들의 흐름만큼 인상적인 것도 없다. 이 위대한 라틴어 사용 기관들은 오늘날 우리가 아일랜드인, 덴마크인, 포르투갈인, 독일인 등으로 여길 만한 이들을 한데 모아, 수도원 구내 식당에 줄지어 앉은 그 구성원들의, 다른 이유로는 설명할 수 없는 병치로부터 그 신성한 의미가 매일같이 판독되는 공동체들을 이루어냈다.

종교적 순례가 상상에 관한 여행 중 가장 심금을 울리면서도 장엄한 것이기는 하나, 이에는 더 수수하고 제한된 세속적 대응물이 있었고, 지금도 있다.[29] 지금 우리의 목적을 위해 가장 중요한 것은 절대화하는 군주제들이, 그리고 이윽고는 유럽에 중심을 둔 세계 제국 국가들이 떠오르면서 창조된 다른 성질의 행렬들이다. 절대주의의 내적 추진력은 지배자가 직접 통제하면서 그에게 충실한 단일화된 권력 기구를, 분권화되고 개별주의적인 봉건 귀족층에 대항해 그 위에 만들어내는 것이었다. 단일화란 사람들과 문서들의 내부적 호환성을 뜻했다. 인적 호환성은 기득권층의 외부에서 왔기에 그 자신의 독립적 권력은 전혀 없으며, 그리하여 주군의 의지를 그대로 발산하는 기능을 할 수 있었던 신인류(homines novi)의, 물론 정도는 서로 달랐지만, 채용으로 촉진되었다.[30]

민족주의에서의 라디오의 역할은 크게 경시되어 왔고 연구도 부족한 부분이다.

29 '세속적 순례'(secular pilgrimage)를 그냥 기발한 수사로만 여겨서는 안 될 것이다. 조지프 콘래드(Joseph Conrad)가 암흑의 핵심에서 일하는 레오폴드 2세〔● 콩고를 침략하여 식민지화한 벨기에 왕. 침략 과정에서 전체 인구의 절반인 1000만 명이 학살당했다는 추정치가 나와 있다〕의 괴기스러운 대리인들을 '순례자들'로 묘사했을 때, 그는 반어법을 썼으되 정확했다.

30 특히 (a) 종교적 · 법적으로 일부일처제가 실시되었으며 (b) 장자상속제를 따르고 (c) 왕조 바깥의 작위(title)가 상속 가능하면서도 개념적 · 법적으로 관리

이렇게 하여 절대주의의 관리들은 봉건 귀족들의 여행과는 기본적으로 차이가 있는 여행을 떠났다.[31] 그 차이를 개괄적으로 표현하자면 다음과 같다. 기본적 양식의 봉건적 여행에서, 귀족 A의 상속자는 그의 아버지가 사망함에 따라 한 단계 높이 올라가 아버지의 자리를 맡는다. 이 상승에는 작위가 수여되는 중심부로 갔다가 다시 조상에게 물려받은 영지로 돌아오는 왕복 여행이 필요하다. 그러나 새로운 관리에게는 일이 더 복잡하다. 그의 경로를 정하는 것은 사망이 아니라 재능이다. 중심부가 아니라 정점이 그의 눈앞에 놓여 있다. 그는 여러 번 빙글빙글 돌게 되는 절벽가의 도로를 따라 위로 올라가며, 그의 희망에 따르자면 이 길은 올라갈수록 작아지고 좁아질 것이다. V라는 직위에서 A고을로 파견되었다가 W라는 직위에서 수도로 돌아온 후, 직위 X에서 B도로 전진하고, 계속해서 직위 Y에서 부왕령 C로 나아갔다가 Z라는 직위로 수도에서 그의 순례를 마치는 식이다. 이 여행에는 맘 편히 쉴 휴식처가 없으며, 모든 멈춤은 잠정적이다. 관리가 가장 원하지 않는 것은 고향에 돌아오는 것이다. 그는 내재적인 가치가 있는 고향을 갖지 않기에. 그리고 이런 것도 있다. 나선형으로 상승하는 길 위에서 그는 동료 관리들을 순례의 열성적 동반자로서 마주치는데, 이 동료들은 그가 거의 들어본 적도 없으며, 틀림없이 볼 필요도 없게 되기를 바랄 동네와 가문 출신들이다. 그러나 여행의 길동무인 그들을 경험하면서 유대감이라는 의식('우리가 …… 여기에 …… 같이 있는 이유는 무엇일까?')이 출현하며, 이는 무엇보다도 모든 이가 단일한 국가 언어를 공유하고 있을 때에 일어나는 일이다. 그러면, B도에서 온 관리 A가 C도의 행정을 맡는 동시에, C도에서 온 관리 D가 B도의 행정을 맡는다면 — 이는 절대주의로 인해 있

의 직위(office-rank)와는 달랐던 곳, 즉 지방 귀족들이 상당한 독립적 권력을 가졌던 곳에서, 그러니까 시암과는 반대인 잉글랜드에서.

31 Bloch, *Feudal Society*, II, pp. 422ff 참조.

을 법해지기 시작한 상황인데 — 호환성이라는 경험은 그 자체로서 설명이 필요하다. 이 설명이 절대주의의 이데올로기로서, 이를 정교화한 이는 군주뿐만 아니라 신인류들 자신이기도 하다.

인적 호환성을 강화한 문서의 호환성은 표준화된 국가 언어의 발전으로 인해 촉진되었다. 11세기부터 14세기까지 런던에서 앵글로색슨어와 라틴어, 노르만어, 그리고 초기 영어가 위엄 있게 자리를 물려받은 것 (stately succession)을 보면 알 수 있듯이, 원칙적으로 문어로서 독점권을 부여받기만 한다면 아무 언어나 이 역할을 수행할 수 있었다. (그러나 어쩌다 라틴어가 아닌 일상어가 독점권을 쥐게 된 곳에서는 한 군주의 관리들이 그의 라이벌들의 국가 관료제로 흘러가는 것이 제한됨으로써, 중앙집권화의 기능이 더 많이 성취되었다고 할 수도 있다. 말하자면 이는 마드리드의 순례자 관리들이 파리의 순례자 관리들과는 호환될 수 없도록 보증했던 것이다.)

원칙적으로는, 초기 근대 유럽의 위대한 왕국들이 유럽 바깥으로 팽창해 나가면서, 위의 모델이 거대한 초대륙적 관료제의 발전을 통해 단순히 확장되었어야 했다. 그런데 사실 그런 일은 일어나지 않았다. 절대주의 국가 기구의 도구적 합리성, 특히 출생보다는 재능을 기초로 하여 채용과 승진을 결정하는 경향은 대서양의 동쪽 해안을 넘어가면 오로지 단속적으로만 기능했다.[32]

아메리카에서는 그 패턴이 단순했다. 이를테면 1813년 이전에는 스페인령 아메리카의 부왕(viceroy) 170명 중 4명만이 크리올이었다. 1800년에 서반구 제국(Western Empire)의 (1370만 명의 토착민들 위에 올라앉아 있던) 320만 명 가량의 크리올 '백인들'에 비해 스페인 태생 스페인인

---

[32] 분명히 이러한 합리성을 과장하지는 말아야 한다. 1829년까지 가톨릭 교도들이 관직에 오를 수 없었던 영국의 사례는 독특한 것이 아니다. 이 오랜 세월의 배제가 아일랜드 민족주의를 키우는 데 중요한 역할을 했다는 점을 의심할 수 있을까?

들은 그 5퍼센트도 되지 않았다는 점을 감안한다면 이 숫자는 더욱더 놀랍게 다가온다. 부왕령이었던 혁명 전야의 멕시코에는 크리올이 스페인 태생자를 70 대 1로 능가했는데도 크리올 주교가 한 명뿐이었다.[33] 그리고 말할 필요도 없이 크리올이 스페인에서 중요한 관직에 올라간다는 것은 거의 있을 수도 없는 일이었다.[34] 더구나 크리올 관리들의 순례는 단순히 수직적으로 차단된 것뿐만이 아니었다. 스페인 태생 관료가 사라고사에서 카르타헤나, 마드리드, 리마로, 그리고 다시 마드리드로의 길을 여행할 수 있었다면, '멕시코인'이나 '칠레인'인 크리올은 으레 식민지 멕시코나 칠레의 영토 안에서만 복무했다. 그의 수평적 움직임은 수직적 상승만큼이나 속박되어 있었다. 이런 식으로 그의 나선형 오르막길의 정점, 그가 발령을 받을 수 있는 가장 높은 행정 중심지는 자신이 놓인 제국 행정 단위의 수도였다.[35] 그렇지만 이 속박된 순례길에서

---

33 Lynch, *The Spanish-American Revolutions*, pp. 18~19, 298. 1만 5,000명 가량의 본국 태생자들 중 절반은 군인이었다.

34 19세기의 첫 10년간 스페인에 거주하던 남아메리카인들은 어느 때를 기점으로 헤아리든 400명 정도였던 것 같다. 여기에는 어린 소년이었을 때 스페인으로 오게 된 이후 그곳에서 27년을 보내며 귀족 청년들을 위한 왕립학원에 입학하고 나폴레옹에 대항한 무장투쟁에서 돋보이는 역할을 해내다 조국의 독립 선언 소식을 듣고 돌아온 '아르헨티나인' 산 마르틴도 있었고, 마리아 루이사 여왕의 '아메리카인' 애인이었던 마누엘 멜로와 더불어 마드리드에서 한동안 하숙했던 볼리바르도 있었다. 메이서(Masur)는 그가 (1805년쯤에) '젊은 남아메리카인 무리'에 속해 있었다고 기술하는데, 이들은 그와 마찬가지로 "부유하고 게으르며 궁정을 못마땅하게 여겼다. 크리올 여럿이 모국에 대해 느끼는 증오와 열등감은 그들의 내면에서 혁명적 충동으로 발전하고 있었다." *Bolívar*, pp. 41~47, 469~70 (San Martín).

35 시간이 지남에 따라 군인 순례자들도 문관들만큼 중요해졌다. "스페인에는 아메리카에서 대규모 정규 주둔군을 유지할 자금도 인력도 없었고, 주로 식민지 민병대에 의지했는데, 민병대는 18세기 중반부터 팽창하면서 재정비되었다." (Ibid., p. 10). 이 민병대들은 상당히 지방적인 것으로서, 대륙 안보 기구의 호환 가능한 일부가 아니었다. 영국의 침략이 빈번해짐에 따라 이들은 1760년대

그는 길동무들을 만났으며, 그들은 자신들의 동료 의식이 단지 순례의 특정한 범위뿐만 아니라 대서양 건너에서의 태생이라는 공유된 숙명에도 기반을 두고 있다는 것을 깨닫게 되었다. 그 아버지가 이주한 지 1주일 만에 태어났다고 하더라도, 아메리카에서의 출생이라는 우연적 사고는 그에게 종속적인 지위를 할당했다. 비록 언어나 종교, 조상의 뿌리 아니면 예의범절에서 그를 스페인 태생의 스페인인들과 구별하는 것이 거의 불가능하다고 할지라도. 이에 대해 할 수 있는 일은 아무것도 없었다. 그는 돌이킬 수 없이 크리올이었다. 그렇지만 그의 배제는 얼마나 비합리적인 것으로 보였을까! 그럼에도 불구하고 비합리성 안에 숨겨진 다음과 같은 논리가 있었다. 아메리카에서 태어난 이상 그는 진정한 스페인인이 될 수 없다. 그런 고로 스페인에서 태어난 이상 내지 태생자는 진정한 아메리카인이 될 수 없다.[36]

이러한 배제가 식민 본국에서 합리적인 것으로 보인 이유는 무엇이었을까? 의심의 여지 없이 16세기부터 주욱 유럽인들과 유럽의 권력이 행성에 퍼지면서 생물학적, 생태적 오염이라는 관념이 자라나 유서 깊은

부터 더욱더 중요한 역할을 수행했다. 볼리바르의 아버지는 이름 높은 민병대 지휘자로서 침략자들에 대항해 베네수엘라의 항구들을 방어했다. 볼리바르 자신도 10대에 아버지의 옛 부대에 복무했다. (Masur, *Bolívar*, pp. 30 and 38). 이러한 측면에서 그는 아르헨티나, 베네수엘라, 칠레의 여러 1세대 민족주의 지도자들의 전형이었다. Robert L. Gilmore, *Caudillism and Militarism in Venezuela, 1810~1910*, chapter 6('The Militia') and 7('The Military')를 참조.

36 독립이 아메리카에 가져온 전환에 주목하라. 1세대 이민자는 이제 '제일 높은 사람'이 아니라 '제일 낮은 사람', 즉 출생지의 숙명에 의해 가장 많이 오염된 사람이 되었다. 인종주의에 대해서도 비슷한 도치가 일어났다. 제국주의 아래서는 '검은 피' — 타르 솥의 **얼룩** — 가 어떤 '백인'(white)도 가망 없이 오염시키는 것으로 보였다. 오늘날, 적어도 미국에서는, '물라토'는 박물관으로 들어갔다. '검은 피'의 자취가 한 방울만 있어도 아름다운 흑인이 된다. 페르민의 낙관적인 이종교배 계획, 그리고 그가 나올 자손들의 피부 색깔에 대해 걱정하지 않았다는 것과 대조해 보라.

마키아벨리주의에 합류한 결과이다. 군주의 시각에서 보았을 때, 숫자가 점점 불어나는 동시에 세대를 거듭할수록 현지에 더욱더 뿌리를 내려가는 아메리카 크리올들은 역사적으로 독특한 정치적 문제를 제기했다. 식민 본국들은 그 시대로서는 최초로 유럽에서 한참 멀리 떨어진 바깥에 살고 있는 (1800년에는 스페인령 아메리카에 300만 명이 넘었던) 엄청난 수의 '유럽인 동포들'을 다루어야 했다. 토착민들을 무기와 질병으로 정복할 수 있었고, 기독교라는 신비와 완전히 낯선 문화로(그 당시로서는 선진적인 정치 조직도 한몫을 했으리라) 제어할 수 있었다면, 무기와 질병, 기독교, 유럽 문화와의 관계가 본국인들과 같은 것이나 다름없었던 크리올들에게는 마찬가지의 방식이 통할 수 없었다. 다시 말해 원칙적으로 그들은 성공적으로 자기 주장을 할 수 있는 정치적·문화적·군사적 수단을 바로 손에 쥐고 있는 셈이었다. 그들은 식민지 공동체이자 동시에 상류 계급을 구성했다. 그들은 경제적으로 종속되고 착취되는 존재들이지만, 또한 제국의 안정에 필수적이기도 했다. 이렇게 보면 크리올 부호들과 봉건 귀족들의 위치 사이에는 군주의 권력에 핵심적이면서 위협적이기도 하다는 어떤 유사 관계가 보일 것이다. 그리하여 부왕이나 주교로 파견된 내지 태생자들은 원시절대주의 관료제의 신인류와 같은 기능을 수행했다.[37] 부왕이 자신의 고향인 안달루시아에서는 대공이라고 하더라도, 8,000킬로미터 떨어진 이곳에서 크리올들과 나란히 놓고 보면 그는 실질적으로 본국의 주군에게 완전히 종속된 신인류였다. 내지 태생 관료와 크리올 부호 사이의 팽팽한 균형은 '갈라놓고 통치하라'(divide et impera)라는 오래된 정책이 새로운 배경에서 이렇게 표출된 것이었다.

---

[37] 식민지 경영을 믿을 만한 손에 맡겨야 한다는 마드리드의 깊은 걱정을 놓고 보면, "고위직을 배타적으로 스페인 태생의 내지인들로만 채워야 한다는 것은 자명했다." Masur, *Bolívar*, p. 10.

102

게다가 주로 아메리카에서, 그러나 아시아와 아프리카의 일부에서도 크리올 공동체가 성장함에 따라 필연적으로 유라시아인(Eurasian), 유라프리카인(Eurafrican), 그리고 유라메리카인(Euramerican)들이 때때로 등장하는 흥밋거리가 아닌 가시적인 사회적 집단으로 출현했다. 이들이 나타남으로 인해 근대적 인종주의를 예시하는 새로운 방식의 사고가 꽃필 수 있게 되었다. 유럽 최초의 행성 정복자였던 포르투갈은 이 점에 대해 적절한 실례를 제공한다. 15세기의 마지막 10년 동안 마누엘 1세는 여전히 강제적 대량 개종으로 그의 '유대인 문제'를 '해결'할 수 있었는데, 아마 그는 이러한 해결이 만족스러우면서도 '자연스럽다'고 생각한 마지막 유럽인 통치자였으리라.[38] 그러나 한 세기도 지나지 않아 1574년에서 1606년 사이에 예수회 아시아 선교를 훌륭하게 재편한 알레산드로 발리그나노(Alessandro Valignano)가 다음과 같은 말로 인도인들과 유럽-인도인들(Eurindians)의 성직 입회 허가에 격렬히 반대하는 것을 볼 수 있게 된다.[39]

이 모든 거무스름한 인종들은 아주 멍청하고 사악하며, 그 영혼은 가장 저열하다 …… 메스티소와 카스티소*로 말하자면, 극소수만을 받아들이거나 아예 받아들여서는 안 될 것이다. 특히 메스티소의 경우에는 원주민의 피가 더 많이 흐르기 때문에 인도인을 더 많이 닮을수록 포르투갈인들의 존중을 덜 받게 된다.

(그런데도 발리그나노는 일본인과 한국인, 중국인, '인도차이나인'을 성직에 복무하도록 입회시키는 것은 적극적으로 장려했다. 이 지역들에서는 아직 상

---

38 Charles R. Boxer, *The Portuguese Seaborne Empire, 1415~1825*, p. 266.
39 Ibid., p. 252.
● 백인과 메스티소의 자식, '4분의 3'을 칭하던 용어.

당수가 된다고 할 만큼의 메스티소들이 나타나지 않았기 때문일까?) 마찬가지로 고아(Goa)의 포르투갈인 프란치스코회 신부들은 크리올의 교단입회를 맹렬히 반대하며 "순혈 백인 부모에게 태어났다고 할지라도 유아기에 인도인 유모의 젖을 빨고 자랐기에 그들의 피는 평생 오염된 채일 것"이라고 주장했다.[40] 복서(Boxer)는 초기에 실시되던 것과 비교한다면 17세기와 18세기에 '인종적' 장벽과 배제가 눈에 띄게 증가했다는 것을 보여준다. 이 악의적인 경향에는 1510년 이후 포르투갈이 선도적으로 이끈 (고대 이후 유럽 최초의) 대규모 노예제의 부활이 그 나름 엄청난 기여를 했다. 1550년대에 이미 리스본 인구의 10퍼센트는 노예였고, 1800년이 되자 포르투갈의 브라질에는 250만 명 정도의 거주자 중 100만 명에 가까운 노예가 있었다.[41]

간접적으로는 계몽 운동도 본국인과 크리올 사이의 숙명적 구별이 굳어지는 데 영향을 끼쳤다. 계몽 독재자 폼발(Pombal)은 22년간의 집권기(1755~77) 동안 예수회를 포르투갈 영토에서 추방했을 뿐만 아니라 '유색인'(coloured) 신민들을 '검둥이'(nigger)나 '메스티소'(mestiço) [sic]와 같은 모욕적인 이름으로 부르는 것을 형사 범죄로 만들었다. 그러나 그는 계몽철학자들의 교의가 아니라, 제국 시민권에 대한 고대 로마의 관념을 인용함으로써 이 법령을 정당화했다.[42] 더 전형적으로는 기후와 '생태'가 문화와 기질을 구성하는 효과가 있다고 논한 루소와 헤르더가 폭넓은 영향력을 행사했다.[43] 거기로부터 출발하여, 크리올들이 야만적인 반구에서 태어났으며 본성적으로 본국인과는 다르고 열등하기 때문에 고위직에는 맞지 않는다는 편리하면서도 저속한 연역을 해내는

---

40 Ibid., p. 253.

41 Rona Fields, *The Portuguese Revolution and the Armed Forces Movement*, p. 15.

42 Boxer, *The Portuguese Seaborne Empire*, pp. 257~58.

43 Kemiläinen, *Nationalism*, pp. 72~73.

104

것은 너무 손쉬울 뿐이었다.[44]

지금까지 우리의 관심은 아메리카 관리들의 세계, 그러니까 전략적으로 중요하기는 하더라도 여전히 작은 세계들에 초점이 맞추어져 있었다. 더구나 내지인들과 크리올들의 갈등이 수반된 이 세계들은 18세기 말 아메리카 민족의식들의 출현에 시기적으로 앞선 것이기도 했다. 속박된 부왕령 순례는 그 영토가 뻗어 있는 형태가 민족으로 상상되기 전까지는, 다시 말해 인쇄자본주의가 도래하기 전까지는 결정적인 결과를 낳지 못했다.

인쇄 그 자체는 뉴스페인(New Spain)에 일찍 퍼졌으나, 두 세기 동안 왕과 교회의 빈틈없는 통제 아래 남아 있었다. 17세기 말까지 인쇄기는 멕시코시티와 리마에만 존재했고, 그 출력물은 거의 교회에 관련된 것뿐이었다. 그 세기에 개신교를 믿는 북아메리카에서는 인쇄라는 것이 거의 존재하지도 않았다. 그러나 18세기가 흘러가는 동안 혁명과 다름없는 일이 일어났다. 1691년과 1820년 사이에 2,120종이나 되는 '신문'이 간행되었고, 이 중 461종이 10년 넘게 수명을 유지했다.[45]

벤저민 프랭클린(Benjamin Franklin)이라는 인물과 북아메리카 크리올 민족주의와의 연관은 지울 수 없는 것이다. 그러나 그의 생업이 갖는 중요성은 덜 명백해 보일지도 모르겠다. 여기서 다시금 페브르와 마르탱이 우리를 깨우쳐준다. 그들은 "인쇄업자들이 신문이라는 새로운 소득원을 발견하기 전까지는, 18세기 〔북〕아메리카에서 인쇄가 정말로 발

---

44 내가 내지인과 크리올 사이에 그어진 인종주의적 구별을 강조한 이유는 살피고 있는 주요 주제가 크리올 민족주의의 흥기이기 때문이다. 이것을 메스티소, 네그로, 인디언들을 향한 크리올 인종주의가 나란히 자라나고 있었다는 것, 또는 위협을 받지 않는 상태에서는 본국이 이 비운아들을 (어느 정도까지는) 보호하려는 의지가 있었다는 것을 경시하는 것으로 이해해서는 곤란하다.

45 Febvre and Martin, *The Coming of the Book*, pp. 208~11.

달하지는 않았다"는 점을 상기시킨다.[46] 새 인쇄기들을 돌리기 시작한 인쇄업자들은 언제나 생산 품목에 신문을 넣었고, 보통 그들이 신문에 기고하는 주역이었으며 심지어는 유일한 기고자이기조차 했다. 그러므로 인쇄업자-저널리스트는 처음에는 본질적으로 북아메리카의 현상이었다. 인쇄업자-저널리스트가 부딪친 주요 문제가 독자들에게 가 닿는 것이었던 만큼 우체국장과의 동맹이 발달했고, 이는 간혹 한쪽이 다른 쪽의 역할을 맡기도 할 정도로 무척 밀접한 것이었다. 그러므로 인쇄업자의 사무실은 북아메리카의 커뮤니케이션과 공동체의 지적 삶의 핵심으로 떠올랐다. 더 느리고 간헐적이기는 했으되 스페인령 아메리카에서도 마찬가지의 과정이 있었고, 이는 18세기 후반에 최초의 현지 언론을 생산해 냈다.[47]

북쪽이든 남쪽이든 아메리카 최초 신문들의 특징은 무엇이었을까? 이들은 본질적으로 시장의 부속물로서 시작되었다. 초기의 정기 간행물에는 본국 소식 외에도 상업에 관한 소식(언제 배가 도착하고 출발할 것인가, 어떤 항구에서 어떤 상품의 시세는 어떠한가)이 담겨 있었고, 식민지 정치의 인사 발령이나 부자들의 결혼 동정 등등도 실려 있었다. 다시 말해 같은 지면에 이 결혼과 저 배, 이 시세와 저 주교를 한데 모은 것은 바로 식민지 행정과 시장 체계 그 자체의 구조였다. 이렇게 카라카스의 신문은 꽤나 자연스럽게, 그리고 심지어는 정치적인 생각도 없이 이들 배와 새색시, 주교, 시세들이 속한 동료 독자들의 특정한 집합 사이에 상상된 공동체를 창조했다. 물론 때가 오면 정치적 요소들이 들어오리라는 것은 당연히 예측할 만한 일이었다.

그러한 신문들의 생산적인 특성 중 하나는 언제나 그 지방성 (provinciality)이었다. 식민지 크리올에게 마드리드의 신문은 기회가 되

---

46 Ibid., p. 211.

47 Franco, *An Introduction*, p. 28.

면 읽을지도 모르는 것이지만(그러나 그 신문은 그의 세계에 대해서는 아무 이야기도 하지 않을 것이다), 같은 골목에 사는 내지인 관료 다수는 그럴 수만 있다면 카라카스에서 나온 신문을 읽지 않을 것이다. 이는 다른 식민지의 상황에서 무한히 복제 가능한 비대칭성이다. 그러한 특성 중 다른 것으로는 다원성(plurality)이 있다. 18세기 후반으로 접어들면서 발달한 스페인령 아메리카의 저널들은 그들의 세계에 나란히 존재하는 다른 세계들의 지방민들에 대해 완전히 인식한 상태에서 쓴 것이었다. 멕시코시티와 부에노스아이레스, 보고타의 신문 독자들은 서로의 신문을 읽지 않았다고 해도 서로의 존재에 대해 꽤나 의식하고 있었다. 초기 스페인령 아메리카 민족주의의 잘 알려진 이중성, 즉 장대하게 뻗은 범위와 개별주의적인 지방주의 사이에서 오락가락하는 특성은 이렇게 생겨난 것이었다. 초기 멕시코 민족주의자들이 그들 자신에 관해서는 '우리 아메리카인들'(nosotros los Americanos)이라고 쓰고, 그들의 나라에 대해서는 '우리 아메리카'(nuestra América)라고 썼다는 사실은, 멕시코가 스페인의 아메리카 소유물 중 단연 제일 값나가는 것이었다는 이유로 자신들이 신세계의 중심에 있다고 생각했던 현지 크리올들의 허영을 드러낸다고 해석되어 왔다.[48] 그러나 사실 스페인령 아메리카의 도처에 사는 사람들 모두는 스스로를 '아메리카인'이라고 생각했으며, 이는 그 단어가 스페인 외부의 출생이라는 바로 그 공통의 숙명을 지시했기 때문이었다.[49]

동시에 우리는 바로 이 신문이라는 관념이 '세계적 사건들'마저도 일상어 독자들의 특정한 상상된 세계로 굴절된다는 것을 뜻한다는 점과,

---

48 Lynch, *The Spanish-American Revolutions*, p. 33.
49 "목장의 스페인인 감독관이 때렸다는 불평을 하러 어떤 농사꾼이 찾아왔다. 산 마르틴은 분개했는데, 이것은 사회주의적이라기보다는 민족주의적인 분개였다. '어떻게 생각하나? 혁명을 한 지가 3년인데, 마투랑고(스페인 내지인을 가리키는 비어)가 감히 아메리카인에게 손을 대다니!'" Ibid., p. 87.

시간에 걸친 꾸준하고 견고한 동시성이라는 생각이 그 상상된 공동체에 얼마나 중요한가 하는 점을 살펴보았다. 그러한 동시성은 스페인령 아메리카 제국의 광대한 범위와 그 구성 요소들의 고립으로 인해 상상하기가 어려웠다.[50] 멕시코 크리올들은 부에노스아이레스에서 새로 일어난 일들에 대해 몇 달이 흐른 후에는 알 수도 있었을 테지만, 그것은 리오데라플라타의 신문이 아니라 멕시코의 신문을 통해서였다. 그리고 그 사건들은 멕시코에서 일어난 일들의 '한 부분'이 아니라 그에 '비슷한 일'로 등장할 것이었다.

이러한 의미에서 영속적인 범(汎)스페인령 아메리카 민족주의를 창출하는 데 '실패'한 스페인령 아메리카의 경험은 18세기 후반 자본주의와 테크놀로지 발달의 전반적 수준, 그리고 제국의 행정적 범위에 비한 스페인의 자본주의와 테크놀로지의 '지역적'(local) 후진성을 반영한다. (각각의 민족주의가 태어났던 세계사적 시대는 그 범위에 중요한 영향을 끼쳤으리라. 세포이 항쟁 이후, 제국주의 강대국들 중에서도 가장 무시무시하고 선진적인 세력에 의해 식민지의 행정과 시장이 통합된 것은 인도 민족주의와 불가분의 관계에 있지 않은가?)

개신교도이자 영어를 사용하는 북쪽의 크리올들은 '아메리카'라는 관념을 실현하기에 훨씬 더 유리한 위치에 있었으며, 실제로 결국은 '아메리칸'이라는 일상적인 명칭을 전유하는 데 성공했다. 원래의 13개 주는 베네수엘라보다 더 작고 아르헨티나의 3분의 1 크기에 해당하는 면적으로 이루어져 있었다.[51] 지리적으로 한데 묶여 있었기에 보스턴이나 뉴

---

50 스페인령 아메리카 사람들이 얼마나 외따로 고립되어 살고 있었는지에 대해서는, 마르케스가 『백년 동안의 고독』의 멋진 마콘도를 통해 매혹적으로 소환해 낸다.

51 13개 주의 전체 면적은 32만 2497평방마일(약 83만 제곱킬로미터)이었다. 베네수엘라의 면적은 35만 2143평방마일(약 91만 제곱킬로미터), 아르헨티나는 107만 2067평방마일(약 277만 제곱킬로미터), 그리고 스페인령 남아메리카는

욕, 필라델피아에 있는 그들의 시장 중심지들은 서로 왕래하기가 쉬웠고 주민들도 상업과 인쇄에 의해 단단히 연결되어 있는 편이었다. 이후 183년간 신·구 주민들이 동부 해안의 옛 중심부로부터 벗어나 서쪽으로 이동하면서 '합중국'에 소속된 주의 숫자가 서서히 늘었다. 그러나 미합중국의 경우조차도 영어 사용 지역인 캐나다가 병합되지 않고 텍사스가 10년간(1835~46) 독립 주권을 갖는 등, 비교의 관점에서 '실패'나 축소라고 할 만한 요소들이 있었다. 18세기의 캘리포니아에 상당한 규모의 영어 사용자 공동체가 존재했더라면, 그곳에서 독립 국가가 일어나 13개 주라는 페루에 대해 아르헨티나의 역할을 하지 않았을까?● 미합중국에서조차도 민족주의의 정서적인 유대는 서부 변경의 급속한 팽창 및 북부와 남부의 경제 사이에 발생했던 모순과 결합되면서 **독립 선언 이후 거의 한 세기가 지난 다음 분리독립 전쟁을 촉발할 만큼 충분히 탄력적인 것이었다**. 그리고 오늘날 이 전쟁은 베네수엘라와 에콰도르를 그란콜롬비아로부터, 우루과이와 파라과이를 리오데라플라타 연합주로부터 찢어놓은 전쟁들을 생각나게 한다.[52]

잠정적인 결론을 맺는 방식으로, 지금까지의 논의가 제한적이고 특정한 취지에서 이루어진 것이라고 다시금 강조해야만 적절할 것 같다. 이

341만 7625평방마일(약 885만 제곱킬로미터)이었다.

● 리오데라플라타 부왕령의 설치로 부에노스아이레스가 성장하면서 예전의 중심지였던 리마와 페루 부왕령은 쇠퇴했다.

52 파라과이는 예외적으로 흥미로운 경우가 된다. 17세기 초반 예수회에 의해 수립된 상대적으로 자비로운 독재 덕분에 토착민들은 스페인령 아메리카의 다른 곳에 비해 나은 대접을 받았고, 과라니어가 활자어의 지위를 획득했다. 1767년 왕이 예수회를 스페인령 아메리카에서 추방함으로써 이 영토는 리오데라플라타에 이양되었지만, 이것은 한참 나중의 일로 파라과이가 그곳에 속했던 기간은 한 세대 남짓에 지나지 않는다. Seton-Watson, *Nations and States*, pp. 200~201 참조.

논의의 의도는 1760년에서 1830년 사이 즈음 서반구에서 식민 본국에 대항하여 일어난 저항의 사회경제적 토대보다는, 왜 이 저항이 다른 형태 대신에 다원적이고 '민족적'인 형태로 상상되었는가를 설명하려는 것이었다. 걸려 있었던 경제적 이익은 잘 알려져 있으며, 분명히 근본적으로 중요한 것이었다. 자유주의와 계몽 운동도, 무엇보다도 제국과 구체제에 대한 이데올로기적 비판의 병기고를 제공함으로써, 강력한 영향을 끼친 것이 명백하다. 내가 제안하는 것은 경제적 이익과 자유주의, 계몽 운동 중 그 어떤 것도 구체제의 약탈로부터 지켜낼 상상된 공동체의 모습이나 **종류를** 그 **자체로는** 창조할 수 없었고, 창조하지도 않았다는 것이다. 다르게 이야기하자면 이 중 어떤 것도 감탄이나 혐오의 눈길로 바라보는 중심부의 대상들에 대립하는 새로운 의식——거의 눈에 띄지 않는 그 시야의 주변부——의 뼈대를 제공하지 않았다.[53] 이 특정한 과업을 성취하는 데 순례자 크리올 관리들과 지방의 크리올 인쇄업자들은 결정적인 역사적 역할을 해냈다.

---

53 1776년의 독립선언이 '인민'(the people)에 대해서만 이야기하며, '민족'이라는 단어는 1789년 헌법에 이르러서야 데뷔한다는 것은 시사하는 바가 크다. Kemiläinen, *Nationalism*, p. 105.

제 5 장

오래된 언어, 새로운 모델

아메리카에서 성공적인 민족 해방 운동의 시대가 막을 내린 시점과 유럽에서 민족주의의 시대가 열린 시점은 꽤 가까이 일치한다. 1820년 부터 1920년 사이에 구세계의 얼굴을 바꾼 새로운 민족주의들의 특성을 고찰해 보면, 두 가지 놀라운 특징이 그들을 그 조상들과 구별짓는다. 첫째, 그 대부분의 경우 '민족 활자어'가 이데올로기적 · 정치적으로 핵심적인 중요성을 띠고 있었는데, 혁명 아메리카에서는 스페인어와 영어가 결코 문제가 아니었다. 둘째, 이들 모두는 멀리 떨어진 선구자들, 그리고 프랑스 혁명의 격동 이후에는 그다지 멀리 떨어지지 않은 선구자들이 제공하는 가시적인 모델로부터 출발하여 작업할 수 있었다. '민족'이란 그리하여 서서히 선명해지는 시각의 틀이라기보다는 초기 단계에서부터 의식적으로 열망될 수 있는 어떤 것이 되었다. 실로 앞으로 보게 될 것처럼 '민족'은 특허를 출원하기가 불가능한 발명품인 것으로 드러났다. 서로 굉장히 다른, 그리고 가끔은 예상치 못한 손들에 의해 해적판으로 만들어질 수 있게 된 것이 민족이었다. 그러므로 이 장에서 분석의 초점은 활자어와 해적판 만들기에 맞추어진다.

유럽 바깥의 몇몇 명백한 사실들을 가볍게 무시한 채, 위대한 요한 고

트프리트 폰 헤르더(1744~1803)는 18세기 말 즈음하여 이렇게 선언했다. '모든 민족은 민족인 고로, 그 자신의 언어와 더불어 그 자신의 민족적 형상을 갖는다.' (Denn *jedes* Volk ist Volk ; es hat *seine* National Bildung wie *seine* Sprache.)[1] 민족됨에 대한 이 눈부시게 편협한 유럽의 관념, 즉 민족됨이 사유재산으로서의 언어와 관련되어 있다는 관념은 19세기 유럽에, 그리고 더 협소하게는 민족주의의 본질에 대한 후속 이론화 작업에 널리 영향을 끼쳤다. 이 꿈의 기원은 어디에 있었을까? 가장 높은 가능성은 유럽 세계가 시공간적으로 심대하게 쪼그라들었다는 데에 있는데, 이는 이미 14세기부터 시작된 과정으로서 처음에는 인문주의자들의 발굴에, 나중에는 무척이나 역설적으로 유럽이 우리 별에서 그 세력을 넓힌 데 기인했다.

아우어바흐가 무척 잘 표현하고 있듯이,[2]

인문주의의 첫 새벽이 밝아오면서 고전 역사와 전설, 그리고 성경에 나오는 사건들은 단순히 시간의 길이에 의해서만이 아니라, **완전히 상이한 삶의 조건**에 의해서도 현재와 분리되어 있다는 의식이 생겨나기 시작했다. 고대적 삶의 형태, 표현의 형태들을 재생시키려는 계획으로, 인문주의는 우리에게 알려진 그 어떤 예전 시대도 소유하고 있지 못했던 역사적 관점을 창조했다. 고대를 역사적으로 깊이 있게 바라보았던 인문주의자들은 그러한 배경을 통해 그 사이에 낀 중세 암흑기도 바라보았던 것이다. …… 〔이렇게 되자〕 고대 문화에는 자연스러웠던 자족적 삶이나 12세기와 13세기의 역사적 천진난만함을 재건하기는 불가능해졌다.

'비교사'라고 불릴 만한 것의 성장은 이윽고 전대미문의 개념인 '근대

1 Kemiläinen, *Nationalism*, p. 42. 강조는 덧붙임.
2 *Mimesis*, p. 282. 강조는 덧붙임.

성'을 낳았으며, 그에 명시적으로 병치된 '고대성'으로서는 득을 볼 일이 전혀 없었다고 해도 좋을 것이다. 이 문제는 17세기의 마지막 사반세기에 프랑스 지성계를 지배한 '고대인과 근대인의 전투'에서 격렬하게 다루어졌다.[3] 다시금 아우어바흐를 인용하자면, "루이 14세 치하에서 프랑스인들은 그들 자신의 문화가 고대인들과 어깨를 나란히 할 만큼 유효한 모델이라고 생각할 만한 용기를 얻었으며, 나머지 유럽에 이 관점을 종용했다."[4]

16세기를 거치면서 유럽이 그때까지는 오로지 어렴풋이 소문으로만 들어오던 장엄한 문명들, 즉 중국과 일본, 동남아시아, 인도 아대륙의 문명들이나, 전혀 알려져 있지 않았던 아스텍의 멕시코나 잉카의 페루 문명을 '발견'한 것은 어쩔 도리 없는 인간의 다원주의를 시사했다. 이러한 문명들 대부분은 유럽 및 기독교 세계와 그 고대, 실로 인간의 알려진 역사와는 꽤나 별개로 발달했고, 그들의 계보는 에덴 동산 바깥에 놓여 있으며 거기에 동화될 수 없는 것이었다. (오로지 비어 있는 동질적 시간만이 그들을 수용할 수 있을 것이었다.) 이 '발견'의 효과는 당대의 상상의(imaginary) 정치체들 특유의 지리학으로 가늠할 수 있다. 1516년에 나온 토머스 모어(Thomas More)의 『유토피아』(*Utopia*)는 작가가 안트베르펜에서 마주친 어떤 선원의 이야기로서, 그 선원은 아메리고 베스푸치(Amerigo Vespucci)의 1497~98년 아메리카 탐험대에 참가했었다고 되어 있다. 프랜시스 베이컨의 『새로운 아틀란티스 섬』(*New Atlantis*, 1626)은 아마 꽤 새로웠을 텐데, 무엇보다도 그 배경이 태평양이었기 때문이다. 조너선 스위프트(Jonathan Swift)의 근사한 휴이넘의

---

3 이 전투가 막을 연 것은 1689년 59세였던 샤를 페로가 그의 시 「루이 14세의 세기」(*Siècle de Louis le Grand*)를 발표할 당시로, 여기에서 페로는 예술과 학문이 그가 살고 있는 시공간에서 활짝 꽃피었다고 논했다.

4 *Mimesis*, p. 343. 아우어바흐가 '언어'가 아니라 '문화'라고 말하고 있다는 점에 유의하라. 또한 '그들 자신의'에 '민족됨'을 부여하는 일에는 신중해야 하리라.

섬(1726)에는 남대서양에 위치했다는 섬의 가짜 지도가 딸려 있었다. (이러한 배경들의 의미는 아마 플라톤의 공화국을 가짜든 진짜든 지도에 그려 넣는다는 것이 얼마나 상상하기 힘든 일일지 생각해 보면 더 분명해질 것이다.) 진짜 발견을 '모델'로 한 이 모든 농담 같은 유토피아들은 잃어버린 에덴이 아니라 당대의 사회로 묘사되어 있었다. 당대 사회들의 비판으로서 지은 것이고, 사라진 고대에서 모델을 찾아야 할 필요가 발견들로 인해 종식되었기 때문에 그럴 수밖에 없었다고 논할 수 있으리라.[5] 유토피아주의자들에 이어 나타난 것은 계몽 운동의 선각자들, 비코, 몽테스키외, 볼테르, 루소로서 이들은 당대 유럽의 사회·정치적 제도들을 겨냥한 반역적 저술들을 쏟아내는 데에 '진짜' 비유럽을 점점 더 많이 이용했다. 결과적으로 유럽에 대해 그저 여러 문명 중 하나이고, 꼭 신에게 선택받았다거나 최고랄 것도 없다고 사고하는 것이 가능해졌다.[6]

발견과 정복은 자연히 언어에 대한 유럽의 관념들에 혁명을 일으키기도 했다. 극히 초기부터 포르투갈, 네덜란드, 스페인 뱃사람들과 선교사, 상인, 군인들은 항해, 개종, 장사, 전쟁 등의 실용적인 이유로 수집한 비유럽 언어들의 단어장을 모아 간단한 사전을 만들어왔다. 그러나 18세기 후반이 되어서야 비로소 언어의 과학적인 비교 연구가 진짜로 시작되었다. 영국의 벵골 정복으로부터 윌리엄 존스(William Jones)의 선구적인 산스크리트어 연구(1786)가 나왔으며, 이로써 인도 문명이 그리스나 유대 문명보다 훨씬 오래되었다는 깨달음이 차츰 자라났다. 나

---

5 마찬가지로 영국 희곡에 등장하는 유명한 몽골인 두 명은 멋진 대비를 이룬다. 말로의 『탬벌레인 대제』(*Tamburlaine the Great*, 1587~88)는 1407년에 사망한 유명한 군주를 묘사한다. 드라이든의 『아우랑제브』(*Aurangzeb*, 1676)는 당대를 지배했던 황제(1658~1707)를 그린다.

6 그렇게 유럽 제국주의가 지구 전역에 냉담하게 돌진해 나가면서, 다른 문명들은 그들의 신성한 계보를 말살하는 다원주의와 맞닥뜨리는 트라우마를 입게 되었다. 중화가 극동으로 주변화된 것은 이 과정을 상징적으로 드러낸다.

폴레옹의 이집트 원정으로부터 장 샹폴리옹(Jean Champollion)의 상형문자 해독(1835)이 나왔고, 이는 그 유럽 바깥의 고대를 다원화했다.[7] 셈어학의 진보는 히브리어가 독보적으로 오랜 역사를 가졌다거나 신에게서 유래했다는 관념을 침식했다. 다시금, 계보들은 비어 있는 동질적 시간으로만 수용할 수 있는 방식으로 인식되고 있었다. "언어는 외부의 힘과 인간 화자 간의 연속성에 관한 것이라기보다는 언어 사용자들이 그들끼리 창조하고 성취한 내부계가 되었다."[8] 이러한 발견들로부터 언어학(philology)이 나왔고, 비교 문법과 어족으로의 언어 분류, 과학적 추론을 통한 망각되어 가는 '조어들'(proto-languages)의 재구성 등의 연구가 출현했다. 홉스봄이 옳게 관찰했듯이, 여기에 '진화를 그 핵심으로 여긴 최초의 학문'이 있었다.[9]

이 시점으로부터, 오래된 신성한 언어들인 라틴어, 그리스어, 히브리어는 일상어 경쟁자들이라는 잡동사니 평민 떼거리와 동등한 존재론적 지위에서 섞이는 수밖에 없었고, 이러한 움직임은 일찍이 인쇄자본주의에 의해 시장에서 강등당한 것을 보완했다. 만일 이제 모든 언어가 공통의 속세(내부)의 지위를 공유한다면, 원칙적으로 이들 모두는 동등하게 존중을 받고 연구 대상이 될 만한 가치를 갖는 것이다. 그런데 연구는 누가 할까? 논리적으로, 이제 어떤 언어도 신에게 속한 것이 아니므로 그들의 새 소유주들이 할 것이다. 각각의 언어를 모어로 말하고 읽는 사람들이.

시턴-왓슨이 가장 유용하게 밝혔듯이, 유럽과 그 인접 지역에서 19세기는 일상어화를 추진하는 사전편찬가들과 문법학자, 언어학자, 문학자들의 황금기였다.[10] 이 전문적 지식인들의 열성적인 활동은 19세기 유럽

7 Hobsbawm, *The Age of Revolution*, p. 337.

8 Edward Said, *Orientalism*, p. 136.

9 Hobsbawm, *The Age of Revolution*, p. 337.

민족주의를 1770년부터 1830년 사이 아메리카의 상황에 완벽한 대조를 이루는 모습으로 만드는 데 있어 중심이 되었다. 단일 언어 사전들은 언어 각각의 활자화된 보고(print-treasury)를 담은 거대한 일람표로서 가게에서 학교로, 직장에서 집으로 (일부 경우에는 간신히) 들고 다닐 수 있었다. 2개 언어 사전들은 언어들 간의 다가오는 평등주의를 가시화했다. 바깥세상의 정치적 실태야 어떻든 체코어-독일어/독일어-체코어 사전의 표지 안에서 쌍을 이룬 두 언어는 공통의 지위를 갖고 있었다. 사전편찬에 몇 년을 바친 우직한 선지자■들은 필연적으로 유럽의 커다란 도서관들, 특히 대학 도서관들로 이끌려 들어가거나 아니면 그런 곳에서 길러졌다. 그리고 마찬가지로 불가피하게도 그들의 가장 가까운 고객층 다수는 바로 대학생들과 대학에 들어가기 전의 학생들이었다. "학교, 특히 대학들이 민족주의의 가장 의식적인 옹호자이기에, 학교와 대학의 진보는 민족주의의 진보를 재는 척도이다"라는 홉스봄의 언명은 다른 시공간에 대해서는 아닐지 몰라도 19세기 유럽에 대해서는 확실히 정확하다.[11]

---

10 "언어의 역사가 보통 우리 시대에 일반적인 정치사 · 경제사 · 사회사와 철저하게 분리되어 왔다는 이유만으로도, 나는 전문성의 결여를 감수하고서라도 언어의 역사를 이런 것들과 한자리에 모으는 것이 바람직하다고 보았다." *Nations and States*, p. 11. 사실 시턴-왓슨의 글에서 가장 귀중한 측면에 드는 것으로 바로 그가 언어사에 주의를 돌렸다는 점을 꼽을 수 있다. 그가 그것을 사용한 방식에 동의해야만 한다는 이야기는 아니지만 말이다.

■ 최초의 영어 사전편찬가로 널리 알려진 18세기의 새뮤얼 존슨(Samuel Johnson)은 그의 사전에서 '사전편찬가'(lexicographer)라는 단어에 대해 '위험하지 않은 우직한 노예'라는 아이러니한 정의를 내렸다. 영어 독자라면 누구나 잘 알려진 이 정의를 곧바로 기억할 것이다. 나는 일부러 역설적인 의미로 '선지자'(visionary)라는 단어를 첨가했다.

11 *The Age of Revolution*, p. 166. 아메리카 민족주의에는 교육기관들이 중요하지 않았다. 홉스봄 자신도 당시 파리에 6,000명의 학생들이 있었지만 이들은 프랑스 혁명에서 거의 아무런 역할도 하지 않았다고 적는다(p. 167). 그는 또한 유

그리하여 이 사전의 혁명은, 각각의 작은 폭발이 다른 폭발에 불을 당겨 마침내 마지막 불길로써 밤을 낮으로 밝히고야 마는 불타는 병기고의 높아가는 굉음과도 같이 그려볼 수 있는 것이다.

18세기 중반에 이르러 독일과 프랑스, 영국 학자들의 엄청난 수고로 인해 현존하는 그리스 고전의 거의 전체 작품들을 필수적인 언어학적, 사전 관련 부록들과 함께 편리하게 활자화된 형태로 입수할 수 있게 되었을 뿐만 아니라, 수십 권의 책을 통해 빛나는, 그리고 확고하게 이교도적인 고대 그리스 문명이 재창조되기도 했다. 18세기의 마지막 사반세기 동안 이 '과거'는 그리스어를 사용하는 젊은 기독교인 지식인들 소수, 대부분 오스만 제국의 경계 외부에서 공부하거나 여행했던 그들에게 점점 더 접근하기 쉬운 것이 되었다.[12] 서유럽 문명의 중심지들에서 일어난 필헬레니즘(philhellenism)■에 의기양양해진 그들은 근대 그리스인들을 '탈야만화'하는 일, 즉 그들을 페리클레스와 소크라테스만 한 가치를 띤 존재들로 변모시키는 일에 착수했다.[13] 이 의식의 변화를 상

___

익하게도, 19세기 전반에 교육이 급속히 퍼졌지만 근대의 기준으로 볼 때 학교에 다니는 청소년들의 수는 여전히 보잘것없었다고 일러준다. 1842년 프랑스에는 리세〔●프랑스의 중등교육기관〕학생이 고작 1만 9,000명뿐이었고, 1850년 제국 러시아의 6800만 인구 중에서 고등학생은 2만 명이었다. 1848년 유럽 전역의 대학생 수는 아마 다 합쳐서 4만 8,000명 정도 되었을 것이다. 그렇지만 그해의 혁명에서는 이 작지만 전략적인 집단이 중추적인 역할을 해냈다(pp. 166~67).

12 최초의 그리스어 신문들은 1784년 빈에서 출현했다. 1821년의 반오스만 봉기를 일으킨 장본인이라고 해도 좋을 비밀결사 필리케 헤타이리아(Philike Hetairia)는 1814년 '위대하고 새로운 러시아의 곡물항 오데사'에서 결성되었다.

■ '필'(Phil-)이란 사랑한다는 뜻이므로, 고대 그리스어에서 유래한 필헬레니즘이라는 단어는 18세기와 19세기에 그리스 고전을 근대 서양 문화의 으뜸 원천으로 숭앙하던 유럽의 지적 운동을 가리킨다.

13 *Nationalism in Asia and Africa*에 붙인 엘리 케두리(Elie Kedourie)의 서문(p. 40)을 참조.

징적으로 드러내는 것이 이 젊은이들 중 한 명인 아다만티오스 코라이스(Adamantios Koraes, 그는 나중에 열정적인 사전편찬가가 되었다!)가 1803년 파리에서 프랑스 청중을 상대로 한 연설에 들어 있던 다음과 같은 말들이다.[14]

처음으로 민족은 그 무지라는 무시무시한 광경을 살펴보고, 민족을 선조의 영광으로부터 가르는 거리를 눈대중하며 부르르 떤다. 그러나 이 고통스러운 발견은 그리스인들을 절망으로 추락시키지 않는다. 그들이 스스로에게 암묵적으로 이르기를, 우리는 그리스인의 후예이니, 다시금 그 이름값을 하도록 힘쓰거나 아니면 그 이름을 지니지 말아야 할 것이다.

마찬가지로 18세기 후반에는 루마니아어 문법과 사전, 루마니아 역사가 나타났고, 키릴 문자를 로마자로 대체하려는(그리하여 루마니아어를 그 슬라브계 정교회 이웃들과 뚜렷이 구분하려는), 처음에는 합스부르크의 영지에서, 나중에는 오스만 제국에서 성공을 거둔 공세가 그에 수반되었다.[15] 1789년에서 1794년 사이에는 프랑스 학술원을 모델로 한 러시아 학술원이 6권짜리 러시아어 사전을 생산해 냈고, 1802년 공식 문법이 뒤따랐다. 이 두 가지 모두는 교회 슬라브어에 대한 일상어의 승리를 표상했다. 18세기가 한참 지나도록 체코어는 보헤미아 농민들만의 언어였지만(귀족들과 신흥 중산 계급은 독일어를 썼다), 1792년 가톨릭 신부

---

14 Ibid., pp. 43~44. 강조는 덧붙임. 코라이스의 '그리스 문명의 현 상태'(The Present State of Civilization in Greece) 전문은 pp. 157~82에 나와 있다. 이 글은 그리스 민족주의의 사회학적 기반들에 대한 놀랄 만큼 근대적인 분석을 담고 있다.

15 중부와 동부 유럽에 대해 전문가 수준의 지식을 가진 척하려는 생각은 전혀 없는 나는 다음의 분석에서 시턴-왓슨에 많이 의존했다. 루마니아어에 관해서는 *Nations and States*, p. 177를 참조.

요세프 도브로프스키(Josef Dobrovský, 1753~1829)가 체코 언어와 문학에 대한 최초의 체계적인 역사서인 『보헤미아 언어와 문학의 역사』(*Geschichte der böhmischen Sprache und ältern Literatur*)를 생산해 냈다. 1835~39년에는 요세프 융만(Josef Jungmann)의 선구적인 5권짜리 체코어-독일어 사전이 출현했다.[16]

헝가리 민족주의의 탄생이라는 사건에 대해 이그노투스는 이렇게 썼다. "연대를 집어 말할 수 있을 만큼 얼마 되지 않은 일로서, 당시 빈에 거주하며 마리아 테레지아의 호위병으로 근무하던 다재다능한 헝가리 작가 베세네이 죄르지(Bessenyei György)가 읽기 힘든 작품 몇 편을 발표한 1772년이 그해이다. …… 베세네이의 대작들은 헝가리어가 최고의 고급 문학 장르에도 적합하다는 것을 증명하기 위한 것이었다."[17] '헝가리 문학의 아버지'인 커진치 페렌츠(Kazinczy Ferenc)가 다량의 작품을 발표하면서, 그리고 1784년 부다페스트대학교의 전신이 작은 지방도시 트르나바로부터 이전하면서 더 큰 자극이 주어졌다. 그 최초의 정치적 표출은 1780년대에 라틴어를 사용하는 마자르 귀족들이 제국 행정의 기본 언어를 라틴어에서 독일어로 교체한다는 황제 요제프 2세의 결정에 반발한 것이었다.[18]

1800년에서 1850년 사이의 기간에는 토착민 학자들의 선구적 연구의

---

16 Ibid., pp. 150~53.
17 Paul Ignotus, *Hungary*, p. 44. "그는 그 증명을 해냈지만, 그가 생산한 사례들의 미학적 가치보다는 그의 논쟁적 공세가 더 설득력 있는 것이었다." 이 이야기가 "헝가리 민족 발명하기"라는 제목의 소절에 나온다는 것에 주목할 만할 텐데, 이 소절은 다음과 같은 의미심장한 문장으로 문을 연다. "민족이 태어나는 것은 몇몇 사람들이 그리 되어야 한다고 결정할 때의 일이다."
18 Seton-Watson, *Nations and States*, pp. 158~61. 이 반발은 그의 계승자 레오폴트 2세(재위 1790~92)로 하여금 라틴어를 복권시키도록 할 만큼 격렬한 것이었다. 이 책의 6장도 참조하라. 이 문제에 관해 커진치가 정치적으로 요제프 2세의 편을 들었다는 것은 교훈적이다(Ignotus, *Hungary*, p. 48).

결과로 발칸 북부에서 세 가지 별개의 문학 언어(literary language)들, 즉 슬로베니아어·세르보크로아티아어·불가리아어가 형성되었다. 1830년대에 '불가리아인'과 세르비아인이나 크로아티아인이 같은 민족을 이룬다는 생각이 널리 퍼져 있었으며, 사실 일리리아 운동▪을 공유했었다고 한다면, 1878년이 되자 별개의 불가리아 민족의 국가가 존재하게 되었다. 18세기에 우크라이나어(소러시아어)는 시골뜨기들의 언어라는 경멸 어린 시선과 함께 용인되는 식이었다. 그러나 1798년 이반 코틀랴레프스키(Ivan Kotlarevsky)가 우크라이나의 삶에 대한 엄청나게 인기 있는 풍자시 『아에네이스』(*Aeneid*)●를 썼다. 1804년에는 하리코프대학교가 설립되어 빠르게 우크라이나 문학 붐의 중심지가 되었다. 1819년에는 최초의 우크라이나어 문법이, 공식 러시아어 문법이 나온 지 겨우 17년만에 출현했다. 그리고 1830년대에는 타라스 셰프첸코(Taras Shevchenko)의 작품들이 뒤따랐고, 시턴-왓슨은 그에 대해 다음과 같은 관찰을 내놓았다. "인정받는 문학 언어로서 우크라이나어가 형성되는 데에는 다른 개인 누구보다도 그의 공이 컸다. 이 언어의 사용은 우크라이나 민족의식 형성의 결정적인 국면이었다."[19] 그 후 얼마 지나지 않은 1846년에 최초의 우크라이나 민족주의 단체가 키예프에서 설립되었다. 역사학자에 의해!

▪ 일리리아는 고대 로마 제국에서 장차의(지금의 해체된) 유고슬라비아 연방과 불가리아, 그리고 루마니아의 일부분으로 이루어진 지역을 가리키는 이름이었다. 19세기 중반 오스만 제국의 '식민 지배'에 대항하려는 공동의 노력 속에서 이 지역의 민족주의 애국자들은 스스로를 처음에 '일리리아인'이라고 불렀다.

● 우크라이나어로는 '에네이다'(Eneida), 베르길리우스의 『아에네이스』를 익살스럽게 재구성했다고 함

19 *Nations and States*, p. 187. 말할 것도 없이 차르 지배는 이 사람들에게 조금의 틈도 주지 않았다. 셰프첸코는 시베리아에서 시달렸다. 그러나 합스부르크 왕가는 폴란드인들의 세력을 상쇄하기 위해 갈리시아의 우크라이나 민족주의자들을 다소 격려하였다.

18세기에 오늘날의 핀란드 지역에서 썼던 국가 언어는 스웨덴어였다. 1809년에 이 영토가 차르의 땅에 병합된 후, 공식 언어는 러시아어가 되었다. 그러나 핀란드어와 핀란드의 과거에 대한 관심이 '눈을 떴고', 이것은 처음에는 18세기 후반 라틴어와 스웨덴어로 된 글을 통해 표출되다가 1820년대 즈음에는 점점 일상어로 나타나게 되었다.[20] 싹트는 핀란드 민족주의 운동의 지도자들은 "대개 언어를 다루는 직업을 가진 사람들, 즉 작가 · 교사 · 목사 · 변호사들로 구성되어 있었다. 민속 연구와 민중 서사시의 재발견 및 이어 맞추기는 문법책과 사전의 출판을 동반했고, 이에 핀란드 문학 언어(즉 활자어)를 표준화하는 역할을 한 정기 간행물들이 출현했으며, 그것을 바탕으로 하여 더 강력한 정치적 요구들이 나올 수 있었다."[21] 발음은 완전히 달랐지만 오랫동안 덴마크인들과 하나의 문어를 공유해 왔던 노르웨이의 경우, 민족주의는 노르웨이만의 활자어라는 요구에 대응했으며 또한 그러한 요구를 재촉하기도 한 텍스트인 이바르 오센(Ivar Aasen)의 새로운 노르웨이어 문법(1848) 및 사전(1850)과 함께 등장했다.

19세기 후반이 진행되는 동안 다른 곳이 어떠했나 보자면, 아프리카너 민족주의를 주창한 보어인 목사들과 문학자들은 1870년대에 네덜란드어의 지방 방언을 문학 언어로 만들고 그것에 더 이상 유럽의 것이 아니라는 이름*을 붙이는 데 성공했다. 마론파(Maronite)**와 콥트 교도***들은 다수가 베이루트의 아메리칸대학교(American College, 1866년 설립)와 성 요셉 예수회 대학교(Jesuit College of St. Joseph, 1875년 설립)의 소산으로서, 고전 아랍어의 부활과 아랍 민족주의의 확산에 주

---

20 Kemiläinen, *Nationalism*, pp. 208~15.
21 Seton-Watson, *Nations and States*, p. 72.
● 아프리칸스어.
●● 동방 기독교의 일파로 가톨릭 교회의 일원, 현재 레바논 기독교도의 다수.
●●● 대개 이집트인인 동방 가톨릭 교회의 일원.

요한 공헌을 했다.[22] 그리고 터키 민족주의의 씨앗은 1870년대 이스탄 불에 출현한 활기찬 일상어 언론에서 쉽게 탐지할 수 있다.[23]

또한 같은 시대에 다른 형태의 인쇄물, 즉 악보의 일상어화도 이루어 졌다는 것을 잊어서는 안 될 것이다. 도브로프스키의 뒤에는 스메타나, 드보르자크, 야나체크가 왔으며, 그리그가 오센을, 벨라 바르토크가 커 진치를 뒤따랐고, 이 행렬은 우리의 세기까지 죽 이어졌다.

동시에 이 모든 사전편찬가, 언어학자, 문법학자, 민속학자, 정치평론 가, 작곡가들이 아무 맥락 없이 혁명적인 활동을 펼치지는 않았다는 것 은 자명하다. 그들은 결국 인쇄물 시장을 위한 생산자였으며, 그 말 없 는(silent) 장터를 통해 소비 대중과 연결되어 있었다. 이 소비자들은 누 구였던가? 가장 일반적인 의미로는 '일하는 아버지'뿐만 아니라 하인을 둔 아내와 학령기의 아이들까지 포함한 글을 읽는 계급의 가족들이었으 리라. 1840년이 되어서도 유럽 최고의 선진국인 영국이나 프랑스에서조 차 인구의 절반은 (그리고 후진국 러시아에서는 거의 98퍼센트가) 여전히 문맹이었다는 점을 생각한다면, '글을 읽는 계급'이란 힘이 좀 있는 사람 들이라는 뜻이었다. 더 구체적으로 그들은 귀족들과 지주 젠트리, 궁정 신하들, 성직자들로 이루어진 구지배계급 이외에도 평민 하급 관료와 전문직 종사자들, 그리고 상업·산업 부르주아지들로 이루어진 신흥 중 간층이었다.

19세기 중엽의 유럽에서는 지역에서 주요 전쟁이 없었는데도 국가 재

---

22 Ibid., pp. 232, 261.

23 Kohn, *The Age of Nationalism*, pp. 105~7. 이는 터키어와 페르시아어, 아랍어 의 요소들을 결합한 왕조의 공식 언어인 '오스만어'를 거부한다는 뜻이었다. 이 러한 신문을 최초로 발간한 이브라힘 시나시(Ibrahim Sinasi)는 전형적이게도 프랑스에서 5년 동안 공부한 다음 막 돌아온 참이었다. 그가 길을 열자 다른 이 들도 곧 따라왔다. 1876년이 되자 콘스탄티노플에서는 7종의 터키어 일간지가 발간되었다.

정과 (문무) 국가 관료제의 규모가 급속하게 불어났다. "1830년과 1850
년 사이에 인구 1인당 공공 지출은 스페인에서 25퍼센트, 프랑스에서
40퍼센트, 러시아에서 44퍼센트, 벨기에에서 50퍼센트, 오스트리아에
서 70퍼센트, 미국에서 75퍼센트, 그리고 네덜란드에서는 90퍼센트 이
상 늘었다."[24] 관료제의 팽창은 또한 관료제의 전문화를 뜻하기도 했으
며, 그때까지에 비해 훨씬 더 많은 수의 사람들, 그리고 훨씬 더 다양한
출신 배경을 가진 사람들이 관직에 발탁되는 길을 열었다. 심지어 한직
이 잔뜩 있고 귀족들이 장악하고 있던 오스트리아-헝가리의 노쇠한 국
가 기구를 보아도 그렇다. 최고위급 문관 중 중산 계급 출신자의 비율은
1804년의 0퍼센트에서 1829년의 27퍼센트를 거쳐 1859년에는 35퍼센
트, 1878년에는 55퍼센트로 뛰었다. 군부에서도 그 속도가 특징적으로
더 느리고 더 늦기는 했지만 마찬가지의 추세가 나타났다. 장교단의 중
산 계급 성분 비율은 1859년에서 1918년 사이에 10퍼센트에서 75퍼센
트로 뛰었다.[25]

관료 중산 계급의 팽창이 유럽의 선진국과 후진국에서 유사한 속도로
일어나는 상대적으로 고른 현상이었다면, 상업·산업 부르주아지의 흥
기는 당연히 매우 고르지 못해서, 어떤 곳에서는 대규모로 빠르게 일어
나는가 하면 다른 곳에서는 느리고 시들시들했다. 그러나 어디서든 간
에 이 '흥기'를 이해할 때에는 일상어 인쇄자본주의와의 관계를 염두에
두어야 한다.

어떻게 보면 부르주아지 이전의 지배 계급들은 그들의 응집력을 언어
바깥에서, 아니면 적어도 활자어 바깥에서 생성해 냈다. 시암의 지배자
가 말레이 귀족 여자를 첩으로 취하거나, 잉글랜드의 왕이 스페인 공주

---

24 Hobsbawm, *The Age of Revolution*, p. 229.

25 Peter J. Katzenstein, *Disjoined Partners, Austria and Germany since 1815*, pp. 74,
112.

와 결혼했다고 치자. 이 사람들이 과연 서로 진지하게 대화를 했겠는가? 결속은 친족 관계와 후견 관계, 그리고 개인적 충성의 산물이었다. '프랑스' 귀족들은 '프랑스' 군주들에 맞서 '잉글랜드' 왕을 도울 수 있었고, 그때 기반이 되는 것은 공유하는 언어나 문화가 아니라, 마키아벨리적인 계산은 제쳐두고라도, 공유하는 친척들과 친구들이었다. 전통적 귀족층의 규모가 상대적으로 작았던 것, 그들의 정치적 기반이 고정되어 있었던 것, 그리고 성적 교합과 상속이 함의하듯이 정치적 관계들이 개인화되어 있었던 것은 그들의 계급적 응집력이 상상된 것만큼이나 유형적이기도 했다는 의미이다. 귀족은 문맹이라도 귀족 노릇을 할 수 있다. 그러나 부르주아지는? 비유적으로 말하자면 이것은 그토록 여러 번의 복제를 거쳐서야 계급으로서 존재하게 된 계급이다. 릴의 공장주는 리옹의 공장주와 오로지 반향을 통해서만 연결되어 있었다. 그들에게는 서로의 존재를 꼭 알아야 할 하등의 이유가 없었으며, 그들이 서로의 딸과 결혼하거나, 서로의 재산을 상속받는 일은 보편적이지 않았다. 그렇지만 그들은 활자어를 통해 그들과 같은 무수한 사람들의 존재를 일반적인 방식으로 가시화하게 되었다. 문맹인 부르주아지는 거의 상상 불가능한 존재이다. 그리하여 세계사적 견지에서 보면 부르주아지는 본질적으로 상상된 기반을 바탕으로 결속을 성취한 최초의 계급이다. 그런데 라틴어가 두 세기 정도에 걸쳐 일상어 인쇄자본주의에 패배한 상태에 놓여 있던 19세기 유럽이라는 곳에서는 일상어 해독력이 이러한 결속의 최고 한도를 제한했다. 다른 방식으로 이야기하자면, 잠은 아무하고나 잘 수 있지만 읽는 것은 몇몇 사람이 쓴 것밖에는 안 된다는 말이다.

  귀족들과 지주 젠트리, 전문직, 관리, 시장의 사람들. 이제 이들이 언어학적 혁명의 잠재적 소비자들이었다. 그러나 이러한 고객층이 완전히 현실화된 곳은 거의 없었으며, 실제 소비자들의 조합은 지역에 따라 굉장히 많이 달랐다. 그 이유를 알아보려면 일찍이 이야기했던 유럽과 아메리카들 사이의 기본적 대조점으로 돌아와야만 한다. 아메리카에서는 서로 다른 제국의 범위와 그 제국에서 쓰이는 일상어들의 범위가 거의 완벽하게 같은 모양을 이루었다. 그러나 유럽에서는 이러한 일치가 드물었고, 유럽 내부의 왕조 제국들에는 기본적으로 일상어가 여러 개였다. 즉 권력의 영지와 활자어의 영지가 서로 상이하게 그려졌다.

문해력과 상업, 산업, 커뮤니케이션, 국가 기구가 전반적으로 성장했다는 19세기의 특징은 왕조의 영지 각각의 내부에서 일상어로 언어를 단일화하는 데 강력하고 새로운 자극을 창조했다. 라틴어는 1840년대 초라는 늦은 시기까지 오스트리아-헝가리의 국가 언어 자리를 지키고 있었지만, 그 이후 거의 곧바로 사라졌다. 라틴어는 국가 언어라면 몰라도 19세기에 사업의 언어, 학문의 언어, 언론의 언어, 문학의 언어일 수는, 특히 이 언어들이 끊임없이 서로 침투하는 세계였기에 더더욱, 없었다.

한편 국가 언어로서의 일상어들은 적어도 시작될 때에는 계획된 바 없었다고 해도 무방할 과정을 통해 더욱 큰 권력과 지위를 얻게 되었다. 그리하여 영어는 게일어를 아일랜드 대부분에서 쓸어냈고, 프랑스어는 브르타뉴어를 벽에 밀어붙였으며, 카스티야어는 카탈루냐어를 주변적 위치로 떨어뜨렸다. 19세기 중반이 되자 별 상관 없는 이유로 하여 어쩌다 보니 국가 언어와 주민들이 쓰는 언어가 일치하는 정도가 상대적으로 높아졌던 영국이나 프랑스 같은 영토에서는[26] 위에 언급되었던 일반적 상호 침투가 극적인 정치적 효과를 낳지 못했다. (이 사례들이 아메리카에 가장 가깝다.) 오스트리아-헝가리가 아마도 극단적 예가 될 다른 여러 영토에서 그 결과는 폭발적일 수밖에 없었다. 거대하고 삐걱대지만 차츰 문해력이 높아져가는 그 다언어 영지에서 19세기 중엽 라틴어를

---

26 앞에서 보았듯이 이 두 영토에서는 국가 언어의 일상어화가 아주 일찍 시작되었다. 영국의 경우, 게일어 사용 지역(Gaeltacht)에 대한 18세기 초반의 군사적 정복과 1840년대의 대기근이 강력한 요인이었다.

어떤 일상어로든 대체한다는 것은 그 활자어를 이미 사용하고 있었던 신민들에게는 엄청난 이점을 보장하는 것이었고, 그렇지 않았던 이들에게는 그만큼 위협적으로 다가오는 것이었다. 내가 '어떤'이라고 강조한 이유는, 다음에 매우 자세하게 논의하게 될 것처럼, 19세기에 합스부르크 황실이 독일어를 격상시킨 것이 독일다운 것으로 보일 수는 있을지 몰라도 독일 민족주의와는 아무런 관련도 없었기 때문이다. (이러한 상황에서 자각을 띤 민족주의는 왕조의 영지 각각의 공식 일상어를 모어로 읽는 사람들 사이에서 **마지막으로** 일어날 것이라고 예측할 수 있으리라. 그리고 이와 같은 예측은 역사적 기록에 의해 확증되었다.)

사전편찬가들의 고객층에 관해 말하자면, 그러므로 서로 다른 정치적 조건에 따라 매우 다른 소비자들의 무리가 있었다는 것이 놀랍지 않은 일이다. 예컨대 마자르 부르주아지란 거의 존재하지 않았지만 인구 여덟 명 중 한 명이 무슨 귀족 작위를 내세우는 형편이었던 헝가리에서는 독일어의 파도에 맞선 활자 헝가리어의 성벽이 소귀족층과 가난한 지주 젠트리 성분에 의해 방어되었다.[27] 폴란드어 독자들도 마찬가지였다고 말할 수 있으리라. 그러나 더 전형적이었던 것은 하급 젠트리와 학자, 전문직, 사업가들의 연합이었다. 하급 젠트리는 종종 '지위가 되는' 지도자들을 공급했고, 학자와 전문직 종사자들은 신화와 시, 신문, 이데올로기적 공식화를 담당했고, 사업가들은 돈과 마케팅 기술을 맡았다. 상냥한 코라이스는 지식인들과 기업가들이 지배적이었던 그리스 민족주의의 초기 고객층에 관한 훌륭한 묘사를 제공한다.[28]

---

27 Hobsbawm, *The Age of Revolution*, p. 165. 훌륭하고 상세한 논의를 보려면 다음을 참조. Ignotus, *Hungary*, pp. 44~56; Jászi, *The Dissolution*, pp. 224~25.

28 Kedourie, *Nationalism in Asia and Africa*, p. 170. 강조는 덧붙임. 여기에서의 모든 것이 좋은 예가 된다. 코라이스가 '유럽'을 바라보고 있다지만 그건 어깨너머로 보는 것이고, 그의 정면에는 콘스탄티노플이 있다. 오스만어는 아직 외국어가 아니다. 그리고 노동하지 않는 장차의 아내들이 인쇄물 시장에 들어서고

부자들이 더러 살고 학교가 몇 개 있어서 고대의 저작들을 적어도 읽고 이해할 수는 있는 사람들이 몇 명 있는 덜 가난한 도시들에서는 혁명이 더 일찍 시작되었고, 더 빠르고 더 편안한 진보를 이룰 수 있었다. 이런 도시들 몇몇에서 학교들은 이미 팽창하는 중이고, **외국어**에다 유럽[sic]에서 배운다는 그런 학문들마저도 소개되고 있다. 부자들은 이탈리아어와 프랑스어, 독일어, 영어로부터 번역되는 책의 인쇄를 후원한다. 그들은 자비를 들여 배움에 대한 열정으로 불타는 청년들을 유럽에 유학 보낸다. 그들은 아이들에게 더 나은 교육을 제공한다. 딸에게는 그렇지 않지만······.

헝가리어와 그리스어 사이의 스펙트럼 위 다양한 지점에 놓인 조합으로 이루어진 독자층의 연합은 중부와 동부 유럽에 걸쳐 유사하게 발달했고, 세기가 진행되면서 근동으로 퍼졌다.[29] 도시와 시골의 대중이 일상어로 상상된 새로운 공동체들을 얼마나 많이 공유했는가 하는 정도도 당연히 꽤 많이 차이가 났다. 그 차이는 상당 부분 대중과 민족주의의 전도사들 사이의 관계에 달려 있었다. 한쪽 극단으로는 아마 아일랜드를 지목할 수도 있을 텐데, 농민층 출신으로서 농민들과 가까운 관계를 유지하던 가톨릭 신부들이 중추적인 중개자 역할을 했다. 다른 극단은 홉스봄의 다음과 같은 반어적 언급에서 시사된다. "1846년 갈리시아 농민들은 사실 폴란드인 혁명가들이 농노제 폐지를 선언했는데도 이 혁명가들에게 대항했다. 농민들은 차라리 이 나리들을 학살하여 황제의 관리들에게 넘기는 쪽을 택했다."[30] 그러나 사실 모든 곳에서, 문해력이 증가함에 따라 대중적 지지를 불러일으키는 것이 더 쉬워졌다. 대중은 그

있다.

29 이를테면 다음을 참조. Seton-Watson, *Nations and States*, pp. 72(핀란드), 145 (불가리아), 153(보헤미아), 432(슬로바키아); Kohn, *The Age of Nationalism*, pp. 83(이집트), 103(페르시아).

30 *The Age of Revolution*, p. 169.

들이 수수한 삶 속에서 늘상 써온 언어들이 활자어로 격상되는 데에서 새로운 영광을 발견했다.

그러니 "민족주의 인텔리인 신흥 중산 계급은 대중을 역사로 초대해야 했고, 초대장은 그들이 이해하는 언어로 되어 있어야 했다"[31]는 네언의 매혹적인 공식화는 어느 정도 정확하다. 그러나 그러한 초대가 왜 그토록 매력적으로 다가오게 되었던 것인지, 그리고 왜 그렇게 상이한 동맹들이 초대장을 발행할 수 있었던 것인지(잔치의 주인은 비단 네언의 중산 계급 인텔리만이 아니었다)는, 마지막으로 우리가 해적판 만들기를 살펴보기 전까지는 이해하기 힘들 것이다.

홉스봄은 다음과 같은 관찰을 내놓았다. "프랑스 혁명은 근대적 의미에서의 운동이나 형태를 갖춘 당이, 또는 체계적인 강령을 실행하려는 사람들이 만들거나 이끈 것이 아니었다. 혁명 이후에 나폴레옹이라는 인물이 등장할 때까지는 20세기의 혁명들로 인해 우리가 익숙해진 그런 유형의 '지도자'들이 배출조차 되지 않았다."[32] 그렇지만 한번 일어나자, 혁명은 인쇄물의 쌓여가는 기억 속으로 들어왔다. 그 제작자들과 희생자들이 경험한 압도적이고 혼란스러운 사건들의 연쇄는 '물'(thing, 物)이 되었고, 프랑스 혁명이라는 고유한 이름을 얻었다. 수없이 떨어지는 물방울로 닳아 둥근 돌로 화한 형체 없는 거대한 바위처럼, 그 경험은 수백만의 인쇄된 말들을 거쳐 인쇄된 종이 위의 '개념'이라는 형체로, 그리고 때가 되자 모델로 화했다. 왜 '그것'이 터졌는지, '그것'이 목표한 바는 무엇이었는지, '그것'이 왜 성공했는지 아니면 실패했는지 하는 것들은 동무들끼리든, 적들끼리든 간에 끝없는 정치적 논쟁의 주제가 되었다. 그러나 그것의, 말하자면 '그것됨'(it-ness)에 관해서는 아무도 큰 의심을 품지 않았다.[33]

---

31 *The Break-up of Britain*, p. 340.
32 *The Age of Revolution*, p. 80.

거의 마찬가지의 방식으로 아메리카의 독립운동들도 그에 관한 인쇄물이 나타나자마자 '개념', '모델', 실로 '청사진'이 되었다. '실제'로는 네그로 봉기에 대한 볼리바르의 두려움과 산 마르틴이 그의 토착민들을 페루인됨으로 호출한 것이 서로 혼란스럽게 부딪친다. 그러나 인쇄된 말들은 볼리바르 쪽을 거의 곧바로 씻어냈고, 이에 따라 이는, 만일 상기되기라도 한다면, 대단치 않은 이상현상으로 나타난다. 아메리카의 뒤범벅된 덩어리로부터 민족국가들, 공화제들, 공민권들, 인민주권, 국기들과 국가들 등등의 상상된 현실들이 출현하는 한편, 이들의 개념적 대립물들인 왕조 제국들, 군주제들, 절대주의들, 신민성(subjecthood)들, 세습 귀족제들, 농노제들, 게토들 등은 청산되었다. (이러한 맥락에서 보면 19세기 미국이라는 '양식'에서 대규모 노예제가, 그리고 남아메리카 공화국들이라는 '양식'에서 공유된 언어가 일반적으로 '탈락'하는 현상보다 더 놀라움을 불러일으키는 일도 없다.) 게다가 청사진의 유효성과 일반화 가능성은 독립 국가들의 다수성(plurality)에 의해 의심의 여지 없이 확증되었다.

요컨대 적어도 1810년대가 되자 독립된 민족적 국가라는 '그' '모델'은 해적판으로 만들어질 수 있도록 시중에 나와 있었다.[34] (해적판을 만든 최초의 집단은 이 장에서 초점을 맞추었던, 교육받은 층의 일상어를 기초로 한 주변화된 연합이었다.) 그러나 바로 그것이 그때 즈음에는 알려진

---

33 다음을 비교해 보라. "산업혁명이라는 이름 자체는 유럽에서 그것의 효과가 더 딘 편이었다는 점을 반영한다. 영국에서 이것(the thing[sic])은 그 말이 만들어지기 전에 존재했다. 그 말은 1820년대가 되어서야 그 자체로서 전례 없는 집단인 영국과 프랑스의 사회주의자들이, 아마도 프랑스에서의 정치 혁명과의 유추를 통해, 발명한 것이다." Ibid., p. 45.

34 이 모델이 프랑스와 아메리카의 요소들을 복잡하게 합성한 것이었다고 말하는 편이 아마도 더 정확하리라. 그러나 1870년이 지나기까지도 프랑스의 '관찰 가능한 현실'이란 왕정복고와 나폴레옹 조카의 짝퉁 왕조주의(ersatz dynasticism)였다.

모델이었다는 이유로, 그것은 너무 심하게 표가 나는 일탈을 허용하지 않는 어떤 '표준'을 부과했다. 후진적이고 반동적인 헝가리와 폴란드의 지주 젠트리마저도 여봐란 듯이 그들의 억압받는 동포들을 '초대해 들이는'(비록 부엌까지만이었다고 해도) 일을 생략하고 넘어가기는 힘들었다. 산 마르틴의 페루인화 논리가 작동하고 있었다고 해도 좋으리라. '헝가리인'이 민족적 국가를 가질 자격이 있다고 한다면, 여기서의 '헝가리인'이란 헝가리인들 모두를 의미했다.[35] 그것은 주권의 궁극적인 소재가 헝가리어 화자와 독자들의 집합체에 있어야 하는 국가를, 그리고 자연히 농노제의 폐지와 인민 교육의 증진, 투표권의 확대 등등을 의미했다. 그리하여 초기 유럽 민족주의의 '인민주의'(populist) 성격은 가장 후진적인 사회적 집단이 선동적으로 이끌어갈 때조차 아메리카에서보다 더 깊은 것이었다. 농노제는 없어져야만 했고, 합법적 노예제는 상상할 수 없는 일이었다. 그 배경에는 특히, 개념적 모델이 이미 지워질 수 없도록 들어서 있었다는 이유가 있었다.

---

35 이것이 명쾌하게 딱 떨어지는 문제였다는 뜻은 아니다. 헝가리 왕국의 신민 절반은 마자르인이 아니었다. 농노들 중 3분의 1만이 마자르어 화자였다. 19세기 초반에 마자르 귀족 상류층은 프랑스어나 독일어로 말했다. 중류나 하류 귀족은 "마자르어뿐만 아니라 슬로바키아어, 세르비아어, 루마니아어 표현들이나 일상어 독일어로도 뒤덮인 엉터리 라틴어로 대화를 나누었다." Ignotus, *Hungary*, pp. 45~46, 81.

관제 민족주의와 제국주의

19세기가 흐르는 동안, 특히 그 후반에는 자본주의뿐만 아니라 왕조 국가들의 상피병의 소산이기도 한 언어학·사전편찬학의 혁명 및 유럽 내에서 흥기한 민족주의 운동들이 여러 제왕들에게 점점 더 문화적인, 그러므로 정치적이기도 한 골칫거리를 안겨주었다. 이미 살펴보았듯이 이 왕조들 대부분의 근본적인 정당성은 민족적인 것(nationalness)과는 아무런 상관도 없었기 때문이다. 로마노프 왕조는 타타르인들과 레트인* 들, 독일인들과 아르메니아인들, 러시아인들과 핀란드인들을 아래에 두고 다스렸다. 합스부르크 왕조는 마자르인과 크로아티아인, 슬로바키아 인과 이탈리아인, 우크라이나인과 오스트리아-독일인들 위의 꼭대기에 높이 올라앉아 있었다. 하노버 왕조는 스코틀랜드인들과 아일랜드인, 잉글랜드인과 웨일스인 이외에도 벵골인들과 퀘벡인들을 통할했다.[1] 게

● 라트비아인이라고 해도 무방함.

[1] 후일 고(故)후기 대영제국이 된 것을 11세기 초 이래 '잉글랜드인' 왕조가 다스린 적이 없다니 근사한 일이다. 그때부터 노르만인(플랜태저넷가), 웨일스인(튜더가), 스코틀랜드인(스튜어트가), 네덜란드인(오라녜가), 독일인(하노버가) 등의 잡다한 행렬이 차례로 황제의 옥좌를 차지하고 앉았다. 언어학 혁명과 제1차

다가 대륙에서는 같은 왕조 가문의 구성원들이 서로 다른, 가끔은 서로 대항하는 국가에서 통치하는 일도 자주 있었다. 프랑스와 스페인에서 통치하는 부르봉가, 프로이센과 루마니아의 호엔촐레른가, 바이에른과 그리스의 비텔스바흐가에 어떤 민족성(nationality, 국적)을 부여해야 할 것인가?

또한 우리는 본질적으로 행정적인 목적으로 인해 이 왕조들이 서로 다른 속도로 자리를 잡은 특정한 활자 일상어(print-vernacular)를 국가 언어로 삼았다는 것, 언어의 '선택'은 본질적으로 자의식 없이 물려받았거나 편리하다는 이유에서 이루어졌다는 것도 살펴보았다.

그러나 유럽에서 일어난 사전 편찬의 혁명은, 언어들이 (적어도 유럽에서는) 말하자면 굉장히 특정한 집단들, 즉 그 언어들을 일상적으로 말하고 읽는 사람들의 개인적 소유물이라는 신념, 더 나아가 공동체로서 상상된 이 집단들이 동등한 이들의 형제애 속에 그들의 자율적 공간을 가질 권리가 있다는 신념을 창조하고 또 서서히 퍼뜨렸다. 그러니 언어학의 불꽃은 시간이 지날수록 선명해질 수밖에 없는 불쾌한 딜레마를 제왕들에게 선사한 셈이었다. 오스트리아-헝가리의 경우보다 이 딜레마가 더 뚜렷한 사례는 없다. 계몽절대군주 요제프 2세가 일찍이 1780년대에 국가 언어를 라틴어에서 독일어로 바꾸기로 결정했을 때, "그가 대항해서 싸운 상대는 마자르어 같은 것이 아니라 라틴어였다. …… 그는 귀족들의 중세 라틴어 행정을 바탕으로 해서는 대중의 이익에 맞는 일을 효과적으로 실행하기가 불가능하다고 생각했다. 통합력을 발휘하는 언어로 제국의 모든 부분을 이을 필요성은 그에게 절대적인 요구로 다가왔다. 이러한 필요성 아래서 그가 독일어 이외의 다른 언어를 고를

세계대전 시기에 일어난 잉글랜드 민족주의의 발작 이전에는 별로 신경 쓰는 사람도 없었다. 윈저 왕가는 쇤브룬 왕가나 베르사유 왕가와 운을 이루는 쌍이었다.

수는 없었다. 독일어야말로 그 세력 아래 광대한 문화와 문학을 두고 있으며, 그가 다스리는 모든 지방에서 상당수의 소수 집단이 사용하는 유일한 언어였기 때문이다."[2] 실로, "합스부르크가는 의식적으로 상당한 정도의 독일화를 추진하는 세력이 아니었다. …… 독일어로 말할 줄도 모르는 합스부르크가 사람들도 있었다. 때때로 독일화 정책을 장려했던 합스부르크가 황제들의 경우에조차, 그것은 어떤 민족주의적 시각에서 나온 노력으로 그렇게 된 것이라기보다는 제국의 통합과 보편주의를 지향하는 의도에 기인한 조치였다."[3] 그들의 본질적인 목적은 가문의 권력(Hausmacht)이었다. 그러나 19세기 중반 이후에 독일어는 점점 '보편적-제국적'이자 '개별적-민족적'이라는 이중적 지위를 획득하게 되었다. 첫 번째 자격으로서의 독일어를 더욱 밀어붙일수록, 왕조가 독일어를 사용하는 신민들 편을 드는 것처럼 보이는 현상은 더욱 심해졌고, 나머지 인구 사이에서 더욱 큰 반감을 불러일으켰다. 그렇지만 그런 식으로 밀어붙이지 않고 다른 언어들, 무엇보다 헝가리 언어들에 정말 양보했더라면 통합이 뒷걸음질쳤을뿐더러 독일어를 사용하는 신민들이 모욕당한 것처럼 느끼게 되었을 것이다. 그리하여 왕조는 독일인들의 옹호자이자 반역자로서 동시에 미움을 받을지도 모를 처지에 있었다. (거의 마찬가지 방식으로 오스만 왕가는 터키어 사용자들에게는 변절자라고 하여, 다른 언어 사용자들에게는 터키화 추진 세력이라고 하여 미움을 받게 되었다.)

세기 중반까지는 모든 왕들이 어떤 일상어를 국가 언어로 쓰고 있었던 만큼,[4] 그리고 유럽 전역에서 민족 관념의 위신이 급상승하는 데 힘입

---

2 Jászi, *The Dissolution*, p. 71. 요제프가 마자르 귀족들의 '헌정적' 특권을 존중하겠다는 약속을 피하기 위해 헝가리 왕으로서의 대관식 선서를 거부했다는 것은 흥미롭다. Ignotus, *Hungary*, p. 47.
3 Ibid., p. 137. 강조는 덧붙임.
4 마자르어가 마침내 헝가리 왕국의 국가 언어로서 라틴어를 대체했던 1844년에

어, 유럽과 지중해의 왕정들이 민족으로의 동일시(identification)라는 유혹 쪽으로 슬금슬금 다가서는 경향이 뚜렷이 나타났다. 로마노프가는 그들이 위대한 러시아인이라는 것을, 하노버가는 그들이 잉글랜드인이라는 것을, 호엔촐레른가는 그들이 독일인이라는 것을 발견하게 되었으며, 다소 더한 어려움을 안고 그들의 친척들은 루마니아인, 그리스인 등등으로 바뀌었다. 한편으로 이렇게 새롭게 이루어진 동일시는 자본주의와 회의론, 과학의 시대에 신성함에 대한 주장과 단순히 오래되었다는 것만으로는 안전하게 지탱하기 점점 더 힘들어지고 있던 정당성을 떠받쳤다. 다른 한편으로 새로운 위험이 도사리게 되었다. 카이저 빌헬름 2세가 스스로에게 '제1의 독일인'이라는 배역을 맡긴다면, 그는 자신이 **그와 같은 동류 여럿 중 하나임**을, 그가 대표로서의 기능을 하고 있음을, 그리하여 원칙적으로 그의 독일인 동포들에게 **반역자**가 될 수도 있음을 은연중에 인정하게 되는 셈이었다. (이것은 왕조의 전성기에는 상상할 수 없는 일이었다. 누구에게의, 무엇에의 반역자란 말인가?) 1918년에 독일을 사로잡은 재난의 결과로서, 그는 그가 암시한 말에 걸려들었다. 독일 민족의 이름으로 행동하는 민간인 정치인들(공적으로)과 참모총장(그 일상적인 용기로 말미암아 비밀스럽게)●은 그를 짐을 꾸리게 하여 조국으로부터 저 궁벽한 네덜란드 교외로 보내버렸다. 자신에게 샤(Shah)가 아니라 이란의 샤라는 배역을 맡긴 모하마드 레자 팔레비에게도 그렇게 반역자 딱지가 붙게 되었다. 그 스스로가 국내(national, 민족) 법정의, 평결은 받아들이지 않았지만, 말하자면 재판관할권을 받아들였다는 것은 그가 망명 생활을 향해 출발하는 순간의 작은 희극을 통해 드러난다. 제트기

기나긴 한 시대의 막이 내렸다고 논할 수도 있겠다. 그러나 이미 보았듯이 19세기에 들어와서까지 엉터리 라틴어가 사실 마자르 중하층 귀족들의 **일상어**였다.

● 당시의 참모총장은 독일 대통령 재임 시절 히틀러를 총리로 임명, 순조로운 나치 집권의 길을 열어준 힌덴부르크.

의 승강대를 오르기 전에, 그는 사진사들을 위해 땅에 입을 맞추고 신성한 이란의 흙을 소량 가져갈 것이라고 발표하였다. 이 장면은 태양왕이 아니라 가리발디에 관한 영화를 표절한 것이다.[5]

유럽 왕조들의 '귀화' — 많은 경우 어떤 흥겨운 곡예가 필요했던 작전들 — 는 이윽고 시턴-왓슨이 신랄하게 '관제 민족주의'(official nationalism)[6]라고 불렀던 것으로 이어졌으며, 차르식 러시아화는 이것의 가장 잘 알려진 사례일 뿐이다. 이러한 '관제 민족주의'들은 특히 중세로부터 축적되어 온 거대한 다언어 영지에 대한 왕조 권력의 유지를 귀화와 결합하기 위한 수단으로서, 다른 식으로 말하자면 짧고 꽉 끼는 민족의 피부를 제국의 거인 같은 몸통에 늘여 씌우기 위한 수단으로서 가장 잘 이해될 수 있다. 차르의 이질적인 신민 집단에 대한 '러시아화'는 그리하여 고래의 것 하나와 꽤 새로운 것 하나, 이렇게 두 가지 대립되는 정치적 질서를 폭력적·의식적으로 용접하는 과정을 표상했다. (여기에는 아메리카나 필리핀의 스페인화 같은 것과 어떠한 유사 관계가 있는 반면, 한 가지 중심적인 차이가 남아 있다. 19세기 후반 차르 왕국의 문화적 정복자들은 자의식을 띤 마키아벨리주의로부터 진행해 나가고 있었던 반면, 그들의 16세기 스페인 조상들은 자의식 없는 일상적인 실용주의 속에서 행동하고 있었다. 또한 그들은 그들이 했던 일을 진짜 '스페인화'라기보다는 단순히 이교도들과 야만인들을 개종시키는 것이라고 생각했다.)

'관제 민족주의', 즉 의지를 품고 이루어진 민족과 왕조 제국의 합병

---

5 나는 하버드대학교의 체하비(Chehabi) 교수로부터, 샤가 일차적으로는 1941년에 런던 당국에 의해 모리셔스로 망명길을 떠나면서 짐꾸러미에 이란의 흙을 조금 담아간 자신의 아버지 레자 팔레비를 모방했다는 사실을 알게 되었다.

6 Seton-Watson, *Nations and States*, p. 148. 안타깝게도 이 신랄함은 동유럽까지밖에는 연장되지 않았다. 시턴-왓슨은 로마노프가와 소비에트 정권을 희생양으로 삼아 조소하는 데에서는 정확하나, 유사한 정책이 런던과 파리, 베를린, 마드리드, 워싱턴에서 추구되고 있었다는 점은 간과한다.

의 위치를 고려하는 데 대한 열쇠는 이것이 1820년대부터 유럽에서 왕성히 자라나고 있던 인민적 민족 운동들 이후에, 그에 대한 반작용으로서 발달했다는 점을 기억하는 것이다. 후자가 미국과 프랑스의 역사를 모델로 한 것이라면, 이제는 전자가 그렇게 어디에든 끼워맞출 수 있는 모듈이 될 차례였다.[7] 민족이라는 드랙 복장을 뒤집어쓴 제국을 매혹적으로 보이게 하는 데에는 어떠한 창의력 넘치는 눈속임만이 필요할 뿐이었다.

이 반동적이고 이차적인 모델링의 과정 전체에 대한 관점 같은 것을 얻으려면, 유사하면서도 유용한 방식으로 대조적인 몇몇 사례들을 고찰하는 데에서 이득을 취할 수 있으리라.

로마노프 전제정이 '거리로 나서는 것'에 대해 처음에 얼마나 거북하게 느꼈는지에 대해서는 시턴-왓슨이 훌륭하게 밝히고 있다.[8] 앞서 지적했듯이 18세기에 상트페테르부르크 궁정의 언어는 프랑스어였고, 한편 지방 귀족들은 독일어를 많이 사용했다. 나폴레옹의 침략 이후 1832년의 공식 보고서에서 세르게이 우바로프(Sergei Uvarov) 백작은 영지의 기반이 전제정, 정교회, 민족성(natsionalnost)이라는 세 가지 원칙이어야 한다고 제안했다. 첫 번째와 두 번째가 오래된 것이라면 세 번째는 꽤 새로운 것이자, '민족'의 절반이 여전히 농노이고 절반 이상이 러시아어가 아닌 모어를 쓰고 있던 시대에는 다소 시기상조이기도 했다. 우바로프는 보고서로 교육부 장관직을 따냈지만 그 이상의 것은 별로 없었다. 그 이후에도 반세기 동안 차르 지배는 우바로프식 유혹에 저항했다. 알렉산드르 3세(재위 1881~94)의 치세가 되기까지 러시아화는 왕조의

---

7 이 모든 것에는 자의식을 띤 보수적인 정신에 입각하여 프랑스 혁명의 자연발생적인 혁신으로부터 여러 가지를 들여와 각색한 결과, 직업 장교들을 둔 징집된 상비군이라는 19세기의 위대한 모듈을 단단히 세운 샤른호르스트, 클라우제비츠, 그나이제나우의 정치-군사적 개혁과의 교훈적인 유사성이 존재한다.

8 Ibid., pp. 83~87.

공식 정책이 되지 못했는데, 이것은 우크라이나와 핀란드, 레트, 그리고 다른 민족주의들이 제국 내에서 출현한 지 한참 지나서의 일이었다. 꽤나 아이러니하게도, 최초의 러시아화 조치들은 발트해 연안의 독일인들과 같이 가장 황제에게 충실(Kaisertreu)했던 저 '민족 단위들'(nation-alities)을 대상으로 취해졌다. 1887년 발트해 연안 지방에서는 러시아어가 모든 공립학교에서 최저학년 이상의 수업에 의무적으로 사용해야 하는 언어로 지정되었으며, 이 조치는 나중에 사립학교들로도 확대되었다. 1893년에는 제국 영토의 대학 중 최고 명문에 속했던 도르팟대학교가 강의실에서 독일어를 사용한다는 이유로 문을 닫게 되었다. (그때까지 독일어는 지방의 국가 언어였을 뿐, 인민 민족주의 운동의 목소리를 대변하는 언어가 아니었음을 떠올려보라.) 그리고 이 같은 일은 그렇게 계속되었다. 시턴-왓슨은 1905년 혁명에 대해 다음과 같이 과감한 주장을 내세울 만큼이나 멀리 간다. "(이것은) 노동자와 농민, 급진적 지식인들이 전제정에 대항하는 혁명이었던 것 못지않게 러시아인이 아닌 이들이 러시아화에 대항하는 혁명이기도 했다. 두 가지 반란은 물론 연결되어 있어서, 사회 혁명은 사실 비러시아 지역들에서 가장 격렬했고, 폴란드 노동자들과 라트비아 농민들, 그루지야 농민들이 그 주인공이었다."[9]

동시에, 러시아화가 왕조의 정책이었기 때문에, 그 주된 목적 중의 하나였던, 자라나는 '대러시아' 민족주의를 왕좌 뒤에 결집시킨다는 목적을 성취하지 못했다고 추정한다면 큰 오류일 것이다. 그리고 이는 단순히 정서상의 문제가 아니었다. 결국 제국이 제공하는 방대한 관료제와 팽창하는 시장에서 러시아 관리들과 기업가들에게 열려 있는 기회란 엄청난 것이었다.

모든 러시아의 러시아화하는 차르[■]였던 알렉산드르 3세만큼이나 홍

<hr/>

9 Ibid., p. 87.
■ '모든 러시아의 차르'란 아직 대러시아(러시아), 소러시아(우크라이나), 백러

미로운 이는 그의 동시대인으로 잉글랜드 여왕이자 나중에는 인도 여제로도 등극한 빅토리아 폰 작센-코부르크-고타(Victoria von Saxe-Coburg-Gotha)이다. 기실 그의 사람됨보다 더 흥미로운 것은 그의 직함인데, 이것이 민족과 제국 사이의 두껍게 용접된 금속을 상징적으로 표상하기 때문이다.[10] 그의 치세는 또한 상트페테르부르크에서 추진하고 있던 러시아화와 강한 친화성을 띤 런던식 '관제 민족주의'가 개시된 시점을 표시하기도 한다. 이러한 친화성을 감상하는 좋은 방법은 시계열 비교이다.

『브리튼의 해체』(The Break-up of Britain)에서 톰 네언은 18세기 후반에 흥기하는 스코틀랜드 부르주아지와 대단히 탁월한 스코틀랜드 인텔리들이 있었는데도 불구하고 왜 스코틀랜드 민족주의 운동은 없었는가 하는 문제를 제기한다.[11] 홉스봄은 다음과 같은 발언으로 네언의 사려 깊은 논의를 독단적으로 일축해 버렸다. "이 시기에〔스코틀랜드인들이〕독립국가를 요구했으리라고 기대하는 것은 순전한 시대착오이다."[12] 그렇지만 미국독립선언에 연서했던 벤저민 프랭클린이 데이비드 흄보다 5년 먼저 태어났다는 것을 떠올린다면, 이러한 판단 자체에 시대착오적인 기미가 있다고 생각할 마음이 들게 될지도 모른다.[13] 내가 보기에 난점과 그 풀이는 다른 곳에 있는 것 같다.

시아(벨라루스)가 있던 시절의 옛 직함이다.

10 이 용접은 다음과 같이 진행하여 해체된다. 영국 제국(British Empire)에서 영연방(British Commonwealth)으로, 그냥 커먼웰스(Commonwealth)로, 그리고……?

11 The Break-up of Britain, pp. 106ff.

12 'Some Reflections', p. 5.

13 Inventing America : Jefferson's Declaration of Independence라는 의미심장한 제목이 붙은 책에서, 게리 윌스(Gary Wills)는 실제로 민족주의자 제퍼슨의 사고를 근본적으로 형성한 것은 로크가 아니라 흄, 프랜시스 허치슨, 애덤 스미스를 비롯한 고명한 스코틀랜드 계몽주의자들이라고 주장한다.

다른 한편에는 자신의 '스코틀랜드'를 아무런 문제 없이 원초적으로 주어진 것으로 취급하는 네언의 선량한 민족주의적 경향이 있다. 블로 크는 데인족과 정복자 윌리엄이 자행한 파괴가 앨퀸*과 비드** 등 기라 성 같은 인물들로 상징되던 북부 앵글로색슨 노섬브리아***의 문화적 헤게모니를 영원히 끝장냈다고 관찰하면서, 이 '실체'(entity)의 체크 무 늬 가계도에 대해 우리를 다시금 일깨워준다.[14]

북부 지대의 일부는 엄격한 의미에서의 잉글랜드에서 영영 떨어져 나갔 다. 요크셔의 바이킹 정착지로 인해 앵글로색슨어를 쓰는 다른 인구로부터 단절된 노섬브리아의 에든버러 성채 주변 저지대는 구릉지대 켈트족 족장들 의 지배 아래 떨어졌다. 그러므로 이중언어 스코틀랜드 왕국은 스칸디나비 아인들의 침략이 창조한, 일종의 소가 뒷걸음질치다 잡은 쥐 같은 것이었다.

그리고 시턴-왓슨 쪽에서는 스코틀랜드 언어에 대해 이렇게 기술한다.[15]

스코틀랜드어는 색슨어와 프랑스어가 합류하여 발전한 것으로, 남부에

- 앨퀸(Alcuin, 732경~804)은 수준 높은 신학자이자 시인, 연대기 작가, 교육 자로서, 북부 유럽 야만인의 침략에 의한 서로마제국의 파괴 이후 서유럽 문화 의 '암흑기'를 끝장낸 선구자 중 한 명이다. 프랑스에서 샤를마뉴 대제의 총애 받는 스승이 되기도 했다.
- ■■ 비드(Bede, 673~735)는 앵글로색슨 기독교 공동체의 역사가로서 잘 알려져 있다. 앨퀸과 비드 두 사람 모두 기독교(당시에는 물론 가톨릭)의 계서제에서 고위직에 있는 주교였다.
- ■■■ 노섬브리아는 오늘날 잉글랜드 북부와 스코틀랜드 남부로 알려진 지역을 망 라한다. 바이킹의 침략은 이미 8세기에 시작되었으며 10세기까지 이어졌다. 정복자 윌리엄의 침략은 1066년에 이루어졌다.

14 *Feudal Society*, I, p. 42.
15 *Nations and States*, pp. 30~31.

비한다면 프랑스어의 영향이 덜하고 켈트어와 스칸디나비아어 기원이 더 강하기는 하다. 이 언어는 스코틀랜드 동부뿐만 아니라 잉글랜드 북부에서 도 사용되었다. 스코트어 혹은 '북부 영어' 사용자는 스코틀랜드 궁정과 사 회 엘리트(게일어를 함께 사용했을 가능성도 있는)뿐만 아니라 저지대■ 주민 들 전체였다. 시인 로버트 헨리슨(Robert Henryson)과 윌리엄 던바(William Dunbar)의 언어가 스코트어였다. 1603년 왕관이 합쳐지면서● 스코틀랜드 의 궁정과 행정, 상류 계급으로 확장된 남부 영어의 우세가 도래하지 않았 더라면 스코트어가 근대 시기까지 독자적인 문학 언어로 발전되어 왔을지 도 모를 일이다.

여기에서 핵심은 이미 17세기 초반에 장차 스코틀랜드라고 상상될 지 역의 상당 부분에서 영어가 사용되고 있었고, 문해력이 최소한도만 확 보되어도 활자화된 영어에 바로 접근할 수 있었다는 점이다. 그리고 18 세기 초반에 영어를 사용하는 저지대인들은 런던과 협력하여 게일어 사 용 지대를 거의 절멸했다. 두 가지 '북방 공세' 모두 자의식적으로 추구 된 잉글랜드화(Anglicization) 정책은 아니었고, 잉글랜드화는 본질적으 로 부산물이었다. 그러나 이 두 가지가 결합되면서 결과적으로는 유럽 풍 일상어 민족주의 운동의 가능성이 민족주의의 시대 '이전'에 제거되 었다. 아메리카풍은 왜 안 되나? 그 해답의 일부는 네언이 지나가면서 흘리는데, 그가 18세기 중반 이후에 일어난 남부로의 '지식인 대 이주' 에 대해 이야기할 때이다.[16] 그런데 상황은 지식인 이주를 넘어서는 것 이었다. 스코틀랜드인 정치가들이 입법 활동을 하러 남부로 왔고, 런던

■ 저지대(Lowlands)는 스코틀랜드 남부이다. 북부는 고지대(Highlands)라고 불 린다.
● 엘리자베스 1세의 사망 이후 스코틀랜드의 제임스 6세가 잉글랜드 왕위를 이어 받았다.
16 *The Break-up of Britain*, p. 123.

의 시장은 스코틀랜드 사업가들이 얼마든지 접근할 수 있도록 활짝 열려 있었다. 그러니까 13개 주(그리고 다소 덜한 정도로 아일랜드)와 완벽한 대조를 이루는 이 상황에서, 중심부를 향한 이 모든 순례자들의 진로에는 아무런 장애물이 없었다. (18세기에 라틴어와 독일어를 읽을 수 있는 헝가리인들 앞에 깔려 있던, 빈으로 향하는 쾌적한 고속도로와 비교해 보라.) 영어(English)는 아직 '잉글랜드의'(English) 언어가 되지 않은 채였다.

같은 논지에 다른 각도에서 접근할 수도 있다. 17세기에 런던이 백년전쟁의 파국적인 결말 이래 지지부진했던 해외 영토의 취득을 재개했다는 것은 사실이다. 그러나 이러한 정복의 '정신'은 아직 근본적으로 전(前)민족 시대의 것이었다. 빅토리아가 왕위에 오른 지 스무 해가 지나서야 '인도'가 '영국령'(브리튼령)이 되었다는 사실이 이를 가장 근사하게 확증한다. 즉 1857년의 세포이 항쟁까지 '인도'는 영리사업체가 지배하고 있었지 국가가 지배한 것이 아니며, 민족국가가 지배한 것은 확실히 아니라는 말씀이다.

그러나 변화는 다가오고 있었다. 1813년 동인도회사의 특허장 갱신 일자가 다가올 때, 의회는 연간 10만 루피를 '동양식'과 '서양식' 두 가지 모두의 원주민 교육 증진에 배정하라고 명령했다. 1823년에는 벵골에 공공교육위원회(Committee of Public Instruction)가 설립되었고, 1834년에는 토머스 배빙턴 매콜리(Thomas Babington Macaulay)가 위원장에 취임했다. "좋은 유럽 책을 꽂아놓은 서가가 단 하나만 있어도 인도와 아라비아 토착 문학 전체만큼의 가치가 있다"[17]고 선언한 그는 다음 해 악명 높은 '교육 각서'를 제출했다. 우바로프보다 운이 좋았던 그의 권고는 당장 시행에 들어갔다. 철저한 잉글랜드식 교육 체계가 도입되었고, 이를 통해, 매콜리 자신의 형언할 수 없는 말을 따르자면 "핏

---

[17] 이 잘난 체하는 중산층 청년, 잉글랜드의 우바로프가 인도나 아랍 '토착 문학'에 대해서는 아는 게 하나도 없었다는 데 대해서는 확신할 수 있으리라.

줄과 피부색으로는 인도인이지만, 취향과 견해, 도덕과 지성으로는 잉글랜드인인 사람들의 부류"[18]가 창조될 것이었다. 1836년에 그는 이렇게 썼다.[19]

잉글랜드식 교육을 받은 힌두교도 그 누구도 자신의 종교에 신실한 애착을 간직하지 않는다. 교육에 대한 우리의 계획이 계속 추구된다면, 금후 30년 내에 벵골의 존경받을 만한 계층 가운데에는 단 한 명의 우상숭배자도 남지 않게 되리라는 것이 나의 확신[그들은 언제나 확신하니까]이다.

여기에는 반세기 전 보고타의 페르민을 떠올리게 하는 어떤 순진한 낙관주의 같은 것이 분명히 있기는 하다. 그러나 중요한 것은 돌이킬 수 없는 피부색과 핏줄에도 불구하고 '우상숭배자들'을 기독교인보다는 문화적으로 잉글랜드 사람들이 되도록 변모시키려는 장기간의(30년!) 정책이 의식적으로 입안 및 추구되는 광경을 우리가 목도하고 있다는 점이다. 페르민의 육체적 교배에 비교한다면, 빅토리아 시대의 다른 여러 가지와 마찬가지로 제국주의가 우아함에서 엄청난 진보를 이루었음을 보여주는 정신적 이종교배 같은 것이 의도되고 있다. 어찌 되었든 이 시점으로부터 속도는 다를지언정 팽창하는 제국 전역에서 매콜리주의가 추구되었다고 말해도 별로 틀리지 않을 것이다.[20]

---

18 다음을 참조할 것. Donald Eugene Smith, *India as a Secular State*, pp. 337~38; Percival Spear, *India, Pakistan and the West*, p. 163.

19 Smith, *India*, p. 339.

20 이를테면 곧 '말레이 이튼'이라는, 아이러니를 전혀 담지 않은 이름으로 알려지게 될 쿠알라 캉사르 말레이 대학의 1905년 설립에 대한 로프의 무표정한 설명을 참조하라. 매콜리의 처방을 충실히 따라, 그 학생들은 '존경받을 만한 계층', 즉 말 잘 듣는 말레이 귀족층에서 뽑혔다. 초기 기숙사생의 절반이 다양한 말레이 술탄들의 직계 후손이었다. William R. Roff, *The Origins of Malay Nationalism*, pp. 100~105.

러시아화와 마찬가지로 잉글랜드화도 당연히 중산 계급 본국인(스코틀랜드인 포함!)들의 부대, 즉 관료, 교원, 상인, 개척 농민들에게 장밋빛 기회를 제공했으며, 이들은 곧 영원히 해가 지지 않는 광대한 영토 사방으로 흩어졌다. 상트페테르부르크에서 통치하는 제국과 런던의 제국 사이에 중대한 차이가 있기는 했다. 차르의 땅은 유라시아의 온대와 한대 지역에 국한된 '연속적인' 대륙 영토로 남아 있었다. 말하자면 한쪽 끝에서 다른 쪽 끝까지 걸어서 갈 수 있었던 것이다. 동유럽 슬라브계 인구와의 언어적 친족 관계, 그리고 비슬라브계 주민들과의 — 예쁘게 이야기하자면 — 역사적 · 정치적 · 종교적 · 경제적 유대는 **상대적으로** 말해 상트페트르부르크로 가는 길에 놓인 장애물이 철통 같지는 않았다는 의미였다.[21] 반면 브리튼 제국은 모든 대륙에, 그리고 주로 열대 지방에 흩뿌려져 있는 영토들을 주워 담은 것이었다. 속령의 주민 집단 중 본국과 오래된 종교적 · 언어적 · 문화적 연계를, 아니면 정치적 · 경제적 연계라도 갖고 있다고 할 만한 경우는 소수에 불과했다. 빅토리아 여왕 즉위 60주년 기념식에 나란히 자리한 이들은 잉글랜드인이나 미국인 백만장자가 닥치는 대로 급하게 그러모은 거장들의 작품, 이윽고는 제국의 국가 박물관으로 엄숙히 변모하게 될 소장품들을 닮았다.

그 결과는 비핀 찬드라 팔(Bipin Chandra Pal)의 쓰라린 회상에서 잘 묘사되고 있다. 매콜리의 '각서'가 나온 지 한 세기가 지난 1932년에 그는 인도인 치안관(Magistrate)▪들에 대해 다음과 같이 서술할 만큼 여전히 화가 난 채였다.[22]

---

21 우랄 산맥 지역 주민들은 또 다른 이야기이다.
▪ 치안관(Magistrate)이란 영국 식민지 관료제의 용어로, 번역하기가 어렵다. 치안관은 지방 판사와 행정관 역할을 겸했다.
22 그의 *Memories of My Life and Times*, pp. 331~32를 참조. 강조는 덧붙임.

인도인 치안관들은 영국인 공무원들과 같은 조건에서 대단히 엄격한 시험을 통과했을 뿐만 아니라, 가장 좋을 때인 청춘 시절, 한창 인격이 형성될 시기를 잉글랜드에서 보냈다. 조국으로 돌아온 후 그들의 생활양식은 동료 문관들과 똑같다고 해도 과언이 아니었으며, 그들은 영국인 동료들의 사회적 관습과 윤리적 기준을 거의 종교적으로 따랐다. 그 시절에 인도에서 태어난 [sic-우리의 스페인계 아메리카인 크리올들과 비교해 보자] 문관은 자신을 조상의 사회에서 완전히 단절시켜, 자신의 영국인 동료들이 그토록 소중히 여겼던 분위기 속에서 생활하고, 그리로 이동하여, 거기에 자신의 존재를 담았다. 사고방식으로나 예절로나 그는 어느 잉글랜드인에 비교해도 손색없는 잉글랜드인이었다. 이것은 결코 작은 희생이 아니었다. 이런 식으로 그는 제가 속한 사람들의 사회로부터 완벽히 소외되어, 그들 가운데에서는 사회적·도덕적으로 불상놈이 되어버린 것이다. ……그는 제 고향에서 그 나라의 유럽인 거류민들과 다를 바 없는 이방인이었다.

지금까지는 매콜리식의 이야기이다. 그러나 훨씬 더 심각한 것은 제 고향에서의 저 이방인들이 여전히 아메리카 크리올들만큼이나 숙명적으로 잉글랜드 내지인들에게의 '비합리적인' 영구적 예속에 묶여 있다는 점이었다. 이것은 단순히 팔 같은 사람은 그가 얼마나 잉글랜드화되든지 간에 인도 최고위직으로의 길이 늘 가로막혀 있다는 문제만이 아니었다. 그에게는 경계 밖으로의 이동, 즉 이를테면 영국령 골드코스트나 홍콩 같은 곳으로의 수평적인 이동이나 본국으로의 수직적인 이동도 가로막혀 있었다. '제가 속한 사람들의 사회로부터 완벽히 소외된 자'일지 모를 그는, 그러나 그 사람들 가운데에서 복무하도록 종신형에 처해진 것이었다. (물론 '그들'에 어떤 사람들이 포함되어 있나 하는 문제는 아대륙에서 영국이 정복한 땅의 경계에 따라 달라졌다.[23])

나중에는 20세기 아시아와 아프리카 민족주의의 흥기에 관제 민족주의가 끼친 영향의 결과들을 살펴보아야 할 것이다. 여기에서 우리의 목

148

적을 고려할 때 강조되어야 할 바는 영국화가 세계 전역에 팔 같은 사람 수천 명을 만들어냈다는 것이다. 영국 관제 민족주의의 근본적 모순, 즉 제국과 민족의 내적 비양립성을 이보다 더 날카롭게 강조하는 것은 없다. 나는 곰곰이 생각한 끝에 '민족'이라고 말하는데, 그야 팔 같은 사람들에 대해 인종주의라는 틀로 설명하려는 생각에는 언제나 솔깃한 구석이 있기 때문이다. 정신이 똑바로 박힌 사람이라면 누구도 19세기 영국 제국주의의 심대하게 인종주의적인 성격을 부정하지 못하리라. 그러나 팔 같은 사람들은 백인 식민지, 그러니까 호주, 뉴질랜드, 캐나다, 남아프리카에도 존재했다. 잉글랜드인과 스코틀랜드인 교사들이 떼지어 몰려간 것도 마찬가지요, 잉글랜드화가 문화 정책이었던 것도 마찬가지다. 팔에게와 마찬가지로, 18세기에 스코틀랜드인들에게는 아직 열려 있던 나선형 오르막길은 그들에게도 닫혀 있었다. 잉글랜드화된 호주인들은 더블린이나 맨체스터에서는 물론, 오타와나 케이프타운에서조차 복무하지 않았다. 꽤 시간이 많이 흐르기 전까지는 캔버라의 총독이 될 수도 없었다.[24] 오로지 '잉글랜드계 영국인'(English English), 즉 반밖에 드러나지 않은 잉글랜드 민족의 구성원들만이 그 자리에 오를 수 있었다.

동인도회사가 인도라는 사냥터를 잃기 3년 전, 검은 함선을 거느린 페

---

23 인도인 관리들이 버마에 파견되었던 것은 사실이나, 버마는 1937년까지 행정적으로 영국령 인도의 일부분이었다. 영국령 말라야와 싱가포르에서는 인도인들이 관료제의 하급 직종, 특히 경찰에 복무하기도 했지만, 그들의 신분은 '현지인'이나 '이민자'로서 인도 경찰력으로 '돌아가는' 전속 발령이 날 수 없는 처지였다. 여기에서는 관리들에 방점이 찍혀 있음에 주의하라. 인도인 노동자들과 상인들, 그리고 전문직 종사자들까지도 동남아시아와 남아프리카, 동아프리카, 그리고 저 먼 카리브해의 영국 식민지로 상당히 많은 수가 이동했다.

24 물론 에드워드 왕 재위기(●1901~10)가 끝날 무렵에는 몇몇 '백인 식민지 주민'(white colonials)들이 런던으로 이주해 와 의회 의원이나 저명한 신문사주가 되기는 했다.

리 제독은 일본을 그토록 오래 그들이 스스로 선택한 고립 상태에 두었던 장벽들을 독단적으로 쳐부수었다. 1854년 이후, 바쿠후(幕府, 도쿠가와 쇼군 정권)의 자신감과 내적 정당성은 서방의 침투에 직면해 눈에 띄게 무력해지면서 급속히 침식되었다. 존왕양이의 깃발 아래 주로 사쓰마 한(薩摩藩)과 조슈 한(長州藩)에서 온 중급 사무라이들의 소규모 무리가 1868년 마침내 바쿠후를 넘어뜨렸다. 그들이 성공한 이유에는 1815년부터 프로이센과 프랑스의 전문 참모들이 체계화해 온 서방의 새로운 군사학을, 특히 1860년 이후에, 이례적일 정도로 창조적으로 흡수했다는 점도 들어 있었다. 그리하여 그들은 영국인 무기상으로부터 구입한 7,300정의 초현대식 소총(대부분 미국 남북전쟁에서 나온 폐품)을 효과적으로 사용할 수 있었다.[25] "조슈의 사나이들은 총기 사용에 숙달되

---

25 여기에서 핵심적 인물은 이른바 '일본 육군의 아버지'라고 불리는 오무라 마스지로(1824~69)이다. 조슈 한의 하급 사무라이였던 그는 네덜란드어로 된 소책자를 통해 서양 의학을 공부하면서 이력을 시작했다. (1854년까지 서양인들 중에서는 유일하게 네덜란드인들만이 일본 입국이 허용되어 있었고, 그것도 기본적으로는 바쿠후가 통제하는 나가사키 항 바깥에 있는 데지마 섬으로만 들어올 수 있도록 제한되어 있었음을 생각해 낼 수 있을 것이다.) 그는 전국 최고의 네덜란드어 교육 기관이었던 오사카의 데키주쿠〔●敵塾, 오사카 대학의 전신〕를 졸업한 뒤 의사로 개업하려고 고향에 돌아왔지만 큰 성공을 거두지는 못했다. 1853년에는 우와지마에서 양학 강사 자리를 얻었고, 나가사키에서 해군학을 공부하는 외도를 하기도 했다. (그는 사용 설명서를 읽은 것을 바탕으로 하여 일본 최초의 기선 건조를 설계 및 감독했다.) 페리의 도착 이후 그에게 기회가 왔다. 1856년 그는 나중에 사관학교가 될 기관과 바쿠후 최고의 서양 학문 연구 부서에서 강사로 일하고자 에도로 이사했다. 유럽의 군사적 저술들, 특히 전략과 전술에서 나폴레옹이 이루어낸 혁신에 대한 글들을 번역하여 명성을 얻은 그는 1860년 조슈로 소환되어 군사 고문직을 수행했으며, 1864~65년에는 조슈 내전의 성공적인 지휘관으로서 저술의 실효성을 증명해 냈다. 곧이어 그는 메이지 정권의 제1대 전쟁 장관(병부대보)이 되었고, 징병제 실시와 법적 신분으로서의 사무라이 제도 폐지 등 정권의 혁명적 계획을 입안했다. 이러한 수고 끝에 그는 분노한 사무라이에 의해 암살당했다. Albert M. Craig, *Chōshū*

어 있어서, 피와 천둥의 노인● 식의 난도질 검법은 그들을 상대로는 별 소용이 없을 정도였다."[26]

그러나 오늘날 우리가 메이지 과두지배층으로 기억하는 모반자들은 일단 권력을 잡자, 군사적 무용이 자동적으로 정치적 정당성을 보장해 주지는 않는다는 것을 알게 되었다. 바쿠후 폐지와 왕정 복고가 재빨리 이루어질 수 있는 일이었던 반면, 야만인들은 그렇게 쉽게 쫓아낼 수 없었다.[27] 일본의 지정학적 안보는 1868년 이전과 마찬가지로 허약하게 남아 있었다. 그리하여 과두지배층의 국내 입지를 다지기 위한 기본 수단 중 하나로, 호엔촐레른의 프로이센-독일이라는 모델을 꽤 의식적으로 들여온, 세기 중반 '관제 민족주의'의 변형태가 채택되었다. 1868년에서 1871년 사이에는 지방에 잔존하던 '봉건적' 군대들이 모두 해산되면서 폭력 수단에 대한 중앙집권적 독점을 도쿄에 부여했다. 1872년에는 천황의 칙서가 성인 남자 일반의 문해력 증진을 명했다. 일본은 영국(연합왕국)보다 훨씬 앞선 1873년에 징병제를 도입했다. 동시에 정권은 법적으로 규정되어 특권을 누리는 계급인 사무라이를 철폐했는데, 이는 재능 있는 자들 모두에게 장교단의 문호를 (서서히) 개방하기 위해 필수적인 단계였지만, 이제 '입수 가능'해진 시민들의 민족(nation-of-citizens)이라는 모델에 맞추기 위한 것이기도 했다. 일본 농민들은 봉건적인 한(藩) 제도의 예속에서 해방되어 그때부터는 국가와 상업적 영농

---

in the Meiji Restoration, 특히 pp. 202~204, 267~80 참조.

● old blood and thunder. 너새니얼 호손의 『큰 바위 얼굴』에 등장하는 퇴역 장군.

26 E. Herbert Norman, *Soldier and Peasant in Japan*, p. 31에 인용된 당대 일본의 관찰자의 말.

27 그들은 이것을 쓰라린 개인적 경험으로부터 알고 있었다. 1862년 영국 소함대가 가고시마의 사쓰마 항 절반을 때려 부쉈다. 1864년에는 미국·네덜란드·영국 해군의 연합 함대가 시모노세키에서 조슈의 해안 요새들을 파괴하였다. John M. Maki, *Japanese Militarism*, pp. 146~47.

을 하는 지주들에게 직접 착취당했다.[28] 1889년에는 프로이센식 헌법이, 이윽고는 성인 남자 보통선거권이 뒤따랐다.

이 질서정연한 작전에서 메이지의 사나이들은 우연이라고도 할 수 있는 세 가지 요인의 도움을 받았다. 첫 번째 요인은 두 세기하고도 절반 동안의 고립과 바쿠후의 국내 평정이 초래한, 일본의 상대적으로 높은 종족문화적 동질성이다. 규슈에서 쓰는 일본어를 혼슈에서는 거의 알아들을 수 없었고, 에도-도쿄와 교토-오사카 간의 의사소통도 구두로는 힘들었지만, 반쯤 중국화된 표의문자로의 표기법이 섬들 전체에서 쓰인 지 오래였던 덕분에 학교와 인쇄물을 통해 대중 문해력을 발달시키는 것은 쉽고도 논쟁의 여지가 없는 일이었다. 두 번째는 제국 왕가가 독특하게 오래되었다는 점(일본은 유사 이래 단일한 왕조가 군주의 지위를 계속 독점해 온 유일한 나라이다)과 그 상징적인 일본인다움(부르봉가나 합스부르크가와 비교해 보라)으로 인해 관제 민족주의의 목적에 천황을 이용하는 것이 꽤 간단했다는 점이다.[29] 세 번째로 야만인들의 침투가 충분히 갑작스럽고 위협적인 데다 그 규모도 대단해서, 정치적 의식이 있는 집단의 대다수 분자들은 민족의 용어로 새로이 고안된 자위(自衛) 계획에 결집된 지지를 보낼 수 있었다. 이 가능성이 서방 침투의 타이밍, 즉 1760년대가 아니라 1860년대였다는 것과 밀접한 관련이 있었다는 것은 강조할 만하다. 그 무렵 우세를 점하고 있던 유럽에서는 인민적 버전이

---

28 이 모든 것은 1810년 이후 프로이센에서 이루어진 저 개혁들 중 한 가지, 베를린에 보낸 블뤼허의 정열적인 탄원에 대한 응답을 떠올리게 한다. '우리에게 국민군을 주십시오!' Vagts, *A History of Militarism*, p. 130; Cf. Gorden A. Craig, *The Politics of the Prussian Army*, ch. 2.

29 그러나 일본 학자들이 알려준 바에 따르면, 가장 초기의 왕릉들을 최근에 발굴했더니 그 왕의 가문이 원래 한국 사람이었을 수도 있다는 강력한 시사점이 발견되었다고 한다. 에구머니, 한국인이라니! 일본 정부는 이 사적들에 대한 후속 연구를 막으려고 엄청나게 애를 써왔다.

든 관제 버전이든 '민족 공동체'가 들어선 지 이미 반세기 이상이 지나 있었기 때문이다. 요컨대 자위는 형성 중이던 '국제적 규범'에 따라 그에 일치되는 방식으로 맞춤 제작될 수 있었다.

군수품을 기초로 한 산업화 계획에 드는 비용을 지불하기 위해 조세를 가혹하게 징수함에 따라 농민층에 부과된 끔찍한 고통에도 불구하고 도박이 성공한 원인은 분명히 과두지배층들 자신이 단호하게 한 우물을 팠던 것에도 어느 정도 돌릴 수 있었다. 다행히 취리히의 익명 계좌가 아직 생각지도 못할 미래의 일이었던 시대에 권력을 잡은 그들은 세수의 잉여분을 일본 바깥으로 내보낼 유혹을 받지 않았다. 다행히 군사 테크놀로지가 아직은 비교적 천천히 진보하고 있던 시절에 통치한 그들은 격차를 만회하려는 군비 증강 정책을 통해 세기말까지 일본을 독립적인 군사 강국으로 변모시킬 수 있었다. 일본의 징병 육군이 1894~95년 중국을 상대로, 그리고 해군이 1905년 차르의 나라를 상대로 거둔 화려한 성공에다 대만(1895)과 한국(1910)의 합병에 이르기까지 이 모든 것들이 학교와 인쇄물을 통해 의식적으로 선전되었고, 이는 보수적인 과두지배층이 일본인들이 그 구성원으로서 스스로를 상상해 가고 있던 민족의 진정한 대표라는 일반적 분위기를 창조해 내는 데 엄청나게 도움이 되는 일이었다.

이 민족주의가 지배층 바깥에서조차 공격적인 제국주의적 성격을 발달시켰다는 것은 두 가지 요인에 의해 가장 잘 설명될 수 있다. 하나는 일본의 오랜 고립이라는 유산이요, 다른 하나는 관제 민족주의 모델의 힘이다. 마루야마 마사오(丸山眞男)는 유럽의 모든 민족주의가 상호작용하는 왕조 국가들이 존재하는 전통적인 다원주의라는 맥락에서 흥기했다는 점을 날카롭게 지적한다. 내가 앞서 말했듯이 라틴어의 범유럽적 보편성에 대한 정치적 상관물은 존재하지 않았던 것이다.[30]

---

30 Maruyama Masao, *Thought and Behaviour in Modern Japanese Politics*, p. 138.

그러므로 유럽의 민족의식은 애초부터 국제사회적 의식의 흔적을 담고 있었다. 주권 국가들 간의 분쟁이 이 국제사회의 독립적 구성원들끼리의 분쟁이라는 것은 자명한 전제였다. 바로 이러한 이유로 흐로티위스 이래 국제법에서 전쟁이 중요하고 체계적인 자리를 점해 왔던 것이다.

그러나 수 세기 동안 계속된 일본의 고립은 다음과 같은 결과를 낳았다.[31]

국제관계에서의 동등성이라는 인식은 전무했다. 〔야만인〕 추방 정책의 지지자들은 하급자에 대한 상급자의 패권에 기초한 국내적 계서제 내의 시각에서 국제관계를 바라보았다. 결과적으로 국내적 계서제의 전제들이 국제적 영역으로의 수평 이동을 이루자, 국제 문제는 양자택일, 즉 정복하느냐 정복되느냐로 축소되었다. 국제관계를 재단하기 위한 상위의 규범적 기준이 부재한 상태에서는 힘의 정치가 기준이 될 수밖에 없으며, 어제의 소심한 방어 자세는 오늘의 고삐 풀린 팽창주의로 변화한다.

두 번째로 과두지배층에게 일차적인 모델은 자체 귀화 중이던 유럽의 왕조들이었다. 이러한 왕조들이 점점 더 자신들을 민족적 용어로 정의하는 동시에 유럽 바깥에서의 세력 팽창을 진행시키는 중이었던 한, 모델이 제국주의적으로 이해되어야 했다는 점은 놀랍지 않다.[32] 베를린 회의(1885)에서 아프리카가 분할되었듯이 위대한 민족들은 지구적 정복자들이었다. 이런 마당에 일본이 '위대한' 강국으로 받아들여지기 위해서는 일본도 천황을 황제의 자리에 올려놓고 해외로 웅비해야 한다는

<hr>

31 Ibid., pp. 139~40.
32 불행히도 관제 민족주의화하는 중이던 당시의 **왕조** 국가들에게 유일한 대안적 모델이었던 오스트리아-헝가리는 극동에서 존재감이 돋보이는 강국이 아니었다.

주장이, 판에 늦게 뛰어들었고 따라잡으려면 아직 할 일이 많은데도 불구하고 그 얼마나 그럴듯해 보였겠는가. 이러한 잔재가 독서 인구의 의식에 효과를 끼친 방식을 더 예리하게 파악하는 데에는 급진민족주의 이데올로그이자 혁명가였던 기타 잇키(北一輝, 1884~1937)가 1924년 발표한 『일본개조법안대강』에서 세운 다음과 같은 공식보다 더 나은 자료도 없으리라.[33]

국가 내의 계급 투쟁이 정의에 반하는 계급 간의 경계 때문에 전개되는 것처럼, 정의에 반하는 현재의 경계선을 바꾸어낼 때 국제전의 개전은 정의로운 일이다. 영국 제국은 전 세계에 올라탄 대부호이며, 러시아는 지구의 북쪽 절반을 점유한 대지주이다. 흩어져 있는 섬들을 경계선으로 하고 있어 국제적으로는 프롤레타리아의 지위에 있는 일본은, 정의의 이름으로 그들의 독점을 탈취하는 전쟁을 선포할 권리가 있다. 국내에서는 프롤레타리아의 투쟁을 용인하면서 국제적 프롤레타리아의 전쟁을 침략주의니 군국주의니 하며 나무라는 구미 사회주의자는 사상적 자기모순에 빠져 있다. …… 국내의 프롤레타리아 계급이 조직적 결합으로써 정의롭지 못한 현상을 타파하기 위한 유혈의 호소를 할 수 있다는 것이 그들의 주장이라면, 국제적 프롤레타리아인 일본이 육해군의 충실한 조직적 결합으로써 정의롭지 못한 국제적 경계선을 바로잡기 위해 전쟁 개시에 호소하는 것 또한 무조건 승인되어야 마땅하다. 합리적인 민주사회주의의 이름으로, 일본은 호주와 극동 시베리아를 요구한다.

1900년 이후에 제국이 팽창하면서 매콜리식의 일본화가 국가 정책 차원에서 자의식적으로 추진되었다는 것만 덧붙이면 되겠다. 양차 대전

---

33 Richard Storry, *The Double Patriots*, p. 38에 번역되어 인용된 대로. 〔●여기에서는 일본어 원문을 일부 참조.〕

사이에 한국인·대만인·만주인들은, 그리고 태평양전쟁이 터진 이후에는 버마인·인도네시아인·필리핀인들도 유럽 모델을 확립된 작업관행으로 삼은 정책 아래 놓이게 되었다. 그리고 꼭 영국 제국에서와 같이, 일본화된 한국인들·대만인들·버마인들에게 본국으로의 통로는 완전히 차단되어 있었다. 일본어를 완벽하게 말하고 읽을 수 있었을지라도, 그들은 결코 혼슈에서 현청의 행정을 관장하지 못하는 것은 물론, 출신 지역 밖에 배속조차 되지 않을 것이었다.•

이 세 가지 다채로운 '관제 민족주의'의 사례를 고찰한 다음에는, 강대국을 자임하려는 진지한 생각이 전혀 없는 국가들도, 그 지배 계급이나 지도층이 민족적으로 상상된 공동체가 세계적으로 퍼지는 데에 위협을 느끼고 있는 한, 이 모델을 자의식적으로 따를 수 있었다는 점을 강조하는 것이 중요하다. 그러한 경우에 속하는 시암과 오스트리아-헝가리 내의 헝가리, 이 두 국가의 비교가 유익할지도 모르겠다.

메이지 천황의 동시대인이자 오랜 치세를 누린 쭐라롱껀(재위 1868~1910)이 그의 영지를 서방의 팽창주의로부터 방어한 방식은 그와 같은 지위에 있던 일본인의 방식과는 두드러지게 달랐다.[34] 영국령 버마와 말라야,•• 프랑스령 인도차이나 사이에 끼인 처지였던 그는 제대로 된 전

• 조선인 관료의 만주국 근무는 이에 대한 예외로서, 박성진은 만주국에 3,000명 내외의 조선인 관료가 있었을 것으로 추산한다. 그는 201명의 조선인이 만주국에서 고등관 이상으로 근무했던 경력이 있음을 확인하기도 했다. 이들 중 다수는 만주국이 내세운 차별 없는 등용의 구호에 끌렸다. 일본 내지인 관료와의 차별 대우에 불만을 느껴 만주에 '진출'한 이들의 회고록도 존재한다. 박성진,「만주국 조선인 고등 관료의 형성과 정체성」,『동양정치사상사』 제8권 제1호, 2009, 213~38쪽.

34 다음 절은 나의 'Studies of the Thai State: the State of Thai Studies', Eliezer B. Ayal ed., *The State of Thai Studies*의 요약판이다.

•• 현재 말레이시아의 말레이 반도 영토.

쟁 기구를 구축하려는 시도 대신 기민하고 교묘한 외교에 헌신했다. (전쟁부는 1894년에야 설치되었다.) 18세기 유럽을 떠올리게 하는 방식으로, 그의 병력은 대개 베트남인, 크메르인, 라오인, 말레이인, 중국인 용병과 조공병의 잡다한 배열로 구성되었다. 근대화된 교육 체계를 통해 관제 민족주의를 밀어붙이기 위해 이루어진 일도 별로 없었다. 초등교육은 그가 세상을 떠난 지 10년이 더 넘도록 의무화되지 않았으며, 이 나라 최초의 대학은 도쿄제국대학이 설립된 지 40년이 지난 시점인 1917년까지 세워지지 않았다. 그런데도 쭐라롱껀은 자신을 근대화의 추진자라고 여겼다. 그러나 그의 일차적 모델은 영국이나 독일이 아니었고, 오히려 네덜란드령 동인도(Dutch East Indies)*와 영국령 말라야, 영국령 인도의 식민 관료 국가(beamtenstaaten)였다.[35] 이러한 모델들을 따른다는 것은 왕국 정부를 합리화 및 중앙집권화하고, 전통적으로 반쯤 자율권을 행사하던 작은 조공국들을 제거하고, 약간은 식민지 스타일을 따라 경제 발전을 장려한다는 의미였다. 그 가장 인상적인 예는, 기묘한 방식으로 현대의 사우디아라비아를 내다보는 일인데, 그가 젊은 외국인 미혼 남성의 대량 이민을 장려하여 항만 시설을 짓고, 철도를 건설하고, 운하를 파고, 상업 영농을 확장하는 데 필요한, 갈피를 못 잡고 있어 정치적으로 무력한 노동력을 형성한 것이었다. 이 손님노동자(gastarbeiter)의 수입은 바타비아**및 싱가포르 당국의 정책과 비슷하며, 사실 그들을 모델로 한 것이다. 그리고 네덜란드령 인도(Netherlands Indies)***나

- 현재 인도네시아의 모태.
35 배티(Battye)는 젊은 군주가 1870년 바타비아와 싱가포르, 1872년 인도를 방문한 목적이, 쭐라롱껀 자신의 상냥한 말을 따르자면, '안전해 보이는 모델들을 선택하려는 것'이었다는 점을 멋지게 보여준다. 'The Military, Government and Society in Siam, 1868~1910,' p. 118 참조.
•• 현재의 자카르타.
••• 네덜란드에서는 식민지를 '동'인도라고 부르지 않았다.

영국령 말라야에서와 마찬가지로 19세기에 수입된 노동자들의 거의 대다수는 중국 남동부 출신이었다. 이 정책이 그에게 개인적 양심의 가책도 정치적 곤란도 초래하지 않았다는 점, 즉 두 가지 측면 모두에서 그가 모델로 삼은 식민지 통치자들과 별로 다를 바 없었다는 점은 교훈적이다. 실로 이 정책은, 태국인 사회 '바깥'에 무력한 노동 계급을 창조하여 그 사회를 '교란되지 않은 상태'로 남겨두었으니 왕조 국가에는 단기적으로 꽤 적절한 것이었다.

그의 아들이자 계승자인 와치라웃(Wachirawut, 재위 1910~25)은 이것을 수습해야 했는데, 이번에 그가 모델로 삼은 것은 자체 귀화 중인 유럽의 군주들이었다. 빅토리아 후기 잉글랜드에서 교육받았는데도 불구하고, 그리고 그렇기 때문에 그는 자신을 나라 '최초의 민족주의자'로 포장했다.[36] 그러나 이 민족주의가 겨냥한 것은 시암의 무역 90퍼센트를 통제하던 영국도, 최근 옛 영토의 동쪽 조각들을 갖고 간 프랑스도 아니었다. 겨냥된 것은 그의 아버지가 그토록 최근에, 그토록 유쾌하게 수입해 들인 중국인들이었다. 그의 반중국인 입장이 어떤 식인지는 그의 팸플릿 중 가장 유명한 것 두 가지의 제목이 시사해 준다. 『동방의 유대인』(1914), 『우리의 바퀴에 끼인 돌덩이』(1915).

왜 이런 변화가? 와치라웃이 즉위한 1910년 11월을 전후로 해서 일어난 극적인 사건들의 효과였다는 점에는 의심의 여지가 없다. 그 전 6월에는 시암 정치에의 입문이라는 획을 그으며 방콕의 중국인 상인들(계층 상향 이동을 이루어낸 초기 이민자의 자식들)과 노동자들이 일으킨 총파업을 진압하는 데에 경찰이 동원되어야만 했다.[37] 다음 해, 베이징의 천

---

36 "민족주의의 기획을 추진하는 와치라웃에게 영감을 준 것은 그 무엇보다도 와치라웃이 가장 잘 알았던 서방의 나라, 당시 제국주의적인 열광에 사로잡혀 있던 나라인 대영제국이었다." Walter F. Vella, *Chaiyo! King Vajiravudh and the Development of Thai Nationalism*, p. xiv. pp. 6 and 67~68도 참조.

자와 군주제는 상인들도 포함한 이질적인 각양각색 집단들의 묶음에 의해 일소되었다. '중국인'이란 그리하여 왕조의 원칙을 심대하게 위협하는 인민적 공화주의의 전조로서 나타나게 되었다. 두 번째로, '유대인'이나 '동방'이라는 단어들이 시사하듯이, 잉글랜드화된 군주는 잉글랜드 지배 계급의 특정한 인종주의를 흡수했다. 그런데 거기다가, 와치라웃이 아시아의 부르봉 같은 인물이었다는 사실도 있다. 전(前)민족 시대에 그의 선조들이 매력적인 중국인 여자들을 아내와 첩으로 꾸준히 들인 결과, 멘델스럽게 얘기하자면 와치라웃 자신에게는 태국보다는 중국 '피'가 더 많이 흐르고 있었다.[38]

　민족적으로 상상된 공동체가 출현함에 따라 주변화 또는 배제될 위험에 처한 지배적인 집단들이 선수를 치기 위해 채택하는 전략이라는, 관제 민족주의의 성격을 드러내는 훌륭한 사례가 여기에 있다. (와치라웃이 또한 관제 민족주의 정책의 손잡이를 하나하나 다 당기기 시작하기도 했다는 것은 말할 필요도 없는 일이다. 정부가 통제하는 의무 초등교육, 국가가 조직하는 프로파간다, 공식적인 역사 다시 쓰기, 여기에서는 진짜라기보다는 시각적인 쇼에 더 가까웠던 군사주의, 그리고 왕조와 민족의 동일성에 대한 끝없는 긍정.[39])

37 파업은 중국인들에게도 토착민 태국 사람들에게와 똑같은 인두세를 거두겠다는 정부의 결정 때문에 일어났다. 당시까지는 이민 장려책의 일환으로 중국인 인두세가 낮게 책정되어 있었다. Bevars D. Mabry, *The Development of Labor Institutions in Thailand*, p. 38 참조. (중국인 착취는 주로 아편 거래를 통해 이루어졌다.)
38 자세한 족보는 나의 'Studies of the Thai State,' p. 214를 참조.
39 지난 사반세기 동안 시암 우익 정권들의 금과옥조였던 찻, 삿사나, 까삿(민족, 종교, 국왕)이라는 슬로건을 고안해 낸 것도 그였다. 우바로프의 전제정, 정교회, 민족성이 거꾸로 된 태국식 순서로 나타난다.

19세기 헝가리 민족주의의 발전은 '관제' 모델의 흔적을 다른 방식으로 보여준다. 앞서 우리는 1780년대에 라틴어를 사용하는 마자르 귀족들이 독일어를 제국의 단일한 국가 언어로 만들려는 요제프 2세의 시도에 격분하여 반대하는 모습을 지켜보았다. 이 계급의 더 혜택받은 구성원들은 제국-독일의 관료들이 지배하는 중앙집권화, 합리화된 행정 아래에서 그들이 보전해 오던 한직을 잃을까 봐 두려워했다. 하급 귀족들은 세금 면제와 의무 군복무 면제, 그리고 농노들과 시골 주(州, counties)들에 대한 통제를 잃을지도 모른다는 가능성 때문에 공황에 빠졌다. 그렇지만 라틴어의 방어와 나란히, 꽤나 기회주의적으로 "장기적으로는 마자르어 행정만이 독일어 행정에 대한 실현 가능한 대안 같아 보인다는 이유로" 마자르어가 거론되었다.[40] 그륀월드 벨라(Béla Grünwald)는 "(황제의 칙령에 반대하면서) 마자르어 행정의 가능성을 강조했던 바로 그 똑같은 주들이 1811년, 즉 27년 후에는 그것이 불가능하다고 선언했다"고 냉소적으로 말한다. 20년이 더 지난 후에도 매우 '민족주의적'인 어떤 헝가리 주에서는 "마자르 언어의 도입은 우리의 헌법과 우리의 모든 이익을 위험에 빠뜨릴 것이다"라는 말이 나왔다.[41] 마

---

40 Ignotus, *Hungary*, pp. 47~48. 그리하여 1820년, '잠옷을 걸친 호랑이'인 황제 프란츠 2세는 페슈트에 모인 헝가리 의원들에게 라틴어로 연설하여 좋은 인상을 남겼다. 그러나 1825년에는 급진낭만주의자 귀족인 세체니 이슈트반(István Széchenyi) 경이 의회에서 마자르어로 연설하여 '동료 의원들을 기겁하게 했다.' Jászi, *The Dissolution*, p. 80; Ignotus, *Hungary*, p. 51.

41 Jászi, *The Dissolution*, pp. 70~71에 번역 인용된 그륀월드의 *The Old Hungary* (1910) 일부. 그륀월드(1839~91)는 흥미롭고 비극적인 인물이다. 색슨의 후예로 마자르화된 귀족 가문에서 태어난 그는 탁월한 행정관이자 헝가리 최초의 사회과학자 중 한 사람이 되었다. 젠트리가 통제하는 저 유명한 마자르 '주'들이 민족에 얽힌 기생충에 불과하다는 것을 증명하는 그의 연구가 발표되자 여론은 악담을 퍼부으며 잔인한 사냥으로 들끓었다. 그는 파리로 도망쳐 센 강에 투신했다. Ignotus, *Hungary*, pp. 108~109.

자르 귀족층─인구 1100만 명의 나라에서 토지소유권과 정치적 권리를 독점한 13만 6,000명 정도로 이루어진 계급[42]─은 실로 1840년대에 들어서야 마자르화 입장을 진지하게 굳혔으며, 이때에는 저희들의 역사적 주변화를 막으려는 생각이었을 뿐이다.

동시에 서서히 증가하는 (1869년에는 비율이 성인 인구 3분의 1에 달한) 문해력, 활자 마자르어의 전파, 그리고 작지만 정력적인 자유주의 인텔리의 성장, 이 모든 것은 귀족층의 민족주의와는 매우 다르게 이해되는 헝가리 인민 민족주의를 자극했다. 이후 세대에는 코슈트 러요시(Lajos Kossuth, 1802~94)라는 인물로 상징될 이 인민 민족주의는 1848년 혁명으로 그 영광의 순간을 맞았다. 혁명 정권은 빈이 임명한 제국 총독들을 축출했을 뿐만 아니라, 원시 마자르의 것으로 추정되는 봉건적인 귀족주의회(Diet of Noble Counties)도 폐지했고, 개혁으로 농노제와 귀족들의 면세 지위를 끝장낼 것이며 한정부동산권* 역시 과감히 제한하겠다고 선언했다. 덧붙여 (전에는 오직 특권층만이 헝가리인이었기에) 헝가리어를 쓰는 사람은 모두 헝가리인이어야 할 것이라고, 또한 (지금까지는 오직 일부 마자르인들만이 마자르 말을 하는 데 익숙했기에) 헝가리인이라면 누구나 마자르 말을 써야 할 것이라고도 결정되었다. 이그노투스가 건조하게 논평하듯, "(무한한 낙관주의로 자유주의와 민족주의라는 쌍둥이 별이 솟아오르는 것을 지켜보았던) 당시의 기준에서, '민족'은 재산 관련 사항을 제외하고는 아무 차별 없이 마자르인 농민들을,[43] 그리고 마

---

42 Jászi, *The Dissolution*, p. 299.
■ 한정부동산권(entailment)은 봉건시대로부터 유래한 유럽법의 기술적 용어이다. 높은 사람(보통 상하층 귀족과 가톨릭 교회)의 토지소유권이 그 가문의 상속자(보통은 장남)에게 온전한 형태로 상속되어야 하며 일부를 떼어서 팔거나 나눌 수 없다는 의미이다. 이는 방대한 토지를 원래의 형태로 보전하며 계승토록 하려는 것이었다.
43 코슈트 정권은 성인 남성 투표권을 도입했지만, 재산 소유 요건이 너무 높게 책

자르인이 된다는 조건으로 비(非)마자르인 기독교도들을, 마침내는 20년을 미룬 끝에 다소 마지못해 유대인들마저도 '입회'시키면서, 자기들이 끝내주게 관대하다고 느끼는 것으로부터 정당화되었다."[44] 마자르이외의 다양한 소수민족(minorities) 지도자들과 성과 없는 협상에 임한 코슈트 자신의 입장은 이들이 마자르인들과 완전히 똑같은 시민권을 가져야 하지만, 그들은 '역사적 인격'을 결여하고 있으므로 그들의 고유한 민족을 구성할 수는 없다는 것이었다. 오늘날 이러한 입장은 다소 오만해 보이리라. 1848년의 지도적 인물이었던 총명하고 젊은 급진 민족주의자 시인인 페퇴피 샨도르(Sándor Petöfi, 1823~49)가 언젠가 한번 소수민족을 가리켜 '모국의 몸에 피어난 궤양'이라고 했던 것을 떠올려본다면 그의 입장은 더 나은 조명을 받을 수 있을 것이다.[45]

1849년 8월 차르의 군대가 혁명 정권을 진압한 이후, 코슈트는 평생에 걸친 망명길에 올랐다. 이제 티서 칼만(Kálmán Tisza, 1875~90) 백작과 그의 아들 이슈트반(István, 1903~1906)의 반동적 정권이 그 완벽한 사례가 되는, '관제' 마자르 민족주의의 재연을 위한 무대가 차려졌다. 이러한 재연의 이유들은 매우 시사적이다. 1850년대가 지나는 동안 빈의 권위적 관료주의 바흐 행정부는 엄혹한 정치적 탄압을 1848년의 혁명가들이 내걸었던 일정한 사회·경제적 정책들(그중에서도 특히 농노제와 귀족의 면세 지위 폐지)의 단호한 실행 및 근대화된 커뮤니케이션, 자본주의 기업의 대규모 진흥과 결합했다.[46] 봉건적 특권과 보장을

정되어서 투표할 수 있는 처지에 있는 사람은 상대적으로 극소수에 지나지 않았다.

44 Ignotus, *Hungary*, p.56.

45 Ibid., p. 59.

46 이그노투스의 관찰에 따르면 바흐는 귀족들에게 특권을 잃은 데 대한 금전적 보상을 제공했는데, "아마 그들은 코슈트 밑에서도 딱 그만큼 받았을 것이다" (pp. 64~65).

대부분 빼앗기고 대농장주나 정력적인 독일인, 유대인 기업가들과 경제적으로 경쟁할 능력은 안 되었던 마자르 중하층 구귀족들은 분노와 두려움에 떠는 시골 젠트리로 전락했다.

그러나 행운은 그들의 편이었다. 1866년의 쾨니히그래츠 전투에서 프로이센 군대에게 치욕적인 패배를 맛본 빈은 1867년의 대타협(Ausgleich)을 통해 이중 제국 제도(Dual Monarchy)를 실시하기로 양보할 수밖에 없었다. 그때부터 헝가리 왕국은 내치 문제를 다루는 데 대단히 큰 자율성을 누리게 되었다. 대타협으로 처음에 득을 본 것은 자유주의 성향의 마자르 상층 귀족들과 교육 수준이 높은 전문 직업인들의 집단이었다. 1868년, 교양 있는 귀족 언드라시 줄러(Gyula Andrássy) 백작이 마자르 이외의 소수민족들에게 "그들이 주장했거나 주장할 수 있었던 모든 권리를, 단 헝가리를 연방화하는 것만 빼고"[47] 다 준다는 소수민족법(Nationalities Law)을 제정하였다. 그러나 1875년 티서가 총리직에 오르면서 반동적 젠트리가 빈의 개입에서 비교적 자유롭게 성공적으로 그들의 위치를 회복하는 시대가 열렸다.

티서 정권은 경제 분야에서는 대농장의 부호들에게 자유를 부여했지만,[48] 정치 권력은 기본적으로 젠트리가 독점하고 있었다.

빼앗긴 자를 위한 피난처는 오로지 단 하나, 국가 및 지방 정부의 행정 네트워크와 군대만이 남아 있었다. 헝가리는 이를 위해 막대한 수의 직원들을 필요로 했으며, 만일 아니었다면 적어도 그런 척할 수 있었다. 나라의 반은 억눌러야 할 '민족들'로 구성되어 있었다. 그들을 제어하기 위해 신사적이

---

47 Ibid., p. 74.
48 그 결과 한정부동산권에 묶인 토지의 수는 1867년에서 1918년 사이에 세 배로 뛰었다. 교회 부동산까지 하면 이중 제국이 끝날 무렵에는 헝가리 모든 땅의 3분의 1이 고스란히 한정부동산권에 들어가 있었다. 독일인과 유대인 자본가들도 티서의 통치 아래서 형편이 괜찮았다.

고 믿을 만한 마자르인 향리들의 무리에게 월급을 주는 것은 국익(national interest)을 위해 치르기에 적절한 비용이라는 식의 논지였다. 다민족이라는 문제는 신이 내린 것이기도 했다. 이로 인해 쓸데없는 직위들이 불어나도 다 용서되었다.

그리하여 "부호들은 상속인이 한정된 그들의 토지를 지킬 수 있었고, 젠트리는 계승자가 한정된 그들의 일자리를 지킬 수 있었다."[49] 1875년 이후에 소수민족법을 사문화한 강제적인 마자르화라는 인정사정없는 정책의 사회적 토대는 이러한 것이었다. 투표권의 법적인 축소, 썩은 자치 도시의 증식, 조작된 선거, 시골 지역의 조직된 정치 깡패들[50]은 티서와 그의 유권자들의 권력을 동시에 공고화하면서 그들의 민족주의의 '관제'적 성격에 밑줄을 그었다.

아시는 이러한 19세기 후반의 마자르화를 "폴란드인들과 핀란드인들, 루테니아인들에 대한 러시아 차르 왕국의 정책, 폴란드인들과 덴마크인들에 대한 프로이센의 정책, 아일랜드인에 대한 봉건 잉글랜드의 정책"에 제대로 비교했다.[51] 반동과 관제 민족주의의 관련은 다음 사실들로 잘 드러난다. 언어적 마자르화가 정권 정책의 중심 요소였던 한편, 루마니아인들이 인구의 20퍼센트를 차지했는데도 1880년대 후반 즈음 중앙과 지방 정부의 중요 부서들에서는 오로지 2퍼센트의 관리들만이 루마니아인이었고, "이 2퍼센트마저도 최하위 직급에 고용되어 있었다".[52]

---

49 Ibid., pp. 81~82.
50 깡패짓은 주로 육군의 일부분으로서 주 행정관들이 재량껏 쓸 수 있었으며 폭력적인 시골 경찰로 배치되었던 악명 높은 '판두르' 병사들의 일이었다.
51 *The Dissolution*, p. 328.
52 Ibid., pp. 331~32에 인용된 모차리 러요시의 계산(Lajos Mocsáry, *Some Words on the Nationality Problem*, Budapest, 1886)에 따른 것이다. 모차리 러요시 (1826~1916)는 1874년 코슈트의 사상, 특히 소수민족 문제에 대한 사상을 위

한편, 제1차 세계대전 이전의 헝가리 의회에는 "노동자 계급이나 땅 없는 농민(나라의 대다수) 계급의 대표자는 단 한 명도 없었으며 …… 마자르어를 모어로 쓰는 주민이 54퍼센트뿐인 나라에서 전체 413명의 의원들 중 루마니아인과 슬로바키아인은 8명뿐이었다."[53] 그러니 1906년에 빈이 이 의회를 해산하려고 병력을 보냈을 때, "'빈 절대주의'의 이 새로운 시대에 저항하는 단 한 번의 대중 집회나 단 한 장의 현수막, 단 하나의 대중적 선언서도 없었다. 반대로 노동하는 대중과 소수민족들이 심술궂은 기쁨을 안고 민족 과두제의 무능한 몸부림을 지켜보았다"[54]는 것은 놀랄 일이 아니리라.

그러나 1875년 이후 반동적인 마자르 젠트리의 '관제 민족주의'가 거둔 승리는 이 집단이 가진 정치적 힘 하나만으로는, 또는 이들이 대타협으로부터 물려받은 자유로운 전략적 기동력의 여지만으로는 설명할 수 없다. 사실을 말하자면, 1906년까지 합스부르크 궁정은 여러 가지 점에서 제국의 기둥으로 남아 있었던 정권을 상대로 결단력 있게 입장을 관철할 처지에 있다고 느끼지 않았다. 무엇보다 왕조는 스스로의 맹렬한 관제 민족주의를 거기에 중첩시킬 역량이 되지 않았던 것이다. 단지 정

해 싸우려고 헝가리 의회에 자그마한 독립당(Independence Party)을 세웠다. 1868년 소수민족법에 대한 티서의 뻔뻔한 위반들을 비난하는 그의 연설로 인해 그는 먼저 의회에서 물리적으로 추방되었고 그러고는 본인이 만든 당에서 쫓겨났다. 1888년 그는 루마니아인들로만 이루어진 선거구에서 뽑혀 의회에 복귀했으나, 정치적 왕따 신세가 되었다. Ignotus, *Hungary*, p. 109.

53 Jászi, *The Dissolution*, p. 334.

54 Ibid., p. 362. 20세기로 막 접어들었을 때, 이 '민족 과두제'에는 가짜의 성격이 있었다. 야시는 차후 전간기가 되면 헝가리의 반동적 독재자로 등극하게 될 부상 장교를 제1차 세계대전 시기에 인터뷰한 헝가리 유명 일간지 통신원의 재미난 이야기를 전한다. 호르티는 인터뷰 기사에서 자신의 생각이 '조상들의 땅, 조국 헝가리로 날아 돌아간다'고 묘사된 것을 보고 격노했다. 그가 말하길, "기억해 둬. 내 최고사령관이 바덴에 있으면, 내 조국도 거기야!" *The Dissolution*, p. 142.

권이, 저명한 사회주의자 빅토르 아들러(Viktor Adler)의 말을 따르자면, '엉성함으로 누그러진 절대주의'(Absolutismus gemildert durch Schlamperei)[55]였기 때문만은 아니었다. 다른 어느 곳과 비교해도 더 늦었다고 할 만한 시점에 왕조는 사라져가는 개념들에 매달렸다. "종교적 신비주의로 인해 합스부르크가의 일원은 누구나 본인이 신의 의지를 집행하는 자로서 신과 특별한 유대로 묶여 있다고 느꼈다. 역사적 대재앙들의 와중에서 그들이 드러낸 파렴치하다시피 한 태도, 그리고 그들의 이름난 배은망덕함은 이로써 설명된다. '합스부르크가로부터의 감사'(Der Dank vom Hause Habsburg)라는 것은 널리 퍼진 표어였다."[56] 덧붙여 신성로마제국이라는 접시를 가로채어 점점 잽싸게 달아나고 있는, 그리고 독일로 변신한 호엔촐레른 프로이센에 대한 질투로 인해 왕조는 프란츠 2세의 눈부신 '나를 위한 애국주의'를 계속 고집하고 있었다.

---

55 Ibid., p. 165. "그리고 좋았던 옛 시절, 아직 오스트리아 제국이라는 곳이 있었던 시절에는 줄줄이 이어진 사건들(train of events)을 떠나는 것이 가능했다. 보통 철도를 달리는 보통 열차에 올라 집으로 돌아가는 거지. …… 물론 길에는 차도 다녔다. 그러나 별로 많지는 않았지! 창공의 정복 역시 여기에서 시작되었다. 그러나 별로 격렬하지는 않았지. 이따금씩 남아메리카나 극동으로 배가 떠났다. 그러나 별로 자주 떠나지는 않았지. 세계 시장이나 세계적 권력을 갖겠다는 야망 따위는 없었다. 여기에 있으면 유럽의 중심, 세계의 오래된 축이 맞닿는 초점에 있는 것이었다. '식민지'나 '해외' 같은 단어들에는 순전히 동떨어진 일, 해본 적 없는 어떤 일인 것 같은 어감이 있었다. 사치의 과시는 다소 있었지만, 물론 프랑스에서처럼 도를 넘게 세련된 것은 아니었다. 스포츠를 즐기기는 했지만, 앵글로색슨식으로 열광하지는 않았다. 군대에 막대한 돈을 쓰기는 했지만, 딱 강대국 중에 두 번째로 약한 세력으로 남아 있을 만큼만 쓸 뿐이었다." Robert Musil, *The Man Without Qualities*, I, pp. 31~32. 이 책은 우리 세기의 위대한 희극 소설이다.

56 Jászi, *The Dissolution*, p.135. 강조는 저자. 메테르니히가 1848년 반란 이후 해임되어 도망쳐야 했을 때, "궁정 전체를 통틀어 그에게 어디 가냐고, 앞으로 어떻게 살 거냐고 묻는 사람은 단 한 명도 없었다." 덧없이도.

이와 동시에 마지막 나날들에 접어든 왕조가, 아마 그들도 놀랐을지 모를 일로, 사회민주주의자들과의 친화성을 발견하여 심지어 그들 공동의 적들이 '궁정 사회주의'(Burgosozialismus)에 대해 조롱하며 이야기할 지경이었다는 점은 흥미롭다. 이 잠정적인 연합을 보자면, 그야 의심의 여지 없이 양편에 모두 마키아벨리즘과 이상주의가 뒤범벅되어 있었다. 이렇게 뒤범벅된 상태는 1905년 티서 이슈트반 백작의 정권이 밀던 경제적 · 군사적 '분리주의'에 대항하여 오스트리아 사회민주주의자들이 이끈 맹렬한 캠페인에서 볼 수 있다. 예를 들어 카를 레너(Karl Renner)는 "마자르인들의 분리주의적 계획들을 묵인하기 시작한 오스트리아 부르주아지의 비겁함을 꾸짖었"는데, 독일 외교 정책이 그토록 정력적으로 방어하는 "모로코 시장이 독일에 중요한 정도에는 비교도 안 될 정도로, **오스트리아 자본**을 위한 헝가리 시장의 중요성은 대단하다"는 것이었다. 헝가리의 독립 관세 영토에 대한 주장에서 그는 오스트리아 노동 계급들과 헝가리 농업 인구, 그리고 다름 아닌 **오스트리아 산업**의 이익에 맞선 시정의 협잡꾼, 사기꾼, 정치 선동가들의 외침밖에는 발견하지 못했다.[57] 마찬가지로 오토 바우어는 이렇게 썼다.[58]

러시아 혁명[1905년 혁명]의 시대에 계급과 민족의 적대로 갈기갈기 찢긴 그 나라[헝가리]를 적나라한 군사력으로 감히 정복하려는 자는 없으리라. 그러나 그 나라의 내적 분쟁들은 왕가에게, 베르나도테가■의 비운을 똑같

57 Ibid., p. 181. 강조는 덧붙임.

58 Otto Bauer, *Die Nationalitätenfrage und die Sozialdemocratie* (1907), 그의 *Werkausgabe*, I, p. 482에 나오는 대로. 강조는 원문. 이 책의 초판에 실린 야시의 번역과 이 번역을 비교해 보면 생각할 거리가 많이 나온다.

■ 스웨덴 왕좌를 차지했던 베르나도테 왕가는 나폴레옹 휘하의 어떤 유능한 장군으로부터 유래했다. 19세기 말 당시 스웨덴의 일부였던 노르웨이의 민족주의 운동이 점점 성장했고, 1905년 왕가는 어쩔 수 없이 노르웨이의 분리 독립을

이 당하는 것이 그들의 소원이 아닌 한 이용해야만 할 권력의 도구를 하나 더 제공할 것이다. 왕가는 두 의지의 기관일 수 없는데도 여전히 헝가리와 오스트리아를 통할하려고 한다. 그러므로 왕가는 헝가리와 오스트리아가 공동의 의지를 갖고 **단일한 영지**(Reich)를 구성하도록 보장할 조치를 취해야 한다. 헝가리의 내적 분열은 왕가가 이러한 목표를 달성할 가능성을 제공한다. 왕가는 그 영지를 위해 헝가리를 수복하는 군대를 파견할 것인데, 그 기치에는 이렇게 아로새겨져 있으리라. 타락하지 않은, 평등한 보통선거권을! 농업 노동자에게 연합할 권리를! 민족의 자율성을! 왕가는 독립적인 헝가리 민족국가(Nationalstaat)라는 관념에 **대오스트리아합중국**(United States of Great Austria〔sic〕)이라는 관념을, 연방국가(Bundesstaat)라는 관념을, 각각의 민족이 그 내치의 행정은 독립적으로 맡고 모든 민족들이 공동 이익들을 보전하기 위해 하나의 국가에 단결한다는 안을 대치시키리라. 어쩔 수 없이 불가피하게, 민족연방국가(Nationalitätenbundesstaat)라는 관념은 이중 지배라는 부패로 그 영지가 쇠퇴해 가고 있는 왕가의 도구〔sic!- Werkzeug der Krone〕가 되리라.

대오스트리아합중국(USGA)에서 미합중국과 (언젠가 노동당이 통치하게 될) 그레이트브리튼·북아일랜드연합왕국의 찌꺼기를, 또한 그 영토의 범위가 기묘하게도 차르의 영지를 떠올리게 하는 소비에트사회주의 공화국연방의 전조를 탐지하는 것은 합당해 보인다. 사실을 말하자면 이 USGA가 그것을 상상한 이의 마음속에서 어떤 **특정한 왕조**의 영역 (대오스트리아)의 필연적인 계승자로 보였고, 자치권이 주어진 구성원들은 바로 합스부르크의 수 세기에 걸친 '크고 작은 거래'들의 소산이었다는 것이다.

이러한 '제국주의적' 상상은 유럽의 커다란 왕조 제국 한 군데의 수도

받아들여야 했다.

에서 태어난 사회주의의 불운 탓으로 일부 돌릴 수 있다.[59] 앞서 살펴보았듯이, 사전 편찬과 인쇄자본주의에 의해 소환된 새로운 상상된 공동체들(사산되었지만 아직 그에 대한 상상은 죽지 않은 USGA 포함)은 언제나 자신들이 어쨌든 예로부터 내려온 것이라고 간주했다. '역사' 그 자체가 아직 내러티브라는 실에 꿰인 진주와 같은 '위대한 사건들'과 '위대한 지도자들'이라는 관점으로 널리 인식되던 시대에, 공동체의 과거를 옛 왕조로부터 해독해 내려는 유혹은 명백히 강했다. 여기에서 나온 것이 제국과 민족의 사이나 왕과 프롤레타리아의 사이가 투명하다시피 한 막으로 구분되는 USGA였다. 이 모든 일에서 바우어가 특별한 것도 아니었다. 정복자 윌리엄이라는 양반과 조지 1세라는 양반은 둘 다 영어를 못했지만 '잉글랜드의 왕들'이라는 목걸이의 구슬로 계속 출현하는 데 아무런 문제가 없다. '성(聖)' 스테판 왕(재위 1001~38)은 자신의 후계자를 이렇게 훈계했을지도 모른다.[60]

외국인들과 손님들의 효용은 대단해서, 그들에게 왕실의 장신구 가운데 여섯 번째로 중요한 자리를 줄 수 있을 정도이다. …… 손님들은 다양한 지역과 지방으로부터 오면서 다양한 언어와 관습, 다양한 지식과 무기를 가져온다. 이 모든 것은 궁정을 장식하고, 그 광휘를 높이며, 외국 세력들의 오만을 위협한다. 언어와 관습이 통일된 나라는 무르고 약하다. ……

그러나 그가 이렇게 말했다고 해서 연후 헝가리의 태조로서 신격화되

---

59 물론 이는 유럽 좌파 지식인의 어떤 잘 알려진 타입, 즉 본인이 문명화된 언어들에 능숙하며 계몽 운동의 유산을 이어받았고, 다른 모든 사람들의 문제를 꿰뚫다시피 이해하고 있다는 긍지를 지닌 타입의 전형적인 사고방식을 반영하기도 한다. 이러한 긍지에서 국제주의적 성분과 귀족주의적 성분은 꽤 고르게 섞여 있다.

60 Jászi, *The Dissolution*, p. 39.

제6장 관제 민족주의와 제국주의 169

지 않을 리는 만무했다.

결론적으로, 19세기 중엽 무렵부터 시턴-왓슨이 '관제 민족주의'라고 이름 붙인 것이 유럽 내부에서 발달했다는 것이 지금까지의 논지이다. 이 민족주의들은 인민적 언어 민족주의가 출현할 때까지는 역사적으로 '불가능'했다. 근본적으로 이들은 인민의 상상된 공동체들에서 배제되거나 주변화될 위협을 맞은, 주로 왕과 귀족들이지만 꼭 그들만은 아니었던 권력 집단들에 의한 대응이었기 때문이다. 1918년과 1945년 이후 이러한 집단들이 에스투릴과 몬테카를로▪로 흘러나가도록 내쫓은 지반의 융기 같은 것이 시작되고 있었다. 그러한 관제 민족주의들은 반동적이지는 않을지라도 보수적인 정책으로서, 대개 자연발생적으로 선행했던 인민 민족주의 모델을 각색한 것이었다.[61] 이들은 궁극적으로 유럽과 레반트 지역▪▪에만 국한되어 있지도 않았다. 제국주의의 이름으로 매우 유사한 정책들이 같은 부류의 집단들에 의해 19세기 동안 예속된 광대한 아시아와 아프리카 영토들에서 추진되었다.[62] 마지막으로, 비유럽 문화

▪ 에스투릴은 포르투갈의 럭셔리 리조트이고, 몬테카를로는 지중해의 소국 모나코의 수도로서 역시 도박장이라 왕좌에서 물러난 왕들이 선호하는 곳이다.

61 반세기 전에 이미 야시는 정확히 그런 의심을 했다. "민족주의의 후기 제국주의적 발전이 정말로 민족적 관념이라는 진정성 있는 원천에서 뿜어져 나오는 것인지, 민족적 목적들이라는 본래의 개념과는 **동떨어진**(alien) 어떤 집단들의 독점적 이익이 그 원천은 아닌지 물을 수 있다." Ibid., p. 286. 강조는 덧붙임.

▪▪ 레반트 지역은 지중해 동쪽과 그 연안 국가들(터키·시리아·레바논·이집트·그리스·불가리아)을 가리킨다.

62 마지막 나날에도 여전히 꽤 상당한 정도로 오늘날 우리가 '인도네시아어'라고 알고 있는 언어로 통치되었던 네덜란드령 인도의 사례에서 이 지점이 도치에 의해 근사하게 강조된다. 내 생각에 이것은 마지막까지 비유럽 언어가 국가 언어로 남아 있었던 광대한 식민속국으로는 유일한 사례이다. 이 이상현상은 주로 관제 민족주의의 시대가 오기 한참 전인 17세기라는 이른 시기에 회사(네덜란드 동인도회사, Vereenigde Oostindische Compagnie)가 설립한 이 식민지가

와 역사로 굴절해 들어간 관제 민족주의는 직접 예속을 피한 얼마 안 되는 지구(그중 일본과 시암)에서 토착 지배 집단에 의해 선택, 모방되었다.

거의 모든 경우, 관제 민족주의는 민족과 왕조의 영지 간의 불일치를 은폐했다. 그리하여 나타난 범세계적 모순에 의하면, 슬로바키아인들은 마자르화되고, 인도인들은 잉글랜드화되고, 한국인들은 일본화되겠지만, 그들은 마자르인들, 잉글랜드인들, 일본인들을 통치할 수 있는 순례에 참가할 허가를 받지는 못할 것이었다. 그들이 초대받은 연회는 늘 알고 보면 먹을 것이 없는 잔치였다. 이 모든 것에 대한 이유는 단순히 인종주의만은 아니었다. 그것은 제국의 핵심에서 민족들 — 헝가리 민족, 잉글랜드 민족, 일본 민족 — 도 출현하고 있다는 사실 때문이기도 했다. 그리고 이 민족들은 '외국'의 지배에 본능적으로 저항적이기도 했다. 1850년 이후 시대의 제국주의 이데올로기는 전형적으로 마술 트릭의 성격을 띠고 있었다. 이것이 어느 정도로 마술 트릭이었나 하는 것은 본국의 인민 계급들이 식민지를 '잃은' 것에 대해, 알제리같이 식민지가 법적으로 본국에 병합되어 있었던 경우에조차 결국 침착하게 어깨만 으쓱하고 말았다는 점이 시사해 준다. 결국 오래도록 제국을 애도한 것은 언제나 지배 계급들, 틀림없이 부르주아도 그렇기는 했으나 그 누구보다도 귀족 계급이었고, 그들의 슬픔에는 늘 연극적인 데가 있었다.

단순히 오래되었다는 사실을 가지고 설명할 수 있다. 물론 근대 시기의 네덜란드인들 쪽에 자신들의 언어와 문화가 영어·프랑스어·독일어·스페인어·이탈리아어에 비길 정도의 유럽산 품질보증서를 갖추고 있다는 자신감 같은 것이 좀 부족하기도 했다. (콩고의 벨기에인들은 플라망어보다는 프랑스어를 쓸 것이었다.) 마지막으로 식민지 교육 정책은 예외적일 만큼 보수적이었다. 토착민 인구가 7000만 명을 훨씬 넘었던 1940년에 대학에 다니는 '원주민'은 637명뿐이었고, 학사 학위를 받고 졸업한 사람은 37명에 지나지 않았다. George McT. Kahin, *Nationalism and Revolution in Indonesia*, p. 32 참조. 인도네시아 사례에 대해서는 다음의 제7장에서 더 많이 다룰 것이다.

제 7 장

마지막 물결

제1차 세계대전은 고귀한 왕조주의의 시대에 종지부를 찍었다. 1922년 즈음에는 합스부르크가, 호엔촐레른가, 로마노프가, 오스만가가 모두 사라졌다. 베를린 회의의 자리에 민족들의 연맹, 즉 국제연맹(League of Nations)이 들어섰으며, 여기에서는 비유럽인들도 배제되지 않았다. 이때부터 정당성 있는 국제 규범은 민족국가였고, 그렇기에 국제연맹에는 살아남아 있는 제국주의 세력들조차 제국의 제복이 아닌 민족의 의상을 입고 왔다. 제2차 세계대전이라는 대변동 이후 민족국가의 조류는 만조에 이르렀다. 1970년대 중반에 이르자 포르투갈 제국조차도 과거의 것이 되었다.

　제2차 세계대전 이후의 새로운 국가들에는 그들만의 성격이 있지만, 우리가 지금껏 고찰해 온 연속되는 모델들에 비추어 이해하지 않고서는 그것을 파악할 수 없다. 이 족보를 강조하는 방법의 하나는 이러한 민족들(주로 비유럽권의) 중 엄청나게 많은 수가 유럽어를 국가 언어로 갖게 되었다는 점을 상기하는 것이다. 이러한 측면에서 그들이 '아메리카' 모델을 닮았다면, 그들은 유럽의 언어 민족주의에서는 그 열렬한 인민주의를, 그리고 관제 민족주의에서는 러시아화의 정책 지향을 따라왔다. 그 이유는 아메리카인들과 유럽인들이 이제 어디에서든 모듈로 상상되는 복잡한 역사적 경험을 거쳐왔기 때문이며, 그들이 채택한 유럽의 국가 언어들이 제국주의적 관제 민족주의의 유산이기 때문이었다. 그토록 자주 새로운 국가들의 '민족 형성'(nation-building) 정책에서 진심 어린 인민 민족주의적 열의와 더불어 대중매체, 교육 체계, 행정 법규 등등을 통해 체계적으로, 심지어는 마키아벨리적으로 민족주의 이데올로기를 주입하는 광경을 보게 되는 것은 이 때문이다. 그리고 인민 민족주의와 관제 민족주의의 이러한 섞어찌개는 유럽 제국주의가 창조한 이상현상, 즉 잘 알려졌다시피 멋대로 그어진 국경들과 다양한 단일언어 집단들 위에서 불안정한 자세를 취하고 있는 이중언어 인텔리 등의 산물이었다. 그러니 이러한 여러 나라에 대해 아직 현재진행형으로서 장래에 성취될 프로젝트라고, 그렇지만 우바로프보다는 마치니[●]의 정신으로 사고되는 프로젝트라고 생각할 수 있겠다.

최근의 '식민지 민족주의'(colonial nationalism)의 기원을 고찰하다 보면 초기 시대의 식민지 민족주의와의 중심적 유사성 한 가지가 시선을 강하게 잡아끈다. 민족주의 각각의 영토 경계와 예전의 제국 행정 단위 사이의 이질동형이다. 이 유사성은 전혀 뜻밖이라고는 할 수 없이 모든 식민지 순례의 지리와 명백히 관련되어 있다. 차이는 18세기 크리올 순례들의 윤곽을 형성한 것이 본국 절대주의의 중앙집권화 야심뿐만 아니라, 커뮤니케이션과 교통에서 겪는 진짜 문제들 및 전반적인 테크놀로지의 원시성이기도 했다는 사실에 있다. 20세기에는 이러한 문제들이 대개 극복되었고, 그들의 자리에 야누스의 얼굴을 한 '러시아화'가 들어섰다.

일찍이 나는 18세기 후반의 제국 행정 단위가 민족적 의미를 얻게 된 것은 그것이 크리올 관리들의 상향 이동을 제한했기 때문이기도 하다고 논한 바 있다. 20세기에도 그러했다. 갈색이나 검은색 피부의 젊은 잉글

● 청년이탈리아당을 결성한 이탈리아의 공화주의자 · 민족주의자.

랜드인이 자신의 크리올 선조들에게는 거의 불가능했던 방식으로 본국에서 교육이나 훈련을 다소 받는 경우가 있었다고 해도, 전형적인 경우 그것은 그가 관료로서 마지막으로 떠나는 순례였다. 그때부터 그의 나선형 이동에서 정점이 되는 것은 **그가 발령을 받을 수 있는 가장 높은 행정 중심지**, 즉 랑군, 아크라, 조지타운, 콜롬보 등이었다. 그렇지만 이렇게 제한된 여행길에 나설 때마다, 그는 이중언어를 쓰는 여행 동반자들을 만나 이들과 함께 자라나는 공동체적 일체감을 느끼게 되었다. 여행 중에 그는 꽤나 재빠르게 자신의 출신지가, 종족적으로 사고되든 아니면 언어적으로나 지리적으로 사고되든, 별로 중요하지 않다는 것을 이해했다. 기껏해야 출신지는 그가 저 순렛길이 아닌 이 순렛길로 출발하게끔 했을 뿐, 그의 목적지나 동반자들을 근본적으로 결정하지 않는다. 이러한 패턴으로부터 식민지 국가가 민족적 국가로 한 단계씩 변신하는 미묘하고도 적당히 비밀스러운 과정, 견고한 인적 연속성뿐만 아니라 관리들로 하여금 각 국가를 경험토록 하는 복잡다단하게 확립된 여행들을 통해서도 가능해진 그러한 변신이 출현했다.[1]

그렇지만 19세기 중반 이후 점점, 그리고 특히 20세기에 여행은 더이상 소수의 여행자들만 하는 것이 아니라 막대한 수의 다종다양한 군중도 경험할 수 있는 것이 되었다. 주요하게 작용한 요인은 세 가지였다. 첫째, 무엇보다도 산업자본주의의 경이적인 성취, 즉 지난 세기의 철도와 기선, 그리고 이번 세기의 자동차와 항공 운항에 따라 가능해진 신체적 이동성의 엄청난 증가를 들 수 있다. 구아메리카의 한없는 여행은 급

---

1 관리들이 주요 집단이기는 하지만, 물론 그들만 그런 경험을 하는 것은 아니다. 이를테면 『놀리 메 탕헤레』나 다른 여러 민족주의 소설들의 지리를 생각해 보라. 리살의 글에서 제일 중요한 인물들 중 몇몇이 스페인 사람이고 필리핀 인물들 중 몇몇이 (소설의 무대 바깥에서) 스페인에 가본 적이 있다고는 하나, 어느 인물의 여행길을 따라가 보아도 그 범위는 이 책의 출간 이후 11년, 그리고 작가의 처형 이후 2년째 되는 해 필리핀공화국이 될 곳을 벗어나지 않는다.

속히 과거의 것이 되어가고 있었다.

두 번째는 제국의 '러시아화'에 이데올로기적 측면뿐만 아니라 실용적인 측면도 있었다는 점이다. 지구적인 유럽 제국들의 순전한 규모, 그리고 종속되어 있는 주민 집단들의 거대함은 관료제를 순수한 본국 출신으로 채우거나 심지어 크리올로 채우는 것조차 충원에서든 비용에서든 불가능한 일이 되었다는 의미였다. 식민지 국가는, 그리고 얼마 지난 후에는 기업 자본도 사무원들의 대부대를 필요로 했고, 사무원들은 쓸모가 있으려면 본국과 식민지의 인민들을 언어적으로 중개할 수 있는 이중언어 구사자여야 했다. 특히 20세기에 들어선 후 어디서든 국가의 전문화된 기능들이 대폭 늘어난 마당에 이러한 필요는 더더욱 클 수밖에 없었다. 예로부터 있던 구역 담당관의 곁에는 의료 담당관과 관개 기술자, 농업 지도원, 학교 교사, 경찰 등등이 출현했다. 국가가 확장될 때마다 내부 순례자의 무리는 부풀어갔다.[2]

세 번째는 근대식 교육의 보급으로서, 이는 비단 식민지 국가뿐만 아니라 종교·세속의 사설 단체들에 의한 것이기도 했다. 이러한 팽창은 단순히 정부와 기업의 계서제에 인력을 공급하고자 일어난 것이 아니라, 식민지 주민들에게조차 근대적 지식을 전파하는 것의 도덕적 중요성이 점차 더 많이 받아들여진 데 따른 것이기도 했다.[3] (실로 고학력 실

---

2 예를 하나만 들어보자. 1928년 즈음에는 네덜란드령 동인도의 임금 대장에 올라 있는 토착민이 거의 25만 명이었고, 이들이 국가 관리 총원의 90퍼센트를 형성했다. (징후적으로, 네덜란드인과 원주민 관리들의 차이가 굉장히 많이 나는 봉급과 연금은 다 합치면 국가 예산 지출의 50퍼센트를 잡아먹었다!) Amry Vandenbosch, *The Dutch East Indies*, pp. 171~73. 그렇지만 네덜란드인들의 관료적 기반은 영국령(직할령) 인도의 영국인들에 비하면 아홉 배나 두터웠다.

3 극도로 보수적이었던 네덜란드령 인도에서조차 서양식 초등교육을 받는 원주민의 수는 1900~04년의 평균 2,987명에서 1928년의 7만 4697명으로 치솟았으며, 서양식 중등교육을 받는 원주민은 같은 시기 동안 25명에서 6,468명으로 증가했다. Kahin, *Nationalism*, p. 31.

업이라는 현상은 이미 다양한 식민지 국가에서 눈에 띄기 시작했던 것이다.)

식민지 영토에서 민족주의가 흥기하는 데 인텔리들이 중심 역할을 했다는 점은 일반적으로 인정받고 있으며, 여기에는 특히 식민주의가 원주민 대농장주, 대상인, 실업가, 그리고 다수의 전문직 계층까지도 상대적으로 드물게끔 보장했다는 요인이 작용했다. 거의 모든 곳에서 경제 권력은 식민주의자 본인들이 독점하거나, 정치적으로 무력한 불가촉천민 (원주민이 아닌) 상인들, 즉 식민지 아프리카에서는 레바논인 · 인도인 · 아랍인, 식민지 아시아에서는 중국인 · 인도인 · 아랍인들과 불균등하게 공유했다. 인텔리의 전위적 역할이 그들의 이중언어 문해력, 아니 그보다는 문해력과 이중언어 구사 능력으로부터 도출되었다는 점 역시 마찬가지로 일반적으로 인정받고 있다. 이미 활자 문해력은 앞서 우리가 말했던 비어 있는 동질적 공간에 상상된 공동체가 떠 갈 수 있게끔 했다. 이중언어 구사 능력이란 유럽어인 국가 언어를 통해 가장 폭넓은 의미에서의 근대 서양 문화, 특히 19세기가 흐르는 동안 다른 곳에서 생산된 민족주의와 민족됨, 민족국가의 모델들에 접근할 수 있다는 뜻이었다.[4]

1913년 바타비아의 네덜란드 식민 정권은 앞장선 헤이그의 뒤를 따라 네덜란드가 프랑스 제국주의로부터 이룬 '민족 해방'의 100주년 기념일을 축하하기 위한 거대한 범식민지적 축제를 후원했다. 현지의 네덜란드인 및 유라시아인 사회뿐만 아니라 예속된 원주민 인구로부터도 신체적 참여와 재정적 기여를 확보하라는 명령들이 내려졌다. 이에 대한 항의로 초기 자바-인도네시아 민족주의자였던 수와르디 수르야닝랏 (Suwardi Surjaningrat, 키 하자르 데완토로)은 '내가 만일 네덜란드인이라

---

4 앤서니 바넷에게서 한마디 빌려오자면, 이는 또한 "지식인들로 하여금 그들의 동료〔토착 일상어〕화자들에게 '우리'도 '그들'처럼 될 수 있다고 **말할** 수 있도록" 했다.

면'(Als ik eens Nederlander was)이라는 제목의 유명한 네덜란드어 신문 논설을 썼다.[5]

  내 생각으로는 우리(나의 상상 속에서 나는 아직 네덜란드 사람이다)가 우리의 독립을 축하하는 축제에 참가하라고 원주민들에게 청한다면 거기에는 무언가 어울리지 않는, 무언가 점잖치 못한 구석이 있다. 무엇보다 우리가 식민지화한 그들 고유의 나라인 이곳에서 우리 자신의 독립을 축하하자면, 우리는 그들의 민감한 감정을 해치게 되리라. 지금 이 순간 우리는 우리 자신을 백 년 전 외국 지배에서 해방했다는 이유로 매우 기뻐한다. 그리고 이 모든 일은 아직 우리의 지배 아래 있는 사람들의 눈앞에서 벌어지고 있다. 이 불쌍한 노예들 역시 이와 같은 순간, 즉 그들도 우리처럼 그들의 독립을 축하할 수 있게 될 날을 간절히 바라고 있다는 것이 우리에게는 떠오르지 않는 건가? 아니면 혹시 영혼을 파괴하는 우리의 정책 때문에 우리는 모든 인간의 영혼을 죽은 것으로 취급한다는 식으로 느끼는가? 만일 그렇다면 우리는 자신을 속이고 있는 것이다. 아무리 원시적인 공동체라 한들, 어떤 형태의 억압에도 반대한다는 데에는 변함이 없으니. 내가 만일 네덜란드 사람이라면, 나는 독립을 빼앗긴 인민들의 나라에서 독립 축하 행사를 조직하지는 않으리라.

_____

5 이 글은 원래 1913년 7월 13일자 *De Expres*에 실렸으나, 바로 '인도네시아어'로 번역되어 토착어 언론에 발표되었다. 당시 수와르디는 스물네 살이었다. 드물게 교육을 잘 받은 진보적 귀족이었던 그는 1912년 자바인 평민 의사인 칩토 만군쿠수모(Tjipto Mangoenkoesoemo) 및 유라시아인 에두아르드 도우에스 데커(Eduard Douwes Dekker)와 손을 잡고 이 식민지 최초의 정당인 인도당(Indische Partij)을 세웠다. 수와르디에 대한 간단하지만 유용한 연구는 Savitri Scherer, 'Harmony and Dissonance: Early Nationalist Thought in Java', chapter 2를 참조. 이 연구의 Appendix I에 이 유명한 논설의 영어 번역문이 실려 있으며, 이 단락은 거기에서 가져온 것이다.

이 말들과 함께 수와르디는 네덜란드 민족주의와 제국주의 사이의 용접된 틈을 대담하게 긁어냄으로써 네덜란드 역사를 가지고 네덜란드인들을 겨눌 수 있었다. 더욱이 일시적인 네덜란드인으로의 상상의 (imaginary) 변신을 꾀함으로써 (이는 그의 네덜란드인 독자들에게 호혜의 차원에서 일시적인 인도네시아인으로 변신해 보라고 권유하는 손짓이기도 했다), 그는 네덜란드 식민지 이데올로기를 떠받치는 그 모든 인종주의적 숙명에 구멍을 냈다.[6]

인도네시아인 독자들에게 즐거움을 준 만큼 네덜란드인 독자들의 신경을 긁은 수와르디의 공세는 범세계적으로 발생한 20세기적 현상의 표본이다. 제국의 관제 민족주의가 낳은 역설은, 점점 더 유럽의 '민족사'로 여겨지고 그렇게 서술되는 것을 식민지화된 이들의 의식 속으로 어쩔 수 없이, 때때로 개최하는 둔감한 축제들뿐만 아니라 도서실과 학교 교실을 통해서도 들어올 수밖에 없었다는 점이다.[7] 베트남 젊은이들은 계몽사상가들과 프랑스 혁명, 그리고 드브레가 '독일에 대한 우리의 세속적인 적대감'이라 칭한 것에 대해 배우는 과정을 피할 수 없었다.[8] 마그나카르타, 모든 의회의 어머니,[*] 그리고 명예혁명은 잉글랜드 민족의 역사라는 색칠을 입고 영국 제국 전역의 학교에 들어갔다. 홀란드에 맞선 벨기에의 독립 투쟁[■]은 콩고 어린이들이 어느 날엔가 읽을 학교 교

---

6 '상상된'(imagined) 공동체와 '상상의'(imaginary) 공동체 사이의 교육적인 연관에 주목해 주시길.

7 1913년의 축제는 다른 의미에서 관제 민족주의의 유쾌한 휘장과도 같았다. 그들이 기념한 '민족 해방'이란 사실 (1795년 바타비아 공화국의 수립이 아니라) 신성동맹의 군대가 승리를 거두면서 오라녜가의 왕정을 복고시킨 사건이었고, 해방된 민족의 절반은 곧 1830년이 되자 벨기에 왕국을 세우기 위해 분리해 나갔다. 그러나 이 '민족 해방'이라는 어휘는 틀림없이 수와르디가 그의 식민지 교실에서 섭취한 것이리라.

8 Debre, 'Marxism and the National Question,' p. 41.

● 영국 의회.

재에서 지워버릴 수 없는 것이었다. 필리핀에서의 미합중국 역사, 최후로는 모잠비크와 앙골라에서의 포르투갈 역사도 마찬가지였다. 물론 아이러니는 이 역사들이 세기가 바뀔 무렵에는 유럽 전역에서 민족적으로 정의 내려지고 있던 역사기술의 의식에 입각하여 쓰였다는 점이다. (마그나카르타를 존 플랜태저넷에게 강요했던 귀족들은 '영어'로 말하지 않았으며 자신이 '잉글랜드인'이라는 개념이 전혀 없었으나, 700년 이후 연합왕국의 교실들에서는 초기 애국자들로 확고히 정의 내려졌다.)

그런데 식민지의 신흥 민족주의 인텔리에게는 그들을 어느 정도 19세기의 유럽에서 일상어화 운동을 하던 민족주의 인텔리와 구분 지을 만한 특징적인 데가 있었다. 거의 예외 없이 그들은 무척 젊었고, 자신들이 청년이라는 데에 복잡한 정치적 의의를 부여하고 있었는데, 이러한 의의는 시간이 흐르면서 변천해 오기는 했지만 오늘날에도 중요하게 남아 있다. (근대적/조직적) 버마 민족주의가 흥기한 시점은 종종 1908년 랑군에 불교청년회(Young Men's Buddhist Association, YMBA)가 설립된 날짜로 기록되며, 말라야의 경우 1938년 청년말레이연합(Kesatuan Melayu Muda)의 설립으로 기록된다. 인도네시아인들은 1928년의 민족주의 청년대회에서 작성, 선서된 청년선서(Sumpah Pemuda)를 매년 축하한다. 등등. 어떻게 생각하면 유럽도 그 전에는 그랬다는 주장은 완벽하게 맞는 말이다. 청년아일랜드당이나 청년이탈리아당 같은 움직임이

■ 16세기와 17세기 유럽 전체를 휩쓴 모진 종교 전쟁 이후, 라인 강과 마스 강 하구의 가톨릭 교도는 남쪽(지금의 벨기에)으로, 개신교도는 북쪽(지금의 네덜란드)으로 피난을 갔다. 북부는 네덜란드공화국으로 독립했지만, 남부는 오스트리아-헝가리의 가톨릭 지역에 계속 속해 있었다. 나폴레옹 시대에는 두 지역이 같이 프랑스의 일부분으로 합방되었고, 나폴레옹이 신성동맹에 패한 후 이 둘을 빌럼 1세 아래 하나의 국가로 통합한다는 결정이 채택되었다. 벨기에인들은 '동티모르화'되었다고 느낀 것 같다. 그들은 이윽고 반란을 일으켜 독립 국가를 이룩했다.

있었으니까. 유럽에서나 식민지에서나 '청춘'과 '청년'은 활력과 진보, 자기희생적 이상주의와 혁명 의지를 의미했다. 그렇지만 유럽에서는 '청춘'이 선을 그어 한정할 수 있는 사회학적 윤곽으로 작동했다고 하기 힘들다. 중년이라도 청년아일랜드당에 속할 수 있었으며, 문맹이라도 청년이탈리아당에 속할 수 있었다. 물론 그 이유는 이 민족주의들의 언어가 구성원들이 요람에서부터 구어로 접근 가능했던 일상어 모어였거나, 아니면 아일랜드의 경우처럼 수 세기에 걸친 정복 탓에 본국의 언어가 여러 부문의 주민들에게 대단히 깊은 뿌리를 내려 그 언어 또한 크리올 스타일의 일상어로 현현할 수 있게 되었기 때문이다. 그러므로 언어와 나이, 계급, 지위 사이에는 필연적인 관련이 없었다.

식민지에서는 사정이 전혀 달랐다. 청년이란 무엇보다도 유럽식 교육을 취득한 일정한 규모가 되는 수의 사람들의 첫 번째 세대라는 뜻이었으며, 이렇게 그들은 언어적·문화적으로 부모 세대와, 그리고 식민지의 같은 또래 절대 다수와 구별되었다(B. C. 팔을 떠올려볼 것). '영어'로 된 버마의 YMBA는 YMCA를 일부 모델로 했으며, 영어를 읽을 줄 아는 학생들이 세운 단체였다. 네덜란드령 인도에서는 특히 용 자바(Jong Java, 청년 자바), 용 암본(Jong Ambon, 청년 암본), 용 이슬라미텐본트(Jong Islamietenbond, 청년무슬림연맹) 등 식민 언어를 접해 보지 않은 원주민 젊은이들은 이해할 수도 없는 이름을 단 단체들이 눈에 띈다. 그렇다면 식민지에서는 '청년'이라고 하면, 적어도 초기에는, '학교 교육을 받은 청년'이라는 뜻이다. 이렇게 하여 우리는 식민지 민족주의를 진작하는 데에서 식민지 교육 체계가 수행했던 독특한 역할에 대해 다시금 깨닫게 된다.[9]

9 여기에서 우리의 초점은 민간 학교들이다. 그러나 군사 학교들도 종종 중요했다. 19세기 초 프로이센이 선도적으로 설치한 전업 장교를 둔 상비군은 동형의 민간 기관보다 더 전문적이지는 않을지언정 어떤 면에서는 더 정교한 교육 피라미드

인도네시아의 경우 매혹적일 만큼 복잡미묘하게 펼쳐진 이러한 과정을 묘사해 볼 만한 가치가 있는데, 특히나 그 엄청난 크기와 막대한 인구(식민지 시대에조차), 지리적 분절성(3,000개 정도의 섬), 알록달록한 종교적 다양성(이슬람교, 불교, 가톨릭교, 각종 개신교, 발리 힌두교, '애니미즘'), 종족언어적 다양성(100개가 훨씬 넘는 별개의 집단)을 생각하면 더욱 그렇다. 더욱이 그 혼성적인 사이비 그리스어 이름이 시사하듯이, 인도네시아의 범위는 식민지 이전의 어떠한 영토에도 멀게나마 대응하지 않으며, 반면 적어도 수하르토 장군이 1975년 포르투갈 식민지였던 동티모르를 잔인하게 침공하기 전까지 그 경계는 네덜란드의 마지막 정

를 필요로 했다. 새로운 사관학교들이 생산해 내는 청년 장교들은 종종 민족주의의 발전에서 중요한 역할을 수행했다. 나이지리아에서 1966년 1월 15일에 일어난 쿠데타 배후에 있었던 추쿠마 은조구(Chukuma Nzeogwu) 대장의 경우가 상징적이다. 기독교도 이보(Ibo)인이었던 그는 나이지리아가 1960년 독립을 달성할 때 백인 장교들 휘하의 식민지 용병 부대가 국민군(national army)으로 변신할 수 있게 하기 위해 샌드허스트 사관학교에서 훈련을 받도록 최초로 파견한 젊은 나이지리아인 그룹의 일원이었다. (그가 장차 아프리파 준장이 되어 같은 1966년에 **자신의** 정부를 전복할 인물과 함께 샌드허스트 사관학교를 다녔다면, 각각의 원주민은 자신이 속한 제국의 서식지로 귀환할 운명이었던 것이다.) 그가 하우사인 무슬림 부대를 이끌고 소코토의 사르다우나를 비롯한 무슬림 하우사 귀족들을 암살할 수 있었던 것, 그리고 하우사인 무슬림이 지배하는 아부바카르 타파와 발레와(Abubakar Tafawa Balewa) 정부를 파괴할 수 있었던 것은 프로이센 모델의 힘을 보여주는 놀라운 증거이다. 라디오 카두나를 통해 그가 동포들에게 "당신은 당신이 나이지리아인이라고 말하면서 더는 부끄러워하지 않게 될 것입니다"라고 확신시킨 것도 식민지 학교가 낳은 민족주의를 보여주는 마찬가지로 놀라운 신호이다. (인용의 출처는 Anthony H. M. Kirk-Greene, *Crisis and Conflict in Nigeria : A Documentary Source Book*, p. 126.) 그렇지만 그때 나이지리아에서는 민족주의가 너무 얇게 퍼져 있었던 나머지, 은조구의 민족주의 쿠데타는 곧바로 이보인의 음모로 해석되었다. 그리하여 7월 군사 반란이 일어나고, 9월과 10월 반(反)이보 폭동이 일어났으며, 1967년 5월 비아프라가 분리해 나갔던 것이다. (대단히 훌륭한 책 Robin Luckman, *The Nigerian Military*, passim 참조.)

복(1910년경)이 남긴 경계와 일치했다.

수마트라 동쪽 해안에 사는 주민 집단 중 일부는 좁은 말라카 해협 건너편에 있는 말레이 반도 서부 연안의 주민들과 신체적으로 비슷할 뿐만 아니라 종족적으로 관련되어 있고, 서로의 말을 이해하며 종교도 공유하는 등 여러 가지로 밀접하다. 바로 이 수마트라 사람들은 동쪽으로 수천 킬로미터 떨어진 섬들에 거주하는 암본 사람들과는 모어도, 종족성도, 종교도 공유하지 않는다. 그런데도 그들은 이 세기 동안 암본인들은 인도네시아인 동포로, 말레이인들은 외국인으로 이해하게 되었다.

이러한 유대를 자라나게끔 한 것은 무엇보다도 세기가 바뀐 다음 바타비아의 정권이 점점 많이 세운 학교들이었다. 그 이유를 이해하려면, 언제나 지역적·개인적 사업이었던 (무슬림의 방식대로 평판이 높은 울라마 스승 특정인에게서 다른 스승으로 옮겨 가면서 학생들이 수평적으로 움직이는 경우는 꽤나 많았다고 해도) 전통적인 토착 학교와는 완전히 정반대의 방식으로, 정부 학교가 국가 관료제 그 자체와 구조적으로 동형을 이루는 거대하고, 고도로 합리화되었으며, 단단히 중앙화된 계서제를 형성했다는 것을 기억해야 한다. 동일한 교과서, 표준화된 졸업증서와 교원 자격증, 엄격한 규정으로 학년이 나누어지는 또래집단,[10] 교실과 교습 자료들은 그 자체로서 일관되고 완결된 경험의 우주를 창조했다. 그러나 그만큼 중요한 것은 이 계서제의 지리였다. 표준화된 초등학교들은 식민지의 마을과 소읍에, 중학교와 고등학교는 더 큰 도시와 각 도의 중심지에 흩뿌려지게 되었으며, 한편 그 상위의 고등교육 기관(피라미드의 정점)은 식민지의 수도인 바타비아와, 네덜란드인들이 남서쪽으로 약 160킬로미터 떨어진 시원한 프리앙안 고원에 지은 도시인 반둥에만 위

---

10 어떤 학생이 X학급이나 Y학급에 있기에는 '너무 나이가 많다'는 개념은 전통적인 무슬림 학교에서는 생각할 수 없는 것이었지만, 서양식 식민지 학교에서는 당연히 통용되는 원칙이었다.

치했다. 그러니 20세기의 식민지 학교 체계는 성립된 지 더 오래된 관리들의 여행에 비견할 만한 순례들을 만들어낸 것이었다. 이 순례 여행들의 로마는 바타비아였다. 싱가포르도, 마닐라도, 랑군도 아니고, 오래된 자바 왕실들의 수도인 족자카르타나 수라카르타조차도 아닌 바타비아였다.[11] 광대한 식민지 전역으로부터 온, 그러나 그 바깥 어느 곳에서도 오지 않은 여린 순례자들은 안쪽과 위쪽을 향해 여행하면서 초등학교에서는 서로 다른 마을, 어쩌면 한때 적대적이었을 마을에서 온 동료 순례자들을 만났고, 중등학교에서는 다른 종족언어 집단에서, 수도의 고등교육 기관에서는 영토 방방곡곡에서 온 동료 순례자들을 만났다.[12] 그리고 그들은 그들이 어디에서 왔든 간에 같은 책을 읽고 같은 셈을 했다는 것을 알았다. 또한 그들은, 대부분의 경우 그랬던 것처럼 그렇게 멀리까지는 가지 않더라도, 자신들의 로마가 바타비아라는 것을 알았으며, 사실상 '우리'가 '여기'에 '함께' 있는 이유를 설명하는 이 모든 여행길의 '의미'는 수도에서 도출된다는 것을 알았다. 다른 방식으로 말하자면, 그들의 공통된 경험과 교실에서 선의의 경쟁을 하며 쌓은 동지 의식이 그들이 공부한 식민지 지도(언제나 영국령 말라야나 미국령 필리핀과는 다른 색깔로 칠해져 있던)에, 급우들의 억양이나 골상에 의해 매일 확인되는 영토적으로 특정한 상상된 실재성을 부여했다는 것이다.[13]

그리고 그들은 다 같이 무엇이었던가? 네덜란드인들은 이 점을 꽤 명

---

11 물론 궁극적인 정점은 헤이그 · 암스테르담 · 레이던이었지만, 거기에서 공부하겠다는 꿈을 진지하게 꾸어볼 수 있는 이들은 극소수였다.

12 세속적인 20세기 학교였던 만큼 이 학교들은 남학생이 압도적인 다수이기는 했지만 남녀공학이었다. 그리하여 모든 전통적인 선을 넘는 연애 사건들은 물론 꽤나 종종 결혼들도, '학교 벤치로부터' 시작됐다.

13 수카르노는 예순이 넘을 때까지 그가 그토록 열심히 쟁취하고자 싸웠던 서(西)이리안을 한번도 본 적이 없다. 여기에서 우리는 교실의 지도에서처럼 픽션(허구)이 실재에 스며드는 것을 본다. 『놀리 메 탕헤레』와 『옴 붙은 앵무새』를 생각해 보라.

백하게 밝혔다. 즉 그들이 쓰는 모어가 무엇이든 간에 그들은 돌이킬 수 없이 '인란더'(inlanders)라는 것이다. 이 단어에는 영어의 '네이티브'(natives)나 프랑스어의 '앵디젠'(indigènes), 일본어나 한국어의 토인·원주민에처럼 늘상 무심코 따라붙는 역설적인 의미론적 짐이 있었다. 이 식민지에서, 별개로 떨어진 각각의 다른 식민지들에서와 같이, 이 단어는 그것으로 지칭되는 사람들이 '열등'하고 '거기에 속해 있다'는 의미였다(마치 네덜란드인들이 홀란드의 '원주민'으로서 거기에 속해 있는 것처럼). 거꾸로 네덜란드인들은 그러한 언어를 통해 그들 자신에게 우월성과 함께 '거기에 속해 있지 않음'의 속성을 할당했다. 이 단어는 또한 그들의 공통된 열등함을 내포하기도 했다. '인란더'는 어느 종족언어 집단에서 왔든, 어느 계급 출신이든 **동등하게** 경멸의 대상이었다. 그렇지만 이러한 비참하게 평등한 상황에도 뚜렷한 둘레는 있었다. '인란더'는 늘 '그래서 무엇의 원주민이라는 건데?'라는 질문을 던지기 때문이다. 네덜란드인들이 가끔 '인란더'가 세계적 범주인 것처럼 이야기했다면, 경험은 그런 생각이 실제로는 지탱될 수 없다는 것을 보여주었다. '인란더'는 색칠된 식민지에 그어진 가장자리 선에서 멈추었다. 그 너머에는 가지각색의 '네이티브', '앵디젠', 인디오(indio)들이 살았다. 더구나 식민지의 법률용어에는 외국인 동양인(vreemde oosterlingen, foreign Orientals)이라는, 마치 '외국인 원주민'이라는 양 모조 동전같이 의심쩍은 울림으로 다가오는 범주가 들어 있었다. 주로 중국인·아랍인·일본인이었던 그런 '외국인 동양인'들은 식민지에 살기는 했을지언정 '원주민 원주민'(native natives)들보다 우월한 정치적·법적 지위를 보유하고 있었다. 더욱이 자그마한 홀란드는 메이지 과두제의 경제적 힘과 군사적 무용에 경외심이 인 나머지, 식민지에 사는 일본인들을 1899년부터 법적인 '명예 유럽인'으로 승격시켰다. 이 모든 것으로부터 침전의 원리 같은 것을 통해 백인·네덜란드인·중국인·아랍인·일본인·'네이티브'·'앵디젠'·'인디오'를 걸러낸 '인란더'는 그 함유 성분에 있어 점점 더 구체적으로 되어갔다. 때가 무르익어 돌연히 애벌레의 껍질을 벗고 '인도네시아인'이라는 눈부신 나비로 탈바꿈한 순간까지.

'인란더'나 '네이티브'라는 개념들이 언제나 어떤 특정한 거주지에의 뿌리를 암시하는 이상 인종주의적 관념이라고 정말로 일반화할 수 없었다는 것은 맞지만,[14] 인도네시아의 사례를 들어 각각의 '원주민' 거주지에 운명처럼 주어졌거나 불변하는 경계가 있다고 가정해서는 안 될 것이다. 프랑스령 서아프리카와 프랑스령 인도차이나라는 두 가지 사례는 그 정반대의 경우를 보여준다.

다카르의 에콜 노르말 윌리앙 퐁티는 그 전성기에 기껏해야 중등학교이기는 했지만, 그래도 프랑스령 서아프리카 식민지 교육 피라미드의 정점에 있었다.[15] 우리가 오늘날 기니, 말리, 코트디부아르, 세네갈 등등으로 알고 있는 곳들로부터 총명한 학생들이 윌리앙 퐁티에 모여들었다. 그러므로 다카르에서 종결되는 이 소년들의 순례가 처음에는 프랑스령 〔서〕아프리카에 관한 것으로 읽혔다는 데에 놀라서는 안 될 것이다. 윌리앙 퐁티 학교 교실의 언어였던 프랑스어로만 표현할 수 있는,

---

14 반면 칼레로부터 시작해 영국 외부의 행성 어느 곳에서나 출현할 수 있었던 '튀기'(half-breeds)나 '검둥이'(niggers)와 비교해 보라.

15 이 유명한 학교의 기원과 발전에 대해서는 Abdou Moumouni, *L'Education en Afrique*, pp. 41~49를 참조. 그 정치적 중요성에 대해서는 Ruth Schachter Morgenthau, *Political Parties in French-Speaking West Africa*, pp. 12~14, 18~21. 원래 생루이에 위치한 이름이 없는 에콜 노르말이었던 이 학교는 1913년에 다카르의 가까운 외곽에 위치한 고레로 옮겨왔다. 그 후 학교에는 프랑스령 서아프리카의 4대 총독(1908~15)이었던 윌리앙 메를로 퐁티의 이름이 붙었다. 세르주 티옹(Serge Thion)이 알려준 바에 따르면 윌리앙(William, 기욤이 아니라)이라는 이름이 보르도 근처 지역에서 유행한 지는 오래되었다고 한다. 그는 이 인기의 원인을 와인 무역으로 생겨난 잉글랜드와의 역사적 유대에 돌렸는데 틀림없이 맞는 이야기이리라. 그렇지만 보르도(기엔)가 아직 런던이 지배하는 영지의 견고한 한 부분이었던 시절까지 거슬러 올라가는 일일 가능성도 충분히 있을 것으로 보인다.

아프리카인됨(African-ness)의 정수인 역설적인 개념 네그리튀드(négritude)는 그 잊을 수 없는 상징이었다. 그렇지만 정점에 선 윌리앙 퐁티란 우연적이고 쉬이 사라질 성격의 것이었다. 더 많은 중등학교들이 프랑스령 서아프리카에 설립되면서 똑똑한 소년들이 그렇게 먼 순롓길을 떠나야 할 필요가 없어졌다. 그리고 어쨌든 윌리앙 퐁티의 교육적 중심성에는 그와 동등한 다카르의 행정적 중심성이라는 짝이 없었다. 윌리앙 퐁티의 교정을 거니는 프랑스령 서아프리카 소년들의 호환성에는 나중에 그들이 누리게 될 프랑스령 서아프리카 식민지 행정에서의 관료적 치환성이 대응하지 않았다. 그리하여 학교의 동문들은 후속 세대가 상실하게 될 '서아프리카'의 동지애나 연대의 친밀함은 간직한 채 집으로 돌아가, 이윽고 기니나 말리의 민족주의 지도자가 되었다.[16]

여러모로 똑같은 방식으로, 교육을 잘 받은 편이었던 사춘기 소년들의 한 세대가 보기에 흥미로운 잡종 '앵도신'(Indochine)에는 실제의, 경험된, 상상된 의미가 있었다.[17] 이 지역 전반에 프랑스가 본격적으로 간

16 영국령 서아프리카에는 이와 유사한 것이 없었던 것 같다. 영국령 식민지들이 경계를 맞대고 있지 않아서였든, 런던이 중등학교 운영을 여러 주요 영토에서 거의 동시에 시작할 만큼 충분히 부유하고 자유주의적이었기 때문이든, 서로 경쟁하는 개신교 선교 단체들의 지방주의 때문이든 말이다. 1927년 식민지 국가가 아크라에 세운 중등학교인 아치모타(Achimota) 학교는 빠르게 골드코스트[● 가나의 전신]에 한정된 교육 피라미드의 주요 정점이 되었고, 독립 이후에는 이곳에서 장관·차관의 자제들이 아버지의 자리를 물려받는 법을 배우기 시작했다. 정점 자리를 놓고 다투는 라이벌이었던 음판시펌(Mfantsipim) 중등학교에는 고참이라는 이점이 있었지만(1876년 설립됨), 입지(케이프코스트)가 취약하고 국가로부터 반쯤 분리되어 있다는 것(독립 이후 한참이 흐르기까지 교회 종파가 쥐고 있었음)이 약점이었다. 이 정보는 모하메드 참바스(Mohamed Chambas)에게서 얻은 것이다.
17 특히 이는 베트남어·크메르어·라오어를 모어로 썼을지 모를 젊은이들이 한동안 참여했던 인도차이나 공산당의 한 세대(1930~1951?)를 낳았다. 오늘날 인도차이나 공산당의 설립은 이따금 '옛날부터 이어져 내려온 베트남 팽창주

섭하기 시작한 것은 한 세기 앞선 시점으로 거슬러 올라가지만, 1887년까지 인도차이나라는 실체는 법적으로 선언되지 않았고, 1907년까지는 가장 커졌을 때의 영토적 형태가 획득되지 못했다는 점이 떠오를 것이다.

전반적으로 말해 '앵도신'의 식민 지배자들이 추구한 교육 정책에는 두 가지 근본적인 목적이 있었고,[18] 나중에 밝혀졌듯이 두 가지 모두는 '인도차이나인' 의식의 성장에 기여했다. 한 가지 목표는 식민화된 민족들과 인도차이나 바깥의 인접한 세계 사이에 존재하던 정치적 · 문화적 유대를 끊는 것이었다. '캄보주'(Cambodge)와 '라오스'(Laos)에 관한 한[19] 그 표적은 예전에 이들에 대해 유동적인 종주권을 행사해 왔으며 소승불교의 의식과 제도, 신성한 언어를 공유하고 있는 시암이었다. (게다가 저지대 라오인들의 언어와 문자는 태국어와 밀접히 관련되어 있었으며, 지금도 그렇다.) 프랑스인들이 크메르인 승려들과 그 학생들을 태국의 궤도에서 이탈시켜 인도차이나의 궤도로 끌어오고자 설계한 소위 '혁신파고다 학교'를 시암으로부터 마지막으로 강탈한 지구들에서 제일 먼저 실험한 것은 바로 이러한 우려에서였다.[20]

의'의 표현일 뿐이라고 간주되곤 한다. 사실 당은 프랑스령 인도차이나의 교육 체계(그리고 덜한 정도로 행정 체계)로부터 코민테른이 새끼를 쳐낸 것이었다.

18 이 정책은 Gail Paradise Kelly, 'Franco-Vietnamese Schools, 1918 to 1938'에서 솜씨 있게, 그리고 철저하게 논의된다. 불행한 것은 저자가 오로지 인도차이나의 베트남어 사용자 집단에만 집중했다는 점이다.

19 내가 어색할지도 모를 이러한 용어를 사용하는 것은 이 실체들이 식민지로부터 기원했다는 점을 강조하기 위해서이다. '라오스'는 경쟁하는 공국들의 한 덩어리로부터 조립되어 나왔고, 라오어로 말하는 인구의 절반 이상은 시암에 남겨졌다. '캄보주'의 경계는 식민지 이전 영지의 어떠한 특정한 역사적 영토 범위에도, 크메르어 사용 집단들의 분포에도 들어맞지 않았다. 그런 사람들 중 수십만 명 정도는 결국 '코친차이나'에 발이 묶여 조만간 크메르 크롬(강 하류의 크메르)이라고 알려진 독자적인 공동체를 만들게 될 터였다.

20 그들은 1930년대 프놈펜에 크메르어와 라오어를 쓰는 승려들이 다니는 신학대학인 에콜 쉬페리외르 드 팔리를 설립함으로써 이 목표를 추구했다. 불교도들

동부 인도차이나('통킹', '안남', '코친차이나'를 줄여서 부르는 나의 방식■)
에서 표적은 중국과 중국 문명이었다. 하노이와 후에에서 통치하는 왕
조들이 수 세기 동안 베이징으로부터의 독립을 수호해 오기는 했지만,
그들은 의식적으로 중국 모델을 따른 관료제(mandarinate)를 통해 통치
하게 되었다. 국가 기관의 충원은 유교 고전에 대한 필기시험을 통해 이
루어지도록 정비되었으며, 왕조의 문서들은 한자로 기록되었고, 지배계
급은 문화적으로 대단히 중국화되었다. 이러한 오랜 유대들은 1895년경
이후 캉유웨이(康有爲)나 량치차오(梁啓超) 같은 중국인 개혁가들 및
쑨원(孫文) 같은 민족주의자들의 글이 식민지 북쪽 변경을 넘어 침투해
들어오기 시작하면서 달갑지 않은 성격을 추가적으로 갖게 되었다.[21] 이
에 따라 유교식 시험들은 '통킹'에서는 1915년에, '안남'에서는 1918년
에 성공적으로 폐지되었다. 이때부터 인도차이나의 공무원은 오로지 발
달하고 있는 프랑스 식민지 교육 체계를 통해서만 충원되었다. 나아가
중국과의 고리를 끊기 위해 본래 17세기 예수회 선교사들이 고안한 로
마자화된 음성 표기법이자[22] 일찍이 1860년대에 '코친차이나'에서 당국

의 눈을 방콕으로부터 돌리려는 이 시도는 전적으로 성공적이지는 않았던 것
같다. 1942년(시암이 일본의 도움을 얻어 '캉보주' 북서부의 상당 부분에 대한
통제를 회복한 직후), 프랑스인들은 '전복적인' 태국어 교육 자료를 보유하고
유포했다는 이유로 에콜의 덕망 있는 한 교수를 체포했다. (아마도 이 자료들
은 목청 높여 반프랑스 구호를 외치던 쁠락 피분송크람 원수의 정권(1938~
44)이 생산한 강력하게 민족주의적인 교과서의 일부였으리라.)
■ 지금 베트남이 된 지역은 당시 두 개의 보호령(허수아비 베트남 황제가 공식적
으로는 계속 권력을 잡고 있는 북부 통킹과 중부 안남)과 '코친차이나'라고 불
리는 남부 직할통치령으로 삼분되어 있었다.
21 David G. Marr, *Vietnamese Tradition on Trial, 1920~1945*, p. 146. 마찬가지로
심각한 고민거리는 루소 따위의 문제적인 프랑스 작가들의 글이 한문 번역으로
밀수되는 것이었다. (Kelly, 'Franco-Vietnamese Schools', p. 19).
22 꾸옥응우의 최종적 형태는 보통 1651년에 *Dictionarium annamiticum, lusitanum et
latinum*이라는 주목할 만한 사전을 펴낸 재능 있는 사전편찬가 알렉상드르 드

에 의해 채택되어 사용된 꾸옥응우(quốc ngũ)가 의식적으로 장려되었는데, 여기에는 식민화된 베트남인들의 새로운 세대가 왕조의 기록과 고대 문학에 접근할 수 없도록 함으로써 토착적 과거와의 고리를 끊으려는 의도도 담겨 있었을지 모른다.[23]

교육 정책의 두 번째 목표는 정치적으로 믿음직하며, 은혜를 알고, 문화적으로 동화된 토착 엘리트로 복무할, 프랑스어로 말하고 쓰는 인도차이나인들을 신중하게 눈금을 잰 양만큼 생산하여 식민지의 관료제와 대규모 영리사업체의 하위 직급을 채우는 것이었다.[24]

식민지 교육 체계의 복잡다단함 때문에 여기에서 지체할 필요는 없다. 우리의 현재 목적을 위해서 정리하자면, 이 체계의 핵심적 특성은 그것이 흔들거리기는 할지언정 단일한 피라미드를 형성했고, 1930년대 중반까지는 피라미드 상단의 테라스가 전부 동쪽에만 있었다는 점이다.

로드가 만든 것으로 추정되곤 한다.

23 '19세기 후반의 프랑스 식민지 관료들[대부분]은 …… 식민지에서 영구적인 성공을 성취하려면 표기법을 비롯한 중국의 영향력을 모질게 깎아내야 한다고 확신하고 있었다. 종종 선교사들은 유교 식자층이 베트남인 일반을 가톨릭교로 개종시키는 데 대한 주요 장애물이라고 보았다. 그러므로 그들의 관점으로는 한문의 제거는 베트남을 그 유산으로부터 고립시키는 동시에 전통적 엘리트를 무력화하는 것이었다.'(Marr, *Vietnamese Tradition*, p. 145). 켈리가 인용하는 어떤 식민지 필자에 의하면, 그러므로 "요컨대 꾸옥응우만을 가르친다면 …… 베트남인들에게 우리가 그들에게 [노출되기를] 바라는 프랑스의 저술, 문학, 철학, 말하자면 우리가 그들에게 유용하고 그들이 쉽게 흡수할 만하다고 판단하는 작품, 그러니까 오로지 우리가 꾸옥응우로 문자화하는 텍스트들만 전달하는 결과를 낳게 될 것이다." 'Franco-Vietnamese Schools', p. 22.

24 Ibid., pp. 14~15. 그보다 밑에 있는 더 폭넓은 인도차이나 주민들의 계층에 대해 알베르 사로 총독(1917년 공공교육령의 입안자)은 '생존의 자연적·사회적 형편을 개선할 수 있도록, 아이들이 농부나 직공 같은 소박한 직업에서 알아서 유용할 만한 것은 다 배울 수 있도록 할, 아주 기본적으로만 간추린 단순한 교육'을 주장했다. Ibid., p. 17.

예를 들어 그때까지는, 국가가 후원하는 리세는 하노이와 사이공에만 위치해 있었고, 전전(戰前) 식민지 시대를 통틀어 인도차이나의 유일한 대학은 하노이에, 말하자면 총독 궁전으로부터 '몇 걸음 떨어진 곳에' 있었다.[25] 이 테라스에 오르는 이들은 프랑스 영토의 모든 주요 일상어, 즉 베트남어 · 중국어 · 크메르어 · 라오어 사용자들을 (그리고 상당수의 젊은 프랑스인 식민자들도) 포함하고 있었다. 미토, 밧덤벙, 비엔티안, 빈 (Vinh)▪ 등지에서 온 이들에게 그들의 위치적 수렴이 갖는 의미는, 바타비아와 반둥의 다언어, 다종족 학생 일동이 그들의 것을 '인도네시아인'이라고 읽었듯, '인도차이나인'이어야 했다.[26] 이 인도차이나인됨

---

25 1937년에는 총 631명의 학생들이 등록되어 있었는데, 그중 580명이 법대생과 의대생이었다. Ibid., p. 79. 또한 pp. 69~79에서는 1906년에 설립되어, 1908년에 문을 닫았다가, 1918년에 다시 문을 열고, 1930년대 후반까지 결코 미화된 직업전문대학교 이상의 것이 아니었던 이 기관의 기이한 역사를 알 수 있다.

▪ 상징적인 도시들. 미토는 구(舊)코친차이나인 남부 베트남에 자리한 도시이고, 밧덤벙(바탐방)은 캄보디아, 비엔티안은 라오스(수도), 빈은 구(舊)통킹인 북부 베트남의 도시이다.

26 뒤에서 크메르인들과 베트남인들에 집중할 것이니만큼, 여기가 몇몇 걸출한 라오인들을 간단하게 언급할 자리인 것 같다. 현재 라오스 총리인 카이손 폼위한 (Kaysone Phoumvihan)은 1930년대 말 하노이 대학교 의학부에 다녔다. 국가 원수인 수파누웡(Souphanouvong) 왕자는 본국 프랑스에서 공학 학위를 따기 전에 하노이의 알베르 사로 리세를 졸업했다. 1945년 10월부터 1946년 4월까지 비엔티안에서 지속된, 단명한 반식민지 라오 이사라(자유 라오) 정부의 수반이었던 그의 형 펫사랏 라타나윙사(Phetsarath Ratanavongsa) 왕자는 청년 시절 사이공의 샤슬루-로바 리세를 졸업했다. 제2차 세계대전 전에 '라오스'에서 최상급 교육기관은 비엔티안의 작은 파비 콜레주(즉 중학교)였다. Joseph J. Zasloff, *Pathet Lao*, pp. 104~105 ; '3349' [펫사랏 라타나윙사의 가명], *Iron Man of Laos*, pp. 12, 46를 참조. 펫사랏이 이후 파리에서의 학창 시절에 대해 기술하면서 자주 그리고 무심결에, 분명히 구별 가능한 라오인 · 크메르인 · 베트남인 급우들을 '인도차이나인 학생들'이라고 했다는 사실이 의미심장하다고 나는 생각한다. 예를 들어 Ibid., pp. 14~15 참조.

(Indochinese-ness)은 비록 꽤나 실재적이기는 했지만 그럼에도 불구하고 자그마한 집단에 의해 상상되었으며 오래가지도 못했다. 왜 인도네시아인됨은 살아남아 깊어진 데 반해, 인도차이나인됨은 결국 그렇게 쉬이 사라지게 되었을까?

먼저 1917년부터 계속된, 그리고 무엇보다도 동부 인도차이나에 적용된 식민지 교육 방침에 두드러진 변화가 있었다. 전통적인 유교적 과거 제도가 실제로 폐지되자, 혹은 그 폐지가 임박하자, 점점 더 많은 베트남 엘리트 계층의 성원들은 자식들을 들어갈 수 있는 곳 중 최고의 프랑스 학교에 집어넣어 관리로서의 미래를 보장해 주려고 노력하게 되었다. 들어갈 수 있는 얼마 안 되는 좋은 학교의 입학을 둘러싸고 벌어진 경쟁은 특히 이러한 학교들이 응당 프랑스인의 영역이라고 여긴 식민자들로부터 강력한 반발을 불러일으켰다. 이 문제에 대한 식민 정권의 해결책은 저학년에서는 꾸옥응우를 쓰는 베트남어로의 교육에 특별한 방점을 찍는(프랑스어는 꾸옥응우라는 매개를 통해 제2언어로 가르침) 하급의 '프랑스-베트남' 교육 구조를 별도로 만들어내는 것이었다.[27] 이러한 정책 전환은 두 가지 보완적인 결과를 낳았다. 한편으로, 정부가 수십만 부의 꾸옥응우 교본을 펴낸 것이 유럽인이 발명한 이 표기법의 보급을 대단히 가속화하여, 1920년에서 1945년 사이에 의도치 않게 꾸옥응우가 베트남인들이 문화적 (그리고 민족적) 결속을 표현하는 그 인민적 매

---

27 그리하여 1917~18년에 예전에는 '통합'되어 있었던 샤슬루-로바 리세와 알베르 사로 리세에 수준이 떨어지는 '원주민 학급들'이 설립되었다. 이러한 '원주민 학급들'은 이윽고 각각 페트뤼 키 리세(Lycée Petrus Ky)와 보호령 리세(Lycée du Protectorat)로 바뀌었다(Ibid., pp. 60~63). 그런데도 소수의 특권층 토착민들은 '진짜 프랑스' 리세를 계속 다녔으며(사춘기 시절의 노로돔 시아누크는 샤슬루-로바에 영광을 부여했다), 한편 소수의 '프랑스인'(주로 유라시아인들과 프랑스인의 법적 지위를 가진 원주민들)은 페트뤼 키나 하노이의 자매 학교에 다녔다.

개물로 변화하는 것을 도왔다.[28] 1930년대 말까지 베트남어 사용 인구의 10퍼센트만이 문자를 해득했다고 해도, 이것은 이 민족의 역사상 전례가 없는 비율이었던 것이다. 게다가 유교 식자층과는 달리 이 문자해득자들은 그들 집단의 규모를 급격히 늘리는 데 대단히 헌신적이었다. (마찬가지로 규모는 더 제한적이었을지언정 당국은 '캄보주'와 '라오스'에서도 일상어로 된 초급 교과서의 **활자화**를 장려했다. 처음에 그리고 주로 이용된 것은 전통 문자로, 나중에는 로마자로 만든 표기법을 쓰긴 했으나 이는 더 미약한 움직임이었다.)[29] 다른 한편으로 이 정책은 동부 인도차이나에 살면서 베트남어를 모어로 쓰지 않는 사람들을 배제하는 작용을 했다. '코친차이나'의 크메르 크롬의 경우, 이는 그들이 보호령에서 장려되던 것처럼 '프랑스-크메르' 초등학교를 갖도록 허용하려는 식민 정권의 의사와 결합하여 메콩 강 상류로 야심의 방향을 **도로** 틀도록 하는 작용을 했다. 그리하여 인도차이나 행정 수도에서의 (선택된 극소수는 심지어 본국 프랑스에서의) 고등교육을 열망하는 크메르 크롬의 젊은이들은 사이공을 지나가는 고속도로 대신 프놈펜을 거치는 우회로를 점점 더 많이 택했다.

두 번째로, 1935년 프놈펜의 시소와스 콜레주가 정식 국립 리세로 승급되면서 사이공과 하노이에 원래 있던 국립 리세들과 동등한 지위 및 **똑같은** 교과 과정을 갖게 되었다. 그 학생들은 처음에는 대개 (콜레주의

---

28 데이비드 마르(David Marr)는 1920년대에는 "인텔리 중 〔꾸옥응우에 대해〕 가장 낙관적인 이조차 고작 20년 후 베트남민주공화국〔● 북베트남〕 시민들이 중요한 용건 ── 정치·군사·경제·과학·학술 ── 을 전부 꾸옥응우 표기법에 연결된 베트남어 구어로 처리할 수 있으리라고는 짐작하지 못했을 것"이라고 적는다. *Vietnamese Tradition*, p. 150. 이것은 프랑스인들에게도 불쾌한 놀라움이었다.
29 1930년대 후반의 초기 크메르 민족주의자들이 제기한 최초의 이슈들 가운데 식민 당국에 의한 크메르 문자의 소위 '꾸옥응우화'가 던지는 '위협'이 있었다는 사실은 교훈적이다.

전통에 따라) 지역의 중국계 크메르인 상인 집안과 베트남인 주재 관료 집안 출신이었지만, 토착 크메르인의 비율도 꾸준히 늘어났다.[30] 아마도 1940년 이후에는 견실한 프랑스어 고등학교 교육을 받은 크메르어 사용자 소년들 중 절대 다수가 식민지배자들이 노로돔가(家)를 위해 지어준 말끔한 식민지 수도에서 그러한 성취를 거두었다고 하는 것이 맞겠다.

세 번째는 인도차이나에서 교육 순례와 행정 순례 사이에 실제 동형 관계가 성립하지 않았다는 사실이다. 프랑스인들은 베트남인들이 믿을 만하지 않고 욕심이 많다고 해도 '아이들 같은' 크메르인이나 라오인에 비하면 의심의 여지 없이 더 정력적이고 지적이라는 견해를 드러내는 데 거리낌이 없었다. 이에 따라 그들은 서부 인도차이나에서 베트남인 관리들을 대규모로 기용했다.[31] 1937년에 '캄보주'에 거주하고 있던 베트남인은 17만 6,000명이었고, 이것은 식민지의 1900만 베트남어 사용자 중에서는 1퍼센트도 채 못 되었지만 이 보호령의 인구 중에서는 6퍼센트에 해당하는 숫자였다. 비교적 성공한 집단을 형성한 이들에게는 인도차이나가 꽤 견고한 의미를 띠고 있었고, 1945년 이전 '라오스'로 파견된 5만 명에게도 마찬가지였다. 특히 이들 중 식민지의 곳곳을 옮겨 다니며 다섯 개 구역 모두에 배속될 수도 있었던 관리들은 자연히 자신들이 계속 임무를 수행할 넓은 무대로서 인도차이나를 상상할 수 있었으리라.

30 비엔티안은 이 패턴을 바로 좇지 않았다. 토이(Toye)는 1930년대가 흐르는 동안 [그가 리세라고 잘못 칭한] 파비 콜레주를 졸업한 라오인이 52명밖에 되지 않는 반면, 베트남인 졸업생은 96명이었다고 기록한다. *Laos*, p. 45.

31 이러한 유입이 프랑스-베트남 학교 체계의 수립과 나란히 가는 것이었을 가능성도 있다. 그로 인해 베트남인들이 더 선진적인 인도차이나의 동부 지역들에서 프랑스 국민들과 경쟁하지 못하고 방향을 틀었을 수도 있기 때문이다. 1937년에 '코친차이나·안남·통킹'에 사는 유럽인들이 3만 9,000명이었는데, '캄보주'와 '라오스'에서는 둘이 합해도 3,100명밖에 되지 않았다. Marr, *Vietnamese Tradition*, p. 23.

그와 같이 상상하는 것은 라오인과 크메르인 관료들에게는, 비록 그들이 인도차이나 전체에서의 경력을 쌓는 것이 공식적, 법적으로 금지되어 있지는 않았지만, 훨씬 용이하지 못한 일이었다. 규모가 32만 6,000명가량(1937년, 크메르어 사용자 인구 전체의 10퍼센트 정도에 해당) 되는 동부 인도차이나 크메르 크롬 사회 출신의 더 야심 찬 젊은이들조차도 **실제로는** '캄보주' 바깥에서 그들의 직업적 전망이 굉장히 제한적이라는 점을 알게 되었다. 그리하여 크메르인과 라오인은 사이공과 하노이에 있는 프랑스어 중등학교나 대학교에서 베트남인들과 나란히 앉아 있을 수는 있었으되, 사이공이나 하노이에서 행정 관청을 같이 쓸 법하지는 않았다. 다카르에서 공부하는 코토누와 아비장● 출신의 젊은이들처럼, 그들은 졸업한 다음 식민 지배가 경계를 그어준 '고국'(home)으로 돌아갈 운명이었다. 다르게 이야기하자면, 그들의 교육 순례가 하노이를 향했을지언정 그들의 행정 여행은 프놈펜과 비엔티안에서 끝났다.

이러한 모순들로부터 후세에 최초의 캄보디아 민족주의자들로 기억될 저 크메르어 사용자 학생들이 출현했다. 크메르 민족주의의 '아버지'라 불려도 손색없는 인물인 손 응옥 탄(Son Ngoc Thanh)은 그의 베트남화된 이름이 시사하듯 사이공에서 교육받은 크메르 크롬으로서, 얼마간 그 도시에서 사법부의 하급 직위를 맡고 있었다. 그러나 1930년대 중반에 그는 메콩델타의 파리(Paris)를 내버리고 그 블루아●●에서 더 유망한 미래를 찾기 시작했다. 시소와스 유테봉(Sisowath Youtevong) 왕자는 진학을 위해 프랑스로 향하기 전에 사이공에서 중등학교를 다녔다. 15년 후 제2차 세계대전이 끝나고 프놈펜으로 돌아왔을 때 그는 (크메르)민주당의 창당을 돕고 1946년부터 1947년까지 총리직을 맡았다. 그의 국방장관 손 분사이(Son Voeunnsai)도 거의 똑같은 여행길을 거쳤다.

● 코토누는 베냉의 수도이고, 아비장은 코트디부아르의 옛 행정 중심지.
●● 프랑스의 도시, 여기에서는 프놈펜.

1951년부터 1952년까지 민주당 총리였던 후이 칸툴(Huy Kanthoul)은 1931년 하노이의 에콜 노르말을 졸업했고, 그 후 프놈펜으로 돌아와 이윽고 시소와스 리세의 교원으로 합류했다.[32] 이 모든 이들 중 가장 전형적인 사례는 암살당한 크메르 정치 지도자들의 슬픈 대열에 가장 먼저 오른 이어으 크(Ieu Koeus)라는 인물일 것이다.[33] 아직 방콕이 지배하고 있던 밧덤벙도(道)에서 1905년에 태어난 그는 밧덤벙시의 '인도차이나' 초등학교에 들어가기 전에 동네의 '혁신 파고다 학교'에 다녔다. 그는 1921년에 보호령의 수도에 있는 시소와스 콜레주에, 그리고는 하노이의 상업학교에 진학했으며 1927년 하노이에서 프랑스어 독해반을 수석으로 졸업했다. 보르도에서 화학을 공부하고 싶었던 그는 장학금 시험을 치러 합격했다. 그러나 식민지 국가가 그의 해외 유학을 막았다. 그는 고향 밧덤벙으로 돌아와 약국을 운영했고, 1941년 방콕이 이 지방을 탈환한 후에도 사업을 계속했다. 1945년 8월 일본이 무너지자[■] 그는 민주당 의원으로 '캉보주'에 다시 나타났다. 크메르 문자 타자기 키보드를 고안하고, 『피어사 크메르』(크메르 언어)라는, 아니면 오해를 불러일으키는 1967년판의 표지를 따르자면 *La Langue Cambodgienne*(*Un Essai d'étude raisonné*)라는 두 권짜리 무거운 책을 펴냈다는 데에서 그가 나름대로 앞선 시기 유럽의 탁월한 문헌학자들의 직계 후손이라는 점이 눈

---

32 이 인물들의 일대기에 대한 자료는 스티브 헤더(Steve Heder)가 친절하게 내게 제공했다.

33 그는 1950년, 왕가 쪽일 것이라고 추정되는 알려지지 않은 손이 조직한 민주당 본부에 대한 수류탄 공격으로 사망했다.

■ 제2차 세계대전 대부분 기간 동안 비시 프랑스가 독일·이탈리아·일본과 동맹을 맺고 있었기 때문에 일본은 버마·필리핀·인도네시아 등과는 달리 인도차이나를 점령하지 않았다. 그러나 1945년 3월 초 일본은 비시가 히틀러의 패배를 예상하고 동맹을 배신할 것이라고 의심하기 시작했다. 그들은 군사 쿠데타를 일으켜 즉각 인도차이나 전체를 점령했다. 인도네시아에서처럼 이곳에서도 일본의 권력은 1945년 8월 중순경에 무너졌다.

길을 끈다.[34] 그러나 이 텍스트가 — 1권만 먼저 — 처음 출현한 것은 저자가 프놈펜의 제헌의회 의장이던 시절인 1947년의 일이지, 그가 밧덤벙에서 단조롭게 살고 있던 1937년, 시소와스 리세가 아직 크메르어 사용자 졸업생을 한 명도 배출하지 못했고 인도차이나에 쉬이 사라질 실재성이 아직 존재하던 그 시절의 일이 아니다. 1947년 즈음 크메르어 사용자들, 적어도 '캄보주'의 크메르어 사용자들은 더 이상 사이공이나 하노이에서 수업을 듣지 않았다. 신세대에게 '앵도신(인도차이나)'은 역사요, '베트남'은 이제 실재하는 외국이었다.

후에의 응우옌 왕조가 지휘한 19세기의 잔인한 침략과 점령이 베트남의 일부분이 될 운명에 처한 '코친차이나'의 크메르인들을 포함한 크메르 사람들에게 쓰라린 민중적 기억(folk-memories)을 남긴 것은 사실이다. 그러나 네덜란드령 인도에도 비교 가능한 쓰라림들이 존재했다. 자바인들에 대한 순다인들의, 미낭카바우인들에 대한 바탁인들의, 발리인들에 대한 사삭인들의, 부기스인들에 대한 토라자인들의, 암본인들에 대한 자바인들의 쓰라림 등등이. 1945년에서 1948년 사이에 강적인 휘베르튀스 반 모크(Hubertus van Mook) 부총독이 이제 막 태어난 인도네시아공화국의 허를 찌르기 위해 소위 '연방제 정책'을 추구한 것은 바로 그러한 쓰라림을 이용하고자 한 것이었다.[35] 그러나 1950년에서 1964년 사이에 독립 인도네시아의 거의 모든 지역에서 종족 반란의 홍수가 일어났음에도 불구하고 '인도네시아'는 살아남았다. 살아남을 수 있었던 이유의 일부는 바타비아가 마지막까지 교육의 정점으로 남아 있

---

34 프놈펜에서 자유의 벗(Librairie Mitserei) 출판사가 출간했다. '오해를 불러일으킨다'는 이야기는 책 전체가 크메르어로 되어 있기 때문이다. 스티브 헤더가 1964년 조문보(cremation volumes)에서 가져온 이어으 크의 일대기에 대한 상세한 설명을 내게 건네주었다.

35 Kahin, *Nationalism*, chapter 12; Anthony Reid, *The Indonesian National Revolution, 1945~50*, chapter 6; Henri Alers, *Om een rode of groene Merdeka*, passim.

었다는 데 있었고, 식민지 행정 정책이 교육받은 순다인들을 '순다랜드'
로, 바탁인들을 그들의 출신지인 북수마트라의 고원으로 보내 박아두는
식이 아니었다는 이유도 있었다. 식민지 시기가 끝날 즈음에는 거의 모
든 주요한 종족언어 집단이 그들이 일정한 역할을 연기할 군도라는 무
대가 있다는 생각에 익숙해졌다. 그리하여 1950년에서 1964년 사이의
반란들 중 분리주의적 야망이 있는 경우는 단 한 건뿐이었고, 나머지는
전부 단일한 인도네시아 정치 체계 내에서 경쟁하고자 하는 것이었다.[36]

　이에 덧붙여 1920년대에 '인도네시아어'가 자의식적으로 생겨났다는
흥미로운 우연을 무시할 수 없겠다. 이 우발적인 사건이 일어나게 된 경
위는 대단히 교훈적이라 여담으로 간단히 짚고 넘어갈 필요가 있을 것
같다. 일찍이 네덜란드어를 통한 네덜란드령 인도 지배는 제한적이었고
후기의 일이었다는 사실을 언급한 적이 있다. 네덜란드가 17세기 초반
에 현지 정복을 시작했는데 '인란더'에게의 네덜란드어 교육은 20세기
초반이 되어서야 진지하게 착수된 마당에 어떻게 그렇지 않을 수 있겠
는가? 그 대신 전반적으로 계획 없이 서서히 전개된 과정에 의해 예로부
터 섬들 사이의 링구아 프랑카였던 언어를 기반으로 기묘한 국가 언어
가 진화하는 일이 벌어졌다.[37] 딘스트말레이스(dienstmaleisch, '공무 말레
이어'나 '행정 말레이어' 정도)라고 불리던 이 언어는 '오스만어'나 합스부
르크 제국의 다언어 병영에서 출현한 저 '국고(國庫) 독일어'와 유형학
상 같은 부류에 속했다.[38] 19세기 초반이 되자 이 언어는 관료 집단 내부

---

36 실패로 끝난 남(南)말루쿠공화국은 예외였다. 오랫동안 기독교된 암본인들
　　의 상당수는 억압적인 식민지 군대에 충원되어 왔다. 여럿은 반 모크 휘하에서
　　신생 인도네시아공화국에 대항하여 싸웠다. 그러니 1950년 홀란드가 인도네시
　　아 독립을 인정한 후 그들에게는 불쾌한 미래를 예상할 이유가 다소 있었다.
37 다음의 귀중한 설명을 참조. John Hoffman, 'A Foreign Investment: Indies
　　Malay to 1902,' Indonesia, 27 (April 1979), pp. 65~92.
38 군부는 "무민족적(anational) 카스트 같은 것을 형성하고 있어서, 그 구성원들은

에 견고하게 자리를 잡았다. 세기 중반 이후 인쇄자본주의가 상당한 규모에 도달했을 때, 이 언어는 시장과 언론으로 진출했다. 처음에는 주로 중국인과 유라시아인 신문 발행인들과 인쇄업자들이 사용했지만, 세기가 끝날 무렵에는 '인란더'들에게 채택되었다. 족보상의 행정적 뿌리는 재빨리 잊혔고 리아우 제도에 살았다는 추정상의 조상으로 대체되었다(리아우 제도에서 가장 중요한 섬은, 어쩌면 다행히, 1819년부터 영국령 싱가포르가 되었다). 두 세대에 걸쳐 도시의 작가들과 독자들에 의해 모양이 잡힌 이 언어는 1928년이 되자 청년 인도네시아(Young Indonesia)에 의해 민족(주의)적 언어인 바하사 인도네시아(Bahasa Indonesia)로 채택될 준비가 되어 있었다. 그 후로 인도네시아어는 결코 뒤를 돌아보지 않았다.

그렇지만 종국에는, 인도네시아의 사례가 아무리 흥미롭다 해도 홀란드가 더 강대했거나[39] 1600년이 아니라 1850년에 도착했더라도 민족 언어(national language)가 네덜란드어가 되었을 리는 없다고 잘못 생각해서는 안 된다. 민족 언어가 아샨티어가 아니라 영어라는 이유만으로 가나 민족주의가 인도네시아 민족주의보다 덜 진짜라는 증거는 없다.

사적 삶에서조차 통상적으로 그들의 민족적 환경에서 떨어져 살았고 굉장히 자주 특별한 언어를 사용했는데, 소위 '국고 독일어'(ärarisch deutsch)라는 그 이름은 식자층 독일인의 대표들이 반어적으로 붙인 것으로서 문법 규칙을 그리 진지하게 여기지는 않는 기묘한 언어적 혼합물이라는 의미였다." Jászi, *The Dissolution*, p. 144. 강조는 저자.

[39] 단지 뻔한 차원에서만의 일이 아니다. 18세기와 19세기에 홀란드는 사실상 단하나의 식민지만을 갖고 있었는데, 그것은 무척 거대하고 이윤이 많이 남는 식민지였기 때문에 그 관리들을 (단일한) 비유럽 공무 언어(dienstaal)로 양성하는 것은 꽤 실용적인 일이었다. 시간이 흐르면서 미래의 관리들을 언어적으로 준비시키기 위한 특수한 학교와 학과들이 본국에서 자라났다. 영국 제국같이 여러 대륙에 걸쳐 있는 곳에서는 결코 현지에 기반을 둔 공무 언어 하나로 충분할 수 없었다.

일부 민족주의자 이데올로그들의 방식대로 언어를 다루는 것, 즉 깃발이나 복장, 민속 무용 따위와 같이 민족됨의 **휘장**(emblem)으로 언어를 다루는 것은 언제나 오해이다. 언어에 대한 훨씬 더 중요한 것은 상상된 공동체를 창조해 낼 수 있는 그 역량, 요컨대 **특정한 결속**을 구축할 수 있는 역량이다. 따지고 보면 제국 언어들도 마찬가지로 **일상어**였고, 그리하여 여러 일상어 중의 특정한 일상어였을 뿐이다. 급진파 모잠비크인이 포르투갈어로 말한다면, 이것의 중요성은 포르투갈어가 모잠비크가 상상되는 (그리고 동시에 경계를 탄자니아와 잠비아에 맞대어 제한하는) 매개체라는 데 있다. 이런 관점에서 본다면 모잠비크에서의 포르투갈어 (또는 인도에서의 영어) 사용은 기본적으로 호주에서의 영어 사용이나 브라질에서의 포르투갈어 사용과 다를 것이 없다. 언어는 배제(exclusion)의 도구가 아니다. 원칙적으로는 누구나 어떤 언어든 배울 수 있다. 그 반대로 언어는 근본적으로 포괄적(inclusive)이며, 오로지 누구도 모든 언어를 배울 만큼 오래 살 수는 없다는 바벨탑의 숙명에 의해서만 제한된다. 활자어가 민족주의를 발명한 것이지, 어떤 특정한 언어 자체가 발명한 것이 아니다.[40] 모잠비크의 포르투갈어나 인도의 영어 같은 언어들

---

40 동부 인도차이나에서의 언어 발전에 대한 마르의 설명은 이 점에서 대단히 의미심장하다. 그는 1910년경이 되어서도 "대부분의 교육받은 베트남인들은 한문이나 프랑스어, 아니면 그 둘 모두가 '고급' 소통의 필수적인 양식이라고 가정했다"고 기록한다.(*Vietnamese Tradition*, p. 137) 그러나 1920년 이후에는 국가가 표음문자인 꾸옥응우를 장려한 결과도 있고 하여 사정이 빠르게 변했다. 그때가 되자 "구어 베트남어가 민족 정체성의 중요하고 어쩌면 [sic] 본질적인 요소라는 믿음이 자라나고 있었다. 프랑스어가 모어보다 더 편한 지식인들조차 동포의 적어도 85퍼센트가 같은 언어로 말한다는 사실의 중요성을 인정하게 되었다."(p. 138) 그때 그들은 대중 문해력이 유럽과 일본의 민족국가를 진전시키는 데 발휘한 역할에 대해 충분히 인식하고 있었다. 그러나 마르는 선호하는 언어와 정치적 입장 사이에는 오랫동안 명확한 상관 관계가 없었다는 점도 보여준다. "모어인 베트남어를 지지하는 것이 본질적으로 애국적이지는 않았으

위에 버티고 선 단 하나의 물음표는 행정 체계와 교육 체계, 특히 교육 체계가 정치적으로 충분할 만큼 이중언어 사용을 확산시킬 수 있는가 하는 문제이다. 30년 전에 바하사 인도네시아를 모어로 쓰는 인도네시아 사람은 거의 한 명도 없었다. 거의 모두에게 그들 자신의 '종족' 언어가 있었고, 몇몇, 특히 민족주의 운동권에 있는 사람들이 바하사 인도네시아/공무 말레이어도 함께 사용한 정도였다. 오늘날 수십 가지의 종족 언어적 배경을 가진 수백만 명의 젊은 인도네시아인들이 인도네시아어를 모어로 쓴다.

지금으로부터 30년이 지난 후에 모잠비크-포르투갈어만을 말하는 모잠비크인들의 세대가 있을지는 분명치 않다. 그렇지만 이 20세기 후반에는 그런 세대의 출현이 모잠비크 민족의 결속에 반드시 필수적인 조건은 아니다. 일단 커뮤니케이션 테크놀로지, 특히 라디오와 텔레비전의 진보는 인쇄물에게 한 세기 전에는 없었던 동맹군을 선사했다. 다언어 방송은 문맹과 모어가 다른 인구 집단들에게 상상된 공동체를 소환해 낼 수 있다. (여기에 시각적 표상과 이중언어 사용 식자층을 통해 중세 기독교 세계가 소환되던 것과 닮은 점들이 있다.) 두 번째로 20세기의 민족주의들에는 내가 앞서 논했듯이 굉장히 모듈화되었다는 성격이 있다. 이 민족주의들은 한 세기하고도 반의 인류 경험과 일찍이 등장했던 세 가지 모델의 민족주의를 살려서 이용할 수 있고, 실제로 그렇게 하고 있다. 그리하여 민족주의 지도자들은 관제 민주주의를 모델로 하여 의식적으로 민간과 군대의 교육 체계를, 19세기 유럽의 인민 민족주의를 모델로 하여 선거와 정당 조직, 문화 축제를, 그리고 아메리카인들이 세상에 가지고 온 시민공화주의라는 관념을 전개할 수 있는 위치에 있다. 무엇보다 '민족'이라는 바로 그 관념이 이제 사실상 모든 활자어에 확고히

며, 마찬가지로 프랑스어를 장려한다고 해서 본질적으로 부역자라는 뜻은 아니었다." (p. 150)

둥지를 틀고 있으며, 민족됨을 정치적 의식으로부터 분리하는 것은 사실상 불가능하다.

민족적 국가가 압도적 규범인 세계에서 이 모든 것은 민족들이 이제 언어적 공통성 없이도 상상될 수 있음을 뜻하는데, 이는 우리 아메리카인들(nosotros los Americanos)이라는 식의 향토적 정신에서가 아니라 근대 역사가 보여준 가능성에 대한 일반적 인식에서 나오는 것이다.[41] 이러한 맥락에서 유럽으로 돌아가, 그 언어적 다양성으로 인해 언어를 기반으로 한 민족주의 이론들의 옹호자들을 내리치는 곤봉으로 그토록 자주 이용된 나라를 간단히 고찰하면서 이 챕터를 마치는 것이 적절하겠다.

1891년, 슈비츠·웁발덴·니트발덴 동맹(Confederacy)의 600주년을 기념하는 참신한 축전에서 스위스 국가는 1291년을 스위스라는 나라의 '개국' 연도로 '결정'했다.[42] 600년을 기다린 끝에야 내려질 수 있었던 그러한 결정에는 눈길을 끄는 측면들이 있으며, 고대성보다는 근대성이 스위스 민족주의의 특징이라는 것을 벌써 시사한다. 실로 휴스(Hughes)는 1891년 축전이 이 민족주의의 탄생을 알리는 신호라고 논할 정도로 멀리 간다. 그는 이렇게 논평한다. "19세기의 전반기에는 …… 민족성은 교양 있는 중산층의 어깨 위에 꽤 가볍게 앉아 있었다. 마담 드 스탈(Madame de Staël, 1766~1817), 푸젤리(Fuseli, 1741~1825), 앙겔리카 카우프만(Angelika Kauffmann, 1741~1807), 시스몽디(Sismondi, 1773~1842), 뱅자맹 콩스탕(Benjamin Constant, 1767~1830), 이들 모두는 스위스인인가?"[43] 암시된 대답이 '아니겠지'라면, 그 중요성은

---

41 나는 상상될 '수 있다'고 이야기하는데, 이는 명백히 그 가능성이 거부되었거나 거부되고 있는 사례가 꽤나 많기 때문이다. 옛 파키스탄과 같은 그런 사례들을 설명할 수 있는 요인은 종족문화적 다원주의가 아니라 막힌 순렛길이다.

42 Christopher Hughes, *Switzerland*, p. 107. 시턴-왓슨이 합당한 찬사를 보내는 이 훌륭한 글은 뒤따르는 논의의 기초이다.

스위스 주변의 유럽 전역에서 19세기 전반기는 '교양 있는 중산층'(말하자면 언어학자들+자본가들)이 중심적 역할을 수행했던 일상어 민족주의 운동이 꽃핀 시기였다는 사실로부터 도출된다. 그렇다면 왜 스위스에는 민족주의가 그렇게 늦게 왔으며, 후발성이 그 궁극적인 모습의 형성(특히 '민족 언어'의 현대적 다수성)에 끼친 결과는 무엇이었던가?

그 대답의 일부는 스위스 국가의 청년기, 휴스가 건조하게 관찰하기로는 "다소 얼버무리지 않고서는" 1813∼15년 이전으로 거슬러 올라가기 힘든 그 시기에 놓여 있다.[44] 그는 최초의 진짜 스위스 시민권과 직접(남성)보통선거권의 도입, 그리고 '내부' 통행세와 관세 지역의 철폐가 1798년의 프랑스 점령에 의해 강제로 생겨난 헬베티아 공화국의 업적이라는 점을 우리에게 일깨운다. 1803년에야 이 국가는 티치노의 획득과 함께 상당한 규모의 이탈리아어 사용자들을 포괄하게 되었다. 1815년에야 국가는 중립성과 굉장히 보수적인 헌법에 대한 대가로, 복수심에 불타는 반프랑스 신성동맹으로부터 발레, 제네바, 뇌샤텔 등 인구가 많은 프랑스어 사용 지역을 얻었다.[45] 요컨대 오늘날의 다언어 스위스는 19세기 초반의 산물이다.[46]

두 번째 요인은 이 나라의 후진성이다(이는 험난한 지형 및 착취 가능한 자원의 부족과 더불어 나라가 더 강력한 이웃들에게 흡수되는 것을 막는 데

---

43 Ibid., p. 218. 출생과 사망 연도는 내가 끼워넣었다.

44 Ibid., p. 85.

45 그리고 아르가우, 장크트갈렌, 그리종까지. 이 마지막 지역이 특별히 흥미로운데, 이유는 이곳이 오늘날 살아남은 로망슈어의 고향이기 때문이다. 이 나라의 민족 언어들 중 스위스의 정수를 가장 많이 담은 언어라는 로망슈어는 1937년이 되어서야 민족 언어의 지위를 획득했다! Ibid., pp. 59, 85.

46 마담 드 스탈은 살아생전에 그 탄생만을 가까스로 볼 수 있었다는 점을 지나가면서 지적할 수 있겠다. 게다가 그의 가문은 시스몽디의 가문처럼 제네바에서 왔고, 제네바는 1815년까지 '스위스' 바깥의 독립 소국이었다. 스위스 민족성이 그들의 어깨에 '꽤 가볍게' 내려앉은 것도 당연하다.

도움을 주었던 요인이다). 오늘날 제2차 세계대전 시기까지 스위스가 생활 수준이 잉글랜드의 절반밖에 안 되는 가난한 나라였고, **시골이 압도적인 나라였다**는 사실을 기억하기는 어려울지도 모르겠다. 1850년에는 인구의 6퍼센트 정도만이 겨우 도시라고 불러줄 만한 지역에 살았고, 1920년이 되어서야 이 숫자가 기껏 27.6퍼센트로 올라갔다.[47] 그러니 19세기 내내 인구의 대다수는 (예로부터 용병과 교황 근위대로 수출되었던 건강한 청년들을 제외하고는) 이동이 불가능한 농민층이었다. 이 나라의 후진성은 경제적일 뿐만 아니라 정치적·문화적인 것이기도 했다. 1515년부터 1803년까지는 변화가 없었으며 그 거주자 대부분이 수많은 독일어 방언 중 한 가지를 쓰는 지역이었던 '옛 스위스'는 각 주(canton)에 존재하던 귀족 과두제의 느슨한 연합이 지배했다. "스위스 동맹이 오래 존속하게 된 배후의 비밀은 그 이중적 본질이었다. 동맹은 외부의 적들에 대항해 주민들의 단결을 충분할 만큼 만들어냈다. 또한 동맹은 내부의 반란에 대항해 과두제들의 단결을 충분할 만큼 만들어냈다. 농민들이 반란을 일으킨다고 하자. 그들은 매 세기마다 세 번 정도 반란을 일으키는데, 그러면 의견의 차이를 보류하고 다른 주 **정부들**이 조력의 손길을 내밀고, 그들은 늘상 그렇지는 않아도 자주 그들의 동료 지배자에게 유리하게 중재를 한다."[48] 왕정 제도가 부재했다는 점을 제외하고는 신성로마제국 내의 무수히 많은 군소 공국들과 크게 다르지 않은 그림인데, 스위스의 동쪽 국경에 있는 리히텐슈타인이 그러한 공국 중 마지막으로 남은 기이한 잔재이다.[49]

스위스 국가가 존재하게 된 지 거의 두 세대가 지난 1848년이라는 늦

---

47 Ibid., pp. 173, 274. 19세기의 '교양 있는 중산층'은 있었다고 해도 그 수가 아주 적었으리라.

48 Ibid., p. 86. 강조는 덧붙임.

49 왕정의 부재는 국가성이나 민족성을 부여하기에는 문제가 있는 느슨한 정치적 연합, 한자동맹의 특징이기도 했다.

은 시기에 예로부터의 종교적 균열이 언어적 균열보다 정치적으로 훨씬 더 현저했다는 점은 많은 것을 시사한다. 굉장하게도, 가톨릭이라고 불변으로 지정된 영역에서는 개신교가 위법이었고, 개신교라고 지정된 영역에서는 가톨릭이 불법이었으며, 이런 법들은 엄격히 실시되었다. (언어는 개인적 선택과 편의의 문제였다.) 1848년이 지나서야 범유럽적인 혁명적 격동과 일상어화 민족 운동의 일반적 확산이 몰고 온 여파로 언어가 종교의 자리를 차지했고, 나라는 불변으로 지정된 언어 지구들로 구획되었다. (종교는 이제 개인적 선택의 문제가 되었다.)[50]

마지막으로 가끔은 서로 알아들을 수도 없는, 대단히 다양한 독일어 개별어들이 그렇게 작은 나라에 계속 남아 있었다는 사실이 인쇄자본주의와 표준화된 근대적 교육이 스위스 농민 사회의 대다수에게 늦게 도착했다는 점을 시사한다. 그리하여 고지 독일어(활자 독일어)가 꽤나 최근까지도 국고 독일어나 공무 말레이어처럼 국가 언어의 지위를 점하고 있었다. 나아가 휴스는 오늘날 '고위' 관료들은 두 가지 연방 언어를 실제로 활용할 만한 지식을 갖출 것으로 기대된다고 언급하면서 그런 능력이 그들의 하급자들에게는 기대되지 않는다는 점을 암시하고 있다. 간접적으로, 유사한 논점이 다음과 같이 단언하는 1950년의 연방 지침에도 등장한다. '교육받은 독일계 스위스인은 확실히 프랑스어로 일할 수 있고, 교육받은 이탈리아계 스위스인도 마찬가지다.'[51] 요컨대 우리는 기본적으로 모잠비크와 아주 다르지 않은 상황, 이중언어를 사용하는 정치적 계급이 다양한 단일언어 사용 집단들 위에 걸터앉은 상황을 보고 있는 것이다. 다만 차이점이 있다면 '제2언어'가 예전 식민 지배자의 언어가 아니라 이웃 강대국의 언어라는 것뿐이다.

그럼에도 불구하고 1910년에 독일어를 모어로 쓰는 인구가 전체의 거

---

50 Ibid., p. 274.
51 Ibid., pp. 59~60. 강조는 덧붙임.

의 73퍼센트였고, 프랑스어가 22퍼센트, 이탈리아어가 4퍼센트, 로망슈어가 1퍼센트(이 비율은 그사이 수십 년 동안 거의 변하지 않았다)였다는 사실을 떠올려보면, 관제 민족주의의 시대인 19세기 후반에 독일화가 시도되지 않았다는 점은 놀라울지도 모르겠다. 분명히 1914년까지는 강력한 친독일 감정이 존재했다. 독일과 스위스의 독일어 사용 지역 사이의 국경은 넘나들기가 극도로 쉬웠다. 무역과 투자, 귀족들과 전문 직업인들이 이쪽저쪽으로 자유롭게 옮겨 다녔다. 그렇지만 유럽의 주요 강대국 중 다른 두 나라, 즉 프랑스 및 이탈리아와도 국경을 맞댄 스위스로서는 독일화의 정치적 위험 부담이 명백했다. 그러니 독일어·프랑스어·이탈리아어의 법적 등가성은 스위스의 중립성이라는 동전의 반대편이었다.[52]

앞서 제시한 증거는 전부 스위스 민족주의를 '마지막 물결'의 일부로 이해하는 것이 가장 좋겠다는 점을 가리킨다. 그 탄생을 1891년이라고 한 휴스가 옳다면, 스위스 민족주의는 버마나 인도네시아 민족주의보다 고작 10년 정도 오래된 것이다. 달리 말하자면 그것은 민족이 국제적 규범이 되어가던, 그리고 예전보다 훨씬 더 복잡한 방식으로 민족됨의 '모델'을 가져오는 것이 가능해진 세계사적 기간에 흥기했다. 스위스의 보수적인 정치 구조와 후진적인 사회경제적 구조가 민족주의의 흥기를 '지연'시켰다면,[53] 근대 이전의 정치제도에 왕조도, 왕정도 없었다는 사실은 관제 민족주의의 과잉을 막는 데 기여했다(제6장에서 논의한 시암의 경우와 대조해 보라). 마지막으로 동남아시아 사례들에서처럼 스위스 민족주의는 20세기의 커뮤니케이션 혁명 전야에 출현했기에, 언어적 단일

---

[52] 1937년 로망슈어를 격상했지만 본래의 계산이 감추어지지는 않았다.

[53] 헝가리의 사회 구조 역시 후진적이었지만, 마자르 귀족들은 그들의 추정상의 언어 집단이 중요하기는 할지언정 소수 집단을 형성할 뿐인 거대한 다종족 왕조 제국 안에 앉아 있었다. 작은 공화주의 소국인 스위스의 귀족 과두제는 한번도 그와 같은 방식으로 위협받지 않았다.

성이 필요 없는 방식으로 상상된 공동체를 '표상'하는 것이 가능하고도 실용적인 일이었다.

결론을 내리면서 이 장의 전반적 논의를 다시 서술할 필요가 있을 것 같다. 대부분 아시아와 아프리카의 식민지 영토에서 발생한 민족주의의 '마지막 물결'은 그 기원에 있어 산업자본주의의 성취로 인해 가능해진 새로운 스타일의 지구적 제국주의에 대한 대응이었다. 마르크스가 그 비길 데 없는 방식으로 이야기했듯이, "생산품들을 위한, 끊임없이 팽창하는 시장에 대한 필요에 의해 부르주아지는 지구의 표면 전체로 내몰린다."[54] 그러나 자본주의는 무엇보다 인쇄의 보급으로 인해 유럽에서 인민적이고 일상어를 기초로 한 민족주의를 창조하는 데 기여하기도 했는데, 이는 서로 다른 정도로 예로부터의 왕조적 원리를 침식했고, 그럴 만한 위치에 있는 모든 왕조에게 자체 귀화를 부추겼다. 관제 민족주의, 즉 새로운 민족적 원리와 오래된 왕조적 원리의 용접(영국 제국)은 이번에는 유럽 바깥의 식민지에서 편의상 '러시아화'라고 부를 수 있을 만한 것을 낳았다. 이러한 이데올로기적 경향은 실용적인 긴박함과 깔끔하게 맞물렸다. 19세기 후반의 제국들은 몇몇 국민이 지배하기에는 너무 크고 널리 퍼져 있었다. 게다가 자본주의와 발을 맞추어 국가는 본국에서나 식민지에서나 그 기능을 빠르게 다양화하고 있었다. 이러한 동력들이 결합되면서 국가와 기업 관료제에 필요한 하급 간부들을 생산하려는 의도도 있고 하여 발생한 것이 '러시아화'하는 학교 체계였다. 중앙집중적이고 표준화된 이러한 학교 체계들은, 제국의 핵심에 숨겨져 있던 민족이 더 이상의 내부적 상승을 허락하지 않았던 탓에, 다양한 식민지 수도를 그 로마로 삼곤 했던 꽤나 새로운 순례들을 창조했다. 언제나 그런

---

54 Marx and Engels, *The Communist Manifesto*, p. 37. 마르크스가 아니고서야 누가 세계를 변모시키는 이 계급을 '내몰린다'(chased)고 묘사하겠는가?

것은 아니었지만, 보통 이 교육 순례들은 행정 분야에서 병행되거나 복제되었다. 특정한 교육 순례와 행정 순례 간의 연동은 토착민들이 그들 자신을 '국민'(national)으로 보게 될 새로운 '상상된 공동체'에 영토적 기초를 제공했다. 말하자면 식민지 국가의 팽창이 '토착민'들을 학교와 사무실로 초대해 들이고, 식민지 자본주의의 팽창이 그들을 이사회 회의실에 못 들어오게 했다는 것은, 식민지 민족주의의 핵심적 초기 대변인들이 전과 달리 견고한 현지 부르주아지에 이어져 있지 않은, 외로운 이중언어 구사 인텔리들이었다는 뜻이었다.

그러나 이중언어 구사 인텔리로서, 그리고 무엇보다도 20세기 초반의 인텔리로서 그들은 교실 안팎에서 아메리카와 유럽 역사가 한 세기 이상 거쳐온 사납고 혼란스러운 경험들로부터 증류된 민족과 민족됨, 민족주의의 모델들에 접근할 수 있었다. 이 모델들은 이제 천 개의 피어오르는 꿈을 구체화하는 데 기여했다. 다양하게 결합된 크리올 민족주의와 일상어 민족주의, 관제 민족주의의 교훈들은 복사 · 각색 · 개량되었다. 마지막으로, 점점 더 빠른 속도로 자본주의가 신체적 · 지적 커뮤니케이션의 수단을 변모시킴에 따라 인텔리들은 인쇄물을 우회하여 단지 문맹인 대중뿐만 아니라 서로 다른 언어를 읽는 비문맹 대중에게조차 상상된 공동체를 퍼뜨릴 방법을 찾아냈다.

제 8 장

애국주의와 인종주의

지금까지 나는 민족이 상상되는 과정, 그리고 일단 상상된 이후에는 모델로 받아들여지고, 각색되고, 변모되는 과정의 윤곽을 그렸다. 그러한 분석은 필연적으로 사회 변동 및 서로 다른 양식의 의식에 주안점을 두어야 했다. 그러나 사회 변동이나 변모된 의식이 그 자체로 사람들이 자신들의 상상이 발명한 대상에 대해 느끼는 애착이나, 이 글을 시작하면서 던졌던 질문을 되살리자면, 왜 사람들이 이러한 발명품을 위해 기꺼이 목숨까지 버리려 하는가 하는 문제를 잘 설명해 내는지는 의심스럽다.

진보적인 코스모폴리탄 지식인들(특히 유럽의?)이 민족주의의 병리적이라 해도 무방할 성격을, 타자에 대한 공포와 증오에 놓인 그 기원을, 그리고 인종주의와의 친화성을 대단히 흔하게 주장하는 시대에,[1] 우리 자신에게 민족은 사랑을, 그리고 때로는 심원하게 자기희생적인 사랑을

---

1 Cf. 네언의 *The Break-up of Britain*, pp. 14~15의 단락, 그리고 홉스봄의 다소 판에 박힌 경구인 "마르크스주의자라고 한다면 민족주의자가 아니라는 것은 기본적인 사실이다"(the basic fact [is] that Marxists as such are not nationalists). 'Some Reflections', p. 10.

고취한다는 것을 상기시켜야 유용하리라. 민족주의의 문화적 산물들인 시와 산문 소설, 음악, 조형 예술 작품들은 이 사랑을 수천 가지의 서로 다른 형태와 양식으로 똑똑히 보여준다. 다른 한편 공포와 혐오를 표현하는 **상응하는** 민족주의적 산물들을 발견하는 것은 실로 얼마나 드문 일인가.[2] 제국주의 지배자들에게 증오를 느낄 이유가 얼마든지 있는 식민화된 민족들의 경우에조차 증오라는 요소가 민족적 감정에 대한 그들의 표현에서 얼마나 하찮은가 하는 것은 깜짝 놀랄 정도이다. 예를 들어 리살이 스페인 제국주의의 손에 처형되기를 기다리면서 쓴 유명한 시 「미 울티모 아디오스」(Mi Último Adiós)의 1연과 마지막 몇 연들을 보자.[3]

---

2 독자께서는 증오의 찬가들(Hymns)을 바로 떠올릴 수 있겠는가? 세 곡조차도 힘들 것이다. 「신이여 여왕/왕을 구하소서」(God Save the Queen/King)의 2연은 다음과 같이 시사적인 말들로 되어 있다. "O Lord our God, arise/Scatter her/his enemies,/And make them fall;/Confound their politics,/Frustrate their knavish tricks;/On Thee our hopes we fix;/God save us all." (오, 주 우리 하나님 일어나시어/그의 적들을/흩어주시고/그들을 쓰러지게 하소서/그들의 정치를 혼란시키시고/못된 계략을 좌절시켜 주소서/주님께 우리의 소망을 두오니/우리 모두를 구원하소서.) 이 적들에게 정체성이 없고, 다른 누구일 가능성만큼 잉글랜드 사람일 가능성도 충분하다는 점에 유의하라. 그들은 '우리의' 적이 **아니라** '그의' 적이기 때문이다. 노래 전체가 군주에게 바치는 찬가이지, 민족(the/a nation)에게 바치는 것이 아니다. 민족은 단 한 번도 언급되지 않는다.

3 또는 「내 마지막 작별」이라는 이름이 붙여진 이 시의 한국어 번역문을 보자. (출처는 1998년 대한민국 정부가 기증한 필리핀 마닐라 리살 박물관의 동판, 옮긴이 민용태.)

  1. 잘 있거라, 사랑하는 나의 조국, 사랑받는 태양의 고향이여,
     동방 바다의 진주, 잃어버린 우리의 에덴 동산이여!
     나의 이 슬프고 암울한 인생을, 기꺼이 너를 위해 바치리니,
     더욱 빛나고, 더욱 신선하고, 더욱 꽃핀 세월이 오도록
     너를 위하여도, 너의 행복을 위하여도, 이 한 목숨 바치리라……

1. Adiós, Patria adorada, región del sol querida,

   Perla del Mar de Oriente, nuestro perdido edén,

   A darte voy, alegre, la triste mustia vida;

   Y fuera más brillante, más fresca, más florida,

   También por ti la diera, la diera por tu bien···

12. Entonces nada importa me pongas en olvido:

    Tu atmósfera, tu espacio, tus valles cruzaré;

    Vibrante y limpia nota seré para tu oído,

    Aroma, luz, colores, rumor, canto, gemido,

    Constante repitiendo la esencia de mi fe.

12. 그때는 네가 나를 잊은들 무슨 상관이리,
    너의 대기, 너의 공간, 너의 마음들을 돌아다니며, 나는
    너의 귀에 은밀히 속삭이는 맑고 떨리는 음악이 되리니.
    나의 신앙의 본질을 끝없이 반추하는 신음소리, 노랫소리,
    수런거리는 소리, 색깔, 빛, 향기가 되리니.

13. 사랑하는 나의 조국이여, 나의 아픔 중의 아픔이여,
    사랑하는 필리핀이여, 나의 마지막 작별 인사를 들으라.
    내가 너에게 모든 것을 놓고 가노라, 나의 어머니 아버지, 나의 사랑을,
    나는 가노라, 종도 살인자도 압제자들도 없는 곳으로,
    신앙이 사람을 죽이지 않는 그곳, 오직 하나님만이 왕이신 그곳으로,

14. 안녕히 계세요, 어머님, 아버님; 잘 있거라, 형제들아,
    내 영혼의 피붙이들아, 잃어버린 조국에 사는 내 어린 시절의 친구들아,
    피로하고 지친 날을 내 이제 쉬게 되었음을 감사 드려다오;
    잘 있어요, 다정한 이국의 아가씨, 나의 친구, 나의 즐거움이여,
    잘 있어요, 사랑하는 사람들, 죽는다는 것은 쉬는 것.

13. Mi Patria idolatrada, dolor de mis dolores,

Querida Filipinas, oye el postrer adiós.

Ahí, te dejo todo: mis padres, mis amores.

Voy donde no hay esclavos, verdugos ni opresores;

Donde la fe no mata, donde el que reina es Dios.

14. Adiós, padres y hermanos, trozos del alma mía,

Amigos de la infancia, en el perdido hogar;

Dad gracias, que descanso del fatigoso día;

Adiós, dulce extranjera, mi amiga, mi alegría;

Adiós, queridos séres. Morir es descansar.

'압제자들'의 국적이 언급되지 않은 채 지나갈 뿐더러, 리살의 열정적인 애국주의가 '그들'의 언어로 뛰어나게 표현된다는 데 유의하라.[4]

이러한 정치적 사랑의 본질 같은 것은 언어가 그 대상을 묘사하는 방식, 즉 친족(모국이나 조국, motherland, Vaterland, patria)이나 집(고향 땅, heimat, tanah air[타나 아이르, 흙과 물이라는 뜻으로 인도네시아인들이 향토를 칭하는 어구])과 관련된 어휘로부터 탐지할 수 있다. 두 가지 관용구 모두 사람이 자연적 유대로 묶인 무언가를 지시한다. 우리가 앞서 살펴보았듯이, '자연적'인 모든 것에는 언제나 선택하지 않은 무엇이 있다. 이러한 방식으로 민족됨은 피부색과 성별, 부모, 태어난 시대 등 사람의 힘으로는 어쩔 도리가 없는 저 모든 것들에 동화된다. 그리고 이러한

---

4 그러나 시는 위대한 필리핀인 혁명가 안드레스 보니파시오(Andrés Bonifacio)에 의해 재빨리 타갈로그어로 번역되었다. 보니파시오 버전은 Jaime C. de Veyra, *El 'Último Adiós' de Rizal: estudio crítico-expositivo*, pp. 107~109. 스페인어 원문은 Ibid., pp. 89~90.

'자연적 유대'에서는 '게마인샤프트(gemeinschaft, 공동사회)의 아름다움'이라 부를 만한 것이 감지된다. 다른 방식으로 이야기하자면, 그러한 유대들은 선택된 것이 아니라는 바로 그 이유로 사심 없음의 후광을 띤다.

접합된 권력 구조로서의 가족이라는 관념에 대한 많은 저술이 지난 20년간 나온 것은 사실이지만, 인류의 압도적인 대다수에게 그러한 개념은 분명히 낯설다. 오히려 전통적으로 가족은 사심 없는 사랑과 결속의 영역으로 사고되어 왔다. 그리고 마찬가지로, 역사가들과 외교관들, 정치가들과 사회과학자들이 '국익'이라는 생각을 꽤나 편하게 받아들인다고 해도, 어느 계급 출신이든 보통 사람들 대부분에게 민족의 골자는 그것이 이익과 무관하다는 점이다. 바로 그 이유로 민족은 희생을 요구할 수 있다.

앞서 이야기했듯이 20세기의 대전쟁들이 범상치 않은 이유는 사람들로 하여금 죽임을 행하도록 허용한 전례 없는 규모보다는 오히려 자신의 목숨을 내놓도록 설득된 이들의 어마어마한 수에 있다. 죽음을 당한 이들의 수가 죽임을 행한 이들의 수를 엄청나게 상회한다는 점은 분명하지 않은가? 궁극적 희생이라는 관념은 숙명을 통해, 오로지 순수성이라는 관념과 더불어 온다.

누군가가 나라, 보통은 자신이 선택한 것이 아닌 나라를 위해 죽는 것에는 노동당이나 미국의사협회를 위해 죽는 것, 아마 국제앰네스티를 위해 죽는 것조차도 비길 수 없는 도덕적 장엄함이 있다. 이런 단체들은 전부 의지에 따라 쉽게 가입했다가 떠날 수 있는 것들이기 때문이다. 혁명을 위한 죽음 또한, 그 장엄함은 그것이 얼마나 근본적으로 순수한 무엇으로 느껴지냐로부터 나온다. (사람들이 프롤레타리아를 그저 냉장고, 휴일 아니면 권력을 열렬히 추구하는 집단으로만 상상한다면, 그들이, 프롤레타리아 계급의 구성원들을 포함하여, 이 계급을 위해 얼마나 기꺼이 죽으려 하겠는가?)[5] 마르크스주의적 역사 해석들이 얼마나 불가항력적 필연성의 표상으로 (지적으로 이해되기보다는) 느껴지느냐에 따라 순수성과 사심 없음의 아우라를 얻을 수도 있다는 생각은 충분히 아이러니하다.

여기에서 우리는 다시금 언어로 유용하게 돌아올 수 있겠다. 첫 번째로 눈에 띄는 것은 언어들의 원초성으로, 근대적이라고 알려져 있는 언어들조차 크게 다르지 않다. 어떤 언어든 간에 그것이 탄생한 날짜를 댈 수 있는 이는 아무도 없다. 각각의 언어는 감지되지 않은 채 수평선이 없는 과거로부터 불거져 나온다. (호모 사피엔스가 호모 디켄스(homo dicens)●인 이상, 언어의 기원이 종 그 자체보다 더 새롭다고 상상하기는 힘들어 보일 수 있겠다.) 언어들은 그러므로 현대 사회의 다른 거의 모든 것을 넘어선 지점에 뿌리를 둔 것으로 나타난다. 동시에 언어보다 더 정서적으로 우리를 죽은 자들과 연결시키는 것도 없다. 영어 화자들이 거의 4세기하고도 반이나 더 전에 창조된 "Earth to earth, ashes to ashes, dust to dust"라는 말을 들으면, 그들은 비어 있는 동질적 시간을 가로지르는 동시성의 유령 같은 암시를 얻는다. 이 말들의 무게는 오직 일부분만 그 엄숙한 의미에서 도출된다. 무게는 조상으로부터 물려받은, 말하자면 '잉글랜드인됨'으로부터도 또한 나온다.

두 번째로는 언어만이, 무엇보다 시와 노래라는 형식에 담겨, 홀로 시사하는 특별한 종류의 동시성의 공동체가 있다. 예를 들어 국경일에 불리는 국가를 보자. 가사가 아무리 진부하고 곡조가 아무리 하찮더라도, 이 노래를 부르는 데에는 동시성의 경험이 있다. 서로 전혀 모르는 사람들이 똑같은 멜로디에 붙은 똑같은 시구를 입 밖으로 내는 것은 바로 이러한 순간들이다. 제창(unisonance)의 이미지.6 「마르세예즈」·「왈칭 마

5 이 구절을 혁명운동이 물질적 목적들을 추구하지 않는다는 의미로 받아들여서는 절대로 안 된다. 그러나 이러한 목적들은 개인적 취득물의 더미가 아니라 루소 식의 공동의 행복(bonheur)의 조건으로서 그려진다.

● '말하다', '발화하다'라는 뜻의 라틴어.

6 보통 대화와 문답으로 주고받으며 부르는 형식(decani/cantoris-fashion)으로 경

틸다」·「인도네시아 라야●」는 상상된 공동체의 메아리치는 신체적 실재화로서, 제창으로 한 음이 될 계기를 제공한다. (성공회 기도서의 구절처럼 의례에 쓰이는 시의 낭송을 듣는 것〔그리고 아마도 묵음으로 낭송에 섞이는 것〕도 마찬가지다.) 이러한 제창은 얼마나 자아를 떠난 것처럼(selfless) 느껴지는가! 우리가 이 노래를 부르는 바로 그때 다른 사람들도 우리처럼 노래하고 있다는 것을 알고는 있다고 해도, 우리는 그들이 누구인지, 혹은 불러도 들리지 않는 곳에 있을 그들이 어디에서 노래를 부르고 있는지조차 전혀 모른다. 상상된 노랫소리만이 우리를 엮는다.

그런데 그러한 코러스들의 합류는 시간 안에서 가능하다. 내가 레트인이라고 해도 내 딸은 호주인일 수도 있다. 뉴욕으로 이민 간 이탈리아인의 아들은 필그림 파더스를 그의 선조로 여길 것이다. 민족적인 것은 그 주위에 숙명의 아우라를 달고 있지만, 그럼에도 그것은 **역사**에 자리한 숙명이다. 여기에서 케추아어 사용자인 인디언들에게 '페루인'으로 세례를 내린 산 마르틴의 포고령 — 종교적 개종과의 친화성을 띤 움직임 — 은 좋은 예가 된다. 이로써 처음부터 민족은 혈연이 아니라 언어로 착상되며, 사람들을 상상된 공동체로 '초대해 들일' 수 있다는 것이 드러나기 때문이다. 그리하여 오늘날 가장 고립된 나라들조차도, 실제로는 얼마나 어렵게 만들어놓았든지 간에 **귀화**(naturalization, 훌륭한 말이다!)의 원리를 받아들인다.

역사적 숙명으로, 그리고 언어를 통해 상상된 공동체로 보이는 민족은 열려 있으면서 동시에 닫혀 있는 것으로 스스로를 나타낸다. 이 모순은 코루냐 전투 도중 전사한 존 무어의 죽음에 대한 저 유명한 시의 변화하는 운율이 잘 예증하고 있다.[7●]

험되는, 일상적 삶의 언어의 아카펠라 코러스와 대조해 보라.
● 「인도네시아 라야」는 물론 인도네시아 국가이다.

1. Not a drum was heard, not a funeral note,

   As his corse to the rampart we hurried;

   Not a soldier discharged his farewell shot

7 'The Burial of Sir John Moore,' *The Poems of Charles Wolfe*, pp. 1~2.

- '번역할 수도 없고, 들을 수도 없는' 이 영시를 이런 식으로 엿본다고 해서, 우리-한국인-독자들의 답답함이 딱히 해소될 것 같지는 않다. 아래는 그 번역문이다.(1연 전체와 8연의 마지막 두 행은 복거일의 번역을 가져왔고, 나머지는 역자가 직접 손을 댄, 간을 서투르게 맞춘 요리 같은 번역이다.)

1. 북소리 하나, 장례 곡조 하나 들리지 않았다,
   우리가 그의 주검을 급히 보루로 나르는 동안;
   어떤 병사도 그의 작별 사격을 하지 않았다,
   우리가 우리의 영웅을 묻은 무덤 위에서.

2. 숨죽인 밤에 우리는 그를 어둑하게 묻었다,
   우리 총검의 다발을 돌리고서;
   분투하며 내리는 달빛의 아스라한 줄기로,
   흐릿하게 타오르는 호롱불로.

3. 쓸모없는 관은 그의 가슴을 덮지 않았으며,
   홑이불로도, 수의로도 우리는 그를 감싸지 않았다;
   그러나 그는 휴식을 취하는 전사처럼 누워 있다,
   전투용 망토를 그의 몸에 두른 채로……

5. 우리는 생각했다, 그의 좁은 침대를 비우며,
   그의 외로운 베개를 정돈하며,
   적과 낯선 자가 그의 머리를 밟고 지나갈 것을,
   그리고 우리는 저 멀리 파도 위에 있을 것을……

8. 서서히, 애틋하게 우리는 그를 내려놓았다.
   싱싱하고 피에 물든 그의 명성이 충만한 전장으로부터;
   우리는 비명(碑銘) 한 줄 새기지 않았고 비석 하나 세우지 않았다.
   그러나 우리는 그에게 자신의 영광을 오롯이 남겨놓았다!

O'er the grave where our hero we buried.

2. We buried him darkly at dead of night,

   The sods with our bayonets turning;

   By the struggling moonbeams' misty light,

   And the lantern dimly burning.

3. No useless coffin enclosed his breast,

   Not in sheet or in shroud we wound him;

   But he lay like a warrior taking his rest,

   With his martial cloak around him······

5. We thought, as we hollowed his narrow bed,

   And smoothed down his lonely pillow,

   That the foe and the stranger would tread o'er his head

   And we far away on the billow······

8. Slowly and sadly we laid him down.

   From the field of his fame fresh and gory;

   We carved not a line, and we raised not a stone−

   But we left him alone with his glory!

영어로부터 떼어놓을 수 없는 아름다움으로 영웅의 기억을 찬양하는
이 시는 번역할 수 없으며, 오로지 영어 화자와 독자들에게만 들린다.
그렇지만 무어도, 그의 찬미자도 아일랜드인이었다. 그리고 무어의 프
랑스인이나 스페인인 '적들'의 후예가 이 시의 공명을 온전히 듣지 못하
리라는 법도 없다. 다른 언어와 마찬가지로 영어는 신규 화자, 청자, 독

자들에게 언제나 열려 있다.

문장 몇 줄로 인간 역사의 길이와 너비를 망라하는 토머스 브라운의 이야기를 들어보자.[8]

Even the old ambitions had the advantage of ours, in the attempts of their vainglories, who acting early and before the probable Meridian of time, have by this time found great accomplishment of their designs, whereby the ancient Heroes have already out-lasted their Monuments, and Mechanicall preservations. But in this latter Scene of time we cannot expect such Mummies unto our memories, when ambition may fear the Prophecy of Elias, and Charles the Fifth can never hope to live within two Methusela's of Hector.

고대의 이집트와 그리스, 유대가 여기에서 신성로마제국과 결합되는데, 수천 년과 수천 킬로미터를 가로지른 이들의 결합은 브라운의 17세기 영어 산문이라는 특정성 안에서 성취된다.[9] 물론 이 단락은 어느 정도까지는 번역이 가능하다.● 그렇지만 'probable Meridian of time', 'Mechanicall preservations', 'such Mummies unto our memories', 그리고 'two Methusela's of Hector'의 기괴한 광휘로 목덜미에 소름이 돋는 것

---

8 *Hydriotaphia, Urne-Buriall, or, A Discourse of the Sepulchrall Urnes lately found in Norfolk*, pp. 72~73. '시간의 있음 직한 자오선'(probable Meridian of time)에 대해서는 프라이징의 오토 주교와 비교해 볼 것.

9 그렇지만 이 결합은 '잉글랜드'를 언급하지 않고 지나간다. 우리는 스페인어를 통해 카라카스와 보고타에 전 세계를 배달한 저 지방 신문들을 떠올리게 된다.

● 이를테면 아쉬운 대로 이런 식으로. "옛 야망들조차 우리의 야망보다 우월한 위치에 있어, 그들의 허영이 깃든 시도 속에 일찍이 시간의 자오선일 법한 때에 앞서 행동하여 이때 즈음 그들의 구상에 대한 위대한 성취를 얻어내었고, 이에 고

은 영어 독자들뿐이다.

인용된 단락에서 그러한 광휘는 영어 독자에게 활짝 열려 있다. 다른 한편, 위대한 인도네시아 작가 프라무디아 아난다 투르(Pramoedya Ananta Toer)의 'Yang Sudah Hilang'의 마지막 행들이 뿜어내는 마찬가지의 기괴한 광휘는,[10]

> Suara itu hanya terdengar beberapa detik saja dalam hidup. Getarannya sebentar berdengung, takkan terulangi lagi. Tapi seperti juga halnya dengan kali Lusi yang abadi menggarisi kota Blora, dan seperti kali itu juga, suara yang tersimpan menggarisi kenangan dan ingatan itu mengalir juga — mengalir kemuaranya, kelaut yang tak bertepi. Dan tak seorangpun tahu kapan laut itu akan kering dan berhenti berdeburan.
>
> Hilang.
>
> Semua itu sudah hilang dari jangkauan panc(h)a-indera.

똑같은 페이지에 인쇄되어 있지만, 틀림없이 닫혀 있으리라.[11]

모든 언어가 습득 가능한 것이라면, 그 습득은 한 사람의 삶에서 실제적 몫을 요구한다. 각각의 새로운 정복은 줄어드는 나날들에 기대어 측정된다. 다른 언어들에 대한 사람들의 접근을 제한하는 것은 언어들의

대의 영웅들은 벌써 그들의 기념비와 역학적 보전을 넘어 살아남았다. 그렇지만 이 후자의 장면에서, 야망이 엘리야의 예언을 두려워할 때, 우리는 그러한 미라들이 우리의 기억에 머물기를 기대할 수 없고, 찰스 5세는 결코 헥토르의 두 므두셀라의 시간 안에 살기를 바랄 수 없다." 찰스 5세는 스페인 왕으로서 신성로마제국의 황제(1519~56)였던 카를 5세를 가리킨다.

10 *Tjerita dari Blora*〔Tales from Blora〕, pp. 15~44, at p. 44.

11 그래도 귀 기울여보라! 나는 현재의 규칙을 따르고 인용을 완벽하게 표음화하기 위해 원래의 철자를 바꾸었다.

침투 불가능성이 아니라 사람들의 죽을 운명이다. 그리하여 모든 언어들은 일정한 프라이버시를 갖게 된다. 프랑스와 미국 제국주의자들은 여러 해에 걸쳐 베트남인들을 통치하고 착취하고 살해했다. 그렇지만 그들이 무엇을 빼앗아 가든 베트남어는 제자리에 있었다. 그에 따라 베트남의 '불가해성'에 대한 분노와 함께 '국', '라통' ▪ 등등 죽어가는 식민주의들의 독기 서린 은어를 낳은 저 애매한 절망만이 너무도 자주 튀어나올 뿐이었다.[12] (더 장기적으로, 억압받는 자들의 언어가 누리는 막대한 프라이버시에 대한 유일한 대응은 후퇴 또는 계속되는 학살뿐이다.)

그러한 칭호들은 내적 형식에서 특징적으로 인종주의적이며, 이 형식에 대한 해독은, 인종주의와 반유대주의가 민족주의에서 도출된 것이며 그리하여 "충분한 역사적 깊이에서 보았을 때, 파시즘이야말로 다른 어떤 에피소드보다도 민족주의에 대해 더 많은 것을 드러낸다"는 네언의 주장이 왜 기본적으로 잘못되었는지 보여주는 역할을 할 것이다.[13] 예를 들어 '눈꼬리가 올라간'(slant-eyed)의 줄임말인 '슬랜트' 같은 말은 단순히 통상적인 정치적 적의를 표현하는 것이 아니다. 이것은 적수를 생물학적 골상으로 환원함으로써 민족됨을 제거한다.[14] 마치 '라통'이 치환을 통해 '알제리인'을 부정하는 것처럼, 이것은 치환을 통해 '베트남인'을 부정한다. 동시에 이것은 '베트남인'을 '한국인'·'중국인'·'필리

▪ '국'(Gook)은 미국인들이 아시아의 적들(한국·중국 등)을 비하하는 데 쓰는 말이다. '라통'(raton)은 프랑스어로 '쥐'라는 뜻이며, 프랑스인들이 알제리의 적들을 비하하는 데 쓰는 말이다.

12 여기에서 논리는 이렇다. 1. 나는 그들을 뚫기 전에 죽어 있을 것이다. 2. 나의 권력은 저들이 나의 언어를 배워야 할 정도로 대단하다. 3. 그러나 이는 나의 프라이버시가 뚫렸다는 뜻이다. 그들에게 '국'이라는 이름을 붙이는 것은 작은 복수이다.

13 *The Break-up of Britain*, pp. 337, 347.

14 '슬랜트'에 대한 명백하고 자의식적인 반대말이 없다는 점에 주목하라. '둥그런 눈?' '쭉 펴진 눈?' '타원형의 눈?'

핀인' 등등과 함께 이름 없는 덩어리에 뒤섞어버린다. '찰리'나 'V.C.'
같은 베트남전쟁 시기의 다른 단어들이나 더 이른 시기의 '보슈'
(Boche), '훈족', '잽스'(Japs), '개구리'●와 대조해 보면 이 어휘의 성격
은 더욱 분명해질 것 같다. 이러한 단어들은 모두 하나의 특정한 민족성
에만 적용되는 것으로, 그리하여 증오 속에서나마 적수가 민족들의 연
맹에의 회원권을 보유했음을 인정한다.[15]

　사실을 말하자면 민족주의는 역사적 운명의 언어로 사고하는 반면 인
종주의는 역사의 바깥에서 혐오스러운 교미의 끝없는 연속을 통해 시간
의 근원으로부터 전달되는 영원한 오염이라는 꿈을 꾼다. 보이지 않는
타르 솔 덕분에, 검둥이들은 언제까지고 검둥이이다. 아브라함의 씨앗
을 받은 유대인들은 어느 여권을 들고 다니든, 어느 언어를 말하고 읽든
간에 언제까지고 유대인이다. (그리하여 나치에게 유대계 독일인이란 언제
나 남의 이름을 사칭하는 협잡꾼이었다.)[16]

　인종주의의 꿈은 사실 그 기원을 민족 이데올로기보다는 **계급** 이데올
로기, 무엇보다 지배자들의 신성성과 '푸른' 피, '하얀' 피에 대한 주장

● 'V.C.'는 베트콩, '보슈'는 독일인을 비하하는 '바보'라는 뜻의 프랑스어, '훈족'
　은 독일인을 비하하는 영국 영어, '잽스'는 일본인을 비하하는 미국 영어, '개구
　리'는 '개구리를 먹는 인간들'을 의미하며 프랑스인을 비하하는 영어이다.

15　실은 더 이른 시기에만 이랬던 것은 아니다. 그런데도 드브레의 다음과 같은 말
　에서는 골동품점의 특유의 냄새가 풍긴다. "나는 독립의 기치를 굳게 움켜쥔 혁
　명 프랑스의 헤게모니 아래서가 아니면 유럽에는 희망이 전혀 없다고 본다. 간
　혹 나는 혁명의 구제를 위해서나, 심지어는 우리의 민족민주적인 유산을 위해
　서조차 '반(反)보슈' 신화 전체와 독일에 대한 우리의 세속적인 적대감이 어느
　날엔가는 필수불가결한 것이 아닌가 생각한다." 'Marxism and the National
　Question,' p. 41.

16　시오니즘의 출현과 이스라엘 탄생의 중요성은 전자가 예로부터의 종교 공동체
　를 민족으로, 저 밑에 있는 여러 민족들 가운데 하나로 다시 상상하는 시점을
　표시하며, 후자는 방랑하는 신자를 향토적 애국자로 바꾸어낸 연금술적 변화를
　그려낸다는 데 있다.

및 귀족 가문 간의 '교배'에 두고 있다.[17]● 근대 인종주의의 추정상의 아
비가 프티부르주아 민족주의자 아무개씨가 아니라 고비노 백작이신 조
제프 아르튀르(Joseph Arthur)였다는 것은 놀라울 일도 아니다.[18] 전반
적으로 인종주의와 반유대주의가 민족의 경계를 가로지르지 않고 그 내
부에서 현현했다는 점도 마찬가지다. 즉 이들은 외국과의 전쟁보다는
오히려 국내적 탄압과 지배를 정당화했다.[19]

19세기에 인종주의가 발달한 유럽 바깥의 곳곳에서, 그것은 두 가지
수렴되는 원인으로 하여 언제나 유럽 지배와 관련되어 있었다. 첫 번째
이자 가장 중요한 원인은 관제 민족주의와 식민지 '러시아화'의 흥기였
다. 반복적으로 강조되었듯이, 관제 민족주의는 전형적으로 인민적 일
상어 민족주의에 대한, 위협받는 왕조와 귀족 집단, 즉 상류 **계급들** 쪽의

---

17 "토지 귀족 쪽으로부터 지배계급의 본원적 우월성이라는 관념과 지위에 대한
   민감성이 나왔는데, 이는 20세기까지 죽 이어지는 현저한 특색이다. 이후 이러
   한 관념들은 새로운 근거들을 흡수하여 천박해지면서(vulgarized, sic) 독일 인
   구 전체에게 인종적 우월성의 교리로서 호소할 수 있었다." Barrington Moore,
   Jr., *Social Origins of Dictatorship and Democracy*, p. 436.
● '푸른 피'는 귀족이나 왕족 가문을 뜻하며, 왕족의 조상은 피가 하얀색이었다며
   하얀 피가 평민의 붉은 피에 섞인 정도에 따라 골품제를 시행한 인도네시아 술
   라웨시섬 부기스인 왕국에 대한 이야기도 있다.
18 고비노의 연대는 완벽하다. 그는 1816년, 부르봉가가 프랑스 왕위에 복위된 지
   2년이 지났을 때 태어났다. 그의 외교관 경력은 1848년에서 1877년까지, 루이
   나폴레옹의 제2제정과, 전직 제국주의 알제리 총독이었던 마크마옹 백작 마리
   에듬 파트리스 모리스의 반동적 왕정주의 정권 아래서 꽃피었다. 그의 『인종 불
   평등에 관한 에세이』(*Essai sur l'Inégalité des Races Humaines*)는 1854년에 나왔다.
   1848년의 인민적 일상어 민족주의 반란들에 대응한 것이라고 해야 할까?
19 남아프리카 인종주의가 포르스테르와 보타의 시대에[● 1960년대 중반부터
   1980년대까지] 몇몇 아프리카 독립국의 저명한 흑인 정치가들과의 (얼마나 신
   중하게 다루어졌든) 우호적인 관계를 방해하지는 않았다. 소련에서 유대인들이
   차별에 시달렸다고 한들, 그것이 브레즈네프와 키신저의 존중이 깃든 업무 관
   계를 해치지는 않았다.

대응이었다. 식민지 인종주의는 왕조적 정당성과 민족적 공동체를 용접하고자 시도했던 '제국'(Empire)이라는 관념의 주요 성분이었다. 그러한 시도는 선천적으로 유전되는 우월성의 원리를 일반화함으로써 이루어졌으며, 그 국내적 지위는 해외 영토의 광대함에 (얼마나 불안정하든) 기반을 두고 있었다. 말하자면 영국 귀족들이 아무리 다른 영국인들에 비해 본래 우월하다고 할지라도, 이 다른 영국인들도 예속된 원주민들에 비해 그에 못지않게 우월하다는 생각을 은밀히(또는 그다지 은밀하지 않게) 전달하는 것이었다. 실로 후기 식민 제국들은 권력과 특권이라는 고풍스러운 관념들을 지구적이고 근대적인 무대에서 굳히는 모습을 보였으니, 그들의 존재는 국내 귀족들의 보루를 떠받치는 역할까지 했다고 논하려는 충동이 일게 된다.

식민 제국의 그 급팽창하는 관료 기구와 '러시아화' 정책들로 말미암아 상당수의 부르주아와 프티부르주아들이 센터코트에서 벗어난 곳, 즉 고향 말고는 제국 어디에서든 귀족 연기를 하게끔 허용됐다는 우리의 두 번째 원인 덕분에 그러한 역할은 어떤 효과를 동반할 수 있었다. 식민지마다 목격되는 것은 드넓은 저택과 미모사와 부겐빌레아가 가득 피어난 정원, 급사들과 남자 하인들, 정원사들, 요리사들, 유모들, 하녀들, 세탁부들, 그리고 무엇보다 말들이라는 조연급의 대부대를 배경에 거느리고 시를 읊는 부르주아 귀족(bourgeois gentilhomme)■이라는, 으스스하게 우스운 활인화(tableau vivant)였다.[20] 젊은 총각이라든가 하는, 이런 식으로 살림을 꾸리지 않았던 이들조차 농민 반란 전야의 프랑스 귀족에 맞먹는 화려하게 의심스러운 지위를 누렸다.[21]

■ 몰리에르 희곡의 제목.
20 네덜란드령 인도에서 움직이던 이러한 활인화들의 근사한 사진 도록(그리고 그와 더불어 우아하게 아이러니한 글)을 보려면 'E. Breton de Nijs,' *Tempo Doeloe*를 참조.

남부 버마의 모울메인[이 비중 없는 도시에 대해서는 본국의 독자들에게 설명이 필요할 텐데]에서, 나는 대다수의 사람들에게 미움을 받고 있었다. 내가 이런 일을 겪을 정도로 중요한 인물이었던 적은 내 생애를 통틀어 이때뿐이었다. 나는 이 도시의 구역 담당 경찰관이었다.

이 '열대 고딕풍' ■은 고도의 자본주의가 본국에 부여한 압도적인 권력, 너무나 강대하여 말하자면 무대 뒤에 죽 대기시킬 수 있을 만한 권력으로써 가능해졌다. 봉건 귀족의 드랙 복장을 뒤집어쓴 자본주의의 모습을 가장 선명히 예증하는 것은 잘 알려져 있다시피 본국 군대와는 별개로서, 종종 공식적 제도 차원에서조차 별개의 조직이었던 식민지 군대이다.²² 유럽에 있는 '제1군'은 본국의 시민 대중에 대한 징병을 기초로 충원되고, 이데올로기적으로는 고향(heimat)의 수호자로 이해되며, 실용적인 카키색 옷을 입고 있고 가격이 적당한 최신식 무기로 무장한 군대로서, 평화시에는 병영에 고립되어 있었고 전시에는 참호나 중야포 뒤에 배치되었다. 유럽 바깥의 '제2군'은 (장교급 이하의) 현지의 종교적·종족적 소수파로부터 용병 체제로 충원되고, 이데올로기적으로는 내부 경찰력으로 이해되며, 침실이나 무도회장에서 전투를 치를 듯한 복장을 하고 장검이나 시대에 뒤처진 무기로 무장한 군대로서, 평화시에는 전시용으로 쓰였고 전시에는 말을 탔다. 유럽의 군사 교관인

---

21 George Orwell, 'Shooting an Elephant', *The Orwell Reader*, p. 3. 대괄호 안에 있는 말은 물론 내가 끼워넣은 것이다.
■ '고딕' 소설이란 귀신이나 악마, 금지된 사랑 따위로 가득 찬 값싸고 선정적인 소설 장르이며, 이야기의 배경은 종종 미국 남부 같은 따뜻한 지방이다.
22 KNIL(Koninklijk Nederlandsch-Indisch Leger, 왕립네덜란드령인도군)은 홀란드의 KL(Koninklijk Leger, 왕립군)과는 완전히 분리되어 있었다. 레종 에트랑제르[● 프랑스 외인부대]는 거의 처음부터 대륙의 프랑스 땅에서는 작전을 할 수 없도록 법적으로 금지되어 있었다.

프로이센의 참모총장이 전문화된 부대들의 익명적 결속이나 탄도학, 철도, 공학, 전략 계획 같은 것들을 강조했다면, 식민지 군대는 영광, 어깨장식, 개인적 영웅주의, 폴로, 장교들 사이의 고풍스러운 예법을 강조했다. (그럴 여유가 있었던 것은 제1군과 그 해군이 배후에 있었기 때문이었다.) 이런 정신 구조는 오래 살아남았다. 1894년 통킹에서 리오테[■]는 다음과 같이 썼다.[23]

10년 전에 이곳에 왔어야 할 것을, 안타깝다! 쌓고 이루어나갈 수 있는 경력이 얼마나 많은지. 이곳에서 전초부대나 정찰부대를 이끄는 하급 장교들 치고 본국의 장교에게는 평생 걸릴 만큼의 진취적 기상과 결단력, 참을성, 인격을 6개월 만에 다 발달시키지 않는 자가 없다.

1951년 통킹에서 장 드 라트르 드 타시니(Jean de Lattre de Tassigny)^{■■}는 "배짱과 '스타일'을 겸비한 장교들을 좋아했는데, 그 화려한 기병[드 카스트리 대령]을 보자마자 좋아하게 되었다. 밝은 적색의 스파히(Spahi) 모자와 스카프, 근사한 말채찍, 태평한 태도와 공작다운 풍채의 조화 덕분에 그는 1930년대 파리지앵들에게와 마찬가지로 1950년대 인도차이나의 여성들에게도 저항할 수 없이 매혹적인 존재가 되었다."[24]

■ 리오테 원수(1854~1934)는 프랑스에서 가장 유명한 고위급 장교 중 한 사람으로서, '베트남'과 마다가스카르 · 알제리 · 모로코 등에서 복무했으며, 모로코 제1대 총독을 지냈다(1912~25).

23 Lyautey, *Lettres du Tonkin et de Madagascar (1894~1899)*, p. 84. 1894년 12월 22일자 하노이로부터의 편지. 강조는 덧붙임.

■■ 1899~1952. 베트남-프랑스 전쟁의 일부 기간 동안 프랑스군 사령관을 지냈다.

24 Bernard B. Fall, *Hell is a Very Small Place : The Siege of Dien Bien Phu*, p. 56. 클라우제비츠의 유령이 몸서리치는 장면을 상상할 수 있으리라. [세포이처럼 오스만어 시파히(Sipahi)에서 유래된 스파히(Spahi)는 알제리 '제2군'의 비정규

식민지 인종주의의 귀족적 혹은 가짜 귀족적 유래를 보여주는 데 도움이 될 또 다른 예로는, 그들끼리의 내부적인 경쟁이나 분쟁이 어떻든 간에 서로 다른 본국에서 온 식민지 지배자들을 이어주던 전형적인 '백인들 간의 결속'이 있다. 흥미로운 초국가적 성격을 띤 이러한 결속은 서로의 사냥용 오두막과 스파, 무도회장을 통해 매개되던 19세기 유럽 귀족들 간의 계급적 결속을, 그리고 제네바 협정(Geneva Convention)이 유격병이나 민간인과는 달리 적군의 장교를 생포했을 때에는 특권적인 대우를 하도록 보장함으로써 20세기적으로 유쾌하게 표현한 '장교들과 신사들'의 저 형제애를 바로 떠올리게 한다.

여태까지 전개된 논의를 식민지 주민들 쪽으로부터 펼칠 수도 있겠다. 몇몇 식민지 이데올로그의 언명을 제쳐놓고는, '역(逆)인종주의'라고 알려져 있는 의심스러운 실체가 반식민지 운동에서 거의 드러나지

용병 기병이라는 뜻이었다.〕 리오테나 드 라트르의 프랑스가 공화주의 프랑스였던 것은 사실이다. 그러나 종종 수다스러웠던 프랑스 육군, 별칭 그랑드 뮈에트(Grande Muette)〔● '덩치 큰 벙어리'라는 뜻으로 정치 불개입을 시사〕는 제3공화국이 시작될 때부터, 공적 삶의 다른 중요한 기관에서는 전부 권력에서 배제되어 가고 있었던 귀족들을 위한 피난처였다. 1898년 즈음에는 준장과 소장급의 4분의 1이 전부 귀족이었다. 게다가 귀족이 우세했던 프랑스 장교단은 19세기와 20세기 프랑스 제국주의에서 중대한 역할을 했다. "본국의 군대에 적용되었던 엄격한 통제는 결코 해외 프랑스(la France d'outremer)에 온전히 확장되지 않았다. 19세기 프랑스 제국의 팽창은 부분적으로 고삐 풀린 식민지 군사 지휘관들의 주도로부터 나온 결과이기도 했다. 프랑스령 서아프리카는 대체적으로 페데르브 장군의 창조물이었고 프랑스령 콩고도 마찬가지였는데, 그 팽창은 대부분 후배지로의 독립적인 군사적 침략 덕분이었다. 장교들은 1842년 타히티의 프랑스 보호령화, 그리고 그보다는 정도가 덜하지만 1880년대 프랑스의 인도차이나 통킹 정복으로 이어진 기정사실화에도 책임이 있었다. …… 1897년 갈리에니가 즉석에서 마다가스카르의 왕정을 폐지하고 여왕을 추방한 것은 전부 프랑스 정부와 상의도 없이 벌인 일이었고, 나중에 기정사실로 받아들여졌다……." John S. Ambler, *The French Army in Politics*, 1945~1962, pp. 10~11, 22.

않았다는 점에 주목할 만하기 때문이다. 이 문제에서는 말에 속기가 쉽다. 이를테면 자바어 단어 론도(londo, 홀란더나 네덜란더에서 파생)에 '네덜란드인'뿐만 아니라 '백인'이라는 뜻도 있었다는 식이다. 그러나 파생 자체는 네덜란드인 이외에는 '백인'을 마주칠 일이 거의 없다시피 했던 자바 농민들에게 두 가지 의미가 실질적으로 겹쳤다는 점을 보여준다. 이와 유사하게 프랑스의 식민지 영토에서는 '블랑'(les blancs)이 지배자들, 프랑스인됨과 백인됨을 떼어놓을 수 없었던 자들을 의미했다. 내가 아는 한, 두 경우 다 '론도'나 '블랑'이라고 해서 사회적 신분이 하락하거나 경멸적인 이차적 구별이 발생하지는 않았다.[25]

반면 반식민지 민족주의의 정신은 마카리오 사카이(Makario Sakay)의 단명한 카타갈루간 공화국(1902)의 심금을 울리는 헌법에서 드러난다. 그중에서도 특히 다음의 말에서.[26]

이 타갈로그 제도에서 태어난 타갈로그인 누구도 인종이나 피부색을 이유로 하여 어떤 사람을 다른 사람들 위로 치켜세울 수 없다. 피부색이 밝은 자, 어두운 자, 부유한 자, 가난한 자, 교육받은 자, 무지한 자— 모두는 완

---

25 나는 인도네시아어와 자바어에서 '네덜란드인'이나 '백인'을 가리키는 욕설로 사용되는 은어를 들어본 적이 없다. 니거, 웝(wops)〔●이탈리아계〕, 카이크(kikes)〔●유대인〕, 국, 슬랜트, 퍼지워지(fuzzywuzzies)〔●곱슬머리 흑인〕 등 100가지가 넘는 단어가 갖춰진 앵글로색슨어의 보물창고와 비교하시라. 인종주의적 은어에 관한 이러한 결백함이 주로 식민지화된 사람들에 대해서만 참일 가능성도 있다. 아메리카의 흑인들, 그리고 다른 곳의 흑인들에게서도 확실히 다채로운 보복적 어휘(honkies, ofays 등등)가 발달했다.

26 걸작인 Reynaldo Ileto, *Pasyón and Revolution: Popular Movements in the Philippines, 1840~1910*, p. 218에 인용된 대로. 사카이의 반란 공화국(Republic of Katagalugan)은 1907년 그가 미국인들에게 붙잡혀 처형당할 때까지 존속했다. 첫 문장을 이해하려면 3세기에 걸친 스페인 지배와 중국인의 이주가 필리핀 제도에 상당수의 메스티소 인구를 만들어냈음을 기억해야 한다.

전히 평등하며 하나의 내부[loób, '내부지향적 정신'(inward spirit)이라는 뜻]를 이루어야 한다. 교육과 재산, 외모의 차이는 있을지언정, 본성(pagkatao)과 대의에 복무할 수 있는 능력에는 차이가 없다.

지구 반대편에서 이에 상응하는 사례를 찾는 일은 어렵지 않다. 스페인어 화자인 메스티소 멕시코인들은 그들의 선조를 카스티야인 정복자들이 아니라 반쯤 절멸된 아스텍인 · 마야인 · 톨텍인 · 사포텍인들에게서 찾았다. 우루과이의 혁명적 애국자들은 그들 자신이 크리올이었지만 크리올의 억압에 대항한 마지막 위대한 토착민 반란자로서 1781년 형언할 수 없는 고문 아래 죽어간 투팍 아마루의 이름을 택했다.

이 모든 애착이 '상상된', 즉 얼굴 없는 익명의 동포로서의 타갈로그인, 절멸된 부족들, 모국 러시아, 타나 아이르라는 대상을 향한다는 것은 역설로 보일지도 모르겠다. 그러나 이 점에서, 늘 다정한 상상이라는 요소가 있다는 점에서 애국심(amor patriae)은 다른 애착의 감정들과 다르지 않다. (모르는 사람의 결혼 사진첩을 감상하는 것이 고고학자가 그린 바빌론 공중정원의 평면도를 공부하는 것이나 마찬가지인 이유이다.) 사랑하는 자의 눈, 그가 갖고 태어난 그 특정하고 평범한 눈은 애국자에게는 언어, 어떤 언어든 역사가 그의 모어로 만든 언어에 해당한다. 어머니의 무릎에서 마주친 후 무덤에 가서야 헤어질 그 언어를 통해 과거가 복원되고, 동포애가 상상되며, 미래가 꿈꾸어지는 것이다.

제 9 장

역사의 천사

우리가 베트남사회주의공화국, 민주캄푸치아, 중화인민공화국 사이의 최근 전쟁들로부터 이 간략한 연구를 시작한 만큼, 마지막에는 그 출발 지점으로 돌아가는 것이 적절하겠다. 그동안 이야기한 것 중, 무엇이라도 그 전쟁들의 발발에 대한 우리의 이해를 깊게 하는 데 도움이 되는가?

『브리튼의 해체』에서 톰 네언은 영국의 정치 체계와 근대 세계의 그 밖의 정치 체계 사이의 관계에 대해 몇몇 귀중한 말들을 남긴다.[1]

〔영국 체계〕 단 하나만이 "서서히 이루어지는 관례적인 성장의 표본으로서, 이론을 따른 결과로 일어난 의도적 **발명**의 산물인 다른 사례들과는 다르다." 더 늦게 도착한 이들 다른 나라들은 "수 세기에 걸쳐 헌정주의를 진화시킨 그 국가의 경험이 맺은 과실을 단숨에 요약하려고 시도했다." …… 첫 번째였기 때문에 잉글랜드의 — 나중에는 브리튼의 — 경험은 독특한 것으로 남았다. 이미 영국 혁명이 성공을 거두고 확장된 세계에 두 번째로 들어

1 pp. 17~18, 강조는 덧붙임. 글 안의 인용은 Charles Frederick Strong, *Modern Political Constitutions*, p. 28에서 가져온 것이다.

섰기 때문에, 후발 부르주아 사회들은 이러한 이른 발전을 반복할 수 없었다. 그들의 **연구와 모방**은 굉장히 다른 어떤 것을 발생시켰다. 추상적인 또는 '비인격적인' 국가라는 진정으로 근대적인 교의는 그 추상적인 성질 때문에 이후 역사에서 모방될 수 있었다.

물론 이는 발전 과정의 예사 논리라고 볼 수 있다. 이것은 나중에 '불균등 결합 발전'이라는 그럴싸한 이름을 갖게 된 것의 초기 견본이었다. 진짜 반복과 모방은 정치적으로든, 경제적으로든, 사회적으로든, 테크놀로지에서든 전혀 불가능하다고 해도 무방하다. 우주는 이미 복제되고 있는 최초의 원인에 의해 너무 많이 바뀌었기 때문이다.

근대 국가에 대한 네언의 말은, 전쟁에 휩싸인 우리의 세 사회주의 나라들에서 목하 현실화되고 있는 쌍둥이 개념, 즉 혁명과 민족주의에 대해서도 마찬가지로 참이다. 이 쌍이 자본주의나 마르크스주의같이 특허권을 보전하기가 불가능한 **발명품**이라는 것을 잊기는 너무나 쉬울지도 모르겠다. 이들은 말하자면 해적판 제작을 위해 거기에 있다. 이러한 해적판 만들기를 통해, 그리고 **오로지** 그것을 통해서만 다음의 잘 알려진 이상현상이 출현한다. 쿠바와 알바니아, 중국 등의 사회는 혁명적 사회주의 사회인 한 저희가 프랑스·스위스·미국 사회보다 '앞서' 있다고 인식하지만, 이 사회들은 낮은 생산성과 비참한 생활수준, 뒤떨어진 테크놀로지라는 성격을 가진 한 틀림없이 그만큼 '뒤처진' 것으로 이해되기도 한다. (그리하여 2000년에는 자본주의 영국을 따라잡겠다는 저우언라이(周恩來)의 슬픈 꿈이 등장한다.)

앞서 살펴보았듯이 "프랑스 혁명은 근대적 의미에서의 운동이나 형태를 갖춘 당, 체계적인 강령을 실행하려는 사람들이 만들거나 이끈 것이 아니었다"는 홉스봄의 관찰은 옳았다. 그렇지만 인쇄자본주의 덕분에 프랑스의 경험은 인간의 기억에서 지울 수 없어졌을 뿐만 아니라, 배울 수 있는 것이 되었다. 거의 한 세기에 걸친 모듈식 이론화와 실제 실험으로부터 최초의 성공적인 '계획적' 혁명을 일으키고 (힌덴부르크가 일찍이 타넨베르크와 마주르스키에 호수에서 승리를 거두지 않았더라면 그 성공은 불가능했을지도 모른다고 하더라도),[■] 체계적인 강령을 실행하고자 했던 (실제로는 즉흥적인 방식이 주요 모드였다고 하더라도) 볼셰비키가 출현했다. 그러한 계획과 강령이 **없이는** 산업자본주의의 시대에 거의 들어서지도 못한 영지에서의 혁명이란 불가능했다는 점 역시 분명해 보인다. 러시아 제국보다 훨씬 더 뒤떨어진 사회들에서 혁명을 상상할 수 있게 했기에, 볼셰비키 혁명 모델은 모든 20세기 혁명에서 결정적인 것이었다. (그것은 말하자면 역사를 지름길로 가로질러 가는 가능성을 열었다.) 마오쩌둥(毛澤東)의 능숙한 초기 실험들은 유럽 바깥에서 그 모델이 유용하다는 것을 확증했다. 그리하여 1962년에 250만 명에 이르는 성인 노동력 중 2.5퍼센트 이하가 '노동자 계급'이고 '자본가'는 0.5퍼센트도 안 되었던 캄보디아의 사례에서 모듈화 과정의 절정 같은 것을 볼 수 있다.[2]

거의 동일한 방식으로 18세기 말부터 민족주의는 서로 다른 시대와 정치 체제, 경제 · 사회 구조에 따른 변조(modulation)와 각색의 과정을 거쳐왔다. 그 결과 '상상된 공동체'는 가능함 직한 모든 현대 사회에 보급되었다. '혁명'의 모듈화된 전이의 극단적인 예로서 근대 캄보디아를

[■] 제1차 세계대전 시기에 거둔 두 건의 대승리로 독일군의 사기는 진작되었고, 한편 차르 니콜라스 2세의 군대는 기대감과 결속력, 사기가 모두 무너졌다. 러시아 군대는 내부 군란에 시달렸고, 이윽고 1917년 레닌의 쿠데타로 새로운 길을 열었다.

2 Cambodge, Ministère du Plan et Institut National de la Statistique et des Recherches Economiques, *Résultats finals du Recensement Général de la Population 1962*의 「표 9」에 의거한 에드윈 웰스(Edwin Wells)의 계산에 따른 것. 웰스는 노동인구의 나머지를 다음과 같이 나눈다. 정부 관료와 신흥 프티부르주아지 8퍼센트, 전통적 프티부르주아지(상인 등) 7.5퍼센트, 농업 프롤레타리아 1.8퍼센트, 농민(peasants) 78.3퍼센트. 실제로 제조업 업체를 소유한 자본가는 1,300명도 되지 않았다.

이용하는 것이 용인된다면, 그 민족의 이름에 대한 간략한 여담을 통해 민족주의 쪽을 설명하는 데에 베트남을 이용하는 것이 공평할 수도 있겠다.

1802년 왕위에 오른 지아 롱(Gia Long)은 그의 영지를 '남비엣'(Nam Việt)이라 부르고 싶었고, 베이징의 동의를 얻기 위해 사신을 보냈다. 그러나 만주인 천자는 이름이 '비엣남'(Việt Nam)이어야 한다고 주장했다. 이러한 도치의 이유는 다음과 같았다. '비엣남'(또는 월남(越南))이란 대강 '월나라 남쪽'이라는 뜻인데, 월나라는 1,700년 전 한나라가 정복한 영지로 오늘날 중국의 광둥(廣東)과 광시(廣西) 지방 및 홍하 유역을 포괄했다고 전해진다. 그러나 지아 롱의 '남비엣'은 '남월', 즉 '남쪽의 월나라'라는 뜻으로, 사실상 옛 영지에 대한 영토권 주장이었다. 알렉산더 우드사이드(Alexander Woodside)의 말을 빌자면, "'베트남'(Vietnam)이라는 이름은 전반적으로 베이징에서 유래한 것이라 하여, 한 세기 전의 베트남 지배자들에게는 지금처럼 높은 평가를 받지 못했다. 당시로서는 작위적인 명칭이었던 베트남은 중국인들도, 베트남인들도 널리 사용하지 않았다. 중국인들은 모욕적인 당나라 말 '안남'에 매달렸다. …… 한편 베트남 궁정은 1838~39년 왕국을 위한 다른 이름을 비공식적으로 창안했고, 이를 굳이 중국에 알리지 않았다. 그 새로운 이름인 다이남(大南)은 궁정 문서와 공식적으로 편찬된 역사 기록에 정례적으로 등장한다. 그렇지만 이는 오늘날까지 살아남지는 못했다."[3] 이 새 이름은 두 가지 측면에서 흥미롭다. 첫째, 여기에는 월나라 이름의('Viet'-namese) 요소가 들어가 있지 않다. 둘째, 그 영토적 지시는 (중화의) '남쪽'이라는, 순수하게 관계적인 것이다.[4]

---

3 *Vietnam and the Chinese Model*, pp. 120~21.
4 이것은 전혀 놀랍지만은 않은 일이다. "베트남 관리는 중국인처럼 생겼고, 베트남 농민은 동남아시아인처럼 생겼다. 관리는 한문을 쓰고, 중국식 두루마기를 입

오늘날의 베트남인들이 19세기의 만주인 세습 군주가 경멸을 담아 만들어낸 이름 비엣남을 자랑스럽게 지키고 있다는 것은 민족들이 '많은 것을 잊었어야'(oublié bien des choses) 했다는 르낭의 격언을 떠올리게 하지만, 역설적으로 민족주의가 지닌 상상력의 힘을 상기시키기도 한다.

1930년대의 베트남이나 1960년대의 캄보디아를 돌아본다면, 다른 것은 다르다는 전제 아래(mutatis mutandis) 많은 유사성을 발견하게 된다. 착취당하는 거대한 문맹 농민층과 아주 작은 노동자 계급, 파편적인 부르주아지, 빈약하고 분열된 인텔리.[5] 상황을 객관적으로 볼 만큼 정신이 멀쩡한 당대의 분석가라면 누구도 베트남이나 캄보디아에서 곧 뒤따를 혁명 또는 그 난파한 승리를 예측하지 않았으리라. (사실 거의 마찬가지의 이유로 거의 마찬가지의 이야기를 1910년의 중국에 대해서도 할 수 있다.) 중국에 그러한 결과가 가능해진 것은 '혁명 계획하기'와 '민족 상상하기' 때문이었다.[6]

고, 중국식 집에 살고, 중국식 가마를 타야 했으며, 심지어 그의 동남아시아 정원에 금붕어 연못을 두는 등 중국 특유의 과시적 소비 방식마저 따라야 했다." Ibid., p. 199.

5 1937년의 센서스에 의하면 베트남 인구의 93~95퍼센트가 아직 시골 지역에 살고 있었다. 어느 문자건 써먹을 만큼 읽을 수 있었던 인구는 전체의 10퍼센트를 넘지 않았다. 1920년에서 1938년 사이에 상급 초등교육(7~10학년)을 마친 사람들은 2만 명을 넘지 않았다. 그리고 베트남 마르크스주의자들이 '토착 부르주아지'라고 부른 이들, 즉 마르(Marr)의 묘사에 의하면 주로 부재 지주였고 몇몇 기업가들과 고위 관료 약간 명이 포함된 이들은 총 1만 500 가족, 또는 인구의 0.5퍼센트 정도였다. *Vietnamese Tradition*, 25~26, 34, 37. 앞의 주2에 나온 데이터와 비교해 보라.

6 그리고 볼셰비키의 경우와 마찬가지로 운 좋게 일어난 격변 덕분이기도 했다. 중국에서는 1937년 일본의 대규모 침공이, 베트남에서는 마지노선이 박살나고 일본이 베트남을 잠시 점령하는 사건이, 캄보디아에서는 베트남에 대한 미국 전쟁이 1970년 3월 이후 캄보디아 동부 영토로 어마어마하게 흘러넘치는 사태가 발

폴 포트(Pol Pot) 정권의 정책들을 놓고 전통적인 크메르 문화나 그 지도자들의 잔인성과 편집증, 과대망상증을 탓할 수 있는 여지는 매우 제한적이다. 크메르인들에게도 과대망상증에 빠진 폭군들이 있었으나, 이 중 일부는 앙코르라는 결과를 낳았다. 훨씬 더 중요한 것은 혁명이 무엇을 했고, 할 수 있고, 해야 하고, 하지 말아야 하는지에 관해 프랑스·소련·중국·베트남, 그리고 프랑스어로 이 사례들에 대해 저술한 저 모든 책들로부터 얻은 모델들이었다.[7]

민족주의에서도 이는 거의 마찬가지로 진실이다. 현대 민족주의는 두 세기에 걸친 역사적 변동의 상속자이다. 내가 대략 스케치해 보려고 했던 저 모든 이유로 인해, 유산은 진정 야누스의 얼굴을 하고 있었다. 산 마르틴과 가리발디뿐만 아니라 우바로프와 매콜리의 유산도 딸려 왔기 때문이다. 우리가 살펴보았듯이, '관제 민족주의'는 애초부터 제국-왕조의 이익을 보전하는 데에 밀접하게 관련된 의식적이고 자기보호적인 정책이었다. 그러나 한번 '모두가 볼 수 있도록 나와 있게' 되자, 이것은 19세기 초반에 일어난 프로이센의 군사 개혁과 마찬가지로 다종다양한 정치적·사회적 체계들에 의해 복사가 가능하게 되었다. 예나 지금이나 이러한 방식의 민족주의가 가진 하나의 끈질긴 특징은 그것이 **관제**라는 것, 즉 국가로부터 뻗어나와 국가의 이익에 최우선으로 복무한다는 것이다.

생했다. 각각의 경우 국민당이건, 프랑스 식민지배자건, 봉건적 왕정주의자건 현존하던 구체제는 외부로부터의 세력에 의해 치명적으로 침식되었다.

7 이렇게 얘기할 수 있을지도 모른다. 프랑스에서는 국민개병제(levée en masse)와 공포정치는 '예', 테르미도르의 반동과 보나파르티즘은 '아니오'. 소련에서는 전시공산주의와 집산화, 모스크바 재판은 '예', 신경제정책과 스탈린 격하 운동은 '아니오'. 중국에서는 농민 게릴라 공산주의와 대약진운동, 문화혁명은 '예', 루산 회의는 '아니오'. 베트남에서는, 8월 혁명과 1945년 인도차이나 공산당의 공식 해소는 '예', 제네바협정(Geneva Accords)이 전형적으로 보여주는 것처럼 '고참' 공산당들에게의 손해 보는 양보는 '아니오'.

그리하여 관제 민족주의 모델은 무엇보다도 혁명가들이 국가에 대한 통제를 성공적으로 확보한 순간에, 처음으로 그들의 비전을 추구하기 위해 국가 권력을 이용할 위치에 놓인 순간에 적실성을 띤다. 가장 결연한 급진적 혁명가들조차 언제나 어느 정도로는 몰락한 체제로부터 국가를 물려받는 한, 적실성은 더욱 크나클 뿐이다. 이러한 유산 중 일부는 상징적인 것인데, 그렇다고 해서 결코 중요성이 떨어지지는 않는다. 레온 트로츠키(Leon Trotsky)가 느낀 거북함에도 불구하고 소련 수도는 옛 차르 지배의 도읍인 모스크바로 도로 이전되었고, 65년이 넘는 세월이 흐르는 동안 소련공산당 지도자들은 이 사회주의 국가의 광대한 영토에 널린 하고많은 터를 다 놔두고 하필 예로부터 차르 지배의 성채였던 크렘린에서 정책을 만들어왔다. 이와 비슷하게 중화인민공화국의 수도는 (장제스(蔣介石)는 난징(南京)으로 천도했던 반면) 만주 왕조의 수도였으며, 중국공산당 지도자들은 천자의 자금성에서 회동하곤 한다. 사실 그렇게 낡고 포근한 자리에 기어올라 가지 않은 사회주의 지도부란, 있다 해도, 가뭄에 콩 나듯이 드물다. 명백함이 덜하기는 하지만, 성공한 혁명가들은 오래된 국가의 전기 배선도 상속받는다. 가끔은 관리들과 밀고자들도 물려받지만, 서류철과 사건 기록, 공문서 보관소, 법, 재정보고서, 센서스, 지도, 조약, 교신, 각서 등은 언제나 물려받는 품목이다. 집주인이 도망간 대저택의 복잡한 전기 체계처럼, 국가는 예전의 화려한 자신으로 거듭나기 위해 새 주인의 손이 개폐기에 닿기만을 기다린다.

그러므로 혁명 **지도부**가 의식적으로든 아니든 장원의 영주 노릇을 하게 된다고 해서 놀랄 것은 없다. 우리가 여기에서 단순히 이반 뇌제(Ivan Groznii)와 자신을 동일시한 주가슈빌리[Djugashvili, 스탈린]나 폭군 진시황에게 찬사를 보낸 마오, 화려함이 넘치는 루리타니아**의 의식과 의

<hr />

■ 20세기 초 영국의 인기 소설가가 창조한 상상의 동유럽 왕국. '루리타니아'라는 이름은 멍청하고 사치스러우며 후진적인 봉건제의 상징이 되었다.

례를 되살린 요시프 브로즈[Josip Broz, 티토]에 대해 생각하는 것만은 아니다.[8] '관제 민족주의'가 혁명 이후 지도부의 리더십 스타일에 들어온 방식은 훨씬 더 미묘했다. 내 말은 그러한 지도부들이 예전의 세습 군주들 및 왕조 국가의 추정상의 민족성(nationalnost)을 쉽게 채택하게 되었다는 뜻이다. 놀랄 만큼 소급적인 움직임으로 '중국'과 '유고슬라비아', '베트남', '캄보디아'에 대해 아무것도 몰랐던 군주들은 국민(national)이 되었다(늘 국민 "자격이 있는" 것은 아니라고 할지라도). 이러한 수용으로부터 변함없이 출현하는 것은 혁명적 민족주의 운동과 대조해 볼 때 혁명 이후 정권들의 대단히 놀라운 특징인 '국가' 마키아벨리주의이다. 고대의 왕조 국가가 더욱 귀화될수록(naturalized) 혁명가들의 어깨를 휘감는 골동품 장식은 더욱 늘어난다. (론놀(Lon Nol)의 괴뢰 공화국 및 시아누크의 왕정 캄보주 국기와 마찬가지로) 마르크스주의 민주캄푸치아의 국기에 문장처럼 그려진 수르야바르만 2세(Sūryavarman II)의 앙코르 와트 그림은 경애가 아니라 권력의 이름표이다.[9]

나는 **지도부**라고 강조하는데, 옛 배전반과 궁전을 물려받는 것은 지도부이지 인민이 아니기 때문이다. 광범위한 중국 인민 대중이 캄보디아와 베트남 사이의 식민지 국경 지대에서 일어나는 일에 조금이라도 관심을 쏟았으리라고 상상하는 이는 아무도 없을 것이라고 나는 추정한다. 크메르 농민과 베트남 농민들이 그들 인민들 간의 전쟁을 원했거나

---

8 결코 전적으로 논쟁적이기만 한 것은 아닌, 범상치 않은 설명은 Milovan Djilas, *Tito: the Story from Inside*, chapter 4, 특히 pp. 133 ff.
9 명백하게도 위에 그려진 경향은 결코 혁명적 마르크스주의 정권만의 특징이 아니다. 여기에서 그러한 정권에 초점을 맞추는 이유는 프롤레타리아 국제주의와 봉건 국가 및 자본주의 국가 일소에 대한 마르크스주의 역사적 약속 때문이며, 최근의 인도차이나 전쟁 때문이기도 하다. 인도네시아의 우익 수하르토 정권의 고풍스러움에 관한 도상학은 나의 *Language and Power: Exploring Political Cultures in Indonesia*, chapter 5을 참조하라.

그 일에 자문을 제공했을 리도 없다. 대단히 진정한 의미에서 이 전쟁들은, 거의 사후(事後)에 그리고 언제나 자위의 언어로 인민 민족주의를 동원하는, '각하들의 전쟁'이었다. (그리하여 이 언어가 가장 그럴듯하지 못했던 중국에서는, 네온사인이 빛나는 '소비에트 패권주의'의 간판 아래에서조차 열광이 특히 저조했다.)[10]

이 모든 면에서 중국과 베트남, 캄보디아는 전혀 독특하지 않다.[11] 이들이 사회주의 간의 전쟁으로 세운 선례를 다른 이들이 따르지는 않으리라는, 아니면 사회주의 민족의 상상된 공동체가 곧 염가에 처분되리라는 소망의 근거가 크지 않은 이유가 이것이다. 그렇지만 우리가 "마르크스주의자라고 한다면 민족주의자가 아니다"라든가, "민족주의는 근대 발전의 역사의 병리 현상이다"라는 식의 픽션을 내던지고 대신 진정한, 그리고 상상된 과거의 경험을 배우기 위해 천천히 최선을 다하지 않는 한, 그러한 전쟁을 제한하거나 막기 위해 유용하게 할 수 있는 일은 없으리라.

'역사의 천사'에 대해 발터 벤야민은 이렇게 썼다.[12]

천사는 얼굴을 과거로 향하고 있다. 우리가 일련의 사건들을 지각하는 곳에서 그는, 잔해 위에 또 잔해를 쉼 없이 쌓이게 하고 또 이 잔해를 그의 발 앞에 내팽개치는 단 하나의 파국만을 본다. 천사는 머물고 싶어 하고 죽은

---

10 '관제 민족주의'와 여타 부류의 발명품들 간의 차이는 보통 거짓말과 신화 간의 차이이다.
11 한편 이 세기가 끝날 무렵의 역사가들은 혁명 이후 사회주의 정권들이 초래한 '관제 민족주의'의 과잉에 대해 그 원인을 사회주의 모델과 농경 사회의 현실 간의 괴리에 상당 부분 돌릴 법하다.
12 *Illuminations*, p. 259(발터 벤야민, 최성만 옮김, 『역사의 개념에 대하여』, 도서 출판 길, 2009, 339쪽) 참조. 천사의 눈은 끝없는 고속도로에 줄지은 사고 차량들이 지평선을 넘어 사라지기 전에 차례차례 순간적으로 불거져 오르는 모습을 담는, '위크엔드' 프로그램의 후방을 향한 이동 카메라와 같다.

자들을 불러일으키고 또 산산이 부서진 것을 모아서 다시 결합하고 싶어 한다. 그러나 천국에서 폭풍이 불어오고 있고 이 폭풍은 그의 날개를 꼼짝달싹 못하게 할 정도로 세차게 불어오기 때문에 천사는 날개를 접을 수도 없다. 이 폭풍은, 그가 등을 돌리고 있는 미래 쪽을 향하여 간단없이 그를 떠밀고 있으며, 반면 그의 앞에 쌓이는 잔해의 더미는 하늘까지 치솟고 있다. 우리가 진보라고 일컫는 것은 바로 이러한 폭풍을 두고 하는 말이다.

그러나 천사는 불멸의 존재이고, 우리의 얼굴은 앞에 놓인 모호한 미래를 향해 있다.

제10장

센서스, 지도, 박물관

『상상된 공동체』의 초판에서 나는 "그토록 자주 새로운 국가들의 '민족형성'(nation-building) 정책에서 진심 어린 인민 민족주의적 열의와 더불어 대중매체와 교육 체계, 행정적 법규 등을 통해 체계적으로, 심지어는 마키아벨리적으로 민족주의 이데올로기를 주입하는 광경을 보게" 된다고 썼다.[1] 당시 나의 근시안적 가정은 아시아와 아프리카의 식민지화된 세계에서의 관제 민족주의가 19세기 유럽의 왕조 국가를 직접 모델로 삼았다는 것이었다. 이후 고찰을 통해 나는 이 관점이 성급하고 피상적이었으며, 직계 족보는 식민지 국가의 상상들로 거슬러 올라가야 한다고 생각하게 되었다. 척 보기에 이러한 결론은 의외일 수도 있는데, 식민지 국가란 전형적으로, 그리고 종종 폭력적으로 반(反)민족주의적이었기 때문이다. 그러나 식민지 이데올로기와 정책의 밑에 자리한, 19세기 중반부터 그 전략적 배치의 원리였던 문법을 들여다본다면 혈통은 결정적으로 더 분명해진다.

19세기 중반 이전에 발명되었지만 식민지화된 지구들이 기술 복제의 시대에 입장하면서 형태와 기능을 바꾼 세 가지 권력 제도보다 이러한

---

1 See above, pp. 113~14.

문법의 윤곽을 더 선명하게 드러내는 것도 드물다. 세 가지 제도란 센서스, 지도, 박물관으로서, 이들은 함께 식민지 국가가 그 지배권을 상상하는 방식 — 그것이 통치하는 인간들의 본성, 그 영토의 지리학, 그 유래의 정당성 — 을 밑바닥에서부터 형성했다. 이 연계의 성격을 탐색하기 위해, 이 장에서 나는 동남아시아에만 주목할 것이다. 나의 결론은 잠정적이고, 나의 진지한 전문가적 지식은 그 지역으로만 한정되어 있기 때문이다. 그러나 영국·프랑스·스페인·포르투갈·네덜란드·미국 등 거의 모든 '백인' 제국 강대국에 의해 식민지화된 영토들에다 식민지화되지 않은 시암까지 포함하는 동남아시아는 비교역사적 관심을 가진 이들에게 특별한 이점을 제공한다. 아시아와 아프리카의 다른 지역에 대한 지식이 나보다 더 깊으신 독자들께서는 나의 논지가 더 넓은 역사적·지리적 무대에서도 지탱될 수 있는지 판단하기에 더 좋은 위치에 서게 될 것이다.

센서스

사회학자 찰스 허시먼(Charles Hirschman)은 두 편의 귀중한 최근 논문에서 해협 식민지●와 말라야 반도에 대한 영국의 식민지 센서스 기획자들, 그리고 복합체 독립국가 말레이시아를 위해 일하는 그 후계자들의 망탈리테(mentalités)에 대한 연구에 착수했다.[2] 19세기 후반부터 최

● 19세기 초 영국 동인도회사의 직접통치 식민지로 시작된 말레이 반도의 말라카·싱가포르·페낭 세 항구도시 및 20세기에 병합된 라부안 섬. 이후 싱가포르를 제외하고 나중에 식민지화되어 간접통치를 받은 술탄국들과 함께 말레이시아의 반도 영토를 형성하게 됨.

2 Charles Hirschman, 'The Meaning and Measurement of Ethnicity in Malaysia: An Analysis of Census Classifications,' *J. of Asian Studies*, 46:3 (August 1987),

근까지 연속적으로 실시된 센서스의 '정체성 범주'에 대한 허시먼의 모사(模寫)는, 범상치 않게 빠르고, 피상적으로 임의적인 방식으로 범주들이 계속해서 뭉치고, 갈라지며, 다시 묶이고, 서로 섞였다가는 순서가 바뀌는(그러나 정치적으로 권력을 가진 정체성 범주들이 언제나 목록의 앞자리에 올랐다) 변동의 연쇄(series)를 보여준다. 이러한 센서스들로부터 그는 두 가지 주요 결론을 이끌어낸다. 첫 번째는 식민지 시대가 흘러갈수록 센서스의 범주가 더 가시적·배타적으로 인종적인 것이 되어갔다는 점이다.[3] 한편 종교적 정체성은 서서히 일차적인 센서스 분류 기준에서 자취를 감추었다. '클링'● 및 '벵골인'과 나란히 같은 지위에 있던 '힌두'는 1871년의 1차 센서스 이후 사라졌다. '파르시'(Parsee)●●는 그들이 아직 '벵골인', '버마인', '타밀인'과 한데 묶여 '타밀인 및 기타 인도 원주민'이라는 넓은 범주 아래 등장하던 1901년 센서스까지 존속했다. 그의 두 번째 결론은, 커다란 인종적 범주들은 전반적으로 독립 후에도 유지되었고 응축되기까지 했으나, 이제는 '말레이시아인', '중국인', '인도인', '기타'(Other)로 재명명 및 재정렬되었다는 것이다. 1980년대에 이르기까지 변칙 현상이 계속되기는 했다. 1980년의 센서스에서는 모조 종족 하위범주로서의 '시크'가 여전히 '말라얄람인', '텔루구인', '파키스탄인', '방글라데시인', '스리랑카 타밀인', '기타 스리랑카인'과 더불

---

pp. 552~82; 'The Making of Race in Colonial Malaya: Political Economy and Racial Ideology,' *Sociological Forum*, 1: 2 (Spring 1986), pp. 330~62.

3 식민지 시대 전체에 걸쳐 내내 엄청나게 다양한 '유럽인'들의 종류가 열거되었다. 그런데 1881년에 그들이 아직은 주로 '거주자'(resident), '임시체류자'(floating), '죄수'(prisoners)라는 항목으로 분류되었던 데 반해, 1911년이 되자 그들은 (백인) 인종의 구성원들로서 형제가 되었다. 센서스 기획자들이 '유대인'으로 표시한 사람들을 어디에 두어야 할지 마지막까지 눈에 띄게 불안해했다는 것이 재미있다.

● 남인도인의 통칭.

●● '페르시아', 조로아스터교도를 칭함.

어 '인도인'이라는 일반적 항목 아래 불안하게 출현했다.

그렇지만 허시먼의 훌륭한 묘사에는 그의 직접적인 분석적 관심을 넘어서도록 부추기는 데가 있다. 이를테면 1911년 말레이연방국(Federated Malay States)의 센서스는 '인종별 말레이 인구'라는 항목 아래 '말레이인'과 '자바인', '사카이인', '반자르인', '보얀인', '멘델링인'(sic), '크린치인'(sic), '잠비인', '아체인', '부기스인', '기타'를 나열해 놓았다. 이 '집단'들은 (대부분의) '말레이인'과 '사카이인'을 제외하고는 전부가 원래 수마트라와 자바, 보르네오 남부, 셀레베스의 섬들 출신으로, 이 섬들은 모두 네덜란드령 동인도라는 이웃 식민지의 일부분이었다. 그렇지만 이들이 말레이연방국 바깥 출신이라는 것은 자신들의 '말레이인'을 구성해 내면서 그 식민지 국경으로 눈을 겸손하게 내리깔던 센서스 기획자들에게 어떠한 인정도 받지 못했다. (말할 것도 없이 바다 건너의 네덜란드인 센서스 기획자들은 '말레이인'에 대해 다른 상상을 구성하고 있었는데, 그들에게는 '말레이인'이 '아체인', '자바인' 등보다 상위의 범주가 아니라 그들과 나란히 선 소수 종족이었다.) '잠비'나 '크린치'는 장소에 대한 호칭일 뿐, 멀게나마 종족언어 집단이라고 식별할 만한(identifiable) 어떤 것도 지시하지 않는다. 1911년에 이렇게 범주화되고 하위범주화된 사람들이, 극소수 이외에는, 그들 자신을 이러한 꼬리표로 인식했을 가능성은 전무한 것이나 다름없다. 식민지 국가의 (헷갈리면서도) 분류하는 정신이 상상해 낸 이러한 '정체성'들(identities, 신원)은 아직 제국의 행정적 침투로 인해 곧 가능해질 물화(reification)를 기다리고 있었다. 덧붙여, 완벽함과 명료함을 향한 센서스 기획자들의 열정을 눈치챌 수 있을 것이다. 그리하여 나오는 것이 다중적인, 정치적으로 '복장도착'(transvestite)적인, 흐릿한, 혹은 변화하는 정체화(identifications)에 대한 그들의 불관용이다. 그리하여 나오는 것이 각각의 인종 집단 아래 있는, 절대로 다른 '기타'들(other 'Others')과 혼동되어서는 안 될 하위범주 '기타'이다. 센서스의 허구는 모두가 거기에 들어가 있다는 것, 그리고 모두에게 하나의, 단 하나의 극히 분명한 자리가 있다는 것이다. [1보다 작은] 분수는 있을 수 없다.

식민지 국가에 의한 이러한 양식의 상상은 1870년대의 센서스보다 훨씬 오래된 기원을 두고 있으므로, 왜 19세기 후반의 센서스가 그럼에도 불구하고 그렇게 심원하게 참신한지를 완전히 이해하려면, 유럽이 동남아시아에 침투를 시작하던 가장 초기의 시절을 돌아보는 것이 유용하겠다. 필리핀과 인도네시아 제도로부터 끌어낸 두 가지 사례가 유익할 것이다. 윌리엄 헨리 스콧(William Henry Scott)은 최근의 중요한 저서에서 가장 초기의 스페인 기록들을 토대로 스페인 이전 시대 필리핀의 계급 구조를 재구성하려는 꼼꼼한 노력을 펼쳤다.[4] 스콧은 전문적 역사학자로서 필리핀이 그 이름을 '스페인'의 펠리페 2세에게 빚지고 있음을, 그리고 불운 혹은 행운이 아니었더라면 필리핀은 네덜란드나 영국의 손에 떨어졌을 수도 있었고, 정치적으로 분절될 수도 있었고, 다른 정복에서 얻은 땅과 다시 합쳐졌을 수도 있었음을 완벽하게 알고 있다.[5] 그러므로 그의 흥미로운 주제 선정의 원인을 그가 필리핀에서 오래 거주했

<hr>

4 William Henry Scott, *Cracks in the Parchment Curtain*, chapter 7, 'Filipino Class Structure in the Sixteenth Century.'
5 17세기 전반기에 이 군도의 스페인 정착지들은 당대 최대 규모의 '초국적'(transnational) 기업이었던 네덜란드 동인도회사의 병력으로부터 거듭되는 공격을 받았다. 경건한 가톨릭 정착민들은 살아남는 일에서, 치세의 상당 기간 동안 암스테르담을 밀어붙였던 최강의 이교도인 '보호자'(호국경)에게 많은 빚을 졌다[■ '보호자'란 올리버 크롬웰이 쓰던 직함으로, 급진적인 개신교도로 여겨졌던 그는 어디에서나 가톨릭의 적이었다. 1653~58 집권.] 네덜란드 동인도회사가 성공했더라면, '네덜란드'의 동남아시아 통치권의 수도는 바타비아[자카르타]가 아니라 마닐라가 될 뻔했다. 1762년 런던은 스페인으로부터 마닐라를 빼앗아 거의 두 해 동안 유지했다. 마드리드가 모든 곳 중에서 플로리다와 미시시피강 동쪽의 다른 '스페인' 영토들을 내주고 나서야 마닐라를 되찾을 수 있었다는 것은 재미난 일이다. 협상이 다른 식으로 진행되었더라면 19세기 동안 필리핀 제도는 정치적으로 말라야 및 싱가포르와 연결될 수도 있었다.

다는 것, 그리고 지난 한 세기 동안 토착의 에덴동산을 추적하고 있던 필리핀인(Filipino) 민족주의에 그가 강력하게 공감하고 있다는 것에 돌리고픈 유혹을 받는다. 그러나 그의 상상을 형성한 더 깊은 토대는 그가 의존할 수밖에 없었던 출처들이었을 가능성이 크다. 사실 최초의 성직자들과 정복자들이 모험을 벌인 섬 어디에서든, 그들은 상륙하자마자 중세 후기 이베리아의 사회적 분류 체계를 각색한 유사 신분으로서의 프린시팔레, 이달고, 페세로, 에스클라보(왕족·귀족·평민·노예)들을 발견해 냈기 때문이다. 그들이 남긴 문서들은 방대하고 흩어져 있으며 인구가 희박한 이 제도에서 '이달고'들이 대개 서로의 존재에 대해 모르고 있었으며, 알고 있는 곳에서는 보통 서로를 귀족이라기보다는 적이나 잠재적인 노예로 보았다는 부수적인 증거를 풍부하게 제공한다. 그러나 모눈(grid)의 힘은 대단한 것이라, 그러한 증거는 스콧의 상상에서 주변화되며, 식민지 이전 시기의 '계급 구조'란 스페인 갤리온선의 고물에서 창조된 '센서스'적 상상하기였다는 점은 그에게 잘 보이지 않는다. 그들이 가는 곳 어디에서든 생성 중인 식민지 국가에 의해 그렇게, 즉 '구조적으로', 집합으로 묶일 수밖에 없었던 이달고와 에스클라보들이 고개를 내밀었던 것이다.

인도네시아에 대해서는, 우리는 메이슨 호들리(Mason Hoadley)의 연구 덕분에 17세기 말 자바의 해안 항구도시 치레본에서 판결이 난 중요한 사법적 사례에 관한 자세한 설명을 가지고 있다.[6] 요행히도 네덜란드인들(동인도회사)과 치레본 현지 사람들의 기록이 아직 남아 있다. 치레본인들의 기술(account)만이 살아남았더라면, 우리는 살인사건의 피고가 치레본 궁정의 고위 관리라고 알고 있었을 것이며, 개인의 이름은 모르고 오직 작위인 키 아리아 마르타 닝랏(Ki Aria Marta Ningrat)으로만

---

6 Mason C. Hoadley, 'State vs. Ki Aria Marta Ningrat(1696) and Tian Siangko (1720~21)' (unpublished ms., 1982).

알았을 것이다. 그러나 동인도회사 기록은 분노에 떨며 그의 신원을 '중국인'(Chinees)이라고 밝히는데, 실로 이것이 그에 대해 그들이 전하는 단 한 가지의 가장 중요한 정보이다. 그렇다면 치레본 궁정이 사람들을 신분과 지위에 따라 분류한 반면, 동인도회사는 '인종'과 같은 것으로 분류했음이 확실하다. 조상이 어디 출신이든 간에 높은 지위를 보면 조상 대대로 치레본 사회에 통합되어 있었을 것이 틀림없는 살인사건의 피고가 자신을 '한 명의' 중국인으로 생각했으리라고 믿을 이유는 전혀 없다. 그렇다면 동인도회사는 어떻게 이러한 분류에 도달하게 되었는가? 어느 배의 고물로부터 중국인에 대한 상상이 가능했던가? 그야 물론 중앙화된 명령 체계 하에 메르귀 만과 양쯔 강 하구 사이의 항구 곳곳을 쉼 없이 떠돌아다니던 지독한 상선들밖에는 없었을 것이다. 중화의 이질적인 주민 집단이나, 그들의 구어 중에 서로 알아들을 수 없는 것들도 많다는 점, 그리고 동남아시아 해안 지대에 걸쳐 있는 디아스포라 특유의 사회적 · 지리적 출신 구성 등을 염두에 두지 못한 동인도회사는 그 초대양적 눈을 통해, 마치 스페인 정복자들이 이달고의 끝없는 연쇄를 보았듯이, 중국인(Chinezen)의 끝없는 연쇄를 상상했다. 그리고 이 창의적인 센서스를 기초로 하여 회사는 그들의 지배 하에 있는, 그들이 중국인으로 범주화한 사람들의 복장, 주거, 결혼, 매장, 유산 상속이 그 센서스에 따라 이루어져야 한다고 고집하기 시작했다. 장거리 여행 경험과 상업적 마인드가 그보다 훨씬 부족했던 필리핀의 이베리아인들이 꽤나 다른 센서스 범주, 곧 그들이 상레이(sangley)라고 칭한 범주를 상상했다는 것이 놀랍다. 상레이는 푸젠어(복건어)의 셍리(sengli)가 스페인어에 도입되어 만들어진 말인데, 셍리는 '상인'이라는 뜻이다.[7] 스페인의 원시(proto) 센서스 조사원들이 갤리온선 무역 때문에 마닐라에

---

7 예를 들어 Edgar Wickberg, *The Chinese in Philippine Life, 1850~1898*, chapters 1~2.

모여든 상인들에게 질문하는 광경을 상상할 수 있겠다. "누구시오?" 그리고 그들은 상식적인 답을 듣는다. "우리는 상인이오."[8] 아시아의 일곱 바다를 항해해 본 적이 없었던 이베리아인들은 두 세기 동안 촌티 나는 개념적 안개 속에 안주해 있었다. 상레이의 '중국인'으로의 변화는 아주 천천히 이루어졌으며, 19세기 초반 이 단어는 동인도회사 스타일의 치노(chino)에 자리를 비켜주면서 사라진다.

그러므로 1870년대 센서스 실시자들이 이루어낸 진정한 혁신은 종족-인종적 분류법의 구성보다는 그 체계적인 계량화에 있다. 식민지 이전 시대에 말레이-자바 세계의 지배자들은 그들의 통제 아래 놓여 있는 주민들을 하나하나 열거해 보려고 했지만, 그 형태는 세금 장부와 징발 대상자 목록이었다. 그 목적은 명확하고 구체적인 것, 즉 징세와 징병을 효과적으로 할 수 있는 사람들을 놓치지 않고 기록해 두는 것이었다. 이 지배자들의 관심사는 오직 경제적 잉여와 무장 가능한 인력이었기 때문이다. 이 지역의 초기 유럽 정권들은 이 점에서는 선배들과 크게 다르지 않았다. 그러나 1850년 이후 식민지 당국은 당장의 재정적·군사적 목적은 없는 미로 같은 모눈에 따라 주민들을 열거하는 데에 점점 정교한 행정적 수단을 사용했고, (고대의 지배자들은 늘상 등한시했던) 여자와 어린아이들도 포함했다. 옛 시절에는 징세와 징집에 응할 의무가 있는 저 신민들은 보통 자신들이 셀 수 있는 대상이라는 것을 잘 알고 있었다. 지배자와 피지배자는 이 문제에 대해 적대적일망정 서로를 아주 잘 이해했다. 그러나 1870년 즈음에 세금도 내지 않고 징집 대상도 아닌 '코친차이나인' 여성은 자신이 높은 곳으로부터 이런 식으로 지도에 그려진다는 것을 전혀 깨닫지 못하고도 해협 식민지에서의 삶을 행복하게든 불행하게든 살아갈 수 있었다. 여기에서 새로운 센서스의 특유성이

---

8 두 세기가 넘는 기간 동안 마닐라가 중계무역항 노릇을 했던 갤리온선 무역은 중국의 비단과 도자기를 멕시코의 은과 교환했다.

분명해진다. 그것은 그 열광적인 상상의 대상들의 수를 세기 위해 조심스럽게 노력했다. 분류 체계의 배타적인 속성과 계량화 그 자체의 논리를 고려할 때, 한 명의 '코친차이나인'은 복제 가능한(replicable) '코친차이나인'들의 집합화할 수 있는—물론 그 국가의 영역 안에서—연쇄 속에 있는 하나의 숫자로 이해되어야 한다. 새로운 인구학적 지형도는 식민지 국가가 그 크기와 기능을 배가해 감에 따라 사회적·제도적 뿌리를 깊게 내렸다. 상상된 지도를 길잡이 삼아 국가는 종족-인종적 계서제, 그러나 언제나 평행한 연쇄라는 관점에서 이해되는 계서제라는 원칙 위에 건설하고 있었던 새로운 교육·사법·보건·경찰·이민 관료제를 조직했다. 차등화된 학교·법원·진료소·경찰서·이민국의 그 물망을 지나가는 예속 주민들의 흐름은 머지않아 일찍이 국가가 만들어 낸 환상에 실재하는 사회적 삶을 부여한 '교통의 습관'(traffic-habit)을 창조해 냈다.

말할 것도 없이 순항은 늘 계속되지 않았고, 국가는 불쾌한 현실에 빈번히 부딪쳤다. 이 중 단연 가장 중요한 것은 매우 오래되고 매우 안정적인 데다 전혀 세속 국가의 권위주의적 모눈 지도에 맞추어 정렬되어 있지 않은 상상된 공동체들의 토대를 형성하는 역할을 했던 종교적 소속감이었다. 지배자들은, 서로 다른 동남아시아 식민지에서 서로 다른 정도로, 특히 이슬람과 불교를 어수선하게 수용해야만 했다. 특히 센서스가 아니라 민중 개개인의 자기 선택(self-choice)에 접근 여부가 달려 있었던 종교적 사당과 학교, 법원은 계속 번영했다. 국가가 할 수 있는 것이란 고작 이러한 기관들을 규제하고, 억제하고, 수를 세고, 표준화하여 자신들의 제도에 계서제적으로 종속시키는 것이 전부였다.[9] 사원과 모스크, 학교와 법원이 자유 지대이자 종교적인, 그리고 나중에는 민족

---

9 캄보디아 불교와 시암의 오랜 고리를 잘라내려 한 프랑스 식민주의의 분투를 언급한 앞의 제7장을 참조.

주의적인 반식민주의자들이 출격하는 요새라고 이해된 이유는 바로 이들이 지형도 상의 규칙에서 벗어나 있었기 때문이다. 동시에 가능한 한 종교 공동체를 정치적 · 사법적으로 종족화함으로써 센서스에 더 잘 들어맞게 강제하려는 시도는 빈번히 있었다. 식민지 말라야연방국에서는 이 작업이 쉬운 편이었다. 정권에 의해 '말레이인'의 연쇄에 들어 있다고 간주된 사람들은 '그들의' 거세된 술탄의 법원으로 떠밀려 갔는데, 이러한 법원들은 상당 부분 이슬람법에 따라 관리되었다.[10] 그러므로 '이슬람'(Islamic)은 실은 그냥 '말레이'(Malay)의 다른 이름인 것처럼 취급되었다.(1957년의 독립 이후에야 일정한 정치 집단들이, '말레이'가 실은 '이슬람'의 다른 이름이라고 읽음으로써 이 논리를 뒤집으려는 노력을 펼쳤다.) 식민지 시대가 끝날 즈음에는 서로 다투는 일련의 선교 조직들이 널리 흩어진 지역들에서 상당수의 개종을 이루어낸 광대하고 이질적인 네덜란드령 인도에서 그에 평행한 정책의 추진이 더 심각한 장애물에 부딪쳤다. 그러나 그곳에서조차 1920년대와 1930년대에는 '종족' 기독교 신앙들(바탁 교회, 카로 교회, 이후에는 다약 교회 등)의 성장이 목격되었으며, 이러한 발전은 부분적으로 국가가 자체적인 센서스 지형도에 따라 서로 다른 선교사 집단에게 선교 지구를 할당한 데 따른 것이었다. 이슬람을 가지고는 바타비아 당국이 그에 맞먹는 성공을 이룰 수 없었다. 감히 메카로의 순례를 금지할 수는 없었다. 당국은 순례자들의 수가 늘어나는 것을 억제하고, 그들의 여행을 치안상 규제하고, 감시를 목적으로 제다*에 설치한 연락소에서 그들을 정찰하려고 하기는 했다. 동인도 제도의 무슬림들이 바깥에 놓인 거대한 이슬람 세계, 그리고 특히 카이로로부터 뻗어 나오는 새로운 사상의 조류와의 접촉을 강화하는 것을 막기에 충분한 조치는 그중에 없었다.[11]

---

10 William Roff, *The Origins of Malay Nationalism*, pp. 72~4 참조.
● 사우디아라비아의 주요 항구 도시.

지도

그러나 한편으로 카이로와 메카는 낯설고 새로운 방식으로 시각화되기 시작하고 있었다. 이들은 더 이상 신성한 무슬림 지리학 내의 장소들이기만 한 것이 아니라 종잇장 위의 점들이기도 했고, 그 종잇장 위에는 파리·모스크바·마닐라·카라카스라는 점들도 들어 있었다. 그리고 이 차별을 두지 않고 찍혀 있는 범속한 점들과 신성한 점들 사이의 평면적 관계를 결정하는 것은 수학적으로 계산된 직선 거리일 뿐이었다. 유럽 식민 정복자들이 가져온 메르카토르 지도가 인쇄를 통해 동남아시아인들의 상상을 형성하기 시작하고 있었다.

최근 출판된 훌륭한 학위논문에서, 태국의 역사가 통차이 위니짜꾼은 1850년에서 1910년 사이에 국경을 갖춘 '시암'이 태어나게 된 복잡한 과정을 추적한다.[12] 비록 종국에 그 국경이 식민지 때문에 결정되기는 했지만 시암이 식민지화되지는 않았다는 바로 그 이유 때문에, 그의 설명은 더욱 유익하다. 그러므로 태국 사례에서는 정치 권력의 '전통적' 구조 안에서의 새로운 국가 정신의 출현을 대단히 선명하게 볼 수 있다.

1851년 지적인 라마 4세(『왕과 나』에 나오는 몽꿋)가 왕위에 오를 때까지 시암에는 두 가지 종류의 지도만이 존재했고, 둘 다 손으로 그린 지도였다. 기술 복제의 시대는 아직 그곳에 밝아오지 않았다. 한 가지는 '우주지'(cosmograph)라고 불릴 만한 것으로, 전통적 불교의 우주론에 등장하는 3계의 형식적·상징적인 표상이었다. 우주지는 우리의 지도처럼 수평적으로 조직되어 있지 않았으며, 그보다는 천상의 극락들과 지하의 지옥들의 연쇄가 단일한 수직적 축을 따라 가시적 세계에 박혀 있

---

11 Harry J. Benda, *The Crescent and the Rising Sun*, chapters 1~2 참조.

12 Thongchai Winichakul, 'Siam Mapped: A History of the Geo-Body of Siam' (Ph.D. Thesis, University of Sydney, 1988).

는 형태였다. 공덕과 구원을 찾아 떠나는 여행을 제외하고, 이 지도는 어떠한 여행에도 쓸모가 없었다. 전적으로 범속한 두 번째 종류의 지도는 군사 작전과 해안 수송을 위한 도해적 길잡이들로 구성되어 있었다. 사분면 위에 개략적으로 조직된 이러한 지도의 주요 특징은 진군이나 항해에 걸리는 시간에 대해 적어둔 메모가 들어 있었다는 점으로서, 메모는 지도 작성자들이 축척에 대한 기술적 개념이 없었기 때문에 꼭 필요했다. 지상의 범속한 공간만을 다루는 이 지도는 보통, 마치 제도사들의 눈이 일상 생활에서는 풍경을 눈높이에서 수평적으로 보는 데에 익숙하지만 그럼에도 불구하고 우주지의 수직성으로부터 잠재의식적으로 영향을 받는 양, 야릇하게 비스듬한 시점이나 시점들의 조합으로 그려진다. 통차이는 언제나 지방적인 것이었던 이러한 길잡이 지도들이 결코 안정적이고 더 넓은 지리적 맥락에 자리 잡고 있지 않았으며, 근대지도의 관습인 조감도란 그들에게 완전히 낯선 것이었음을 지적한다.

두 종류 모두 국경을 표시하지 않았다. 지도의 제작자들은 리처드 뮤어(Richard Muir)의 다음과 같은 우아한 공식화를 이해할 수 없으리라.[13]

인접한 국가 영토 사이의 접촉면에 위치한 국제적 경계에는 주권의 권위가 행사되는 한계를 결정하고, 포함하고 있는 정치적 지역들의 공간적 형태를 정의한다는 특별한 중요성이 있다. …… 경계는 …… 국가 주권 사이의 수직적 접촉면이 지구의 표면과 교차할 때 일어난다. …… 수직적 접촉면이기 때문에 경계에 수평적인 넓이는 없다…….

경계석이나 그와 비슷한 표지들은 분명히 존재했고, 영국인들이 하부 버마(Lower Burma)로부터 밀고 들어오면서, 실제로 영토의 서부 가장자리를 따라 늘어났다. 그렇지만 이러한 돌들은 전략적인 산길이나 개

13 Richard Muir, *Modern Political Geography*, p. 119.

울가에 불연속적으로 세워져 있었고, 종종 적들이 세운 상응하는 돌들과 꽤 멀리 떨어져 있었다. 표지들은 왕의 권력이 연장되는 지점들로서 수평적으로 사람 눈높이에서 이해되었을 뿐 '공중에서 내려다본' 것이 아니었다. 1870년에야 태국의 지도자들은 경계에 대해, 땅에 있는 가시적인 어떤 것에도 대응하지 않지만 다른 주권체들 사이에 끼어 있는 배타적인 주권체를 경계로써 구별하는, 지도상의 연속적인 선의 분절들이라고 생각하기 시작했다. 1874년에는 미국인 선교사 J. W. 밴다이크(J. W. Van Dyke)에 의한 최초의 지리학 교과서가 그때 즈음 시암으로 휩쓸고 들어오던 인쇄자본주의의 초기 산물로서 출현했다. 1882년 라마 5세는 방콕에 지도 제작을 위한 특별 학교를 설립했다. 1892년 교육부 장관인 담롱 라차누팝은 나라에 근대식 학교 체계를 개시하면서 지리를 중학교 수준에서의 의무 과목으로 만들었다. 1900년 또는 그 무렵에, 이후 나라에서 인쇄되어 나온 모든 지리학의 모델이 된 W. G. 존슨의 『푸미삿 사얌』〔시암의 지리〕이 출판되었다.[14] 통차이는 인쇄자본주의와 이러한 지도들이 제시한 공간적 현실의 새로운 개념이 벡터적으로 수렴하면서 태국 정치의 어휘에 즉각적인 효과를 끼쳤다는 데에 주목한다. 1900년과 1915년 사이에 끄룽이나 므엉 같은 전통적인 단어들은, 신성한 도읍과 가시적이고 불연속적인 인구 밀집 지역이라는 관점에서 상상한 지배권이기에, 대개 사라졌다.[15] 그 자리에 들어온 것은 한계를 둔 영토적 공간이라는 비가시적인 관점에서 지배권의 모습을 그린 쁘라텟, 즉 '나라'(country)였다.[16]

센서스들과 마찬가지로 유럽식 지도는 모든 것을 포함하려는 분류를

---

14 Thongchai, 'Siam Mapped,' pp. 105~10, 286.

15 자바에서의 권력의 옛 개념(몇 가지 사소한 차이는 있지만 옛 시암에 존재하던 권력 개념과 일치하는)에 대한 충분한 논의는 나의 *Language and Power*, chapter 1 참조.

16 Thongchai, 'Siam Mapped,' p. 110.

토대로 작용했고, 관료 생산자들과 소비자들을 혁명적 결과를 낳는 정책으로 이끌었다. 존 해리슨(John Harrison)이 1761년 크로노미터를 발명한 이래 경도의 정확한 계산이 가능해졌고, 행성 전체의 구부러진 표면은 텅 빈 바다와 탐험의 발길이 닿지 않은 지역들을 측정된 네모 안에 넣는 기하학적인 모눈에 종속되었다.[17] 네모를 '채우는' 작업은 탐험가들과 측량사, 군사력에 의해 달성될 것이었다. 동남아시아에서 19세기의 후반기는 식민지 군사 측량사들의 황금기로서, 얼마간이 흐른 후에는 태국인들도 합류했다. 그들은 센서스 기획자들이 사람들에게 부과하려던 것과 똑같은 감시를 공간에 가하기 위해 진군했다. 삼각 측량이 실시될 때마다, 전쟁이 일어날 때마다, 조약이 맺어질 때마다, 지도와 권력의 제휴는 진전되었다. 통차이의 딱 들어맞는 말에 따르면,[18]

대부분의 커뮤니케이션 이론과 상식의 관점에서 보면 지도란 실재의 과학적 추상화이다. 지도는 이미 '거기'에 객관적으로 존재하는 무언가를 그저 표상할 뿐이다. 내가 묘사한 역사에서 이 관계는 역전된다. 지도가 공간적 실재를 예기하는 것이지, 그 반대가 아니다. 그러니까 지도란 그것이 표상한다던 것의 모형이라기보다는, 그것을 위한 모델이었다. …… 그것은 지구의 표면에 투사를 구체화하는 진짜 도구가 되었다. 이제 지도는 새로운 행정 메커니즘과 병력이 그들의 권리 주장을 뒷받침하기 위해 꼭 필요로 하는 것이었다. …… 지도 만들기의 담론은 행정적·군사적 작전들이 그 내부에서 작동하면서 이바지하기도 하는 패러다임이었다.

세기가 끝날 즈음에는 담롱 왕자의 내무부(Ministry of Interior)(지도 만

---

17 David S. Landes, *Revolution in Time : Clocks and the Making of the Modern World*, chapter 9.
18 'Siam Mapped,' p. 310.

들기에 딱 좋은 이름이지 뭔가) 개혁과 함께 영지의 행정이 마침내 이웃 식민지들이 앞서 실행한 바를 따라 완전히 영토적-지도학적 기초 위에 놓이게 되었다.

지도와 센서스의 중대한 교차를 그냥 보아 넘긴다면 현명치 못한 일이리라. 새로운 지도는 공식 센서스 기구가 소환해 낸 '하카인'(객가인), '타밀인 이외의 스리랑카인', '자바인'의 무한한 연쇄를, 정치적 목적에 따르면 그들이 어디에서 끝나는지를 영토적으로 제한함으로써, 단호히 끊어내는 역할을 했다. 역으로 센서스는 인구학적 삼각 측량 같은 것으로써 지도의 공식적 지형도를 정치적으로 채웠다.

이러한 변화로부터 20세기 동남아시아의 관제 민족주의들을 직접적으로 예시하는 지도의 아바타 두 가지(둘 다 후기 식민 국가에 의해 제도가 됨)가 마지막으로 출현했다. 머나먼 열대에서 침탈자가 된 자신들의 지위에 대해 확실히 깨닫고 있었으되, 지리적 공간의 법적 상속권과 양도권이 성립된 지 오래인 문명으로부터 도착한 유럽인들은 유사법적 방법들로 자신들의 권력 확장을 정당화하려는 빈번한 시도를 했다.[19] 이 중 가장 인기 있는 방법은 유럽인들이 제거하거나 예속시킨 토착 지배자들의 추정상의 주권을 '상속'받는 것이었다. 어떤 식으로든 찬탈자들은 그들이 손에 넣은 새로운 소유지의 소유권사(史)를, 특히 다른 유럽인들을 상대로, 재구성하는 일에 몰두했다. 그리하여 특히 19세기 후반에는 경계로 단단히 묶인 특정한 영토 단위의 유래가 오래되었음을 새로운 지

---

19 나는 단지 일반적 의미에서의 유산 상속이나 사적 토지소유권의 판매를 의미하려는 것이 아니다. 더욱 중요한 것은 왕조끼리의 결혼을 통해 정치적으로 토지와 토지에 딸린 주민들을 함께 양도하는 유럽의 관습이었다. 결혼을 하는 신부들은 크고 작은 공국들을 남편에게 가져갔으며, 이러한 양도에 대해서는 공식적인 협상과 '서명'이 이루어졌다. 식민지 이전의 아시아 어느 국가에서도 "다른 나라들은 전쟁을 치르게 하라. 그대, 행복한 오스트리아는 결혼을 하라!"라는 격언은 상상조차 할 수 없는 것이었으리라.

도학적 담론으로 내보이기 위해 고안된 '역사 지도'들이 나타났다. 연대기적으로 정리된 그러한 일련의 지도들을 통해, 그 영지의 정치적·생물학적 내러티브 같은 것이 때로는 엄청난 역사적 깊이를 지닌 채 탄생했다.[20] 이러한 내러티브는 20세기에 들어서 식민지 국가의 상속자가 된 민족국가들에 의해, 종종 각색을 거쳤을지언정, 채택되었다.[21]

두 번째 아바타는 '로고로서의 지도'(map-as-logo)였다. 그 기원은 꽤나 순진한 것으로, 제국 국가들이 지도에 놓인 그 식민지를 제국의 물감으로 색칠하던 버릇이었다. 런던의 제국 지도 위에서 영국 식민지는 보통 분홍빛 빨강이었고, 프랑스령은 보랏빛 파랑, 네덜란드령은 노란빛 갈색 등이었다. 이런 식으로 색을 입힌 각각의 식민지는 떼었다 붙였다 할 수 있는 퍼즐 조각처럼 보였다. 이러한 '퍼즐' 효과가 통상적인 것이 되면서, 각각의 '조각'은 그 지리적 맥락에서 완전히 분리될 수 있게 되었다. 최종 형태에서는 설명을 위한 모든 해설들—위도선, 경도선, 지명들, 강, 바다, 산의 표시, 이웃 나라들—이 약식으로 제거될 수 있었다. 순수한 기호일 뿐, 더 이상 세계를 향한 나침반이 아닌 지도. 이러한 모습으로 무한히 복제 가능한 연쇄에 입장한 지도는 포스터나 공식 문장, 레터헤드, 잡지와 교과서의 표지, 식탁보, 호텔 벽 등에 전이될 수 있는 것이 되었다. 곧바로 알아볼 수 있으며 어디에서든 가시적인 로고-

---

20 태국의 지배계급이 이런 식의 상상을 흡수한 것에 대해서는 Thongchai, 'Siam Mapped,' p. 387 참조. "게다가 이러한 역사적 지도들에 따르면, 지리체(geobody)는 근대적 특정성이 아니라 1,000년 이상 거슬러 올라간다. 그리하여 역사적 지도들은 민족성이 최근의 과거에야 비로소 출현했을 뿐임을 시사하는 어떠한 것도 거부하게 도우며, 현재의 시암이 단절들의 결과라는 관점은 배제된다. 시암과 유럽 강대국들 간의 교합이 시암을 낳았다는 식의 생각들 역시 전부 논외의 것이 된다."

21 이러한 채택은 결코 마키아벨리적인 책략이 아니었다. 모든 동남아시아 식민지의 초기 민족주의자들의 의식은 식민지 국가와 그 제도들의 '포맷'에 심대한 영향을 받아 형성되었다. 앞의 제7장을 보라.

지도는 인민의 상상에 깊이 침투해, 태어나고 있는 반식민지 민족주의들을 위한 강력한 휘장의 형태를 구성했다.[22]

근대 인도네시아는 우리에게 이러한 과정의 훌륭하고도 고통스러운 사례를 제공한다. 1828년 뉴기니 섬에 최초로 열병이 만연한 네덜란드인 정착지가 만들어졌다. 정착지는 1836년에 버려질 수밖에 없었으나, 네덜란드 왕은 섬의 (땅 위의 어떤 것에도 대응하지 않는 비가시적인 선이지만, 줄어들고 있던 콘래드적 백색 공간*의 네모칸 안에 들어가는) 경도 141도선 서쪽 부분에 대해, 티도레 술탄의 주권 아래 있는 것으로 여겨지던 해안의 몇몇 범위들을 예외로 한 채 주권을 선언했다. 1901년에야 헤이그는 술탄에게 대가를 치르고 손을 떼게 함으로써 로고화에 딱 맞는 시점에 서부 뉴기니를 네덜란드령 인도에 병합했다. 이 지역의 많은 부분은 제2차 세계대전 이후까지 콘래드적 백색으로 남아 있었고, 그곳에 살던 한 줌의 네덜란드인들은 대부분 선교사나 광산 시굴자, 그리고 급진파 골수 인도네시아 민족주의자들이 수감된 특별 강제수용소의 간수

---

22 당대 필리핀의 저명한 문인이자 의심의 여지 없는 애국자인 닉 호아킨(Nick Joaquín)의 저술에서, 이 휘장이 가장 세련된 지성에게 얼마나 강력하게 작용하는지를 볼 수 있을 것이다. 호아킨은 1898~99년 반미 항쟁의 비극적 영웅인 안토니오 루나(Antonio Luna) 장군에 관해, 그가 "3세기 동안 크리올에게 본능적이었던 역할, 즉 외국의 교란자로부터 필리핀의 **형태**를 방어하는 역할을 수행했다"고 썼다. *A Question of Heroes*, p. 164 (강조는 덧붙임). 다른 곳에서 그는 놀랍게도 스페인의 "필리핀인 동맹들, 개종자들, 용병들이 필리핀인 반란자들에 대항하기 위해 파견됨으로써 이 군도를 스페인과 기독교의 것으로 지켰을지 모르지만, 그들은 군도가 산산이 조각나지 않도록 지키기도 했다"면서, 그들은 "(스페인인들의 의도가 무엇이었든 간에) 필리핀인을 하나로 지키기 위해 싸우고 있었던 것"이라고 썼다. Ibid., p. 58.

■ 앞에서 언급했던 조지프 콘래드의 소설을 가리킨다. 그는 아프리카가 이미 지도에 색칠된 땅덩어리들의 (즉 이미 독일·프랑스·영국 등이 식민지화한) 부분으로 그려지지만, 아직 하얀 부분(제국주의 '주인'이 아직 없거나 무엇이 들어 있는지 아직 알려지지 않은 부분)도 있다고 썼다.

들이었다. 네덜란드령 뉴기니의 남동쪽 맨 가장자리에 위치한 머라우케 북쪽의 늪지대가 이러한 시설들의 입지로 선택되었는데, 그것은 바로 이 지역이 식민지의 나머지로부터 완전히 동떨어진 곳으로 간주되었으며, '석기인'인 현지 주민들은 민족주의적 사고에 전혀 오염되지 않은 것으로 여겨졌기 때문이다.[23]

민족주의의 열사들이 이곳에 수용(internment)당하고, 종종 매장(interment)까지 당함에 따라 서부 뉴기니는 반식민지 투쟁의 민담에서 중심적인 곳이 되었고, 민족적 상상의 성지가 되었다. 자유 인도네시아는 어디에서부터 어디까지? ─ 사방(Sabang, 수마트라의 북서쪽 끝)에서, 어디이겠는가, 머라우케까지. 몇백 명의 피수용자들 말고는 1960년까지 뉴기니를 직접 눈으로 본 적이 있는 민족주의자가 한 명도 없었다는 점은 전혀 문제가 되지 않았다. 그러나 식민지 전역에 걸쳐 확산된 네덜란드의 식민지 로고 지도들은, 그 동쪽으로는 아무것도 없는 서부 뉴기니●를 보여줌으로써, 상상된 유대의 발전을 무의식적으로 강화했다. 1945~49년에 벌어진 쓰라린 반식민지 전쟁의 여파로 네덜란드가 군도의 주권을 인도네시아합중국(United States of Indonesia)에 이양할 수밖에 없었을 때, 그들은 (우리가 여기에 잡아둘 필요가 없는 이유로 하여) 다시금 서부 뉴기니를 떼어내어 일시적으로 식민 지배 아래 두고, 독립국(independent nationhood)이 되도록 준비시키려고 했다. 이 사업은 1963년이 되어서야, 미국의 강력한 외교적 압력과 인도네시아의 군사적 습격의 결과로, 중단되었다. 그제야 수카르노 대통령은 예순둘의 나이에 처음으로 그가 40년이라는 세월 동안 연설에서 부단히 부르짖어 온 지역을 방문했다. 이후 이어진 서부 뉴기니 주민들과 독립 인도네시아 국

23 See Robin Osborne, *Indonesia's Secret War, The Guerrilla Struggle in Irian Jaya*, pp. 8~9.
● 동부 뉴기니는 지금의 독립국 파푸아뉴기니.

264

가의 사절들 간의 고통스러운 관계는, 인도네시아인들이 어느 정도는 진정성이 우러나는 마음으로 서부 뉴기니 주민들을 '형제자매들'이라고 여겼던 반면, 주민들 본인들은 돌아가는 사정을 굉장히 다르게 보았다는 사실에 돌릴 수 있다.[24]

이러한 차이는 센서스와 지도에 큰 빚을 지고 있다. 뉴기니의 외진 위치와 바위투성이의 지형은 천 년이 넘는 시간 동안 보통이 아닌 언어적 분열을 만들어냈다. 1963년 네덜란드인들이 이 지역을 떠날 때, 그들은 70만 명 인구 안에 서로 거의 소통이 불가능한 200가지 이상의 언어들이 존재한다고 추정했다.[25] 더 외진 곳의 여러 '부족' 집단들은 서로의 존재조차 모르고 있었다. 그러나 특히 1950년 이후에 네덜란드인 선교사들과 네덜란드 관료들이 센서스를 실시하고, 커뮤니케이션 네트워크를 확장하고, 학교를 설립하고, '부족' 이상 단위의 정부 구조를 세움으로써 그들을 '통일'하려는 진지한 노력을 처음으로 펼쳤다. 이러한 노력에 착수한 것은, 앞서 보았듯, 유럽어가 아니라 '행정 말레이어'를 통해 동인도 제도를 주로 통치했다는 점에서 독특했던 식민지 국가였다.[26] 그

---

24 1963년 이래 서부 뉴기니(지금은 이리안자야, 즉 대(大)이리안으로 불리는)에서 유혈 사태가 여러 차례 있었다. 그 원인의 일부는 1965년부터 인도네시아 국가가 군사화된 결과로 돌릴 수 있고, 일부는 이른바 OPM(독립파푸아조직)에 의한 간헐적인 게릴라 활동으로 돌릴 수 있다. 그러나 여기에서의 잔학상은, 자카르타 당국이 1976년 침공한 이후 3년 동안 60만 명의 인구 중 3분의 1이 전쟁과 기아, 질병, '재정착'으로 사망했다고 추정되는 옛 포르투갈 식민지 동티모르에서 저지른 만행에 비교하면 빛이 바랜다. 나는 동티모르가 네덜란드령 동인도의 로고에서, 그리고 1976년까지는 인도네시아의 로고에서 부재했다는 데에서 이러한 차이가 어느 정도는 도출된다고 제안하는 것이 잘못된 것이라고 생각하지 않는다. 〔● 수하르토 정권의 종식 이후 이리안자야는 인도네시아 내에서는 파푸아로, 독립운동 세력에 의해서는 서파푸아로 불리고 있다. 인도네시아가 동티모르를 대대적으로 침공한 것은 정확히 말하자면 1975년 12월의 일이다.〕

25 Osborne, *Indonesia's Secret War*, p. 2.

리하여 서부 뉴기니는 일찍이 인도네시아를 길러낸 (그리하여 때가 왔을 때 민족어가 된) 언어와 똑같은 언어로 '양육'되었다. 아이러니는, 이렇게 해서 바하사 인도네시아(인도네시아어)가 피어나는 서부 뉴기니, 서파푸아 민족주의의 링구아 프랑카가 되었다는 것이다.[27]

그러나 종종 서로 다투었던 서파푸아 청년 민족주의자들을, 특히 1963년 이후에, 한데 모은 것은 바로 지도였다. 인도네시아 국가는 이 지역의 이름을 서뉴기니(West Nieuw Guinea)에서 처음에는 이리안바랏(서이리안)으로, 그다음에는 이리안자야로 변경하기는 했지만, 여전히 식민지 시대의 조감도로부터 그 지역의 실재를 읽고 있었다. 드문드문 흩어져 있는 인류학자와 선교사, 현지 공무원들은 아마 다니족·아스맛족·바우디족에 대해 알고 생각했을 것이다. 그러나 국가 그 자체는, 그리고 국가를 통해 인도네시아 주민들 전반은, 오로지 **지도를 좇아** 명명된 '이리안인'(오랑 이리안)이라는 환영만을 보았다. 환영이기에, '네그로이드'의 생김새와 페니스 덮개 등의 유사 로고적 형태로 상상되는 이리안 사람을. 20세기 초 네덜란드령 동인도의 인종주의적 구조 내부에서 어떻게 인도네시아가 처음 상상되었던가를 떠올리게 하는 방식으로, 141도 자오선과 이웃한 북말루쿠주와 남말루쿠주에 의해 경계가 지어진 '이리안' 민족 공동체의 배아가 출현한 것이다. 그 가장 걸출하고 매력적인 대변인이었던 아르놀드 압(Arnold Ap)이 1984년 국가에 의해 살해되었을 때, 그는 국가가 건립해 '이리안' (지방) 문화에 헌정한 박물관의 학예사였다.

---

26 See above, p. 110.

27 이에 대한 최고의 지표는, 반인도네시아 민족주의 게릴라 조직의 이름이 Organisasi Papua Merdeka(OPM)라고 하여 인도네시아 말로 지어져 있다는 점이다.

박물관

압의 직업과 암살 간의 고리는 전혀 우연한 것이 아니었다. 박물관, 그리고 박물관화하는(museumizing) 상상은 둘 다 심원하게 정치적이기 때문이다. 압의 박물관이 멀리 떨어진 자카르타 당국에 의해 설립되었다는 것은 새로운 인도네시아 민족국가가 그 직전의 전신인 식민 네덜란드령 동인도로부터 배운 방식을 보여준다. 현재 동남아시아 일대에 박물관이 증식하고 있는 현상은 정치적 상속의 일반적 과정이 작용하고 있음을 시사한다. 이 과정에 대해 이해하려면, 그러한 박물관들을 가능하게 했던 19세기의 참신한 식민지 고고학에 대한 고찰이 필요하다.

19세기 초가 될 때까지 동남아시아의 식민 지배자들은 자신들이 예속시킨 문명들의 고대 유적들(monuments)에 대해 별 관심을 드러내지 않았다. 윌리엄 존스의 캘커타로부터 파견된 불길한 사절 토머스 스탬퍼드 래플스(Thomas Stamford Raffles)는 그저 개인적 소장을 위해 현지의 오브제 다르(objets d'art)●를 많이 긁어모았던 것이 아니라 그 역사를 체계적으로 연구하기도 한 최초의 저명한 식민지 관리였다.[28] 그 이후 보로부두르의, 앙코르의, 버강(파간)의, 그리고 다른 고대 사적들의 장엄함을 차례차례로, 그리고 점점 빠르게 파헤치고, 주변 밀림을 제거하고, 너비와 길이를 재고, 사진을 찍고, 재건하고, 울타리를 치고, 분석하고, 전시하는 과정이 이어졌다.[29] 식민지고고학국(Colonial Archaeological

---

● 예술적 가치가 있어 수집의 대상이 되는 공예품 등.

28 1811년 영국 동인도회사의 병력이 동인도 제도의 모든 네덜란드 영토들을 접수했다(그 전해에 나폴레옹이 네덜란드를 프랑스에 병합했다). 래플스는 1815년까지 자바에서 통치했다. 그의 기념비적인 *History of Java*는 그가 싱가포르를 건설하기 2년 전인 1817년에 나왔다.

29 세계 최대의 불탑인 보로부두르의 박물관화는 이러한 과정의 모범적 사례이다. 1814년 래플스 정권은 보로부두르를 '발견'하고, 밀림에서 끄집어냈다. 1845

Services)은 강력하고 권위 있는 기구가 되었고, 특히 유능한 몇몇 학자와 관리들이 그곳에 발령을 받았다.[30]

<hr>

년, 자기 홍보에 열심이던 독일인 예술가이자 모험가 셰퍼가 최초의 다게레오타이프(은판 사진)를 만들 비용을 지불해 달라고 바타비아의 네덜란드 당국을 설득했다. 1851년 바타비아는 토목기사 F. C. 윌센(Wilsen)이 이끄는 한 팀의 국가 공무원을 보내, 부조를 체계적으로 측량해 완벽하고 '과학적인' 탁본 한 벌을 생산하도록 했다. 1874년 레이던의 고대유물박물관 관장 C. 레만스(Leemans) 박사가 식민지부의 명령에 따라 최초의 주요한 학문적 모노그래프를 펴냈는데, 그는 단 한 번도 유적을 직접 방문하지 않았으며, 윌센의 탁본에 크게 의존했다. 1880년대에는 사진가 체파스(Cephas)가 전체를 훑는 근대식 사진 촬영 조사의 결과물을 생산해 냈다. 1901년 식민지 정권은 고대유적위원회(Oudheidkundige Commissie)를 설립했다. 1907년에서 1911년 사이에 위원회는 토목기사 반 에르프(Van Erp) 휘하의 팀이 국가 예산으로 수행한, 탑의 완전한 복원 작업을 감독했다. 1913년에 위원회가 고대유적국(Oudheidkundigen Dienst)으로 승격된 것은 틀림없이 이 성공을 인정받은 결과였을 것이다. 고대유적국은 식민지 시기의 마지막까지 유적을 말쑥하고 깔끔하게 관리했다. C. Leemans, *Boro-Boudour*, pp. ii~lv; N.J. Krom, *Inleiding tot de Hindoe-Javaansche Kunst*, I, chapter 1을 참조.

30 골동품광이었던 그롤리에(Groslier)에 따르면 인도고고학조사국(Archaeological Survey of India)에 '에너지를 불어넣은' 커즌 총독(1899~1905)은 다음과 같은 명언을 남겼다. "파내고 발견하는 것, 분류하고 모사하고 묘사하는 것, 복제하고 해독하는 것, 간직하고 보전하는 것은 동등하게 우리의 의무이다." (푸코도 이만큼 딱 떨어지는 말은 못 했으리라.) 1899년에는 당시 영국령 인도의 일부분이었던 버마에 버마고고학국(Archaeological Department of Burma)이 설치되어 곧 버강을 복원하기 시작했다. 그 전해에는 사이공에 프랑스국립극동연구원(École Française d'Extrême-Orient)이 창립되었으며, 거의 곧바로 인도차이나박물관·역사유적국이 뒤를 따랐다. 프랑스가 1907년 시암으로부터 시엠레아프와 밧덤벙을 손에 넣은 직후, 동남아시아에서 가장 장엄한 고대 유적을 '커즌'화하기 위해 앙코르보전위원회(Angkor Conservancy)가 설립되었다. Bernard Philippe Groslier, *Indochina*, pp. 155~57, 174~77을 보라. 앞에서 이야기했듯이 네덜란드의 식민지 고대유적위원회는 1901년에 설치되었다. 1899년, 1898년, 1901년이라는 연대의 일치는 경쟁하던 식민지 강대국들이 서로를 얼마나 예민하게 관찰하고 있었는지의 여부뿐만 아니라, 세기가 바뀔 즈음에

왜 이런 일이 일어났고, 왜 이때 일어났는지를 완전하게 탐구하는 작업은 우리를 길에서 너무 멀리 떨어진 곳으로 데려갈 듯하다. 여기에서는 이러한 변화가 두 위대한 동인도회사의 상업-식민지 정권들이 저물고, 본국에 직접 부속된 진정한 근대적 식민지가 떠오르던 현상과 관련되어 있었다고 지적하는 것만으로 충분할 것이다.[31] 이에 따라 이제 식민지 국가의 위신과 그 상부 조국의 위신은 더 밀접하게 연결되었다. 위용 있는 유적의 복원에 고고학적 노력이 얼마나 심하게 집중되었던가 하는 것은 주목할 만한 일이다. (그리고 어떻게 이러한 유적들이 공공에의 보급과 교화를 위한 지도 위에 점으로 찍혔는가 하는 것도. 저승 센서스 같은 것이 진행되고 있었던 것이다.) 이러한 강조가 일반적인 오리엔탈리즘의 풍조를 반영한다는 데에는 의심의 여지가 없다. 그러나 여기에 투자된 대단한 규모의 자금은 우리에게 국가가 그 나름의 과학 외적인 이유를 갖고 있지 않았던가 하는 의심을 던지게 한다. 여기서 세 가지 이유가 곧장 알아서 튀어나오는데, 그중 마지막 것이야말로 가장 중요하다.

무엇보다 먼저 고고학적 박차의 타이밍은 국가의 교육 정책을 놓고 벌어진 최초의 정치적 투쟁의 시기와 들어맞았다.[32] 식민자들과 토착민

제국주의의 뚜렷한 변모가 진행되고 있었음을 보여준다. 예측할 수 있는 것처럼 독립국 시암은 더 느릿느릿 걸어왔다. 시암의 고고학국은 1924년에야 세워졌으며, 1926년에야 국립박물관이 문을 열었다. Charles Higham, *The Archaeology of Mainland Southeast Asia*, p. 25 참조.

31 네덜란드 동인도회사는 1799년 파산해 정리되었다. 그렇지만 네덜란드령 인도라는 식민지는 신성동맹이 네덜란드의 독립을 복원하고, 나폴레옹과 그의 상냥한 동생 루이가 1806년에 처음 발명한 네덜란드 왕좌에 오라네 공 빌렘 1세가 오른 1815년에 시작된다. 영국 동인도회사는 1857년 위대한 인도의 세포이항쟁이 있기까지 살아남았다.

32 고대유적위원회를 설립한 그 똑같은 정부가 동인도 제도를 위한 새로운 '윤리 정책'에 착수하기도 했다. '윤리 정책'이란 상당수의 피식민자들을 위한 서양식 교육 체계를 이곳에 처음으로 설립하고자 하는 것이었다. 폴 두메르(Paul

들 중의 '진보파'는 근대 학교 교육에 대규모 투자를 하라고 촉구하고 있었다. 그들에 대항해 그러한 학교 교육의 장기적 결과를 두려워하며 토착민들이 토착 그대로 남는 것을 선호하던 보수파가 포진해 있었다. 이렇게 놓고 보면, 곧 국가가 후원하는 전통 문학 텍스트의 활자본으로 이어지게 될 고고학적 복원이란 보수적인 교육 프로그램의 일환으로서, 진보파의 압력에 저항하는 핑계 구실도 하는 것으로 볼 수 있다. 두 번째로, 재건의 형식적 · 이데올로기적 강령은 언제나 유적의 건설자와 식민지 토착민들을 일정한 위계 안에 놓았다. 몇몇 경우에는, 1930년대까지의 네덜란드령 동인도 제도에서와 같이, 건설자들이 실상 토착민들과 같은 '인종'이 아니라는 생각(그들은 '진짜로' 인도에서 이주한 사람들이었다는 식)이 인기를 끌었다.[33] 다른 경우에는 버마에서와 같이 세속의 데카당스가 상상되었는데, 현재의 토착민들은 더 이상 그들의 추정상의 선조가 이룬 것을 해낼 능력이 없다는 것이었다. 이러한 각도에서 보면 재건된 유적들은, 유적을 둘러싼 시골의 가난과 병치되어 토착민들에게 이렇게 말하고 있었다. 우리의 존재 자체가 너희들에게는 늘 위대함이나 자치의 역량이 없었다는, 아니면 없게 된 지 오래라는 것을 보여준다.

세 번째 이유는 우리를 더 깊이, 그리고 지도 곁으로 더 가까이 데려간다. 일찍이 우리는 '역사 지도'를 논의하면서, 식민 정권들이 어떻게

Doumer) 총독(1897~1902)은 인도차이나박물관 · 역사유적국과 인도차이나의 근대 교육 기구라는 두 가지 기관을 모두 만들었다. 버마에서 고등교육의 엄청난 팽창—1900년에서 1940년 사이에 중등학교 학생 수가 2만 7401명에서 23만 3543명으로 여덟 배, 대학생 수가 115명에서 2,365명으로 스무 배 늘었다—이 시작된 것이 버마고고학국이 막 업무에 들어갔을 무렵이었다. Robert H. Taylor, *The State in Burma*, p. 114 참조.

33 이런 식의 사고에 일부 영향을 받아 지금에 이르기까지 태국의 보수파 지식인들과 고고학자들 및 관료들은 앙코르가, 흔적 하나 없이 사라졌으며 오늘날의 경멸스러운 캄보디아인들과는 틀림없이 아무 관계도 없는 전설의 종족인 콤족의 것이라고 말한다.

스스로를, 원래는 꽤나 직설적인 마키아벨리적 · 법률적인 이유들로 인하여, 정복만큼이나 고대성에 부착시켰는지를 보았다. 그러나 시간이 흐르면서 정복의 권리에 대한 내놓고 야만적인 이야기는 점점 줄어들었고, 대안적인 정당성을 창조하려는 노력은 점점 늘어났다. 점점 더 많은 유럽인들이 동남아시아에서 태어나고 있었고, 그곳을 고향이라고 부르고픈 유혹에 빠지고 있었다. 차츰 관광과 연계되던 유적 고고학은 국가가 일반화된, 그러나 현지적이기도 한 대문자 전통(Tradition)의 수호자로 출현할 수 있게 했다. 신성한 옛 사적들은 식민지의 지도에 합병될 것이었으며, 그 고대의 위세는 (만일 종종 그랬듯이 사라져버렸다면 국가는 이를 되살리려고 할 것이었다) 지도 제작자들을 휘감았다. 이 역설적인 상황은 재건된 유적들이 종종 산뜻하게 깔린 잔디로 둘러싸여 있으며, 언제나 연대를 갖춘 설명을 곁들인 판이 여기저기 설치되어 있다는 사실이 근사하게 예증한다. 게다가 유적들은 답사 온 관광객들 말고 다른 사람들은 없도록 (종교적 의식이나 순례의 행렬은 가능한 한 막아야 했다) 텅 빈 상태로 유지될 것이었다. 이렇게 박물관화된 유적들은 세속 식민지 국가의 문장(regalia)으로서 재배치된다.

그러나 앞서 언급했듯이 이 범속한 국가의 도구성은 무한한 복제 가능성(reproducibility), 즉 기술적으로는 인쇄와 사진에 의해 가능해졌으되 정치-문화적으로는 지배자들 스스로가 현지 사적들의 참된 신성성에 대해 불신함으로써 가능해진 그러한 복제 가능성을 특징으로 한다. 어디에서나 정해진 진행 순서 같은 것을 감지할 수 있다. 첫째, 기술적으로 정교한 엄청난 양의 고고학 보고서. 다른 것들과는 구별되는 특정 폐허의 복원 과정을 기록한 사진 수십 장 완비. 둘째, 대중적 소비를 위한, 도판이 풍부하게 들어간 책. 그 식민지 내에서 복원된 모든 주요 사적의 견본 도판을 포함. (네덜란드령 인도에서처럼 힌두교 · 불교 사원이 이슬람 모스크에 병치될 수 있으면 더더욱 좋다.)[34] 인쇄자본주의 덕분에, 국가의 가산(patrimony)에 대한 그림 센서스 같은 것이 국가의 신민들에게, 비록 값은 비쌀지언정 볼 수 있도록 주어진 것이다. 셋째, 위에 그려진 범속화 과정에 의해 가능해진 전반적인 로고화. 열대의 새, 과일, 식물 등을 특징적인 시리즈로 만든 ─ 그러니 유적은 왜 안 되겠는가? ─ 우표가 이 단계의 표본이다. 그렇지만 엽서와 교과서도 똑같은 논리를 따른다. 거기에서 한 발짝만 나가면 시장으로 들어가는 것이다. 버강 호텔, 보로부두르 프라이드 치킨 등등.

기술 복제의 시대에 무르익은 이러한 종류의 고고학은 심원하게 정치적이기는 했으되, 그것의 정치성은 대단히 깊은 수준의 것이라, 식민지 국가의 공무원(1930년대 즈음에는 대부분의 동남아시아에서 공무원의 90퍼센트가 토착민이었다)을 포함한 거의 모든 이들이 사실을 의식하지 못하고 있었다. 그것은 굉장히 정상적이고 일상적인 것이 되었다. 국가의 진정한 권력을 드러낸 것은 다름 아닌 그 문장의 무한하고 흔해 빠진 복제 가능성이었다.

그들의 식민지 선배들과 눈에 띄는 연속성을 보여주었던 독립 이후의 국가들이 이러한 형태의 정치적 박물관화를 이어받았다는 것은 아마도 그다지 놀랄 일은 아닐 것이다. 예를 들어 1968년 11월 9일 캄보디아 독립 15주년을 기념하는 행사에서 노로돔 시아누크는 나무에 종이를 발라 만든 앙코르 바욘 사원의 대형 모형을 프놈펜의 국립 스타디움에 전시했다.[35] 이 모형은 몹시 조잡하고 조악했지만 그 구실은 제대로 해냈

---

34 뒤늦게 피어난 훌륭한 예는 자칭 '전(前) 인도네시아 〔sic〕 고고학국장'이라는 네덜란드인 학자 A.J. Bernet Kempers의 *Ancient Indonesian Art*이다. 24~25쪽에는 고대 사적의 위치를 보여주는 지도들이 나와 있다. 첫 번째 지도가 특히 교훈적인데, 직사각형 모양(오른쪽 가장자리는 경도 141도선이다)에 어쩔 수 없이 필리핀의 민다나오와 영국·말레이시아의 북보르네오, 반도의 말라야, 그리고 싱가포르가 들어가 있기 때문이다. 이 모든 곳에는 아무런 사적이 표시되어 있지 않고, 무슨 뜻인지 알 수 없는 '케다'(Kedah)라는 단어 외에는 아무런 지명도 표시되어 있지 않다. 힌두교·불교에서 이슬람으로의 전환은 도판 340번 이후에 일어난다.

다.―식민지 시대의 로고화를 통해 즉각 알아볼 수 있게 하는. "아, 우리의 바욘" ― 그러나 프랑스인 식민지 복원자들에 대한 기억은 완전히 떨쳐버린 채로. 프랑스가 재건한 앙코르 와트는 제9장에서 이야기한 대로 다시금 '퍼즐 조각' 형태를 띠고, 시아누크의 왕정주의 정권, 론 놀의 군사주의 정권, 폴 포트의 자코뱅 정권의 차례로 이어지는 국기에서 중심적인 상징이 되었다.

게다가 더욱 놀라운 것은 더 인민적인 수준에서 이 유산이 계승된 데 대한 증거이다. 뜻깊은 한 가지 예로 1950년대에 인도네시아 교육부 주문으로 제작된 민족사의 주요 사건에 대한 그림 시리즈를 들 수 있다. 이 그림들은 대량생산되어 초등학교 시스템 전체에 배포되었으니, 어린 인도네시아인들은 교실 벽에 ― 어느 곳에서나 ― 나라의 과거에 대한 시각적 표상들을 갖게 될 것이었다. 대부분의 배경은 20세기 식민지 시대 상업 예술의 예상 가능한 감상적 자연주의 스타일로 되어 있거나, 박물관 디오라마나 대중적인 모조 역사적 민속극 와양 오랑●으로부터 가져온 인물상을 담고 있었다. 그러나 이 시리즈에서 가장 재미있는 것은 어린이들에게 보로부두르의 표상을 제공했다. 실제로 504개의 불상과 그림 석판 1,460개, 장식용 석판 1,212개가 있는 이 거대한 유적은 고대 자바 조각의 환상적인 보고이다. 그렇지만 평판 높은 예술가께서는 교육적인 도착성으로 9세기 전성기의 경이를 상상한다. 보로부두르는 완전히 흰색으로 칠해지고, 조각 따위는 흔적조차 눈에 띄지 않는다. 잘 다듬어진 잔디와 작은 가로수길로 둘러싸인 이곳에서는 단 한 명의 사람도 보이지 않는다.[36] 이러한 비어 있음이 고대의 불교적 현실을 접한 현

---

35 몇몇 흥미로운 사진들을 보려면 *Kambuja*, 45 (15 December 1968) 참조.
● 사람이 직접 나와서 연기하는 자바 전통극.('와양'은 그림자극이 더 유명하다.)
36 이 논의는 나의 *Language and Power*, chapter 5에서 더 자세히 분석된 자료에 기초하고 있다.

대 무슬림 화가의 거북한 심정을 반영한다고 논할 수도 있겠다. 그러나 나는 우리가 진짜로 보고 있는 것은 자각 없는 식민지 고고학의 직계 후예 — 국가 문장으로서의, 그리고 "당연히 이게 그거지"라는 로고로서의 보로부두르가 아닌가 생각한다. 똑같은 보로부두르의 무한한 연쇄 속에서의 그것의 위치에 대해 모두가 알고 있기 때문에, 민족 정체성의 기호로서 더더욱 강력한 보로부두르.

그렇다면 서로 이어진 센서스와 지도, 박물관은 그 지배 영역에 대한 후기 식민지 국가의 사고방식을 조명한다. 이러한 사고의 '날줄'은 주민 집단들·지역들·종교들·언어들·생산품들·유적들 등 국가가 실제로 또는 생각 속에서 통제하고 있는 어떤 것에든 끝없이 유연하게 적용될 수 있는, 모든 것을 포함하려는 분류의 모눈이었다. 이 모눈의 효과는 무엇에 대해서든지 저것이 아니라 이것이다, 저기가 아니라 여기에 속한다고 언제나 말할 수 있게 되는 것이다. 그것은 경계가 있고, 한정되어 있으며, 그러므로 원칙적으로 셀 수 있었다. (분류와 하위 분류에 사용되는 센서스의 우스운 네모, '기타'라는 이름이 붙은 네모는 광채 나는 관료적 눈속임으로 현실의 모든 변칙 현상을 은폐했다.) '씨줄'은 연쇄화 (serialization)라고 부를 수 있는 것, 세계는 복제 가능한 복수형의 것들로 만들어져 있다는 가정이다. 개개인 또는 개개의 것은 언제나 어떤 연쇄의 잠정적인 대표일 뿐이었고, 그러한 시각에서 다루어져야 했다. 식민지 국가가 어떠한 중국인 이전에 중국인의 연쇄를, 무슨 민족주의자들이 나타나기도 전에 민족주의자의 연쇄를 상상한 이유였다.

이러한 사고들에 대한 최고의 메타포를 찾아낸 사람은 식민지 시대에 관한 그의 4부작 소설 마지막 권에 루마 카차(Rumah Kaca), '유리의 집'이라는 제목을 붙인 위대한 인도네시아인 소설가 프라무디아 아난다 투르이다. 그것은 벤담의 파놉티콘만큼 강력한 전체적 관측 가능성 (surveyability)의 이미지이다. 식민지 국가는 단지 완벽한 가시성을 띤 인간의 풍경을 자신의 통제 아래 창조하려고 갈망하는 데 그치지 않았다. 이러한 '가시성'의 조건은 누구나, 무엇이든지, (말하자면) 일련번호를 가지고 있어야 한다는 것이다.[37] 이러한 스타일의 상상은 느닷없이 나온 것이 아니었다. 그것은 자본주의의 깊은 추동력은 말할 것도 없고 항해와 천문학, 시계 기술, 측량술, 사진과 인쇄라는 테크놀로지의 산물이었다.

이렇게 지도와 센서스는 때가 왔을 때 '버마'와 '버마인', '인도네시아'와 '인도네시아인'을 가능하게 할 문법을 형성했다. 그러나 이러한 가능성들의 구체화, 식민지 국가가 사라진 지 오래인 오늘날에도 강력하게 살아남아 있는 구체화는 역사와 권력에 대한 식민지 국가 특유의 상상에 많은 빚을 지고 있다. 고고학은 식민지 이전 시대의 동남아시아에서는 상상 불가능한 사업이었다. 식민지화되지 않은 시암은 고고학을 뒤늦게, 그리고 식민지 국가의 방식에 따라 채택했다. 그것은 '네덜란드령 인도'와 '영국령 버마'라는 지리적·인구학적 분류의 네모칸 안에 분절된 '고대 유적'이라는 연쇄를 창조했다. 이러한 범속한 연쇄와 더불어 인식된 각각의 폐허는 감시와 무한한 복제가 가능하도록 준비되었다. 식민지 국가의 고고학 부서가 그 연쇄를 지도화되고 사진화된 형태로

---

37 유리의 집 스타일의 상상에서 나온 정책의 결과, 정치범 출신인 프라무디아가 고통스럽게도 잘 알고 있는 그 결과의 표본은 성인인 인도네시아인이라면 누구나 항시 휴대해야 하는 분류적 신분증이다. 이 신분증과 센서스는 동형이다. 이것은 일종의 정치적인 센서스를 표상하며, '불순 분자'와 '반역자' 같은 하위 분류에 속하는 이들을 위한 특별한 표시를 포함한다. [● 공산당 중 세계 3위의 규모를 자랑하던 인도네시아공산당을 철저하게 파괴한 1965년의 숙청 이후 공산당원 또는 동조자라고 하여 재판 없이 수감된 이들 중 1만 명 가량은 부루 섬의 처참한 강제수용소에 따로 갇혔는데, 프라무디아도 그중 한 명이다. 정치범 출신들은 풀려난 이후에도 공민권 등을 박탈당했으며, 신분증에 '정치범 출신'이라는 도장이 찍혀 있었다.〕 이러한 스타일의 센서스가 민족의 독립을 성취한 이후에야 완성되었다는 점은 주목할 만하다.

조립하는 것을 기술적으로 가능케 했듯이, 국가 그 자체는 역사적 시간을 거슬러 올라가며 연쇄를 선조들의 사진첩으로 간주할 수 있었다. 핵심적인 것은 결코 특정한 보로부두르나 특정한 버강이 아니었다. 국가는 그런 것에 대단한 관심을 갖고 있지도 않았고, 오로지 고고학으로만 그곳들에 연결되어 있었다. 그러나 복제 가능한 연쇄는 국가의 탈식민지 계승자가 간단히 물려받은 장(場)의 역사적 깊이를 창조했다. 최종적인 논리적 결과는 '버강'이든 '필리핀'이든 별 차이 없는 로고, 즉 비어 있음, 맥락 없음, 시각적인 각인, 그리고 모든 방향으로의 무한한 복제 가능성으로써 센서스와 지도, 씨줄과 날줄에 지울 수 없는 포옹을 선사한 로고였다.

제11장

기억과 망각

새 공간, 옛 공간

뉴욕, 누에보레온, 누벨오를레앙, 노바리스보아, 니우암스테르담. 16세기에 벌써 유럽인들은 그들이 기원한 땅의 '오래된'(것이 되어버린) 지명들을 가지고 그 '새' 버전으로 멀리 떨어진 장소에 이름을 붙이는 기이한 버릇을 갖게 됐는데, 처음에는 아메리카와 아프리카에서, 나중에는 아시아와 호주, 오세아니아에서 그렇게 했다. 나아가 그들은 그러한 장소들이 다른 제국의 주인에게 넘어갈 때도 이 전통을 간직하여, 누벨오를레앙은 뉴올리언스가, 니우젤란트는 뉴질랜드가 되었다.

일반적으로 정치적·종교적 장소들에 새롭다는 뜻의 이름을 붙이는 것은 그 자체로서는 그다지 새롭지 않다. 예를 들어 동남아시아에서는 꽤나 옛 시절로 거슬러 올라가는 도시들의 이름이 참신함을 뜻하는 단어를 담고 있는 경우를 찾아볼 수 있다. 치앙마이(뉴 시티), 코타바루(뉴 타운), 퍼칸바루(뉴 마켓) 등이 그 예이다. 그러나 이러한 이름들에 들어간 '뉴'는 예외 없이 이미 자취를 감춘 무언가의 '계승자', '후계자'라는 의미이다. '뉴'와 '올드'는 통시적으로 정렬되고, '뉴'는 언제나 죽은 자로부터의 모호한 축복을 불러내는 것처럼 보인다. 16세기부터 18세기까지의 아메리카 지명 붙이기에서 깜짝 놀랄 만한 것은 '뉴'와 '올드'가 공시적으로, 비어 있는 동질적 시간 안에 공존하는 것으로 이해된다는 점이다. 비스카야는 누에바비스카야와 나란히 있고, 뉴런던은 런던과 나란히 있다. 후계 구도가 아니라 형제 간의 경쟁을 연상케 하는 작명 스타일이다.

이 유례없는 공시적 참신성은 역사적으로 오로지 상당수의 인구 집단이 그들 자신이 다른 상당수의 인구 집단에 **평행한**(parallel) 삶을 살고 있으며, 결코 만나지는 않을지라도 틀림없이 같은 궤도를 따라 나아가고 있다고 생각할 위치에 있을 때에만 일어난다. 1500년에서 1800년 사이에 선박 건조와 항해술, 시계술, 지도제작술의 영역에서 테크놀로지 혁신이 축적되고 인쇄자본주의를 통해 매개되면서, 이런 식의 상상이 가능해졌다.[1] 페루의 알티플라노, 아르헨티나의 팜파스 또는 '뉴'잉글랜드의 항구 근처에서 살아가면서도 수천 킬로미터 너머 잉글랜드나 이베리아 반도에 있는 일정한 지역이나 공동체에 연결되어 있다고 느끼는 것이 생각할 수 있을 법한 일이 되었다. 그 짝꿍을 만나리라는 대단한 기대 없이도 공유하고 있는 언어와 종교적 신앙(서로 다른 정도로), 관습과 전통에 대해 확실히 의식하는 것이 가능해졌다.[2]

---

1 축적은 경도를 정확하게 측정하려는 '국제적'(즉 유럽의) 탐색에서 광란의 절정에 이르렀다. Landes, *Revolution in Time*, chapter 9의 말솜씨 좋은 이야기를 참조. 1776년 13개 주가 독립을 선언했을 때 *Gentleman's Magazine*은 다음과 같이 간단하게 존 해리슨의 부고를 실었다. "그는 재주가 매우 뛰어난 기계공이었고, 경도를 발견해[sic] [웨스트민스터로부터] 2만 파운드의 포상금을 받았다."

2 이러한 의식이 아시아에서 늦게 보급된 것은 프라무디아 아난다 투르의 위대한 역사소설, 『부미 마누시아』(*Bumi Manusia*, 인간의 대지)의 시작 부분에서 능숙하게 이야기된다. 젊은 민족주의자 주인공은 자신이 미래의 빌헬미나 여왕과 같은 날짜인 1880년 8월 31일에 태어났다는 점을 곱씹는다. "그러나 나의 섬이 밤의 어둠에 덮여 있을 동안, 그녀의 나라에는 햇볕이 내리쬔다. 그 나라가 밤의 암흑에 싸여 있을 때면, 나의 섬은 쨍쨍 빛나는 적도의 한낮이다." p. 4.

이러한 평행성과 동시성의 감각이 단순히 떠오르기만 하는 것이 아니라 막대한 정치적 결과도 낳으려면, 반드시 평행 집단 사이의 거리가 멀고, 둘 중 새로운 쪽은 오래된 쪽에 확고히 종속되어 있는 대규모의 영구 정착지여야 했다. 이러한 조건들은 아메리카에서 전에 없던 정도로 들어맞았다. 먼저 광대하게 펼쳐진 대서양과 그 양안에 존재하는 지리적 조건의 순전한 상이함은, 라스 에스파냐스를 에스파냐로 변모시키고 스코틀랜드를 연합왕국 안에 가라앉힌 것과 같은 방식으로 인구 집단들이 더 큰 정치-문화적 단위로 서서히 흡수되는 현상을 불가능하게 했다. 두 번째로 제4장에서 이야기했듯이 아메리카로의 유럽 이민은 경이로운 규모로 일어났다. 18세기가 끝날 즈음에 스페인 부르봉가의 서반구 제국의 인구 1690만 명 중 '백인'은 320만 명이나 (그중 내지 태생자는 고작 15만 명) 되었다.[3] 토착 주민들에 비해 압도적인 군사적·경제적·테크놀로지적 권력 못지않게 이민자 사회의 순전한 규모도 그 사회가 문화적 응집력과 현지에서의 정치적 우위를 지킬 수 있도록 보장했다.[4] 세 번째로 제국의 본국은 무시무시한 관료적·이데올로기적 국가

---

3 말할 것도 없이, '백인됨'(whiteness)이란, 복잡한 사회적 현실과는 겨우 스치는 정도의 관계만을 지녔던 법적 범주였다. 해방자께서 친히 말씀하셨듯이, **"우리는 이 대륙을 핏기가 빠질 때까지 쥐어짜고 그 피해자들에게 씨를 뿌리기 위해 아메리카에 온 약탈자 스페인인들의 비열한 후손들이다. 나중에는 이러한 결합의 사생아로 태어난 후손들이 아프리카에서 운반되어 온 노예의 후손들과 섞여 하나가 되었다."** 강조는 덧붙임. Lynch, *The Spanish-American Revolutions*, p. 249. 이러한 크리올 정체성(criollismo)에서 무슨 '영원히 유럽적인 것'을 상정하지 않도록 조심해야 한다. 저 신실한 불교도 싱할라인 다 소우자 가문(Da Souzas), 저 경건한 가톨릭교도 플로레스인 다 실바 가문(Da Silvas), 그리고 저 냉소적인 가톨릭교도 마닐라인 소리아노 가문(Sorianos)은 당대의 실론·인도네시아·필리핀에서 사회적·경제적·정치적 역할을 문제 없이 소화하며, 사람들로 하여금 상황이 맞아떨어진다면 유럽인들도 비유럽 문화에 원만하게 흡수될 수 있다는 점을 인지하도록 도왔다.

4 방대한 아프리카 이민자 인구의 운명과 비교해 보라. 노예제의 잔혹한 메커니즘

장치를 배치했고, 그로 인해 여러 세기 동안 크리올에 대해 그들의 의지를 관철할 수 있었다. (관련되어 있는 순전한 병참 문제를 생각한다면, 반란을 일으킨 아메리카 식민자들에 대항한 오랜 반혁명 전쟁을 수행할 수 있었던 런던과 마드리드의 능력은 꽤나 인상적인 것이었다.)

이 모든 조건들의 참신성은 동남아시아와 동아프리카로 이루어진 중국인 및 아랍인의 대규모 (그리고 거의 동시대의) 이민과 대조해 보면 확인할 수 있다. 이러한 이주는 본국이 '계획'한 것이 전혀 아니었고, 안정적인 종속 관계의 산출과는 더더욱 거리가 멀었다. 중국인들의 경우, 그나마 조금 비슷한 단 한 가지는 15세기 초반에 출중한 환관 제독 정화(鄭和)가 멀리 인도양을 건너 이끈 일련의 엄청난 항해이다. 영락제의 지시로 수행된 이 대담무쌍한 사업은 동남아시아 및 그 서쪽 너머 지역들과의 무역 관계에서 중국인 상인들의 사적인 약탈 행위에 대항해 궁정의 독점권을 확보하고자 한 것이었다.[5] 세기 중반이 되자 정책의 실패는 확연했고, 그리하여 명나라는 해외에서의 모험을 단념하고 중화로부터의 이주를 막기 위해 전력을 다했다. 1645년 중국 남부가 만주족에게 함락되면서 새로운 왕조와의 어떠한 정치적 유대도 생각할 수 없었던 이들이 동남아시아로 향하는 바람에 대대적인 난민의 물결이 산출되었다. 이어진 청나라의 정책은 명나라 후기의 정책과 크게 다르지 않았다. 예를 들어 1712년 광서제의 칙령은 동남아시아와의 모든 무역을 금하면서 그의 정부가 "해외에 있던 중국인들을 송환하라고 외국 정부들에게 요청을 보내 그들을 처형할 수 있도록 할 것"이라고 선언했다.[6] 해외 이주의 마지막 거대한 물결은 왕조가 붕괴하고 있던 19세기에 식민지 동

은 그들의 정치-문화적 파편화를 확실시했을 뿐만 아니라, 베네수엘라와 서아프리카의 흑인 사회들이 평행한 궤도를 따라가고 있다는 상상의 가능성을 대단히 빠르게 제거했다.

5 O.W. Wolters, *The Fall of Srivijaya in Malay History*, Appendix C를 볼 것.
6 G. William Skinner, *Chinese Society in Thailand*, pp. 15~16에 인용됨.

남아시아와 시암에서 미숙련 중국인 노동력에 대한 수요가 엄청난 규모로 발생하면서 일어났다. 거의 모든 이주자들이 정치적으로 베이징 당국과의 관계가 단절되었고, 서로 알아들을 수 없는 언어들로 말하는 문맹이기도 했으므로, 그들은 어느 정도 현지 문화에 흡수되거나 전진하는 유럽인들에게 결정적으로 예속되었다.[7]

아랍인들에 관해 말하자면, 그들의 이주는 대부분 오스만 제국과 무굴 제국의 시대에 결코 진짜 제국주의의 본거지라고 할 수 없었던 하드라마우트로부터 비롯된 것이었다. 사업가 정신을 품은 개개인들은 1772년에 서부 보르네오에 폰티아낙 왕국을 설립한 상인처럼 지방 공국들을 세울 길을 찾을지도 모를 일이었다. 그러나 폰티아낙의 왕은 현지인과 결혼했고, 그의 이슬람은 보전했을지언정 그의 '아랍인됨'은 곧 잃었으며, 근동의 강대국에 예속된 것이 아니라 동남아시아에서 부상하던 네덜란드와 영국의 제국에 예속된 채 남아 있었다. 1832년 무스카트■의 왕 사이이드 사이드(Sayyid Sa'id)는 동아프리카 해안에 강력한 기지를 설치하고, 잔지바르 섬에 정착해 그곳을 정향(clove) 재배 경제의 번영하는 중심지로 만들었다. 그러나 영국은 군사적 수단을 이용해 강제로 그가 무스카트와의 관계를 끊도록 했다.[8] 그러므로 아랍인들도 중국인들도, 서유럽인들과 거의 비슷한 기간에 해외로 모험을 떠난 사람들의 수가 엄청남에도 불구하고, 중심부의 강대국 본국에 예속된 응집력 있고, 부유하며, 크리올로서의 자각을 띤 사회를 세우는 데 성공하지 못했다. 그리하여 세계는 결코 뉴바스라나 뉴우한의 흥기를 보지 못했다.

---

7 해외 중국인 사회는 서양인들에 의한 악랄한 반중국인 박해가 마침내 멈춘 시점인 18세기 중반에 이르기까지 유럽인들의 심각한 편집증을 유발할 만큼 큰 존재감을 발휘했다. 그 이후 이 사랑스럽지 못한 전통은 토착 주민 집단들에게로 넘어왔다.

■ 역사가 무척 오래된 이 항구도시는 현재 오만의 수도이다.

8 Marshall G. Hodgson, *The Venture of Islam*; Vol. 3, pp. 233~35를 볼 것.

앞에서 개략적으로 소개한 아메리카의 이중성과 그 원인은 왜 민족주의가 구세계가 아니라 신세계에서 처음 출현했는지 설명하는 데 도움을 준다.[9] 이는 또한 1776년에서 1825년 사이에 신세계에서 맹위를 떨친 혁명 전쟁들 특유의 두 가지 특징을 조명하기도 한다. 한편으로는 크리올 혁명가 그 누구도 제국을 온전히 보전하면서 그 권력의 내부적 분포를 재배열한다는, 그러니까 제국의 본거지를 유럽에서 아메리카 내로 이동시킴으로써 기존의 종속 관계를 역전시킨다는 꿈을 꾸지 않았다.[10] 그러니까 목표는 뉴런던이 올드런던을 계승하거나 전복하거나 파괴하도록 하는 것이 아니라 지속되는 평행성을 안전하게 지키는 것이었다. (이러한 사고방식이 얼마나 새로운지는, 종종 옛 중심지를 대체한다는 꿈이 등장하곤 했던 일찍이 쇠망한 제국들의 역사에서 추론할 수 있다.) 다른 한편으로, 이 전쟁들은 크나큰 고통을 초래했으며 수많은 야만성의 흔적을 남겼으되, 내기에 걸려 있는 몫은 다소 묘한 방식으로 적었다. 북아메리카에서든 남아메리카에서든 크리올들이 신체적 절멸이나 노예로의 강등을 두려워할 필요는 없었는데, 이것은 유럽 제국주의의 파괴력을 막아 선 그 많은 다른 사람들이 두려워해야만 하는 문제였다. 어쨌거나 그들 모두는 '백인'이자 기독교인, 스페인어나 영어 사용자였고, 서반구 제국의 경제적 부를 계속 유럽의 통제 아래 두려면 꼭 필요한 중개자들

---

9 그토록 많은 유럽 학자들이 이 모든 증거에 직면해서도 끈질기게 민족주의를 유럽의 발명품으로 여기는 것은 유럽중심주의가 얼마나 뿌리 깊은지를 보여주는 경이로운 표지이다.

10 그러나 브라질이라는 아이러니한 사례에 주목할 것. 1808년 브라질의 왕 주앙 6세는 나폴레옹의 군대로부터 도망쳐 리우데자네이루로 피신했다. 1811년 즈음에는 웰링턴이 프랑스인들을 쫓아냈지만, 피신했던 군주는 고향에서의 공화주의적 소요를 두려워한 나머지 1822년까지 남아메리카에 머물렀고, 리우는 그렇게 1808년에서 1822년 사이에 앙골라·모잠비크·마카오·동티모르까지 뻗친 세계 제국의 중심이 되었다. 그렇지만 이 제국을 다스린 것은 아메리카인이 아니라 유럽인이었다.

이었다. 그러니 그들은 유럽에 예속되어 있지만 그와 동시에 유럽을 절망적으로 두려워할 필요가 없는, 유럽 바깥의 유의미한 하나의 집단이었다. 혁명 전쟁들은 쓰라렸을지언정 여전히 혈족 간의 전쟁이었기에 안심할 수 있었다.[11] 이러한 가족의 고리는 신랄한 적의의 기간이 일정 정도 지나가면 예전의 본국과 새로운 민족들 사이의 가까운 문화적 유대가, 그리고 가끔은 정치적·경제적 유대도 새로 짜일 수 있도록 보장했다.

새 시간, 옛 시간

앞에서 논의한 기이한 지명들이 신세계의 크리올들에게 유럽의 공동체들에 평행하고 비교할 만한 공동체들로서 자신을 상상할 수 있는 역량이 출현하고 있음을 비유적으로 표상했다면, 18세기의 마지막 사반세기 동안 일어난 범상치 않은 사건들은 이러한 참신성에 꽤나 갑작스럽게 완전히 새로운 의미를 부여했다. 이들 중 최초의 사건은 분명히 1776년의 (13개 주) 독립선언과 그 후 몇 해 동안 이어진 이 선언의 성공적인 군사적 방어였다. 이 독립과 함께 이것이 공화적 독립이었다는 사실은 절대적으로 선례가 없는, 그러나 동시에 한번 존재하게 되자 절대적으로 이치에 맞는 어떤 것으로 느껴졌다. 그리하여 1811년 역사가 베네수엘라 혁명가들에게 베네수엘라 제1공화국의 헌법을 작성할 수 있도록 했을 때, 그들은 아메리카합중국 헌법을 토씨 하나 바꾸지 않고 빌려 오

---

11 의심의 여지 없이, 해방자가 어떤 시점에 네그로, 즉 노예의 봉기가 "스페인의 침략보다 1,000배는 더 나쁠" 것이라고 외칠 수 있었던 것은 이것 때문이었다. (앞의 제4장 참조.) 노예 반란은 성공한다면 크리올의 신체적 절멸을 의미했을지도 모른다.

는 데에서 어떠한 맹목적인 모방도 보지 못했다.[12] 베네수엘라인들이 보기에 필라델피아의 사나이들이 써 내려간 것은 북아메리카의 무엇이 아니라 보편적 진리와 가치를 담은 무엇이었기 때문이다. 그 이후 얼마 지나지 않은 1789년에 신세계에서의 폭발은 프랑스 혁명이라는 화산의 분출로써 구세계에서의 **평행성**을 얻었다.[13]

오늘날 민족이 순전히 새로운 무엇으로 느껴지는 삶의 조건을 상상 속에서 재창조하기란 어려운 일이다. 그렇지만 그 시대에는 그랬다. 1776년의 독립선언은 크리스토퍼 콜럼버스나 로어노크, 필그림 파더스■에 대해 아무 언급도 하지 않으며, 독립을 정당화하기 위해 내놓은 근거 중에 어떤 식으로든 아메리카 사람들의 고대성을 강조한다는 의미에서 '역사적'인 것은 없다. 실로 신기하게도 아메리카 민족은 아예 언급되지도 않는다. 과거와의 급진적인 단절 — '역사적 연속체의 파열구'?● — 이 일어나고 있다는 심원한 느낌이 빠르게 퍼졌다. 여러 세기에 걸쳐 내려온 기독교 달력을 폐기하고, 구체제가 철폐되면서 공화국이 선포된

---

12 Masur, *Bolívar*, p. 131 참조.

13 1806년이 되면 아이티의 예전 노예들이 서반구 두 번째의 독립공화국을 창조해 내는 결과를 낳을 투생 루베르튀르의 반란이 1791년에 발발하면서, 프랑스 혁명은 결국 신세계에서의 평행성을 얻었다.

■ 현재 미국 '민족'의 역사에서 시조로 여겨지는 인물들. 콜럼버스(사실 그는 현재의 북부 이탈리아에 위치한 제노바시 — 당시에는 주권을 가진 도시 — 에서 태어난 크리스토포로 콜롬보로서 나중에 스페인 왕에 충성하게 되었다)는 아직까지는 1492년 서쪽 대륙에 도착한 최초의 유럽인으로 여겨진다. 미국까지는 가본 적이 없다(!). 로어노크는 미국 최초의 잉글랜드인 정착지이다. 1585년 (현재의) 노스캐롤라이나주의 일부에 세워졌다. 겨우 5년간 지속되었으며, 새로 이사 온 자들의 약탈 행위 때문에 아메리카 토착민들의 손에 없어졌다. 필그림 파더스는 강경 개신교도 그룹으로 '자유'의 땅을 찾아 서쪽 대륙에 왔다. (현재의) 매사추세츠주의 한 부분에 최초의 성공적인 잉글랜드인 정착지를 건설했다. 그들이 온 시기는 1620년이다.

● 벤야민의 역사철학 테제 14번에 등장하는 구절.

1792년 9월 22일을 혁명력 1년으로 삼아 새로운 세계적 시대를 열기로
한 1793년 10월 5일의 국민공회(Convention Nationale) 결정보다 이 통
찰을 더 훌륭히 예증하는 것도 없다.[14] (이어진 혁명들 중 무엇도 참신성에
대해 이렇게까지 제법 웅대한 확신을 갖고 있지는 않았는데, 늘 프랑스 혁명
이 선구자로 보였기 때문에 더더욱 그랬으리라.)

(1813년 멕시코공화국을 선언한) 호세 마리아 모렐로스 이 파본(José
María Morelos y Pavón)이 스페인인들에게 처형되기 얼마 전에 창조한
사랑스러운 신조어 '우리의 성스러운 혁명'(nuestra santa revolución)■
역시 새로움에 대한 이렇게 심원한 지각으로부터 나왔다.[15] "미래에는 토
착민들이 인디언이나 원주민이라고 불려서는 안 될 것이다. 그들은 페
루의 아들딸이자 시민이며, 페루인이라고 알려져야 한다"는 1821년 산
마르틴의 포고도 그로부터 나왔다.[16] 이 문장은 '인디언'이나 '원주민'에
게, 파리의 국민공회가 기독교 달력에 실행한 일을 행한다. 그것은 유서
깊은 치욕적 명명을 폐기하고 완전한 신기원을 열었다. 그렇게 '페루인
들'과 '혁명력 1년'은 기존의 세계와의 심원한 단절을 수사적으로 돋보
이게 했다.

그렇지만 애초에 단절의 감각을 재촉했던 바로 그 이유들로 인해, 일
들이 오랫동안 이런 식일 수는 없었다. 18세기의 마지막 사반세기 동안

---

14 1791~92년에 프랑스에 있었던 청년 워즈워스는 나중에 회고에 잠겨 다음의
   유명한 시행을 「서곡」(The Prelude)에 썼다. 〔● 윌리엄 워즈워스 지음, 김승희 옮
   김, 『서곡』, 문학과지성사, 2009, p. 323~24〕

   그 **새벽**에 살아 있음이 축복이었지만,
   젊다는 건 바로 천국이었네!
■ 내가 사랑스럽다고 하는 이유는 교회 용어인 '산타'(聖)와 근대의 급진적 용어
   '혁명'을 붙여놓았기 때문이다.
15 Lynch, *The Spanish-American Revolutions*, pp. 314~15.
16 제4장에서 인용된 대로.

영국 한 군데에서 해마다 제조된 시계만 해도 15만~20만 개였으며, 이 중 다수가 수출용이었다. 그렇다면 유럽 전역에서 제조된 양은 연간 50만 개에 가까웠을 듯하다.[17] 연속으로(serially) 발행되는 신문은 그때 즈음에는 도시 문명의 친숙한 일부분이 되어 있었다. 비어 있는 동질적 시간에서 일어나는 동시적인 행동들의 표상에 대한 눈부신 가능성들을 담고 있는 소설도 마찬가지였다.[18] 우리의 공시적인 초대양적 짝짓기를 납득할 수 있게 했던 우주적으로 째깍대는 시계는 점점 더 사회적 인과성의 완전히 현세 내부적인 관점, 연쇄적(serial) 관점을 수반하는 것으로 느껴졌다. 그리고 세계에 대한 이러한 감각은 이제 속도감 있게 서양의 상상들에 깊게 뿌리내리고 있었다. 그러니 혁명력 1년의 선포 이래 20년도 채 지나지 않아 1810년 베를린대학교, 1812년 나폴레옹의 소르본대학교에서 최초의 역사학 석좌교수의 임명이 이루어졌다는 것은 이해할 만한 일이다. 19세기의 두 번째 사반세기가 지날 즈음, 역사학은 전문적 학술지들의 정교한 의장을 갖추어 입은 '학문 분과'로서 정식으로 성립되었다.[19] 혁명력 1년은 서기 1792년에 얼른 자리를 내주었고, 1776년과 1789년의 혁명적 단절은 역사적 연쇄에 내장된 것으로, 그리하여 역사적 선례이자 모델로 그려지게 되었다.[20]

---

17 Landes, *Revolution in Time*, pp. 230~31, 442~43.

18 앞의 제2장 참조.

19 이러한 변모에 대한 세련된 논의는 Hayden White, *Metahistory : The Historical Imagination in Nineteenth-Century Europe*, pp. 135~43 참조.

20 그렇지만 그것은 달라진 A.D.였다. 단절 이전에 A.D.는 여전히 계몽화된 구역들에는 다소 빈약했으나마, 그 중세 라틴어 내부에서 뿜어져 나오는 신학적 아우라를 간직하고 있었다. 안노 도미니(Anno Domini)는 베들레헴에서 일어난, 영원성의 현세의 시간으로의 침입을 떠올리게 했다. 단절 이후, A.D.라는 모노그램으로 단축된 그것은 (지질학이라는 새로운 과학이 두드러진 기여를 해낸) 연쇄적인 우주론적 역사를 망라하는 (영어) 일상어 B.C. (Before Christ)와 합체되었다. 안노 도미니와 A.D./B.C.사이에 입을 벌리고 있는 심연의 깊이는

그러므로 1815년에서 1850년 사이에 유럽에서 발전한 '2세대' 민족주의 운동이라고 부를 만한 움직임의 구성원들에게, 그리고 아메리카의 독립 민족국가들을 물려받은 세대에게도, 그들의 혁명 선배들이 경험했던 "최초의 무심하고 근사한 환희를/되찾는"● 것은 더 이상 가능하지 않았다. 서로 다른 이유로, 그리고 서로 다른 결과를 향해 이 두 집단은 이렇게 민족주의를 **계보적으로**, 연쇄적 연속성이라는 역사적 전통의 표현으로서 읽는 과정을 시작했다.

유럽에서 새로운 민족주의들은 거의 즉시 그들 자신이 '잠에서 깨어난다'고 상상하기 시작했는데, 이러한 문구는 아메리카에는 전혀 낯선 것이었다. 1803년에 이미(우리가 제5장에서 보았듯이) 젊은 그리스인 민족주의자 아다만티오스 코라이스는 자신에게 공감하는 파리 관중에게 이렇게 말하고 있었다. "**처음으로** 민족은 자신의 무지라는 무시무시한 광경을 살펴보고, 민족을 선조의 영광으로부터 가르는 거리를 눈대중하며 **부르르 떤다.**" 이것은 새로운 시간에서 옛 시간으로의 이행을 드러내는 완벽한 사례이다. '처음으로'는 여전히 1776년과 1789년이라는 단절의 메아리이지만, 코라이스의 다정한 눈은 산 마르틴의 미래를 향해 있지 않으며, 떨림 속에서 뒤쪽을 향하며 선조의 영광을 바라보고 있다. 이러한 들뜬 이중성이 연대기적으로 측정된 A.D.-스타일의 수면으로부터의 '끊임없는' 모듈식의 깨어남, 즉 태초의 본질로의 보장된 귀환으로 대체되면서 바래가는 데에는 오랜 시간이 걸리지 않았다.

여러 서로 다른 요소들이 이 문구의 경이로운 인기에 이바지했다는 것에는 의심의 여지가 없다.[21] 여기에서의 목적을 위해서 나는 두 가지

─────────

불교 세계도, 이슬람 세계도 오늘날까지 '고타마 붓다 탄생 전'이나 '헤지라 전'이라고 표시된 시대를 사용하지 않는다는 점으로부터 측정할 수 있으리라. 둘 다 외래의 모노그램 B.C.를 가지고 거북하게나마 그 시대를 다룬다.

● recapture/The first fine careless rapture, 브라우닝의 시.

만을 언급할 것이다. 첫째, 이 문구는 아메리카 민족주의를 낳고, 아메리카 민족주의 혁명들의 성공이 유럽에서 크게 강화한 평행성의 감각을 고려에 넣고 있다. 마치 왜 야릇하게도 민족주의 운동들이 **야만적인 신세계**에서보다 문명화된 구세계에서 그토록 명백하게 **늦게** 솟아올랐는지를 설명하고 있는 듯하다.[22] 저 먼 곳으로부터 자극을 받은 깨어남일지언정 늦은 깨어남이라는 의미로 읽히면서, 그것은 여러 세기에 걸친 잠의 배후에 있는 방대한 고대성을 열어젖혔다. 둘째, 이 문구는 새로운 유럽 민족주의와 언어를 잇는 중대한 비유적 고리를 제공했다. 앞서 관찰했듯이 19세기 유럽의 주요 국가들은 거대한 다언어 정치체들이었고, 그 경계는 언어공동체와 들어맞는 법이 거의 없었다. 글을 읽을 줄 아는 대부분의 국가 구성원들은 중세 시대로부터 특정한 언어들, 즉 이제 라틴어가 아니라면 프랑스어 · 영어 · 스페인어 · 독일어 등을 문명의 언어라고 생각하는 습관을 물려받았다. 18세기의 부유한 네덜란드 시민은 집에서 프랑스어만 쓴다는 것을 자랑스러워했다. 차르 제국의 서부에 위치한 많은 지역과 '체코'의 보헤미아에서도 마찬가지로 독일어가 교양인의 언어였다. 18세기 후반까지는 아무도 이러한 언어들이 어느 영토로 정의된 집단에 속한다고 생각하지 않았다. 그러나 얼마 지나지 않아, 제3장에서 대강 살펴보았던 이유들로 하여 '미개한' 일상어들이 정치적으로 일찍이 대서양이 수행했던 것과 같은 기능, 즉 고대 왕조들의 영지로부터 예속된 민족 공동체들을 '분리'하는 기능을 수행하기 시작했다.

---

21 1951년이 되어서도, 지적인 인도네시아 사회주의자 린통 물리아 시토루스 (Lintong Mulia Sitorus)는 여전히 이렇게 쓸 수 있었다. "19세기 말까지 유색의 민족들은, 백인들이 모든 분야에서 바쁘게 활동하는 동안 여전히 곤히 잠들어 있었다." *Sedjarah Pergerakan Kebangsaan Indonesia*〔History of the Indonesian Nationalist Movement〕, p. 5.

22 유럽의 시각에서 보기에 이 혁명들은 대서양 건너편에서 일어난 최초의 진짜로 중요한 **정치적** 사건이었다고 말할 수도 있으리라.

290

그리고 유럽 인민 민족주의 운동의 전위는 종종 이런 일상어들을 사용하는 데에 **익숙지 않은** 식자층이었기 때문에 이 이상현상에는 설명이 필요했다. '잠'은 최고의 설명 같았다. 그렇게 하면 체코인·헝가리인·핀란드인들로서의 의식을 갖추어가던 저 인텔리와 부르주아지들이 자신들의 체코어·마자르어·핀란드어와 민담·음악 공부에 대해, 저 깊은 곳에서는 언제나 알고 있었던 무언가에 대한 '재발견'이라고 묘사할 수 있었기 때문이다. (나아가 연속성의 관점에서 민족성에 대해 생각하기 시작하면, 언어만큼 역사적으로 깊은 뿌리가 있는 것처럼 보이는 것도 드물다. 언어의 기원 연대를 확실히 이야기할 수는 없기 때문이다.)[23]

아메리카에서 문제는 다른 형태로 나타났다. 한편으로 1830년대 즈음에는 민족적 독립이 거의 어디에서나 국제적으로 인정받게 되었다. 그렇게 독립은 유물(inheritance)이 되었고, 유물로서 계보의 연쇄에 들어가야만 했다. 그렇지만 유럽에서 발달하던 수단들은 손쉽게 이용할 수가 없었다. 언어는 한 번도 아메리카 민족주의 운동에서 이슈였던 적이 없었다. 우리가 살펴보았듯이 최초의 민족적 상상을 가능하게 했던 것은 바로 본국과 공통의 언어(그리고 공통의 종교와 공통의 문화)를 공유한다는 점이었다. 물론 '유럽식' 생각 같은 것의 초기 작동이 탐지되는 몇몇 재미있는 사례들이 있기는 하다. 예를 들어 노아 웹스터(Noah Webster)가 1828년에 펴낸 (즉 '2세대'의) 『아메리카 영어사전』(*American Dictionary of the English Language*)은 영어와는 혈통이 별개인 미국어에 공식 허가증을 내주고자 하는 의도가 담긴 것이었다. 파라과이에서는 과라니어를 사용하던 18세기의 예수회 전통으로 인해, 호세 가스파르

---

23 그렇지만 역사적 깊이가 무한하지는 않다. 어느 시점에선가 영어는 노르만 프랑스어와 앵글로색슨어로, 그리고 프랑스어는 라틴어와 '독일의' 프랑크어로, 그렇게 계속 사라져간다. 우리는 나중에 이 분야의 깊이가 어떻게 더 추가되었는지 살펴볼 것이다.

로드리게스 데 프란시아(José Gaspar Rodríguez de Francia)의 오랜 외국인 혐오적 독재(1814~40) 아래 스페인어와는 철저히 다른 '토착' 언어가 민족어가 될 수 있었다. 그러나 전반적으로 언어적 수단을 통해 민족성에 역사적 깊이를 부여하려는 시도는 극복하기 힘든 장애물을 직면할 수밖에 없었다. 거의 모든 크리올은 아메리카 토착 언어가 아니라 유럽어에 제도적으로 (학교나 인쇄 매체, 행정적 습관 등을 통해) 몸을 맡기고 있었다. 언어적 혈통을 지나치게 강조했다가는 본질적으로 간직해야 할 바로 그 '독립의 기억'을 흐릴 위험이 있었다.

이윽고 신세계와 구세계의 양쪽 모두에게 적용 가능해진 해법이 대문자 역사(History), 아니면 그보다는 특정한 방식으로 플롯이 짜인 역사에서 발견되었다. 우리는 역사학 석좌교수들이 혁명력 1년을 뒤따르는 속도를 지켜보았다. 헤이든 화이트(Hayden White)가 주목하듯이, 유럽 역사기술론의 5대 거목으로 꼽히는 천재들이 전부 국민공회가 시간을 단절시킨 이후 사반세기 안에 태어났다는 것 — 레오폴트 폰 랑케(Leopold von Ranke, 1795), 쥘 미슐레(Jules Michelet, 1798), 알렉시스 드 토크빌(Alexis de Tocqueville, 1805), 마르크스(1818), 야코프 부르크하르트(Jacob Burckhardt, 1818) — 또한 마찬가지로 놀라운 일이다.[24] 이 다섯 명 중 프랑스 혁명의 역사가를 자임한 미슐레가 태어나고 있던 민족적 상상을 가장 명확하게 예증한다는 것은 어쩌면 자연스러운 일이다. 그는 자각을 띠고 죽은 자를 대신해서 저술한 최초의 인물이기 때문이다.[25] 다음 단락 같은 경우가 특징적이다.

---

24 *Metahistory*, p. 140. 1770년에 태어난 헤겔은 프랑스 혁명이 터졌을 때 벌써 10대 후반이었지만, 그의 『역사철학강의』는 그의 사망 후 6년이 지난 1837년에야 발표되었다.

25 White, *Metahistory*, p. 159.

그렇다, 모든 죽음은 작은 무언가를, 기억을 남기며, 그에 대한 돌봄을 요구한다. 친구가 없는 이에게는 치안관이 돌봄의 역할을 대신해야 한다. 빨리 말라버리는 우리의 눈물보다, 빨리 잊혀져버리는 우리의 그리움보다 법과 정의가 안전하기 때문이다. 이 치안관이 역사이다. 로마법의 내용을 빌리자면, 죽은 자들은 비참한 자(miserabiles personae)이기에 치안관이 염려해 주어야만 할 대상이다. 나의 이력에서 나는 역사가의 이러한 책무를 잊어본 적이 없다. 너무 빨리 망각되는 죽은 자들 여럿에게, 나는 나 자신에게도 필요할 조력을 제공했다. 나는 두 번째 삶을 위해 묘지를 파헤쳤다. ……그들은 지금까지 그들을 친척으로, 친구로 느끼는 우리와 함께 살고 있다. 이로써 가족이, 산 자들과 죽은 자들의 공동체인 도시가 생겨난다.[26]

여기에서, 그리고 다른 곳에서도 미슐레는 그가 파헤치는 대상이 결코 망각된 익명의 죽은 자들의 무작위적 집합이 아님을 분명히 했다. 그가 파헤치는 대상은 대문자 역사에 걸쳐 1789년의 단절과 프랑스 민족의 자각을 띤 출현이 가능하도록 희생을 바친 사람들이었다. **희생자들은 자신들의 희생을 그런 식으로 이해하지 않았다고 하더라도** 말이다. 1842년에 그는 이러한 죽은 자들에 대해 이렇게 적는다. "그들은 그들 자신의 수수께끼를 풀어줄, 그리고 그들은 이해하지 못했던 그들의 말들, 그들의 행동들을 깨우쳐줄 그들의 오이디푸스를 필요로 한다."[27]

이러한 공식에는 아마 전례가 없을 것이다. 미슐레는 단지 익명의 죽은 사람들 다수를 대신해 말한다고 주장하는 데 그치지 않고, 통렬한 권

---

26 Jules Michelet, *Oeuvres Complètes*, XXI, p. 268, 그의 미완성작 *Histoire du XIXe Siècle* 2권('Jusqu'au 18e Brumaire')의 서문에서. 나는 *Metahistory*를 참조했지만, 화이트가 사용하는 번역은 만족스럽지 못하다.

27 Roland Barthes ed., *Michelet par lui-même*, p. 92에서의 인용. 이 인용구를 담은 전집(*Oeuvres Complètes*)의 권호는 아직 출판되지 않았다. 〔● 오이디푸스는 스핑크스의 수수께끼를 풀었다.〕

위를 내세우며, 그가 그들의 '진짜' 뜻과 '진짜' 바람에 대해, 그들 스스로는 '이해하지 못했기' 때문에, 말할 수 있다고 주장했다. 그때로부터 죽은 자의 침묵은 그들의 가장 깊은 욕망을 파헤쳐내는 데에 장애가 되지 못했다.

이러한 맥락으로 아메리카와 다른 지역의 점점 더 많은 '2세대' 민족주의자들이, 언어적인 연계를 수립하는 것이 불가능하거나 바람직하지 않은 죽은 이들을 '대신해' 말하는 방법을 배우게 되었다. 이 역전된 복화술은 자각을 띤 토착주의(indigenismo)로의 길을 특히 남아메리카에서 열었다. 극단적으로는 멕시코인들이 그들이 이해하지 못할 언어를 쓰던 콜럼버스 이전의 '인디언' 문명들을 '대신해' 스페인어로 말하는 상황이다.[28] 이러한 종류의 발굴이 얼마나 혁명적이었나 하는 것은 제2장에 인용된 페르민 데 바르가스의 공식과 대조할 때 가장 분명하게 드러난다. 페르민이 살아 있는 인디언들을 '멸종'시키는 안을 여전히 기쁜 마음으로 생각하고 있을 때, 그의 정치적 손주들 여럿은 그들을 '기억'하면서 실로 그들을 '대신해 말하는' 데에 사로잡히게 되었고, 그것은 아마도 바로 그들이 그 즈음에는 여기저기에서 **멸종되었다**는 그 이유 때문이었으리라.

형제 살해가 선사하는 안심

미슐레가 '2세대' 공식에서 주목하는 초점이 언제나 망각될 위기에 처한 사람들과 사건들의 발굴이라는 점은 놀랍다.[29] 그는 '잊어버리기'

---

28 거꾸로 말하면 멕시코 전체에 에르난 코르테스 조각상은 하나밖에 없다. 멕시코시티 구석에 조심스럽게 감추어진 이 기념물은 호세 로페스 포르티요(José López Portillo)의 악취 나는 정권이 1970년대 말에야 세운 것이다.

(forgetting)에 대해 생각할 필요를 느끼지 못한다. 그렇지만 1882년, 필라델피아의 독립선언 이래 한 세기도 더 지난 시점에, 그리고 미슐레 본인의 죽음 이후 8년이 지난 시점에 르낭이 그의 『민족이란 무엇인가?』(*Qu'est-ce qu'une nation?*)를 발표했을 때, 그를 사로잡은 것은 다름 아닌 잊을 필요성이었다. 일찍이 제1장에서 인용했던 구절을 다시 살펴보자.[30]

그래서 민족의 본질은 개개인 모두가 공동으로 많은 것을 가지면서, 많은 것을 잊었다는 데에 있다. …… 프랑스 시민이라면 누구나 생바르텔레미와 13세기 미디의 학살을 잊었어야 한다.

이 두 문장은 얼핏 보기에 직설적인 것 같다.[31] 그렇지만 잠깐 곱씹어 보면 이 문장들이 실제로는 얼마나 야릇한지가 드러난다. 예컨대 르낭이 그의 독자들에게 '생바르텔레미'나 '13세기 미디의 학살'이 무슨 뜻인지 설명할 필요성을 느끼지 못했다는 점이 눈에 띈다. 그러나 '프랑스인'이라 일컬어지는 이들이 아니면 그 누가 '생바르텔레미'가 1572년 8월 24일 발루아가의 왕 샤를 9세와 그의 피렌체인 어머니가 개시한 지독한 위그노 학살을 가리킨다는 것을, 또는 '미디의 학살'이 길게 줄지어 선 죄 많은 교황들 중 그 죄가 더 깊은 축에 드는 인노켄티우스 3세의 부추김 끝에 피레네 산맥과 남부 알프스 산맥 사이의 광활한 지대에 걸

---

29 틀림없이 그가 삶의 상당 부분을 복고된 또는 모조된 정통성 속에서 시달렸기 때문이리라. 1789년과 프랑스에 대한 그의 절개는 루이 나폴레옹에의 충성서약 거부에서 감동적으로 드러났다. 느닷없이 국가사료편찬가 자리에서 해직당한 그는 1874년에 사망할 때까지 빈민이나 다름없이, 그렇지만 협잡꾼의 몰락과 공화제 복원을 두 눈으로 목격할 만큼 오래 살았다.

30 르낭은 1823년에 미슐레보다 사반세기 늦게 태어났으며, 청춘의 많은 부분을 미슐레의 박해자를 필두로 하는 냉소적으로 관제 민족주의적인 정권 밑에서 보냈다. 〔● 프랑스어 원문은 제1장 참조.〕

31 아이고, 1983년에 나는 그렇게 이해했다.

처 저질러진 알비파 교도의 절멸을 가리킨다는 것을 곧바로 이해할까. 르낭은 이 사건들 자체가 300년 전과 600년 전에 일어났는데도 독자들의 머릿속에 '기억'되고 있다고 가정하는 것이 기이하다고 생각하지도 않았다. 또한 (잊었다(doit oublier)가 아니라) '이미 잊었어야 한다'(doit avoir oublié)라는 단정적인 구문도 놀라움으로 다가온다. 이는 국세법이나 징병법에 사용되는 불길한 어조로, 옛 비극들을 '이미 잊었어야 함'이 현대 시민의 일차적 의무라는 점을 시사한다. 요컨대 르낭의 독자들은 르낭 자신의 말이 가정하는 바에 따르면 그들이 당연히 기억하고 있는 일을 '이미 잊었어야' 한다는 가르침을 받고 있는 셈이었다!

이 모순을 어떻게 이해해야 좋을 것인가? 프랑스어 단수 명사 '생바르텔레미'(la Saint-Barthélemy)가 죽인 자와 죽은 자를 은폐한다는, 즉 16세기에 중부와 북부 유럽을 휩쓸고 지나간 성스럽지 못한 거대한 성전에서 하나의 지방적 역할을 담당한, 그리고 분명히 그들 자신에 대해 다같이 '프랑스인'이라고 단란하게 여기고 있지는 않았던 저 가톨릭교도와 개신교도들을 은폐한다는 것을 짚고 넘어가는 데에서 시작할 수 있으리라. 유사한 방식으로 '13세기 미디의 학살'은 '미디'의 순수한 프랑스됨 뒤에 선 이름 없는 희생자들과 암살자들을 흐린다. 살해된 알비파 교도들은 프로방스어나 카탈루냐어를 썼으며, 그 살해자들은 서유럽의 여러 지방 출신이었다고 독자들에게 일깨워줄 필요는 없다. 이 비유적 해석의 효과는 중세와 근대 초기 유럽의 어마어마한 종교적 분쟁에서 등장하는 일화들을 안심이 되는 형제 간의 ─ 누구누구 간의? 프랑스인 동포들 간의 ─ 전쟁으로 묘사하는 것이다. 그냥 내버려두었더라면 르낭의 동시대 프랑스인들 중 절대 다수가 '생바르텔레미'나 '미디의 학살' 따위를 전연 들어보지 못했을 것이라는 점을 확신할 수 있는 만큼, 프랑스의 소녀, 소년들에게 이제 '가족사'로서 각인되는 일련의 옛 살육들을 '상기'시키려는 체계적 역사기술적 작전을 국가가 주로 학교 체계를 통해 전개하고 있음을 우리는 깨닫게 된다. 끊임없이 '상기'할 필요가 있는 비극들을 '이미 잊었어야 하는' 것은 민족의 계보를 뒤늦게 건설하는 데에 특징적으로 이용되는 장치인 것이다. (르낭이 프랑스 시민 개개인은 파리코뮌을 "이미 잊었어야 한다"고 말하지 **않는다**는 점은 교훈적이다. 1882년에 그 기억은 아직 신화적이라기보다는 실체적이었고, 충분히 고통스러운 나머지 '안심이 되는 형제 살해'라는 기호로 읽게 하기는 어려웠다.)

물론 이 모든 것은 프랑스의 특수한 어떤 것이 아니다. 어린 미국인들에게 1861~65년의 교전들을, 실제로 잠깐 그랬듯이 주권을 지닌 두 개의 민족국가 간의 전쟁이 아니라, '형제'들 간의 위대한 '내전'●으로서 기억/망각하라는 의무를 지우는 방대한 교육 산업은 끊임없이 작동한다. (그렇지만 우리는 남부연합이 성공적으로 독립을 유지했더라면 '내전'은 기억 속에서 상당히 형제답지 못한 무언가로 대체되었으리라고 확신할 수 있다.) 잉글랜드의 역사 교과서는 학교에 다니는 어린이라면 누구나 정복자 윌리엄이라고 부르라고 배우는 위대한 건국의 아버지에 대한 화려한 스펙터클을 제공한다. 그 똑같은 어린이는 윌리엄이 영어를 한 마디도 못했으며, 실상 영어가 그의 시대에는 존재하지도 않았으니 그럴 수가 없었다는 정보는 듣지 못한다. 어린이는 '무엇의 정복자인가?'라는 질문의 답을 듣지도 못한다. 근대적 시각에서 유일하게 이해 가능한 대답은 '잉글랜드인의 정복자'일 텐데, 이렇게 되면 옛 노르만인 약탈자는 나폴레옹과 히틀러의 더 성공적이었던 선배로 바뀐다.■ 그러므로 '정복자'는 '생바르텔레미'처럼 사람들에게 즉각 잊어버려야만 할 의무가 있는 무언가를 상기시켜 주는 생략 부호 기능을 한다. 헤이스팅스 전투에서 노르만인 윌리엄과 색슨인 해럴드는 댄스 파트너까지는 아니라도 형제로서 만나게 되는 것이다.

● civil war, 한국어로는 미국 남북전쟁.
■ 나폴레옹과 히틀러는 영국을 점령/정복하려고 힘들게 노력했지만 둘 다 실패했다.

그렇지만 물론 이러한 옛 시대의 안심이 되는 형제 살해들을 단순히 국가 관료들의 냉담한 계산 때문이라고 해버린다면 지나치게 쉬운 판단이다. 다른 수준에서 이들은 국가가 거의 의식하고 있지 못했으며 예나 지금이나 빈약한 통제만을 가하고 있는 상상의 깊은 재형성을 반영한다. 1930년대에 여러 국적의 사람들이 이베리아 반도로 싸우러 간 이유는, 그들이 이곳을 지구적인 역사적 세력들과 대의명분들이 걸려 있는 싸움터로 보았기 때문이었다. 장수를 누린 프랑코 정권이 사자(死者)들의 계곡(Valley of the Fallen)을 건설했을 때, 이 음울한 공동묘지에의 입주 자격은 정권이 보기에 볼셰비즘과 무신론에 대항한 세계적 투쟁 속에서 스러져간 이들에게만 주어졌다. 그렇지만 국가의 가장자리에서는 벌써 '스페인' 내전의 '기억'이 출현하고 있었다. 교활한 압제자의 사망과 그에 뒤따른 부르주아 민주주의로의 깜짝 놀랄 만큼 부드러운 이행—이것이 큰 힘을 발휘한—이후에야 이 '기억'은 공식적인 것이 되었다. 거의 마찬가지의 방식으로, 1918년에서 1920년 사이에 파미르 고원과 비스툴라 강▪ 사이에서 맹위를 떨친 어마어마한 계급 전쟁은 이제 소련 영화에서 '우리의' 내전으로 기억/망각되는데, 소련 국가가 전반적으로 투쟁에 대한 정통 마르크스주의적 독해를 유지하는 동안 일어난 일이다.

이러한 관점에서 보면, 아메리카의 크리올 민족주의는 특히 교훈적이다. 한편으로 수십 년 동안 아메리카의 국가들은 실제적으로 분권화된 약한 국가였고, 그 교육적 야망은 소박한 편이었기 때문이다. 다른 한편으로 '백인' 정착민들이 '흑인' 노예들 및 반쯤 절멸된 '원주민'들과 대치되어 있는 아메리카 사회들이 내적으로 분열된 정도는 유럽과는 비교가 되지 않았다. 그렇지만 형제 살해가 선사하는 안심에 있어 필수적인

▪ 파미르 고원은 소련 남동부, 중국과 아프가니스탄의 국경 가까운 곳에 자리 잡고 있다. 비스툴라(Vistula) 강은 폴란드를 남에서 북으로 가로지른다.

형제애에 대한 상상은 대단히 일찍 나타나며, 이에는 진정성을 띤 흥미로운 인기도 없지 않았다. 아메리카합중국은 이 모순의 특별히 훌륭한 예를 선사한다.

1840년 플로리다의 세미놀인들을 상대로 8년간 이어진 잔인한 전쟁의 와중에 (그리고 미슐레가 그의 오이디푸스를 소환하고 있을 때), 제임스 페니모어 쿠퍼(James Fenimore Cooper)는 큰 인기를 누린 그의 5부작 '가죽양말 이야기'의 제4권인 『탐험자』(*The Pathfinder*)를 발표했다. 이 소설의 (그리고 시리즈 중 제1권을 제외한 모든 소설의) 중심은 '백인' 숲 사나이■ 내티 범포와 델라웨어의 고귀한 추장 칭가츠국('시카고'!)■■을 한데 묶는, 레슬리 피들러가 '꾸밈없고 모호하다고까지 할 수 있는, 그러나 무조건적인 사랑'이라고 부른 것이다.[32] 그렇지만 그들의 의형제 관계를 위한 르낭식 무대는 살해가 횡행하는 1830년대가 아니라, 영국 제국주의 지배 마지막의 기억/망각된 시절이다. 두 사나이 다 프랑스인들과 그들의 '원주민' 동맹군('악마 같은 밍고인들'), 조지 3세의 반역자 대리인들에 대항해 생존을 위해 싸우는 '아메리카인'으로 그려진다.

■ 숲 사나이(woodsman)란 당시의 용어로서 정착촌에서 멀리 떨어진 숲 한가운데에 사는 편을 선호했던 백인들을 가리킨다. 그들은 종종 부지불식간에 나아가며 새로운 정착지를 개척하는 선구자 역할을 했다.

■■ 시카고라는 이름은 이 인디언 전사의 이름에서 유래했다고 한다.

32 그의 *Love and Death in the American Novel*, p. 192. 피들러는 이 관계를 심리적으로 그리고 몰역사적으로 보면서 성인의 이성애적 사랑을 다루는 데 실패하고 죽음이나 근친상간, 순진무구한 호모에로티시즘에 집착하는 미국 소설의 예로 독해한다. 나는 이것이 민족적 에로티시즘이라기보다는 에로티시즘화된 민족주의의 작동이 아닌가 생각한다. 애초부터 다른 인종 간의 결합이 엄격히 금지된 개신교 사회에서 남남 간의 결합은 가톨릭교가 대규모 메스티소 인구 집단의 성장을 허용했던 라틴아메리카의 민족주의 소설에 나오는 남녀 간의 '신성한 사랑'과 평행을 이룬다.(영어가 '메스티소'라는 말을 스페인어로부터 빌려와야 했다는 점은 많은 것을 말해 준다.)

1851년, 허먼 멜빌(Herman Melville)이 스파우터 여관의 침대에 단란하게 함께 든 이스마일과 퀴퀘그를 묘사했을 때("그때 그곳에, 우리 마음의 허니문에 빠져, 나와 퀴퀘그는 누워 있었다"), 고귀한 폴리네시아인 야만인은 다음과 같이 냉소적으로 미국인화된다.[33]

...... 분명히 그의 머리는 골상학적으로 훌륭했다. 우습게 들릴지도 모르겠지만, 그의 머리는 내가 대중적 흉상으로 본 조지 워싱턴의 머리를 상기시켰다. 눈썹 위의 이마가 똑같이 일정한 각도로 길게 경사져 들어가 있었고, 눈썹은 나무로 빽빽이 뒤덮인 두 개의 길다란 곶처럼 똑같이 튀어나와 있었다. 퀴퀘그는 식인종적으로 발달한 조지 워싱턴이었다.

'내전'과 링컨의 노예해방선언 이래 한참의 세월이 흐른 뒤인 1881년에 마크 트웨인(Mark Twain)이 미국인 '형제들'로서의 흑인과 백인이라는 최초의 지울 수 없는 이미지, 좋은 동무로서 너른 미시시피 강을 떠다니는 짐과 헉을 창조했다는 이야기가 남아 있다.[34] 그렇지만 그 배경은 흑인이 아직 노예였던, 기억/망각된 전전(戰前) 시대였다.

형제애에 대한 이 놀라운 19세기의 상상들이 가장 폭력적인 인종적·계급적·지역적 적대로 갈라진 사회에서 '자연스럽게' 출현했다는 것은 미슐레와 르낭의 시대에 민족주의가 의식의 새로운 형태를, 곧 이제 민족을 더 이상 새로운 파도의 정점에서 맞는 환희의 순간으로 경험하지 못하게 되었을 때 떠오른 의식을 표상했다는 점을 그 무엇보다도 명백하게 보여준다.

---

33 Herman Melville, *Moby Dick*, p. 71. 악의를 품은 마지막 문장에 작가는 어떻게 향취를 더해야만 했던가!
34 『허클베리 핀』의 발표 시점이 '생바르텔레미'에 대한 르낭의 환기보다 고작 몇 달 앞섰다는 데에 유쾌하게 주목해 본다.

민족들의 전기

의식의 심원한 변화는 모두 바로 그 본질 때문에 특징적인 기억상실을 동반한다. 그러한 망각으로부터 특정한 역사적 조건에서 내러티브들이 튀어오른다. 사춘기가 만들어낸 생리학적·감정적 변화를 경험한 후에 유년기의 의식을 '기억'하기란 불가능하다. 유아기와 초기 성년기 사이의 얼마나 많은 수천의 나날들이 직접 떠올릴 수 없는 저편으로 사라지는가! 깔개나 요람에서 행복하게 팔다리를 뻗고 있는 빛바랜 사진 속의 벌거벗은 아기가 당신이라는 것을 알기 위해 다른 이의 도움이 필요하다니, 얼마나 기묘한가. 기술 복제 시대의 근사한 소산인 사진은 어떤 뚜렷한 연속성을 기록하면서 동시에 기억으로부터 그것이 상실됨을 강조하는 문서화된 증거의 방대한 근대적 축적물(출생증명서·일기·성적표·편지·의료 기록 같은 것들) 중 가장 단정적인 것일 뿐이다. 이러한 소외로부터 개인성, **정체성**(identity: 그렇다, 당신과 벌거벗은 아이는 정체가 동일하다(identical))이라는 관념이 출현하며, 그것은 '기억'될 수 없으므로 내러티브로 만들어져야 한다. 인간의 몸에 있는 모든 세포는 7년마다 교체된다는 생물학의 증명에 대항해 자서전과 전기의 내러티브들은 인쇄자본주의의 시장에 해마다 홍수처럼 흘러 넘친다.

이러한 내러티브들은 제2장에서 논의했던 소설과 신문처럼 비어 있는 동질적 시간에 들어서 있다. 그리하여 그 틀은 역사적이고, 배경은 사회학적이다. 왜 그토록 많은 자서전이 저자 자신은 오로지 상황 증거, 텍스트로 된 증거밖에 갖고 있지 못한 부모와 조부모의 환경으로부터 시작하는지, 왜 전기 작가는 대상이 되는 쪽에서는 결코 기억하지 못할 두 가지 전기적 사건의 A.D. 달력상 날짜, 즉 출생일과 사망일을 기록하려고 애쓰는지의 이유가 바로 거기에 있다. 마태복음의 서두보다 이 내러티브의 근대성을 더 날카롭게 상기시켜 줄 만한 것도 없다. 복음서의 저자는 우리에게 시조 아브라함에서부터 예수 그리스도까지, 꼬리에 꼬리를 물고 다음 사람을 낳는 남자 서른 명의 꾸밈이 전혀 없는 목록을 제공한다. (여자는 딱 한 번 언급되는데, 누구를 낳았기 때문이 아니라 비유대계 모압족이어서 나온 것이다.) 예수의 선조들에 관해서는 사회학적·문화적·생리학적·정치적 정보는 고사하고 어떠한 연월일도 주어지지 않는다. 이러한 내러티브 스타일(기억이 된 베들레헴의 단절을 반영하기도 하는)은 성인 칭호를 얻은 족보학자에게 완전히 이치에 맞는 일이었는데, 그는 그리스도를 역사적 '인격'이 아니라 오로지 신의 진정한 아들로만 사고했기 때문이다.

근대적 개인들처럼 민족들도 그러하다. 세속적인 연쇄적 시간에 묻혀 있음을, 그리고 연속성의 그 모든 함의들을 인지하고 있으면서도 이 연속성 ─ 18세기 후반에 일어난 단절의 산물 ─ 의 경험을 '잊는 것'은 '정체성'의 내러티브에 대한 필요성을 야기한다. 이 임무는 미슐레의 치안관에게 맡겨진다. 그렇지만 인물과 민족의 내러티브 간에는 플롯 구상의 중심적인 차이가 있다. '사람'에 대한 세속적 이야기에는 시작과 끝이 있다. 그는 부모의 유전자와 사회적 환경으로부터 나와 짧은 역사적 무대에 출현해 사망할 때까지 거기에서 역할을 펼친다. 그 이후에는 아직 남아 맴도는 유명세나 영향력의 어스름뿐 아무것도 없다. (오늘날 히틀러의 생애를 끝내면서 그가 1945년 4월 30일에 지옥으로 직행했다고 적는다면 얼마나 이상할지 상상해 보라.) 그러나 민족에는 확실히 식별 가능한 탄생이 없고, 사망은, 만일 일어난다면, 결코 자연적이지 않을 것이다.[35] 시조(Originator)가 없기에 민족의 전기는 복음처럼 기나긴 씨뿌림과 생식의 사슬을 통해 '시간을 타고 내려가며'(down time) 쓸 수 없다. 유일한 대안은 베이징 원인이든, 자바 원인이든, 아서 왕이든, 고고학의 등불이 알맞은 빛을 내려주는 곳이라면 어디든 그쪽을 향해 '시간을 타고 올라가는'(up time) 형식으로 전기를 빚어내는 것이다. 그러나 이러한 성

---

35 그러한 묵시록적 사건을 위해 꽤 최근에 신조어 '제노사이드'가 고안되었다.

형은 관습적인 족보를 흥미롭게 도치한 방식으로, 시발점인(originary) 현재로부터 시작하는 죽음들로 점철되어 있다. 제2차 세계대전은 제1차 세계대전을 낳고, 스당에서 아우스터리츠가 나오며, 바르샤바 게토 봉기의 조상은 이스라엘 국가이다. ▪

그러나 민족의 전기의 구조를 형성하는 죽음들은 특수한 종류의 것들이다. 페르낭 브로델은 그의 엄청난 작품 『펠리페 2세 시대의 지중해와 지중해 세계』(*La Méditerranée et le Monde Méditerranéen à l'Époque de Philippe II*)의 1,200쪽 전체에 걸쳐, 르낭의 '생바르텔레미'에 대해서는, 이 사건이 딱 저 합스부르크 군주의 집권기 한복판(nel mezzo del camino)에 일어났는데도, 지나가면서 언급할 뿐이다. 거장께서는 이렇게 말씀하셨다 (vol. 2, p. 223). "사건들은 먼지이다. 그들은 하루살이처럼 역사에 나타난다. 지금 막 태어났는가 하면 어느새 어둠 속으로, 종종 영원한 망각 속으로 사라진다." 브로델에게 문제가 되는 죽음이란, 세속적 사망률로 집계되고 평균 내어짐으로써 그로 하여금 수백만의 이름 없는 인간들의 서서히 변화하는 삶의 조건에 대한 도표를 그릴 수 있도록 하는 무수한 익명의 사건들이었고, 국적은 그러한 이들에게 물을 만한 질문 중꼴찌를 차지한다.

그러나 브로델의 가차 없이 축적되어 가는 묘지로부터 민족의 전기는

▪ 1940년까지 제1차 세계대전(1914~18)은 그냥 세계대전이라고 불렸다. 프랑스가 1870년 스당 전투에서 대패하면서, 프랑스인들은 1805년 아우스터리츠 전투에서 나폴레옹이 오스트리아-헝가리(와 러시아)를 상대로 거둔 대승리를 프랑스인과 독일어 사용 인구 간의 긴 적대의 첫걸음으로 상상하게 되었다. 이스라엘 국가가 세워지고 아랍의 몇 개 국가의 군대를 패배시키는 성공을 거둔 후에야, 1943년 폴란드 수도의 유대인 거주 구역(게토)에서 나치 점령군을 상대로 봉기가 일어났다. 이 봉기는 유대인이 단지 '영원한 희생자'이기만 한 것이 아니라 용감하게 싸우는 민족이라는 점을 보여주는 첫 신호로 '기억'되었다. 이 자그마한 봉기가 그 전에 있던 게토의 완전한 파괴라는 결과를 낳았다는 점을 짚고 넘어가야 하겠다.

본보기가 되는 자살과 사무치는 열사 정신, 암살, 처형, 전쟁, 홀로코스트를, 흘러가는 사망률에 대항해 낚아챈다. 그렇지만 내러티브로서의 목적을 수행하기 위해 이 폭력적인 죽음들은 '우리의 것'으로 기억/망각되어야만 한다.

여행과 교통:
『상상된 공동체』의 지리적 전기에 관하여[*]

『상상된 공동체』가 처음으로 출판된 지 거의 사반세기가 지난 마당이니, 책 자체의 중심 테마인 인쇄자본주의, 긍정적인 해적판 만들기, 은유적 감각, 일상어화, 민족주의와 국제주의의 이혼이 불가능한 결혼 등에 비추어 그 이후 여행의 역사를 스케치할 수 있을 것 같다.

더 일반적으로 보자면 책의 초국적 확산에 대한 연구는 여전히 굉장히 드문 편이고, 프랑코 모레티(Franco Moretti)가 비범한 본보기를 구축해 놓은 문학사 분야만이 예외이다. 예비적인 비교 고찰을 위한 자료는 확보되어 있다. 2007년 말에 이르면 이 책(앞으로는 IC라 한다)은 33개국에서 29개 언어로 출판되어 있을 것이다.[1] 이러한 보급은 책의 질보다는 이 책이 최초에 런던에서, 지금 지구적 헤게모니의 언어이자 성직

■ 이 후기는 누구보다도 내 동생 페리의 사심 없는 도움이 없었더라면 나오지 못했으리라. 그에 더해 도움을 준 최성은, 야나 게노바(Yana Genova), 포티티 한차룰라(Pothiti Hantzaroula), 요엘 쿠오르티(Joel Kuortti), 안토니스 리아코스(Antonis Liakos), 실바 메즈나리츠(Silva Meznaric), 예란 테르보른(Göran Therborn), 토니 우드(Tony Wood)에게도 깊디깊은 감사를 표하고 싶다.
1 IC의 사용에는 줄임말의 편의성뿐만 아니라 상투성의 뱀파이어들이 이제 피를 거의 다 빨아먹어 버린 단어 한 쌍을 평온하게 가리는 효과도 있다.

이후 시대의 라틴어 정도로 쓰이고 있는 영어로 출판되었다는 사실과 훨씬 더 깊은 관련이 있다. (IC가 처음에 티라나에서 알바니아어로, 아니면 베트남어로 호치민시에서 나왔다면, 혹은 심지어 멜버른에서 호주어로 나왔다고 하더라도, 그다지 멀리 여행했을 것 같지 않다.) 한편 번역본의 증식은, 인쇄자본주의와 동맹하여 이윽고 교회 라틴어의 헤게모니를 무너뜨리고 민족주의의 탄생에 산파 역할을 했던 일상어화의 힘이 천 년의 절반이 흐른 다음에도 강하게 남아 있다는 것을 시사한다.

여러 동료, 동지, 친구들의 관대한 도움 덕분에 이 책의 번역본들과 관련해 발견할 수 있었던 것들, 즉 어떤 출판사들이 개입되어 있었고 그들의 동기와 전략은 무엇이었는가, 국내적 · 국제적으로 정치적 맥락은 어떠했는가 하는 이야기들을 풀어내려는 것이 나의 계획이다. 마지막 부분에서는 몇 가지 잠정적인 결론을 이끌어내 볼 것이다.

그런데 나의 본래의, 틀림없이 논쟁적이었던 의도들에 대해 한마디 하면서 시작할 필요가 있을 것이다. 이러한 의도들은 종종은 기대하지 않았던 방식으로 이 책과 그 번역본들의 수용에 영향을 끼쳤기 때문이다. 먼저 1960년대와 1970년대의 영국은 여기서 손대기에는 너무 복잡한 이유들로 하여 서로 분리된 경로들을 통해 보수적 역사학자 엘리 케두리(Elie Kedourie), 계몽적 자유주의 철학자이자 사회학자인 어니스트 겔너, 그때는 마르크스주의자였던 역사학자 에릭 홉스봄, 전통주의 역사학자 앤서니 스미스라는 네 명의 영향력 있는 유대인 지식인들에 의해 일반적 의미에서의 민족주의의 성격과 기원에 대한 수준 높은 연구가 이루어졌던 그 한 나라였다. 그렇지만 스코틀랜드 민족주의자에서 마르크스주의자가 된 톰 네언이 우상파괴적인 책 『브리튼의 해체』를 펴낸 1977년 이전까지 진짜 공적인 논쟁은 없었다.[2] 스코틀랜드 민족주의자로서의 네언은——겔너와 홉스봄, 스미스가 강한 애착을 가졌던——연합왕국에 대해 전(前)민족, 전(前)공화주의 시대의 노쇠한 잔재로서 오

306

스트리아·헝가리의 운명을 똑같이 겪을 수밖에 없으리라고 기술했다. 수정주의적 마르크스주의자로서의 네언은 고전적 마르크스주의가 가장 넓은 의미에서의 민족주의가 가진 역사적·정치적 중요성을 얄팍하게, 또는 대충 에둘러 취급한다고 여기면서 그쪽으로 총을 겨누었다. 이어진 논쟁에서 나는 네언에게 깊이 동조했다.

그러므로 IC 배후의 중요한 논쟁적 의도 하나는 네언의 그 두 가지 입장을 (물론 '비판적'으로) 지지하려는 것이었다. 연합왕국과 대영제국, 심지어는 스코틀랜드에까지 균형에 어긋날 정도로 많이 할애한 지면(내가 1958년부터 미국에 살면서 일하고 있었기 때문이었을지도)에서 그 흔적은 충분히 뚜렷하다. 영국에서 교육받지 않은 독자들에게는 와 닿지 않을 '잉글랜드'(English) 문학의 지나치게 잦은 인용과 언급, 공화주의적 정신에서의 지방스러운 도발(영국 지배자들은 모두 마치 옆집 사는 이웃들인 것처럼 이름을 불렀고[앤 스튜어트], 반면 외국 지배자들은 전통적인 방식으로 호칭을 붙였다[루이 14세]), 네언의 논적이었던 홉스봄에 대한, 후회될 만큼 상냥함이 부족한 언급들도 그러한 맥락에서였다.

두 번째 논쟁적 의도는 거의 배타적으로 고전적 마르크스주의만을 겨냥한 네언의 이론적 비판들의 범위를 넓히는 것이었다. 내게는 마르크스주의가 민족주의를 어떤 식으로든 깊이 파악하는 데 '실패'한 것이 전혀 특이해 보이지 않았다. 완전히 똑같은 비판을 고전적 자유주의에도

---

2 케두리는 바그다드에서, 겔너는 프라하에서 왔으며, 홉스봄은 어머니가 빈 출신이다. 출신지 때문인지 케두리는 근동과 그 너머에 관심이 있었다. 아시아와 아프리카의 민족주의에 대한 그의 책은 1970년에 나왔다. 민족주의 문제에 대한 겔너의 첫 에세이는 케두리에 대한 응답이기도 하다. 민족주의에 대한 홉스봄의 대작은 1990년에야 나왔지만, 그는 1977년 가을에 『뉴레프트리뷰』에서 네언의 명제들을 공격했으며, 중유럽과 동유럽의 민족주의 운동들에 대한 미로슬라프 흐로흐(Miroslav Hroch)의 권위 있는 비교 연구를 앵글로색슨 세계에 알리는 데 중요한 역할을 했다.

돌릴 수 있었고, 돌려야만 했으며, 고전적 보수주의 역시 변두리에서나마 비판을 벗어날 수 없었다. (IC가 무명 마르크스주의자의 묘와 전몰 자유주의자 위령비의 그럴듯하지 않음에 대해 농담을 던진 이유는 이러하다.) 이러한 일반적 결함에는 공통의 원인이 있어야겠지만, 자유주의보다는 (특별한 점이 있는) 마르크스주의에서 그 원인을 찾는 편이 더 나아 보였다. 그런데 이렇게 틀이 잡힌 IC는, 진짜로 새로운 사고와 연구가 엄청나게 많이 필요하다는 점을 양쪽 모두에게 시사함으로써 비판적인 마르크스주의자들과 비판적 자유주의자들의 관심을 다 같이 끌 수 있었다. 그래서 전반적으로 호의적인 평자가 이 책에 대해 그래도 신경을 꽤나 건드릴 만한 묘사, 즉 자유주의라기에는 너무 마르크스주의적이고 마르크스주의라기에는 너무 자유주의적이라는 묘사를 했을 때 나는 전혀 낙담하지 않았다.

세 번째 논쟁적 의도는 민족주의의 이론적 연구를 탈유럽화하는 것이었다. 이러한 충동은 네언과는 아무런 상관이 없었고, 당시로서는 완전히 외진 곳이었던 인도네시아와 태국/시암의 사회, 문화, 언어에 오래 몰입했던 데에서 나왔다. 겔너와 홉스봄, 스미스의 다언어 저작들은 경이로울 만큼 널리 뻗쳐 있었지만, 자카르타와 방콕의 견지에서 보면 구제불능으로 유럽중심주의적이었다. 겔너는 실제로 마그레브에서 연구를 하긴 했지만 그가 아랍어에 무지하다는 에드워드 사이드의 공격은, 그들 사이에서 오가던 독설이 전반적으로 고상함과는 거리가 멀었을지언정, 아마 옳을 것이다.[3] 문제는 중국, 일본, 베트남 등이 수천 년 된 민족이라는 19세기 유럽이 빚어낸 낭만적인 판타지들과, 나중에 유럽 바깥의 모든 반식민주의 민족주의에 '파생적 담론'이라는 선고를 내린 파

---

3 케두리는 확실히 아랍어를 잘 알았지만 그의 저술이 그 점을 그다지 두드러지게 보여주지는 않는다. 그의 1970년 책은 주로 아시아와 아프리카의 민족주의 지식인들의 글을 모은 것으로, 거기에 그가 쓴 광범위하고 신랄한 서론이 붙어 있다.

사 채터지의 격렬한 분노, 이 두 암초 사이에서 어떻게 아슬아슬하게 노를 젓느냐 하는 것이었다. 이러한 난국에서 나를 구출한 것은 1810년과 1838년 사이에 남아메리카와 중앙아메리카에서 창조된 다수의 민족국가였다(비록 1983년에 나는 스페인어와 포르투갈어를 읽을 줄 몰랐지만). 다수성은 세계사적으로 이른 연대만큼이나 중요했다. 미국과 아이티의 '혁명'들은 스페인령 아메리카의 민족주의 운동에 선행했고 민족으로서의 브라질은 훨씬 나중에 출현했지만, 이들 각각에는 특이성(idiosyncrasy)이라는 명백한 이점이 있었다. (며칠 전 내가 방콕에서 보는 현지 신문은 비꼬는 투로 미국을 '자유〔롭게 이기적인 자들〕의 땅'이라고 일컬었다.) 그렇지만 스페인령 아메리카의 비교가능성은 탁월했고, 제국 스페인과 언어 및 종교를 공유하면서도 여러 해 동안 다수의 공화주의적 독립을 위해 피 흘리며 싸웠다는 점 역시 중요했는데, 이는 마자르인, 체코인, 노르웨이인, 스코틀랜드인, 이탈리아인들이 행동을 개시하기 훨씬 전의 일이었다.

　스페인령 아메리카는 민족의 비교불가능성과 유럽중심주의 두 가지 모두에 대항하는 완벽한 논거를 제공했다. 이로 인해 나는 초기 미국에 관해 범아메리카적 맥락에서, 그저 크리올이 이끈 또 다른 혁명적 국가인 데다 몇 가지 측면에서는 남쪽의 자매들보다 반동적이라고 사고할 수 있게 되었다. (해방자 볼리바르는 워싱턴과 달리 노예제를 차근차근 끝장 냈고, 산 마르틴은 제퍼슨과 달리 그의 나라에 원래 살고 있던 사람들을 야만인이라고 부르는 대신 페루인이 되도록 초청했다.) 이러한 탈유럽화가 사실 유럽 자체에서는 큰 인상을 남기지 못했지만, IC를 남반구 독자들에게 더 매력적이게끔 만들었을 수도 있겠다는 것이 내가 받은 인상이다.

　마지막 논쟁적 목표는 미국이었다. 단순히 미국이 라틴아메리카와 아시아, 아프리카에서 행한 유혈의 제국주의적 개입에 대한 적의의 문제만은 아니었다. 『상상된 공동체』가 막 출판될 무렵 미국 대학에서 민족주의에 관해 가르치는 수업이, 19세기 후반 '명백한 운명'론● 때의 탈선으로나 취급되던 미국 민족주의에 관한 수업은 말할 것도 없이, 전혀 없다시피 했다는 기이한 사실을 정조준한 반응이었던 것도 아니다. 오히려 그것은 심지어 자유주의적인 《뉴욕타임스》에서조차 오늘날에도 여전히 두드러지게 눈에 띄는 유아론과,《뉴욕 서평》(*New York Review of Books*)의 독자들에게는 분명히 보일 '대국'적 편향이었다. (나중에 나는 마찬가지의 촌티를 다른 '대국'들, 즉 인도, 중국, 러시아, 인도네시아, 브라질에서도 발견했다.) '권력이란 아무것도 들을 필요가 없는 것'(power is not having to listen)이라는 카를 도이치(Karl Deutsch)의 냉소적 아포리즘이 나의 귓가에 울렸다. 그리하여 IC의 논쟁적 전략은 헝가리와 태국, 스위스, 베트남, 스코틀랜드, 필리핀 등 '소국'들을 전진 배치하는 것이었다.

위에 지적된 이유들 및 다른 이유들로 하여 런던과 뉴욕에서 동시에 출간된 초판들은 두 나라에서 완전히 다른 반응을 이끌어냈다. 그 머나먼 나날들은 영국에 아직 '양질의 언론'이 있던 시절이라, IC가 나오기가 무섭게 에드먼드 리치와 코너 크루즈 오브라이언, 닐 애처슨, 그리고 자메이카인 마르크스주의자 윈스턴 제임스가 서평을 썼다. '양질의 언론'이라곤 가져본 적이 없는 미국에서는 눈길을 주는 사람도 별로 없었다. 학술지도 다를 것이 없었다. 이 상황은 소련의 붕괴와 유고슬라비아의 폭력적 해체, 그리고 국내 전선에서 급속도로 떠오른 정체성의 정치를 목격한 1990년대 초반에야 바뀌었다.

IC 최초의 외국어판은 1987년 도쿄에서 나온 『想像の共同体』였다. 번역은 나의 재능 있는 두 제자, 시라이시 다카시와 시라이시 사야의 작품으로, 이들은 이 책이 일본의 섬나라 근성 및 나라의 역사와 문화를 다른 나라들과 비교하는 것은 불가능하거나 무의미하다는 보수적 억지에 대항한 끈질긴 교육적 투쟁에 도움이 되리라고 믿었다. 문자 그대로 옮

• Manifest Destiny, 19세기 미국의 북아메리카 팽창주의를 뒷받침하며 유행한 이론.

기기보다는 런던판의 논쟁적 취지를 지켰다는 점에서 이 번역은 그 자체로서 참신한 작품이었다. 원본에서 영문학을 언급하거나 인용한 부분들 여럿은 그에 '대응하는' 일본의 인용구들로 교묘하게 대체되었다. 이를테면 『납골 항아리』(*Urne-Buriall*)로부터의 기다란 인용은 『헤이케 이야기』(平家物語)에게 자리를 넘겨주었다. 중도보다 몇 걸음 왼쪽에 있었던 도쿄판의 출판사인 리브로포트(Libroport)에 관해서는 최근 다카시가 내게 이렇게 써 보냈다. "사주인 츠츠미 씨는 재계 거물의 아들로 아버지에게 반항하면서 시인이자 작가로서의 길을 갔는데, 아버지가 사망하자 결국 사업의 일부를 물려받게 되었습니다. 그래서 그는 편집자들에게 이윤에 대해서는 걱정하지 말고 좋은 책을 출판하라고 말했죠… 이리하여 회사는 1990년대에 파산했습니다." 그러나 출판사는 『상상된 공동체』가 일본의 좋은 대학들 대부분에서 민족주의에 관한 고학년 수업의 표준 교과서가 되는 것을 지켜볼 만큼은 오래 살아남았다.

버소(Verso)에서 IC의 꽤 두꺼워진 개정증보판을 내놓기 이전의 4년 동안 독일어, 포르투갈어, 세르보크로아티아어 번역본이 출현했다. 탁월한 독일어판(*Die Erfindung der Nation*)은 로마의 아우구스투스 황제와 티베리우스 황제를 괴롭힌 '게르만' 군대의 수장 아르미니우스를 기리는 19세기의 거대한 키치, 슈바르츠발트의 헤르만기념비(Hermanns-denkmal)를 내세운 인상적인 표지와 함께 1988년에 프랑크푸르트에서 출간되었다. 독립 출판사인 캄푸스 출판사(Campus Verlag)는 1975년 설립되었으며, 역사와 정치를 다루는 진지한 책들로 단기간 내에 훌륭한 평판을 쌓았다. '양질'의 《프랑크푸르터 차이퉁》이 영국의 '양질 언론'에 실리는 서평들을 눈여겨보아 왔다는 사실이 독일어 번역본이 그렇게 일찍 나온 이유의 하나일지도 모른다.[4] 1989년의 포르투갈어 번역본

---

4 1998년에 캄푸스 출판사가 내놓은 새로운 판본에서는 불타는 집들, 겁에 질린 사람들, 소이탄 등을 담은 인민 폭동의 무시무시한 사진이 헤르만기념비를 대체

(*Naçao y consciência nacional*)은 리스본이 아닌 상파울루에서 아치카
(Ática)에 의해 출간되었다. 이 기관에는 대단히 흥미로운 역사가 있다.
현재의 웹사이트에 따르면, 그 역사는 안데르송 페르난지스 지아스
(Anderson Fernandes Dias), 바스쿠 페르난지스 지아스 필류(Vasco
Fernandes Dias Filho), 안토니우 나르바이스 필류(Antonio Narvaes
Filho) 등 일군의 진보적인 지식인과 학자들의 주도로 쿠르수 데 마두레
자〔'성인 교육기관'을 뜻함〕산타 이네스(Curso de Madureza Santa Inês)가
설립된 1956년으로 거슬러 올라간다. 당시는 브라질의 정치적, 문화적
삶에서 크나큰 낙관주의와 창의성이 숨 쉬던 시절로서, 보사노바와 시
네마 노보, 제1회 브라질리아 비엔날레의 시대였다. 1962년에 이르자
학교에 등록한 학생의 수는 엄청나게 늘어났고, 교수들의 넓은 지적 영
향력은 산타 이네스 출판부(Sociedade Editora do Santa Inês)의 창립으로
이어졌다. 2년 후, 골라르트 대통령에 대항한 군사 쿠데타가 일어날 즈
음, 안데르송 페르난지스 지아스의 주도로 고대 그리스 문명의 요람이
었던 아티카의 이름을 따서 전문적으로 경영되는 비판적 출판사를 만든
다는 결정이 내려졌다. 아치카는 1965년에 첫 책들을 출간했고, 억압적
인 군사 독재 20년을 어떻게 살아남았다. 1999년에 쌍둥이 영혼을 가진
브라질 출판 재벌 아브리우(Editora Abril)와 프랑스 재벌 비방디
(Vivendi)가 합작으로 아치카를 사들였다. 기나긴 싸움 끝에 5년 후에
는, 디즈니 만화를 처음 수입했고 지금은《타임》지와《플레이보이》지의
브라질판을 출간하고 있는 아브리우가 대주주로 등극했다. 그렇지만 아
치카는 아직 일정한 자율성을 가지고 있는 것 같다.

했다. 2005년에 출판사는 책을 '고전' 시리즈의 하나로, 그에 걸맞게 수수하고
단조로운 표지와 함께 재출간하기로 결정했다. 2005년판에는 토마스 메르겔
(Thomas Mergel)의 기다란 후기가 달려 있는데, IC의 수용에 관한 고찰을 담은
이 후기에는 사이버스페이스에서 환생한 이 책의 우려할 만한 모습을 다루는 자
료도 있다.

1989년 여름, 예일대학교의 이보 바나츠(Ivo Banac)가 발칸과 동유럽의 민족주의라는 주제로 두브로브니크에서 열릴 학회에서 '비교 연구자'로서 논평자 역할을 해달라며 나를 초청했다. 그곳에서 나는 실바 메즈나리츠를 만나 열띤 토론을 나누었는데, 그는 이후 1990년의 세르보크로아티아어 번역본(*Nacija: Zamišljena zajednica*)의 주요 책임자가 되어 특별히 서문을 쓰기도 했다. 자그레브대학교 로스쿨과 시카고대학교에서 공부한 그는 1984년 류블랴나대학교에서 사회학 박사학위를 받았다. 그는 같은 해에 우드로윌슨센터 연구원이기도 했는데, 그곳에서 IC를 처음 만났을지도 모르겠다. 그는 최근 내게 쓴 편지에서 당시 크로아티아와 세르비아에서 떠오르던 호전적 애국주의와 허구의 신화에 대한 집착의 조류에 대항하여 싸우는 데에, 그리하여 유고슬라비아를 하나로 지키는 데에 이 책의 번역이 도움이 되리라고 믿었다고 말했다. 슬프게도 이러한 희망은 그다음 해 봄에 사라지고 말았다. 이 책을 출간한 슈콜스카 니가(Školska knjiga)는 교과서를 내는 대형 국유 출판사였다. 유고슬라비아의 붕괴 이후 출판사는 민영화되었고, 최근에는 세르비아 최대의 교과서 출판사를 사들였다.[5]

1991년에 IC의 증보판이 출간되었는데도, 한국의 나남출판은 그다음 해에 1983년의 초판에 기초한 해적판 번역본(『상상의 공동체』)을 내놓았다. 나남출판은 1979년에 조상호에 의해 설립되었는데, 그는 활동가는 아니었지만 여러 좌파 지식인들을 배출한 '반체제' 고장 광주 출신이었다. 나남은 1980년대와 1990년대 초반 더 '대중적'인 좌파 성향의 사회과학 서적들을 출간하면서 번창했지만, 그 이후에 시장의 추세가 바

---

5 그 이후 메즈나리츠는 강제이주에 관한 인도주의 전문가 그룹 프로젝트(Humanitarian Expert Group Project on Forced Migration)를 설립하여 1992년부터 1996년까지 운영했다. 오늘날 그는 류블랴나대학교 교수이자 자그레브에 있는 이주·종족성연구소(Institute for Migration and Ethnicity Research)의 상임자문위원으로 일하고 있다.

꿔자 신자유주의, 보수주의 서적들로 방향을 틀었다. 2002년(그러니까 10년 후)에 같은 회사에서 1991년의 증보판에 기초하여 해적판이 아닌 판본을 내놓은 것을 보면 IC는 이 새로운 조류에서 살아남은 것 같다.● (특징적이라고 볼 수 있을 만한 이 번역본의 표지는 깃발을 흔드는 한 무리의 젊은이들을 담은 화려한 색채의 사진인데, 2002년 6월 열린 월드컵 경기에서 한국 축구팀이 거둔 깜짝 놀랄 만한 성공을 응원하는 사람들의 모습으로 보인 다.) 여러 진지한 작가들과 출판인들에게 나남은 대량생산과 초고속 출 간으로, 그리고 어색한 번역과 때때로는 후진 편집으로도 이름을 날렸 다. 그리고 이곳은 여러 저자들에게 고료를 지급하지 않기로도 악명이 높았다.[6] 이제는 보수적으로 바뀐 나남이 새 판을 냈다는 것은 두 시라 이시의 일본어 번역본이 거둔 상업적 성공을 인지하고 있었기 때문이라 고 설명할 수 있을지도 모르겠다. 2005년에 서울을 잠시 방문했을 때, 나는 우연히 나남본의 번역자 윤형숙 교수를 만났다. 그는 매력적이고 겸손한 사람이었는데, 해적판의 질에 대해 넘치게 사과하며, 무지막지 한 마감에 맞추어 작업해야만 했다고 말했다.●●

1992년까지는 번역본들의 패턴이 도쿄, 프랑크푸르트, 상파울루, 자 그레브, 서울 등 지리적으로 무작위적인 형태를 띠었다면, 2000년이 되 기 전까지의 남은 8년 동안에는 완전히 달랐다. 열다섯 가지의 번역본

● 이 판본은 증보판의 첫 번째 한국어 번역본은 아니었다. 한국에서 나온 두 번째 해적판인 『민족의식의 역사인류학』(최석영 옮김, 서경문화사, 1995)이 증보판을 번역한 것이기 때문이다.

6 위의 정보를 내게 준 최성은에게 감사를 전한다. 최성은의 부친은 나남에서 책 을 두 권 내는 불운한 경험을 했다.

●● 2006년 개정판을 읽은 윤형숙 교수는 저자의 2005년 서울 강연을 주관했던 연 구소 측에 연락하여 당시 저자를 만난 사실 자체가 없으나, 서울 방문 소식을 듣고 그 이후 이메일로 판권 없이 나온 번역본에 대해 사과한 적은 있다고 밝 혔다.

중 열한 가지가 1995년에서 1999년 사이에 유럽에서 생산되었다. 그렇지만 그보다 먼저 1993년에 멕시코시티(*Comunidades imaginadas*)와 이스탄불(*Hayali Cemaatler*)의 판본들이 나왔다.

경제학자이자 외교관이었던 다니엘 코시오 비예가스(Daniel Cosío Villegas)가 1934년에 설립한 폰도 데 쿨투라 에코노미카(Fondo de Cultura Económica)의 애초 목적은 세워진 지 얼마 되지 않았던 국립경제학교●에 스페인어 교재를 공급하는 것이었지만, 곧 역사와 문화, 문학 등으로 영역을 넓혔다. 애초부터 국영이었던 이 출판사는 문화 분야 국가 관료제의 일부로 남았다(1990년대에는 미겔 데 라 마드리드 전 대통령이 사장이었다). 제2차 세계대전 이후 이 출판 '제국'은 아르헨티나(1945년), 칠레(1954년), 모국 스페인(1963년)으로 팽창했고 이후에는 브라질, 콜롬비아, 미국(샌디에이고), 과테말라, 페루, 베네수엘라에도 진출했다. 1990년대에는 생산량도 엄청나서, 신간 2,300종과 재판 5,000종을 찍었다. 이 번역본은, 이때 즈음 이미 역사학과와 인류학과, 사회학과, 비교문학과에서 IC를 교재 같은 것으로 폭넓게 쓰고 있던 미국 대학들에서 공부하거나 가르친 수많은 멕시코인 학자, 지식인들로부터 자극을 받아 나왔던 것 같다. 1986년에 나는 사모라에서 열린 멕시코 민족주의를 다룬 대규모 학회에 초청받았는데, 나 말고 눈에 띄는 외국인 참가자는 멕시코와 페루 역사의 권위자이자 나중에는 스페인령 아메리카 전반으로 연구의 범위를 넓힌 데이비드 브래딩(David Brading)밖에 없는 것을 보고 깜짝 놀랐다. 스페인어를 전혀 못하는 유일한 참가자였던 나는 매우 당황했지만, 폰도에서 오랫동안 지배적인 지적 영향력을 떨치던 옥타비오 파스(Octavio Paz)의 오른팔이자 이중언어 구사자나 다름없는 젊은이 엔리케 크라우세(Enrique Krauze)가 나를 친절하게 보살펴 주었다.

● 1929년 개설되었으며 이후 멕시코국립자치대학교 경제학과로 편입됨.

이스탄불의 메티스 야인라리(Metis Yayinlari)의 사정은 멕시코와 천지 차이였다. 1983년 버소의 터키 '에이전트'인 뮈게 귀르소이 쇠크멘(Müge Gürsoy Sökmen)이 좌파 친구들 몇 명과 함께 메티스의 전신을 세웠다. 직원 전원이 체포되는 위험을 피하기 위해 메티스의 법적 등록은 단 한 명의 개인의 이름으로 했고, 이 사람이 정권이 할당하는 감방살이를 짊어지도록 되어 있었다. 이렇게 불확실하게 출발했지만 출판사는 더 개방적이었던 1990년대에 굉장한 성공을 거두어 소설(톨킨부터 페렉까지), 철학(아도르노, 벤야민, 루카치), 정치이론과 페미니즘 이론(바디우, 아리기, 맥키넌), 시사(올리버 로이) 분야에서 터키 책과 번역서들을 출간했으며, 최근에는 반세계화 및 이라크전 반대운동과 관련된 텍스트들을 냈다. 메티스의 성공은 세 가지 독립적인 요인으로부터 나온 것으로 보인다. 점점 교육 수준이 높아지는 이 나라의 청년 인구가 그 첫째인데, 이들 중 다수는 유럽공동체 가입을 추진하는 앙카라 당국의 정책을 지지한다. 둘째, 출판사가 이슬람계 인사들과 오랫동안 우호적인 관계를 유지해 왔다. 셋째는 영업이익률보다는 서평을 보고 자신들이 후원하는 출판사의 실적을 판단하는 주요 은행들의 문화 정책으로, 이들은 출판사 운영에 드는 비용이 광고에 들 비용보다 적으면 만족한다.[7] 1990년대 후반에 튀르크어 사용 지역인 구소련 공화국들로부터 온 학생들을 간혹 마주쳤을 때, 이들이 메티스의 번역본으로 IC를 처음 읽었다고 이야기하더라는 점은 덧붙일 만하겠다.

다음으로는 유럽 본토. 스웨덴(1993년), 네덜란드(1995년), 노르웨이와 프랑스, 이탈리아(1996년), 그리스와 폴란드(1997년), 불가리아, 슬로베니아, 마케도니아, 세르비아(1998년). 스웨덴어 번역본(*Den föreställda gemen-skapen*)은 예테보리에서 다이달로스(Daidalos)가 출간했다. 1982년에 창립된 다이달로스는 규모는 작은 편이지만 평판이 높은

---

7 메티스의 이러한 역사를 알려준 토니 우드에게 감사를 전한다.

좌파 독립 출판사로서, 처음에는 학생운동으로부터 출현했다. 진지한 출판사이며 학위논문을 (국가 보조금을 받아) 출간하기도 한다. 이곳은 고전부터 아렌트, 가다머, 하버마스, 하이데거, 롤스, 테일러에 이르기까지 철학 분야에서 강세를 보인다. 역사와 사회분석 분야에서는 마르크스, 바우만, 부르디외, 카스텔스, 기든스의 책을 출간했다.[8]

네덜란드어 번역본(*Verbeelde gemeenschappen*)은 두 가지 상당히 다른 이유로 흥미롭다. 1995년까지 번역본의 표지들은 아무 특징이 없다고까지는 할 수 없어도 대체로 밋밋했다. (일본어판만이 내가 버소에 사용하기를 종용했던 식민지 시대 인도네시아의 트럭 사진을 썼다.) 유일한 예외는 캄푸스 출판사의 헤르만기념비이며, 그 의도는 물론 아이러니였다. 그런데 이때부터 '민족주의' 표지들을 만들어내는 추세가 생겨나, 이를테면 네덜란드어판은 나중에 네덜란드 초기 인쇄소의 내부를 묘사한 목판화의 정교한 복제를 표지로 썼다. 두 번째 흥미로운 점은 번역의 탄생 경로이다. 1970년대의 어느 시점엔가 나는 당시 모스크바에 거주하고 있던, 나이 든 인도네시아 공산주의자이자 강인하고 재치 있으며 별난 인물인 수르요노(Soerjono)와 정기적으로 서신을 교환하기 시작했다. 그는 자기 나라의 혁명기(1945~49)에 활동했으며, 독립이 성취된 이후에는 당 일간지 《하리안 라얏》(*Harian Rakjat*, 인민일보)에서 일했다. 강한 개인주의 때문인지, 아니면 성 문제에 있어서의 무슨 과오 때문인지는 몰라도 그는 서서히 밀려났다. 그렇지만 그는 1965년 10월 1일의 '쿠데타 시도'—그 이후 당은 파괴되고 수십만 명의 당원이 학살당하거나 재판 없이 여러 해 동안 투옥당했다—가 일어났을 때 중국에 방문 중이었을 만큼은 운이 좋았다. 자신이 본 대로의 마오의 문화혁명을 혐오한 데다 인도네시아 공산주의자 망명자들 간의 파벌 다툼에 진저리가 나기도 한 그는 모스크바로 이사할 길을 찾았으며, 그곳에서 여러 해 동안 번역가

---

8 이 해설에 대해서는 예란 테르보른에게 감사를 전한다.

로 일했다. 그는 이윽고 KGB가 후원하고 관리하는 망명자 파벌과의 싸움에 휘말린 끝에 평생 완전히 회복하지 못할 심각한 뇌졸중 발작을 겪었고, 모스크바 외곽의 음울한 보훈병원들을 전전하며 긴 시간을 보냈다. 결국 소련의 수도에 끈이 있는 소규모의 네덜란드 좌파 그룹이 그를 구출하여 암스테르담으로 데려왔다. 그는 시 경계 근처에 있는 양로원에 자리를 틀었고, 나는 그를 만나러 그곳을 여러 차례 방문했다. 나처럼 정기적인 방문객이었던 독립 출판인 얀 메츠(Jan Mets)를 알게 된 것은, 세상을 떠나는 순간까지 불굴의 정신으로 버텨냈던 환자와의 우정을 우리가 공유했기 때문이었다. 그렇지만 IC를 번역하겠다는 결정은 감상적인 제스처가 아니었다. 메츠는 책이 런던에서 상업적으로 성공을 거둔 편이라는 사실을 익히 알고 있었다. 네덜란드어 번역을 통해 나는 처음으로 번역 과정에 직접 개입하는 경험을 갖게 되었다. 나의 네덜란드어 독해 실력은 상당히 뛰어났기 때문에, 나는 인쇄에 들어가기 전에 번역본을 검사하겠다고 고집했다. 출판사는 번역자의 영어 실력이 내 네덜란드어 실력보다 훨씬 낮다고 경고하면서도 마지못해 동의했다. 나는 첫 페이지의 "그러나 빈과 런던, 콘스탄티노플, 파리, 마드리드로부터 통치된 광대한 다언어, 다종족 영지들을 파괴한 민족주의의 폭발을 추적했음에도, 나는 그 도화선이 적어도 모스크바까지는 이어져 있다는 것을 보지 못했다"라는 문장에서 '도화선'(train, 즉 fuse)이 '철도'라고, 무슨 뜻인지 이해하기 힘들게 번역되어 있는 것을 발견했다. 나의 교정이 전부 반영되지는 않았지만, 일부는 뜨뜻미지근하게나마 받아들여졌다.

노르웨이어 번역본(*Forestilte fellesskap*)은 동남아와의 경계를 따라 거주하는 중화인민공화국의 소수민족들에 관한 전문가인 저명한 중국 연구자로서 코넬대학교에서 방문연구원으로 수 년간 머물렀던 하랄 뵈크만(Harald Bøckman) 교수와 나의 우정 때문에 나온 것일지도 모르겠다. 뵈크만 교수는 유머 감각이 대단한 인물로, 마오주의 정권과 그 계승자들에 대해 훌륭할 만큼 차분하고 감상적이지 않은 태도를 견지했다. 어

318

쨌든 책은 1989년에 설립된 작은(1년에 20~30종을 출간하는 규모) 회사이자 뵈크만이 개인적으로 좋은 관계를 맺고 있었던 스파르타쿠스 출판사(Spartacus Vorlag)에서 출간되었다. 표지 디자인은 민족 의상을 입은 깜찍한 어린아이들이 등장하는 노르웨이 국경일 행진을 예쁘고 다채롭게 재현해, 새로운 추세를 드러냈다. 뵈크만에게 노르웨이는 인구도 적고 대부분의 사람들이 스웨덴어 번역본을 술술 읽을 수 있는데 왜 노르웨이어판이 필요하냐고 묻자, 그는 웃으며 말했다. "스웨덴 사람들과 스웨덴어에 대한 우리의 감정을 알지 않습니까. 스웨덴어판을 읽느니 영어 원본을 읽지요. 그렇지만 우리의 민족어로 된 판본이 있는 것이 가장 좋고요."

이탈리아어 번역본(*Comunità immaginate*)은 아마도 내가 시리즈 강연을 위해 초청되었던 시카고에서 우연히 이루어진 마르코 데라모(Marco d'Eramo)와의 만남에서 나온 것 같다. 로마의 저명한 지식인이자 이탈리아의 (유럽 마지막?) 양질의 급진좌파 신문 《일 마니페스토》(*Il Manifesto*)의 언론인인 그는 시카고대학교에서 안식년을 보내며 시카고 시의 역사에 관한 책을 쓰고 있었고, 그 책은 2002년에 버소에서 출간되었다. 우리는 굉장히 짧은 시간 안에 좋은 친구가 되었다. 그리하여 이탈리아어 IC는 펠트리넬리● 쪽의 신문이 1991년 창립한 마니페스톨리브리(Manifestolibri)에서 출간되었다. 이 출판사는 1년에 40종 정도밖에 내지 않지만 양질의 출판을 강조하면서 재능 있는 젊은 작가들을 후원하기 때문에, 이곳의 책들은 대학 수업에 널리 사용되고 있다. 발랄한 표지는 마치 펠리니의 후기 영화에서 가져온 것처럼 보인다. '민족주의적'이라고 여길 수도 있지만, 나는 헤르만기념비 표지와 같은 아이러니의 정신에서 나온 것이라고 생각하기를 선호하는 편이다.

프랑스어 번역본(*L'imaginaire national*)은 프랑수아 게즈(François

● 이탈리아의 출판인 겸 좌파 활동가.

Gèze)가 지휘하는 중간급 규모의 '독립 좌파' 출판사(1년에 80~100종)
로서 번역본 출간에 진지한 관심을 쏟는 라 데쿠베르트(La Découverte)
에서 출간되었다. 라 데쿠베르트의 전신은 1959년 창립된 유명 출판사
인 프랑수아 마스페로(Éditions François Maspero)이다. 마스페로는
1983년 게즈에게 지휘권을 넘기면서 회사의 이름도 바꾸어달라고 청했
다. 프랑스어판 IC가 나온 1996년, 이 회사는 1974년 설립되었으며 프
랑스 좌파의 정치적, 사회적 쇄신을 위한 투쟁에서 활동적인 역할을 담
당했던 시로스 출판사(Éditions Syros)와 합병했다. 이 책의 표지는 어느
모로 보나 말로(Malraux)가 막 청소하고 간 것처럼 보이는 파리의 신고
전주의 건물의 한 부분을 담은 간소한 사진이다. 아이러니일까? 아마도,
그렇지만 고상한 프랑스식 아이러니이리라. 내가 번역의 진행 과정에 전
적으로 기쁜 마음으로 직접 관여한 것은 이때가 처음이자 유일했다. 프
랑스 최고의 번역가 중 한 명인 피에르 에마뉘엘 도자(Pierre-Emmanuel
Dauzat)는 여러 군데에서 원본의 영어보다 나은 텍스트를 생산했을 뿐만
아니라, 프랑스어 참고문헌을 전부 점검하여 내게 몇 가지 오류를 알려
주었다. 그 덕분에 나는 흥미로운 발견을 했다. 내가 제목(L'imaginaire
nationale)에 대해 유보적인 태도를 보이자, 그는 프랑스어에는 영어의
'community'에 대응하는, 사회적 온기와 연대를 함축하는 단어가 없다
고 답신했다. ('유럽공동체'에 쓰이는) 'Communauté'로는 차갑고 관료적
인 느낌을 피할 수 없다는 것이었다. (나중에 마르코 데라모는 이탈리아어
'comunità'는 일반적으로 마약중독자들의 재활원을 의미한다며 웃음 섞인 편
지를 보내 왔다.)

폴란드어판(Wspólotny wyobraźone)과 그리스어판은 1997년에 출간됐다.
폴란드어판은 (바르샤바가 아니라) 크라쿠프에서 즈낙 출판사(Spoleczny
Instytut Wydawniczy Znak)가 냈다. 이곳에 대해서는 학술 연구와 픽션
양쪽에서 평판이 높다는 사실 정도만 알고 있다.

그러나 그리스어판(Phantasiakés Koinótites)의 사정은 다르다. 네펠리

(Nepheli) 출판사는 파파도풀로스 · 이오아니데스 군사정권이 무너진 지 몇 해 되지 않아, 즉 1974년으로부터 몇 년 후에 좌파 자유주의자 지식인인 고(故) 야니스 두비차스(Yannis Douvitsas)가 세웠다. 작지만 저명한 이 출판사는 주로 소설 및 인문학과 사회과학 저작들의 정성 들인 번역본을 전문적으로 냈다. 책 이외에도 《시》(*Poiesis*), 《철학》(*Cogito*), 《히스토레인: 과거 및 다른 이야기들의 비평》(*Historein*, '역사'. 영문으로 출간됨)이라는 세 가지의 저널을 출간한다. 《히스토레인》을 이끄는 인물은 처음에는 살로니카에서, 다음으로는 (이탈리아 재통일을 연구하면서) 로마에서, 마지막으로는 1989년경 버밍엄에서 교육받으면서 역사적 유물론 그룹에 몸담았던 아테네대학교의 안토니스 리아코스(Antonis Liakos) 교수였다. 대처리즘의 성공 때문에 그때 즈음에는 민족주의 연구가 역사적 유물론 그룹의 의제에 들어 있었다. 네펠리는 카를로 긴즈버그와 내털리 지먼 데이비스, 그 외 다른 저자들의 책도 출간했다. 이 책들의 주요 목표층은 인문학과 사회과학을 공부하는 학생들과 젊은 학자들이었다. 그렇지만 《히스토레인》에는 그 냉소적인 부제가 시사하듯이 "3,000년 된 그리스 민족이라는 견고한 이데올로기를 문제 삼는다"라는 명백한 정치적 목적도 있었다.[9]

번역자인 포티티 한차룰라(Pothiti Hantzaroula)에 따르면 IC를 번역한다는 생각은 1990년대 초반 마케도니아 국호 분쟁[●]이라는 민족주의적 진군 당시에 나왔다고 한다.[10] 책의 출간은 이의 제기를 확실히 하고

---

9 이러한 배경을 알려준 안토니스 리아코스에게 감사를 전한다.
● 옛 유고연방에서 마케도니아공화국이 독립할 때 마케도니아는 그리스에 속한 이름이라고 주장하던 그리스가 국명 변경을 요구하며 항구를 봉쇄하는 등 실력 행사를 했으나 평화적으로 해결됨.
10 리아코스는 번역자에 대해 "'The Making of Subordination, Domestic Servants in Greece, 1900~1950'이라는, 아직 출간되지 않은 영어 책을 저술한 괜찮은 학자'라고 내게 말했다.

민족이 만들어지는 방식에 대한 대안적 사고를 확립하려는 것이었다. 이 책은 일반 대중을 향한 것이기도 했지만, 역사 커리큘럼이 아직도 19세기 낭만주의의 영향을 강하게 받고 있던 대학의 학생들을 주로 겨냥했다.[11]

《히스토레인》의 과녁에 전통적인 그리스 우파가 아니라 적어도 1990년대 초반부터 '3,000년 된' 그리스 민족의 수호자, 심지어 그리스 정교의 수호자를 점점 더 자처하던 주요 좌파 정당들이 들어와 있었다는 점은 교훈적이다. 리아코스 교수는 IC라는 특정한 경우에는 《히스토레인》이 그리스의 역사에 대한 부정확한 정보와 이상주의적 경향으로 가득 차 있으며 근대 민족을 만들어낸 경제적 전환에 충분한 공간을 할애하지 않은 책을 띄우고, 내고, 가르쳤다는 비난을 받았다고 언급한다.[12]

이 그리스어 번역본과 함께 하나의 '시대'가 닫히고 새로운 시대가 열렸다고 할 수 있겠다. 1990년대 중반, 조지 소로스(George Soros)는 학자들과 사서들로 구성된 위원들을 모아 그들에게 인문학과 사회과학 분야의 (나온 지 얼마 안 된 책들 중) 가장 중요한 책 100권의 목록을 작성해 달라고 요청했다.[13] (다행인지 불행인지 IC는 최종 선정 목록에 들어 있었다.) 소로스의 계획은 동유럽의 옛 공산권 국가들과 소비에트 연방의 붕괴 후 생겨난 공화국들에서 이 저작들의 번역본을 출간하는 출판사들에게 소정의 보조금을 지급하는 것이었다. 이 엄청난 자금이 투입된 초국적 프로젝트를 통해 IC의 번역본들이 1998년에는 슬로베니아어(*Zamišljene skupnosti*)와 마케도니아어(*Zamisleni zayednisti*), 세르비아어

---

11 이렇게 설명해 준 포티티 한차룰라에게 감사를 전한다.

12 최근 리아코스로부터 받은 편지를 풀어 쓴 것.

13 나는 목록의 일부만을 갖고 있다. 흥미로운 점은 미국인들이 쓴 책이 전혀 지배적이지 않다는 것이다. 독일인 저자들이 가장 많이 꼽힌 가운데 프랑스인들과 미국인들이 그 뒤를 따르며, 영국인 몇 명과 한두 명씩의 이탈리아인, 슬로베니아인, 벨기에인 등등이 있다.

(*Natsia : zamislenja zayednitsa*), 불가리아어(*Vobrazenije obshchnosti*)로, 2001년에는 루마니아어(*Comunităţi imaginate*)와 러시아어(*Voobrazhayemie soobshchestva*), 우크라이나어(*Uyavleni spilnoti*)로, 2002년에는 리투아니아어(*Isivaizduojamos bendruomenés*)로 나왔다.

이 시도가 하도 널리 뻗어 있어서 지금까지 적용한 엄밀한 연대기적 배열은 중단해야만 하겠다.

공교롭게도 소로스의 오픈소사이어티재단(Open Society Institute) 번역 프로젝트 담당관은 IC를 불가리아어로 직접 번역하기도 한 야나 게노바였다. 최근 그는 친절하게도 내게 이렇게 이야기해 주었다.

오픈소사이어티재단 프로젝트는…… 고등교육을 일신하고 사회적, 정치적 주제에 관한 수준 높은 공공의 토론을 뒷받침하는 데 필요한 사회과학의 기본 저술들을 최소한도로라도 동유럽 현지어로 제공한다는 목표 아래 1994년경 시작되었습니다. 과제 공모는 1995년 루마니아와 불가리아에서 시작되었고, 그다음 몇 해 동안 다른 나라들에서도 신속하게 이루어졌습니다. 재단은 2,000종에 달하는 판본에 약 500만 달러를 지출했습니다. 추천 도서 목록은…… 출판사들을 위한 참고 자료로 제시되었지만, 다른 인문학 서적들을 번역하겠다고 나설 수도 있었습니다. 보조금은 나라에 따라 전체 출판 비용의 30퍼센트에서 80퍼센트를 차지했습니다. 출간된 책의 수가 나라마다 다른 만큼 프로젝트의 효과도 나라마다 달랐고, 모든 곳에서 원만하게 운용되지는 않았습니다. 그렇지만 프로젝트가 이 지역의 인문학과 사회과학 교육에 끼친 효과가 막대했다는 점에 대해서는 자신 있게 말씀드립니다. 이를테면 불가리아와 우크라이나에서는 주요 대학의 열한 개 학과에서 지정한 필독서 목록의 40퍼센트가 이 프로젝트가 후원한 번역본입니다…… 〔IC의〕 출판사는 모두 1990년대 초반에 세워진 소규모의(직원 2~10명) 독립적인 회사들입니다. 학술서를 내는 이러한 출판사들은 대개 소로스 같은 개인 기부자들이나 프랑스문화원 같은 외국 정부기관, 그리고 (최근에는) EU 문화 프로그램 등에서 지급하는 보조금에 기대고 있습니다.

이렇게 출간된 판본들 대부분에 대해서는 야나 게노바가 관대하게 제공해 준 정보 이상으로 아는 바가 별로 없다. 슬로베니아(Studia Humanitatis), 마케도니아(Kultura), 세르비아(Biblioteka Episteme Plato), 불가리아(Kritika i Humanizm), 루마니아(Integral), 러시아(Kanon-Press), 우크라이나(Kritika), 리투아니아(Baltos Lankos) 등의 출판사에 대해서도 이름은 알고 있지만, 그 이상의 정보는 거의 없다. 1991년 소피아에 세워진 크리티카 이 후마니즘은 독립 출판사로서, 인문학과 사회과학 서적을 전문적으로 출간하는 유일한 불가리아 출판사이다. "인문학과 사회과학의 다원주의적 풍토"를 뒷받침하기 위해 많은 번역본(주로 프랑스 저자들의 책을 내는 것 같음)을 출간하는 것이 이 회사의 목표이다. 세르비아어판은 분명히 1990년에 자그레브에서 출간된 세르보크로아티아어판을 키릴문자화한 확장판이기 때문에, 두 출판사 사이에는 무슨 재정적 연계나 다른 관계가 있을 법하다. 러시아어 번역의 역사는 흥미롭다. 카논이 1998년에 내놓은 엄청나게 후진, 그리고 아마도 해적판일 번역본은 모스크바의 근본사회학연구센터(Centre for Fundamental Sociology)가 만든 '인간의 조건'(Conditio Humana)이라는 시리즈의 일환이었는데, 센터는 몽테스키외, 버크, 마르크스, 베버, 베르그송, 슈미트의 저작도 출간한 바 있다. 전문적이고 완전한 번역을 거쳐 합법적으로 나온 2001년의 카논 번역본은 "'푸시킨 도서관' 메가프로젝트의 틀 안에서 오픈소사이어티재단의 후원을 받았다". 이 모든 '소로스' 번역본들에 상업적 마케팅이나 노골적인 민족주의적 심상에 한 치도 양보하지 않은 밋밋하고 단순한 표지가 붙었다는 점은 언급하고 넘어갈 만하다.

동시에 서유럽에서는 21세기 초반이 낳은 몇몇 재미있는 변주가 출현했다. 2001년에는 로스킬데대학교 출판부(Roskilde Universitetsforlag)의 손을 거친 덴마크어 번역본(*Forestillede fællesskaber*)이 수수께끼 같은 매혹의 '포스트모던' 표지와 함께 나왔다. IC가 대학 출판부에서 번역된 것은 이때가 처음이었다. 내가 젊고 정력적인 번역자인 라르스 옌센(Lars Jensen) 교수에게 노르웨이어판과 스웨덴어판이 이미 있는데 덴마크어판이 왜 필요하냐고 묻자, 그는 일찍이 하랄 뵈크만이 말한 것과 그다지 다르지 않은 대답을 내놓았다. 요컨대, "네, 그 번역본들을 읽을 수는 있습니다만 우리 민족의 것이 있어야겠죠." 2003년에는 미로슬라프 흐로흐가 IC의 1장과 2장의 체코어 번역문을 프라하에서 '사회학' 출판사 플론(Plon)이 출간한 자신의 교재 『민족과 민족주의에 대한 관점들』(*Pohledy na narod a nacionalismus*)에 실었다. 2005년에는 아페르스 출판사(Editorial Afers)가 발렌시아대학교와 공동으로 출간한 카탈루냐어판(*Comunitats imaginades*)이 출현했다. 같은 해, 상파울루에서 최초의, 그다지 좋지 않은 포르투갈어판이 나온 지 16년이 지난 후, 리스본에서 70 출판사(Edições 70)가 탁월한 번역본을 출간했다. 그렇지만 '외국' 책에 대한 브라질의 무개념 관세 정책으로 인해 브라질인들은 엄청난 가격을 치러야만 이 판본을 구할 수 있었다. 가장 최근인 2007년에는 독립 학술 출판사인 바스타파이노(Vastapaino)가 요엘 쿠오르티의 핀란드어 번역본(*Kuvitellut Yhteisöt*)을 간행했다.

유럽의 동쪽에서 1998년 이후에 출간된 일곱 종의 번역본에 얽힌 이야기를 간략하게 논의하는 일만이 남았다. 1999년에는 타이페이, 텔아비브, 카이로의 판본들이 출현했다. 타이페이 판본(『想像的共同體』)의 번역자인 우루이런(吳叡人, Wu Rwei-ren)은 국민당 독재에 대항하여 투쟁했던 청년 영웅이자 열린 마음을 가진 열렬한 대만 민족주의자로서 대만 민족주의의 복잡한 기원과 발달을 다룬, 훌륭하고 우상파괴적인 시카고대학교 박사논문의 저자이기도 하다. 번역자는 수많은 해설주와 장문의 학술적 서론을 덧붙임으로써 두 시라이시의 선례를 따라 원본의

'영국적 논쟁'을 오늘날 대만의 청년 독자들에게 적실성이 있는 이야기로 탈바꿈시켰다. 이 책을 출간한 중국시보(中國時報, China Times)는 대만 최대의 상업적 출판사이지만 안타깝게도, 앞으로 볼 것처럼, 우루이런의 고결함과 정치적 신념은 한 톨도 공유하지 못했다.

히브리어 번역본(*Qehiliot madumaynot*)은 이스라엘 개방대학교(Open University of Israel)의 찬조로 나왔으며, 맹위를 떨치고 있는 시온주의와 리쿠드당의 정통파 이데올로기에 맞선 비판적 개입으로서 기획되었다. 이 책에는 으뜸가는 팔레스타인계 이스라엘 정치가이자, 독일민주공화국(동독) 국가가 아직 존재하던 시절에 예나대학교에서 박사학위를 받은 마르크스·헤겔 연구자 아즈미 비샤라(Azmi Bishara)의 서문이 들어 있다. 흥미롭게도 표지 디자인은 크리스마스를 맞아 눈에 파묻힌 버몬트의 풍경같이 보인다. 그러나 아랍어판(*Al Jama'at Al Khayaliah*)의 기원과 의도는 전혀 달랐다. '아랍 세계'가 행성의 다른 어느 주요 지역에 비해서도 외국어 번역본들을 훨씬 적게 생산해 냈다는 유엔 보고서에 대한 대응인지, 1995년 이집트 교육부의 부속 기관인 문화최고위원회(Majlis al-ʿAla lil-Thaqafah)는 게베르 아스푸르(Gaber Asfour) 박사가 지휘하는 대규모의 번역 프로젝트를 출범시켰다. 이후 10년간 프로젝트는 1,000종에 달하는 번역본들을 (보통 1,000부 단위로) 펴냈고, 그중에는 네루다와 루소, 트로츠키, 페소아, 카프카, 엘리엇, 헤겔, 사르트르, 울프, 푸코, 카바피, 촘스키, 프로이트의 저작들이나 그들에 대한 저작들도 포함되어 있었다. IC(시리즈의 81번 책)를 포함한 대부분의 초기 출판물들은 해적판이었다. 이 책들은 보조금을 받아 저가에 판매되었으며, 거의 이집트에서만 유통되었다. 프로젝트는 굉장히 성공적이어서, 곧 문화최고위원회의 영구적인 분과가 될 것 같다.

한없이 이어지던 인도네시아의 수하르토 체제가 (1998년 5월에) 무너진 후, 검열은 대개 폐지되었다. 좋은 출판사와 나쁜 출판사 수십 군데가 버섯처럼 피어났고, 그중 여럿은 오랫동안 금서로 지정되어 있었거나 고의적으로 절판되게끔 했던 책들을 재출간하는 데 열중했다. 27년 만에 인도네시아에 돌아갈 수 있게 된 나는 곧 대학 도시 족자카르타에서 학생들의 호기심과 무지를 이용하여 돈을 버는, 뻔뻔하기로 악명 높은 플라자르 출판사(Pustaka Pelajar)가 서둘러 IC의 해적판을 냈다는 것을 발견했다. 나는 이 책의 회수를 강제하는 데에 성공했는데, 이것은 금전적 문제 때문이 아니라 진정 끔찍한 번역의 질 때문이었다. 2001년에는 나의 제자들 여러 명과 자카르타의 포드재단 사무실에서 나온 보조금의 도움으로 상당한 부분을 새롭게 손질한 판본(*Komunitas-Komunitas Terbayang*)이 마침내 출간되었다. 우루이런으로부터 힌트를 얻어, 나는 영어 독자들만이 무리 없이 이해할 수 있을 암시와 참조문들을 인도네시아 학생들이 이해하기 쉽도록 구어 인도네시아어로 보조 각주를 여러 개 달았다. 이번 출판사는 정보의 자유를 전문적으로 다루는 진보적인 NGO인 인시스트(INSIST)였는데, 안타깝게도 내부 파벌 다툼의 결과로 없어져버렸다.

2003년 마닐라 최고의 대중적 출판사인 앤빌(Anvil)이 찍어낸 필리핀의 싸구려 영어 판본에 그런 식으로 각주를 더 달겠다는 나의 제안이 분노에 찬 거절을 당한 것은 시사적이다. 물론 필리핀 학생들은, 영어로 교육받았으니까, 참조문을 전부 다 이해하지 않겠는가!

마지막으로 남은 것은 두 가지 매우 특이한 판본, 즉 2003년에 상하이에서 출간된 판본과 2006년 말 방콕에서 출간될 예정인 판본이다. 중화인민공화국의 출판사는 거대한 국유 복합 기업인 상해인민출판사(上海人民出版社)였다. 알고 보니 IC의 이 판본은 상해인민출판사와 타이페이의 중국시보가 체결한 비밀 거래의 결과였다. 중국시보는 본질적으로 해적판 출판이었던 짓에 한통속이 되어 가담했을 뿐만 아니라, 상하이의 공모자가 우루이런의 텍스트를 마음대로 검열하는 것도 허용했다. 눈에 띄는 결과의 하나는 위대한 키잡이♦에 관한, 그리고 당이 최근 마키아벨리적인 '관제 민족주의'에 투자한 것에 관한 아이러니한 언급 몇 가지를 담은 9장 전체의 삭제였다. 중국인 친구 한 명이 장난기 어린 웃음을 띠고 말했다. "칭찬으로 받아들여야죠. 그들이 출판하려고 마음먹은 책에서 전체 장을 삭제하는 법은 거의 없습니다. 이를테면 힐러리 클린턴 책을 보세요. 여기저기서 문장을 삭제했을 뿐이죠!" 나의 개인적 배경과 IC가 저술된 정치적 · 지적 맥락, 겔너 및 스미스의 책과 비교했을 때 드러나는 IC의 주요 특징들, 파사 채터지 및 중국 연구자 프래신짓 두아라(Prasenjit Duara)에 대한 비판 등 신중한 학술적 설명을 담고 있던 우루이런의 서문도 그가 모르는 새 그의 동의 없이 삭제되었다. 서문의 결론에서 "아름답지만 속물적이고, 열정적이지만 반지성적인" 섬으로서 그토록 불확실한 미래를 향해 열려 있는 대만을 소환해 낸 것 때문에 베이징의 검열에 걸릴 수밖에 없었는지도 모르겠다.[14]

나의 제자들 몇몇을 포함한 진보적이고 비판적인 교수들이 팀을 이루어 준비한 태국어판은 이제 원고 형태로는 거의 완성 단계에 와 있다. 초고를 훑어보는 나를 크게 놀래킨 점이 한 가지 있었다. 아무래도 태국 왕정의 후광이 눈부시다 보니 나는 번역자들이 전 · 현직 태국 국왕들의 행태를 묘사할 때마다 거기에 필요한 특수한 '봉건적' 어휘를 사용하리라고는 예상했다. 그렇지만 그런 특수 어휘가 런던의 정복자 윌리엄, 파리의 프랑수아 1세, 빈의 프란츠 2세, 베를린의 빌헬름 2세 같은 사랑스럽지 못한 인물들을 포함한 모든 외국의 제왕들에게도 똑같이 적용되리라고는 예상하지 못했다. IC의 정신은 전적으로 공화주의적이고, 거의 모든 제왕들을 다루는 태도는 아이러니나 적의였으니 그래서는 안 된다는 나의 반대 의사는 바로 퇴짜를 맞았다. "우리 전통과 우리 상황을 이해 못 하시는군요." 웃음 반, 걱정 반으로 나는 IC 최초의 '왕당파' 번역본이라고 할 만한 책이 나오기를 기다리고 있다!

● 마오쩌둥을 말함.

14 우루이런의 서문에 대해 설명해 준 왕차오화에게 감사를 전한다.

다소 파편적인 이러한 증거를 기초로 내놓을 수 있는 예비적인 결론으로는 어떤 것들이 있을까?

지리적 분포. 동유럽과 구소련 나라들을 위해 1990년대 중반에 출범한 오픈소사이어티재단의 합동 번역 프로그램을 제외하면, '서양'에서 기원하여 이후 그 전에 제3세계라고 불리던 곳에서 끝나는, 단계적인 시간적 계서제를 뒷받침하는 증거는 거의 찾아볼 수 없다. IC가 처음 출간된 이래 10년간을 보면, 서유럽(독일과 스웨덴)에서 나온 판본이 2종이었고, 동유럽(유고슬라비아)에서 1종, 라틴아메리카(브라질과 멕시코)에서 2종, 아시아에서 2종(일본과 한국), 근동에서 1종(터키)이 나온 것을 볼 수 있다. 유럽어 번역본들은 1990년대 중반 이후에야 쏟아져 나오기 시작했다. 내가 아는 한 모든 번역본은 지역이나 식민지 맹주의 언어로 이루어진 예전 번역본들을 중역한 것이 아니라 영어 원본을 기초로 하고 있으며, 이는 영어의 범상치 않은 지구적 세력을 드러낸다.

동시에 다수의 화자 및 다양한 정도의, 화자보다는 수가 적은 독자를 가진 언어들에 대해 생각해 본다면, 확연한 부재가 눈에 띈다. 우르두어와 힌디어, 벵골어, 타밀어 등을 읽는 수백만 명의 사람들을 담고 있는 '아대륙'이 그 가장 명백한 예이다. 이러한 누락의 이유는 틀림없이, 어쩌면 놀랍게도, 오늘날까지도 영어를 '국민적(national) 수준'의 교육과 지적 담론의 지배적인 언어로 만드는 데 일조한 영국의 식민지 유산이다. 두 번째는 아프리카이다(이집트를 굳이 신경 써서 근동에 놓는다면). 이를테면 스와힐리어나 암하라어, 윌로프어, 하우사어 번역본은 존재하지 않는다. 아프리카 곳곳에서 국가 언어이자 고등교육의 언어로 쓰이고 있는 예전 식민지 언어들(프랑스어, 영어, 포르투갈어)의 지위를 끌어와 이러한 현상을 설명할 만하다. 그런데 식민지 언어들의 지배적 위치는 그 자체로서 설명을 요구하며, 이는 민족의 독립을 성취한 이후 수렁에 빠져 있는 이 대륙의 경제적, 사회적, 정치적 조건들에서 찾아야 한다. 베트남어판의 부재는 빠르게 발전하고 있는 이 나라가 30년의 끔찍한 전쟁이 부과한 상대적인 지적 고립으로부터 빠져나오고 있는 이상 일시적인 일일 수도 있다. 가장 이상한 사례는 15년의 기다림 끝에 거대한 아메리카 식민지를 따라잡겠다고 결정한 포르투갈을 아직 모방하지 않고 있는 모국 스페인이다. 한편 스페인은 '하부 민족' 언어(카탈루냐어)로의 번역이 발생한 그 한 나라이다.

출판사와 독자. 내가 입수한 불완전한 데이터는 굉장히 놀라운 몇 가지 패턴을 드러낸다. 먼저 출판사 중 단 한 곳(멕시코의 폰도)만이 제2차 세계대전 이전으로 거슬러 올라가는 역사를 가지고 있고, 절대 다수는 설립된 지 30년 이내이다. 아니면 세계를 들썩이게 한 '긴 60년대'가 지나간 다음에 세워졌다고 하는 편이 나을지도 모르겠다. 둘째, 이 출판사들의 압도적 다수는 중소 규모이고, 그 성격은 다양한 정도로 독립적이다. 이러한 독립성은 세 가지 각도에서 볼 수 있다. 멕시코와 유고슬라비아, 이집트, 중화인민공화국(전부 IC가 현지에서 출간될 당시 권위주의 단일정당 국가였다)의 경우에만 출판사가 국가 기관이었다. 한편 대만의 경우에만 상업적인 초대형 민영 출판사가 손을 댔을 뿐, 거대한 초국적 재벌이 개입한 모습은 전혀 찾아볼 수 없다. (아래에서 더 설명할) IC의 독자층의 성격을 고려한다면 더욱 놀라울지도 모를 사실은 대학 출판부가 거의 없다시피 하다는 것이다. 이스라엘 개방대학교, 로스킬데대학교, 발렌시아대학교 정도만 눈에 띄는데, 크라쿠프의 즈낙도 여기에 들어가야 할지도 모르겠다. 셋째, 출판사의 정치적 성향은 식별 가능한 곳들을 놓고 보자면 주로 (정치적 의미의) 자유주의로부터 가지각색의 독립 좌파까지 뻗어 있다. 버소의 정치적 입장과 나 자신의 정치적 공감대를 놓고 보면 이 패턴이 놀랍지는 않다고 할 수 있겠다.

일찍이 언급했듯이 IC의 원형은 원래 주로 영국의, 그리고 이차적으로는 미국의 교육 수준이 높은 일반 대중을 겨냥한 것이었다. 이 책은

330

('political science'라고 불러야 하는) 나의 학문 분과로부터 나온 저술도, 그것을 위한 저술도 아니었으며, 그렇다고 다른 학문 분과의 책도 아니었다. 또한 나는 책에 사람들이 못 알아듣는 학술 용어를 쓰지 않으려고 애쓰기도 했다. 당시 나는 이 책이 대학 수준에서 쓰이는 교재가 되리라고는 전혀 생각하지 못했다. 그렇지만 전반적으로, 영어판으로나 번역본으로나, 그것이 이 책의 숙명이었다. 그러나 이러한 운명이 너무 앵글로색슨적인 방식으로 이해되어서는 안 된다. 세계의 여러 곳에서 학생들과 그들의 교사들은 영국이나 미국에서보다 훨씬 더 중요한 정치적, 사회적 역할을 맡고 있고, 그 역할이란 특징적으로 어느 정도는 반대파(oppositionist)적이다. 그렇지만 이러한 역할은 꽤 최근(20세기 초반)에 시작된 것으로, 그것이 '학생들'이 IC에서 간헐적으로만 얼굴을 비추는 한 가지 이유이다.

IC가 어째서 그토록 폭넓게, 그리고 상당히 빠른 속도로 '교재' 형태로 번역되었는지를 파악하려는 시도에 대한 가장 그럴듯한 대답들은 다음과 같다.

우선 그 논쟁적 취지들이 뜻밖에도 폭넓은 호소력을 발휘하는 것으로 드러났다. 1980년대에 비유럽 언어들로 된 자료를 이용하면서 유럽중심주의와 싸우려는 의도로 쓰인 민족주의의 역사에 대한 비교 연구는 이 책이 유일했다. 또한 이 책은 (지리와 인구, 또는 세계정치적 영향력에 있어) '소국들'에 대한 눈에 띄는 편애를 드러내는 유일한 책이기도 했다. 세계의 여러 곳에서 교수들과 학생들은—정치적 신념이 있는 경우에는—좌파 또는 자유주의 좌파에 동조하며, IC의 의제에 개방적이다. 이 책이 영어로 쓰였으면서도 어느 정도 영국과 미국의 제국주의를 겨냥하고 있다는 점도 하나의 요인이었을 것 같다. 그러나 두 번째로 '상상된 공동체'라는 개념을 제안함으로써 IC는 모든 민족주의자들에게 매력적인 게마인샤프트의 일종을, '유니콘'처럼 '상상의, 가공의'

(imaginary) 것도 아니면서 'TV세트'처럼 사실적으로 '실제의'(real) 것도 아닌, 오히려 오로지 플로베르나 멜빌이 우리를 위해 그들을 상상했던 순간으로부터 그 존재가 시작된 마담 보바리나 퀴퀘그와 유사한, 그렇게 사람을 동요시키는 어떤 것에 역설적으로 병치했다. 이 공식화는 대중매체와 국가가 통제하는 교육기관이라는 수단을 통해 동시대 대부분의 국가에서 선전되는, 수 세기 묵었다는 종류의 민족주의를 비판적으로 평가하는 문을 활짝 열었다. 마찬가지의 역설적인 방식으로 IC는 여러 형태의 민족주의에 가시적인 동조를 보내면서도, 민족주의 의식의 일반적 형태학에 비하면 민족주의자들이 가슴에 간직하고 있는 특정한 민족주의 신화에는 일부러 관심을 쏟지 않았다. 마지막으로, 이 책은 역사적 유물론의 일종을 나중에 담론 분석이라고 불리게 될 것과 결합하려는 시도였다. 마르크스주의적 근대주의가 아직 자라나는 중이던 탈근대주의와 결혼했던 셈이다. 이것이 1995년 이후 IC의 여러 번역본 표지를 장식한, 보통 순진하다거나 반어적이라고 읽을 수 있을(노르웨이 대 이탈리아?) 민족주의 도상을 설명하는 데 도움이 되리라고 믿는다.

진보적이고 비판적인 방식으로 학생들의 시민의식을 함양하고픈 교사들에게 IC가 갖는 다른 교육적인 이점은 그저 일반적이지 않은 스타일로 비교가 이루어졌다는 점이기도 했다. 미국은 영국이 아니라 베네수엘라에 병치되었고, 일본은 중국과 같은 유교 아시아권의 이웃들이 아니라 차르 지배의 러시아 및 제국주의 연합왕국과 겨루었으며, 인도네시아는 말레이시아가 아니라 스위스와 어깨를 나란히 했다. 이러한 비교는 악명 높은 '아시아적 가치' 같은 거짓부렁 '문화지역적' 클리셰나 순진한 민족 예외주의를 무너뜨리려는 교사들에게 유용했다.

자극. 상당수의 경우 애초에 번역을 촉진한 자극을 추적하기는 쉽지 않다. 분명히 버소는 특별히 번역본이 나오도록 애쓴 적이 없고, 나의 제자들이 한 번역(일본, 인도네시아, 태국)도 그들이 주도했지, 내가 시킨

332

것이 아니다.

이 패턴은 작게 보면 행성 곳곳에서 서로 다른 형태의 민족주의가 급속하게 확산되는 과정을 묘사하기 위해, 외부적인 강제나 맹목적인 모방보다는 현지 이니셔티브를 강조하면서 은유적으로 사용했던 '해적판 만들기'에 대한 지지 선언 같아 보인다. 그런데 분명한 자극이 감지되는 경우 중에서는, 동유럽과 옛 소련 국가들의 정치문화를 자유주의적, 다원주의적인 방향으로 탈바꿈시키려는 오픈소사이어티재단의 광범위한 캠페인을 손쉽게 가장 확연한 자극으로 꼽을 수 있다. 1990년대 초반부터 IC가 교재로 일반화된 미국이나 영국에서 지낸 적이 있는 교사들과 학생들도 물론 일익을 담당했다. 그렇지만 번역자들과 출판사들이 즉각적인 교육적 목표 이상의 동기를 가졌던 사례들이 가장 교훈적이다. 1990년의 세르보크로아티아어판은 '유고슬라비아'를 유혈의 자기 파괴로부터 구하려는 투쟁에 보탬이 될지도 모른다는 실바 메즈나리츠와 그의 동료들의 희망으로부터 나왔다. 우루이런의 판본은 대만 민족주의의 비교적 늦은 출현을 설명함으로써, 그리고 중국 민족주의뿐만 아니라 만주 왕조의 왕들로부터 물려받았다는 '조상 대대로의 전통'을 근거로 베이징이 주장하는 타이완 섬에 대한 권리를 침식함으로써 대만 민족주의의 힘줄을 보강하려는 것이었다. 우리가 살펴보았듯이 그리스어 번역본은 '마케도니아'에 대한 무개념의 현지 쇼비니즘에 제동을 걸고, 좌파 정당들을 겁쟁이라거나 본질적으로 우익적인 민족주의 입장들을 뻔뻔하게 채택한다고 비판하려는 노력의 일부였다. 마찬가지로, 유명한 팔레스타인계 이스라엘인이 쓴 서론을 내세운 이스라엘 개방대학교의 히브리어 번역본은 리쿠드당 치하 국가에서의 아파르트헤이트를 향한 긴 미끄럼질에 저항하려는 시도의 일부였다. 물론 카탈루냐어판에는 한때 똑 떨어지게 라스 에스파냐스(Las Españas)라고 불렸던 곳에서 카탈루냐가 최대한의 자치권을 성취할 수 있도록 힘을 보태려는 의도가 있었다.

탈바꿈. 격언처럼 말하자면, 작가는 책이 출판되어 공공 영역에 들어가는 순간 그 책을 잃는다. 그런데 이 격언의 애상을 가장 충만하게 느낄 수 있는 순간은 저자가 이해하지 못하는 언어로 책이 번역되는 모습을 지켜볼 때이다. 작가는 책에 벌어진 일이 무엇인지, 오해와 왜곡, 문자 그대로의 직역, 첨가와 삭제인지, 아니면 창조적인 번안과 유혹적인 재해석, 바뀐 강조점, 원본보다 더 아름다운 산문인지, 알 도리가 없다. 그리하여 처음에 나는 독일과 멕시코의 번역자들이 나와 전혀 소통하지 않고, 네덜란드어 번역 원고는 마지막 순간에야 내게 발송된 것에 대해 발끈했다. 나는 번역은 반역이다(traduttori traditori) ─ 유용한 반역일 수밖에 없다는 냉소적인 금언을 망각한 채 책이 여전히 '내 것'이라고 생각했다. 피에르 에마뉘엘 도자와의 길고 따뜻한 서신 교환의 과정에서 나는 교훈을 얻었다. 잉글랜드와 프랑스가 아주 가까운 이웃이라는 사실에도 불구하고, 프랑스어를 영어로 옮기거나 영어를 프랑스어로 옮기는 일은 어렵기로 악명이 높다. 프랑스어판은 말의 순서를 바꾸어 내가 '진짜로' 이야기하려고 했지만 적절히 표현하지 못했던 것들을 볼 수 있게 함으로써 내가 꿈꾸지도 못했던 우아함을 간직하게 되었다. 서신 교환은, 라틴어적인 '커뮤니티(공동체)'가 게르만적인 게마인샤프트와의 친화성을 희미하게 감추고 있다는 발견, 그리고 프랑스어 단어 *imaginé*는 'imagined(상상된)'에 담긴 칙칙한 가능성들을 전달할 수 없다는 발견이 상징하듯이, 그 자체로서 교육적이었다. 마지막 교훈은 영어 말고 내가 완전히 편안하게 쓸 수 있는 그 하나의 언어인 인도네시아어로 도둑질된 첫 번역본에서 나왔다. 내가 봐도 무슨 말인지 알 도리가 전혀 없는 구절을 여러 군데 발견하고, 나는 책을 한 줄씩 '교정'하는 집중적 작업에 두세 달을 쏟아 부었다. 그렇게 해서 만들어진 판본은 내 생각에 인도네시아 학생들이 개념적으로 이해하기에는 훨씬 쉬웠지만, 내가 원본에 대한 반역을 충분히 저지르지 않았기에 다소 생기 없는 글로 남았다. 영어의 정교하고 미세한 동사 변화 시스템과 '제국주의적'

능동태에 대한 전형적 고집은, 수동태를 선호하고 번역이 불가능한 동사 접두사 'ter'를 통해 우연성(Chance)의 빛을 띤 함축이라는 구름 속으로 주체 대 객체의 축이 사라지게 되는 축복을 받은 우아한 인도네시아어에는 낯선 것이다. 훌륭한 인도네시아 산문은 격식을 갖춘 영어에서는 소멸한 지 오래인 구어성에 여전히 물들어 있고, 이것이 영어화된 인도네시아어 학술 작문이, 가능하기나 하다면, 영국이나 미국의 학술 작문보다도 훨씬 꼴사나운 이유이다. 그래서 독자들을 성가시게 하거나, 헷갈리게 하거나, 공포에 몰아넣기보다는 그들과 대화하려는 일상적인 어조로 새로운 해설주들을 달면서, 처음에는 즐거웠다. 그렇지만 결국 나는 내가 대규모의 '해적질'에 소규모의 자가 해적판 만들기로 대항하면서 대단한 성과 없이 인도네시아인을 흉내 내고 있다는 점을 깨달았다. "내가 이러고 있으면 안 되는데. 이건 그저 정치적 복화술이자 '지적'(!) 재산권에 대한 웃기는 미국식 고집을 비상업적으로 보호하는 짓일 뿐이야"라고 나는 나 자신에게 말했다. 이것이 IC의 '왕정주의적' 태국어 번역본을 점검하면서 내가 번역의 반역자가 되기로 한 이유이다. IC는 더 이상 내 책이 아니다.

참고 문헌

Alers, Henri J. *Om een rode of groene Merdeka. Tien jaren biennenlandse politiek. Indonesië, 1943~53*. Eindhoven: Vulkaan. 1956.

Ambler, John Steward. *The French Army in Politics, 1945~1962*. Columbus: Ohio State University Press. 1966.

Anderson, Benedict R. O'Gorman. *Language and Power: Exploring Political Cultures in Indonesia*. Ithaca: Cornell University Press. 1990.

_____ 'Studies of the Thai State: The State of Thai Studies.' In Eliezer B. Ayal, ed. *The State of Thai Studies: Analyses of Knowledge, Approaches, and Prospects in Anthropology, Art History, Economics, History and Political Science*. Athens, Ohio: Ohio University, Center for International Studies, Southeast Asia Program. 1979. pp. 193~247.

Auerbach, Erich. *Mimesis. The Representation of Reality in Western Literature*. Trans. Willard Trask. Garden City, N.Y.: Doubleday Anchor. 1957.

Baltazar [Balagtas], Francisco, *Florante at Laura*. Manila: Florentino. 1973. Based on the original Ramirez and Giraudier imprint of 1861.

Barnett, Anthony. 'Inter-Communist Conflicts and Vietnam.' *Bulletin of Concerned Asian Scholars*, 11:4 (October-December 1979). pp. 2~9. (Reprinted from *Marxism Today*, August 1979).

Barthes, Roland. *Michelet par lui-même*. Bourges: Editions du Seuil. 1954.

Battye, Noel A. 'The Military, Government and Society in Siam, 1868~1910. Politics and Military Reform in the Reign of King Chulalongkorn.' PhD. thesis. Cornell University. 1974.

Bauer, Otto. *Die Nationalitätenfrage und die Sozialdemocratie* (1907), in his *Werkausgabe*. Vienna: Europaverlag. 1975. Vol. I, pp. 49~602.

Benda, Harry J. *The Crescent and the Rising Sun: Indonesian Islam under the Japanese Occupation*. The Hague and Bandung: van Hoeve. 1958.

Benda, Harry J., and John A. Larkin, eds. *The World of Southeast Asia: Selected Historical Readings*. New York: Harper and Row. 1967.

Benjamin, Walter. *Illuminations*. London: Fontana. 1973.

Bloch, Marc. *Feudal Society*. Trans. I. A. Manyon. Chicago: University of Chicago Press. 1961. 2 vols.

_____ *Les Rois Thaumaturges*. Strasbourg: Librairie Istra. 1924.

Boxer, Charles R. *The Portuguese Seaborne Empire, 1415~1825*. New York: Knopf. 1969.

Braudel, Fernand. *La Méditerranée et le Monde Méditerranéen a l'Époque de Philippe II*. Paris: Armand Colin. 1966.

Browne, Thomas. *Hydriotaphia, Urne-Buriall, or A Discourse of the Sepulchrall Urnes lately found in Norfolk*. London: Noel Douglas Replicas. 1927.

Cambodge. Ministère du Plan et Institut National de la Statistique et des Recherches Économiques. *Résultats Finals du Recensement Général de la Population, 1962*. Phnom Penh. 1966.

Chambert-Loir, Henri. 'Mas Marco Kartodikromo (c. 1890~1932) ou L'Éducarion Politique.' In Pierre-Bernard Lafont and Denys Lombard, eds. *Littératures contemporaines de l'asie du sud-est*. Paris: L'Asiathèque. 1974. pp. 203~214.

Cooper, James Fenimore. *The Pathfinder*. New York: Signet Classics. 1961.

Craig, Albert M. *Chōshū in the Meiji Restoration*. Cambridge, Mass.: Harvard University Press. 1967.

Craig, Gordon A. *The Politics of the Prussian Army, 1640~1945*. New York and Oxford: Oxford University Press. 1956.

Debray, Régis. 'Marxism and the National Question.' *New Left Review*, 105 (September-October 1977). pp. 25~41.

Defoe, Daniel. *Selected Poetry and Prose of Daniel Defoe*, ed. Michael F. Shugrue. New York: Holt, Rinehart and Winston. 1968.

Djilas, Milovan. *Tito, the Inside Story*. Trans. Vasilije Kojač and Richard Hayes. London: Weidenfeld and Nicolson. 1980.

Eisenstein, Elizabeth L. 'Some Conjectures about the Impact of Printing on Western Society and Thought: A Preliminary Report.' *Journal of Modern History*,

40:1 (March 1968). pp. 1~56.

Fall, Bernard B. *Hell is a Very Small Place. The Siege of Dien Bien Phu.* New York: Vintage. 1968.

Febvre, Lucien, and Henri-Jean Martin. *The Coming of the Book. The Impact of Printing, 1450~1800.* London: New Left Books. 1976. [Translation of *L'Apparition du Livre.* Paris: Albin Michel. 1958]

Fiedler, Leslie. *Love and Death in the American Novel.* New York: Stein and Day. 1966.

Fields, Rona M. *The Portuguese Revolution and the Armed Forces Movement.* New York, Washington and London: Praeger. 1975.

Franco, Jean. *An Introduction to Spanish-American Literature.* Cambridge: Cambridge University Press. 1969.

Gellner, Ernest. *Thought and Change.* London: Weidenfeld and Nicolson. 1964.

Gilmore, Robert L. *Caudillism and Militarism in Venezuela, 1810~1919.* Athens, Ohio: Ohio University Press. 1964.

Greene, Stephen. 'Thai Government and Administration in the Reign of Rama VI (1910~1925).' Ph.D. thesis. University of London. 1971.

Groslier, Bernard Philippe. *Indochina.* Cleveland and New York: The World Publishing Company. 1966.

Heder, Stephen P. 'The Kampuchean-Vietnamese Conflict.' In David W.P. Elliott, ed. *The Third Indochina Conflict.* Boulder: Westview Press. 1981. pp. 21~67. (Reprinted from Institute of Southeast Asian Studies, ed. *Southeast Asian Affairs.* [London: Heinemann Educational Books. 1979]).

Higham, Charles. *The Archaeology of Mainland Southeast Asia.* New York and Cambridge: Cambridge University Press. 1989.

Hirschman, Charles. 'The Making of Race in Colonial Malaya: Political Economy and Racial Ideology.' *Sociological Forum*, 1:2 (Spring 1986). pp. 330~62.

_____ 'The Meaning and Measurement of Ethnicity in Malaysia: An Analysis of Census Classifications.' *Journal of Asian Studies*, 46:3 (August 1987). pp. 555~82.

Hobsbawm, Eric. 'Some Reflections on "The Break-up of Britain."' *New Left Review*, 105 (September-October 1977). pp. 3~24.

_____ *The Age of Revolution*, 1789~1848. New York: Mentor. 1964.

Hodgson, Marshall G. *The Venture of Islam.* Chicago: Chicago University Press. 1974. 3 vols.

Hoffman, John. 'A Foreign Investment: Indies Malay to 1901.' *Indonesia*, 27 (April 1979). pp. 65~92.

Hughes, Christopher. *Switzerland*. New York: Praeger. 1975.

Ieu Koeus. *Pheasa Khmer. La Langue Cambodgienne (Un Essai d'étude raisonné)*. Phnom Penh: n.p. 1964.

Ignotus, Paul. *Hungary*. New York and Washington, D.C.: Praeger. 1972.

Ileto, Reynaldo Clemeña. *Pasyon and Revolution: Popular Movements in the Philippines, 1840~1910*. Manila: Ateneo Press. 1979.

Jászi, Oscar. *The Dissolution of the Habsburg Monarchy*. Chicago: University of Chicago Press. 1929.

Joaquín, Nick. *A Question of Heroes*. Manila: Ayala Museum. 1977.

Kahin, George McTurnan. *Nationalism and Revolution in Indonesia*. Ithaca: Cornell University Press. 1952.

Katzenstein, Peter J. *Disjoined Partners. Austria and Germany since 1815*. Berkeley and Los Angeles: University of California Press. 1976.

Kedourie, Elie, ed. and intro. *Nationalism in Asia and Africa*. New York: Meridian. 1970.

Kelly, Gail Paradise. 'Franco-Vietnamese Schools, 1918 to 1938.' Ph.D. thesis. University of Wisconsin. 1975.

Kemiläinen, Aira. *Nationalism: Problems Concerning the Word, the Concept and Classification*. Jyväskylä: Kustantajat. 1964.

Kempers, A.J. Bernet. Ancient Indonesian Art. Amsterdam: van der Peet. 1959.

Kirk-Greene, Anthony H.M. *Crisis and Conflict in Nigeria: A Documentary Source Book*. London: Oxford University Press. 1971.

Kohn, Hans. *The Age of Nationalism*. New York: Harper. 1962.

Krom, N.J. *In leiding tot de Hindoe-Javaansche Kunst*. Second revised edition. The Hague: Nijhoff. 1923.

Kumar, Ann. 'Diponegoro (1778?~1855).' *Indonesia*, 13 (April 1972). pp. 69~118.

Landes, David S. *Revolution in Time: Clocks and the Making of the Modern World*. Cambridge, Mass.: Harvard University Press. 1983.

Leemans, C. *Boro-Boudour*. Leiden: Brill. 1874.

Luckham, Robin. *The Nigerian Military: A Sociological Analysis of Authority and Revolt, 1960~67*. Cambridge: Cambridge University Press. 1971.

Lumbera, Bienvenido L. *Tagalog Poetry 1570~1898. Tradition and Influences in its*

Development. Quezon City: Ateneo de Manila Press. 1986.

Lyautey, Louis-Hubert-Gonzalve. *Lettres du Tonkin et de Madagascar (1894~1899)*. Paris: Librairie Armand Colin. 1946.

Lynch, John. *The Spanish-American Revolutions*, 1808~1826. New York: Norton. 1973.

Mabry, Bevars D. *The Development of Labor Institutions in Thailand*. Ithaca: Cornell University, Southeast Asia Program, Data Paper No. 112. 1979.

MacArthur, Douglas. *A Soldier Speaks. Public Papers and Speeches of General of the Army Douglas MacArthur*. New York: Praeger. 1965.

McLuhan, Marshall. *The Gutenberg Galaxy: The Making of Typographic Man*. Toronto: University of Toronto Press. 1962.

Maki, John M. *Japanese Militarism, Its Cause and Cure*. New York: Knopf. 1945.

Marr, David G. *Vietnamese Tradition on Trial, 1920~1945*. Berkeley and Los Angeles: University of California Press. 1981.

Maruyama Masao. *Thought and Behaviour in Modern Japanese Politics*. London and Oxford: Oxford University Press. 1963.

Marx, Karl, and Friedrich Engels. *The Communist Manifesto*. In Selected Works. Moscow: Foreign Languages Publishing House. 1958. vol. I.

Masur, Gerhard. *Simón Bolívar*. Albuquerque: University of New Mexico Press. 1948.

Melville, Herman. *Moby Dick*. London and Toronto: Cassell. 1930.

Michelet, Jules. 'Histoire du XIXe Siècle.' In *Oeuvres Complètes*, ed. Paul Viallaneix. Paris: Flammarion. 1982. Vol. XXI.

Montesquieu, Henri de. *Persian Letters*. Trans. C.J. Betts. Harmondsworth: Penguin. 1973.

Moore, Jr., Barrington. *Social Origins of Dictatorship and Democracy. Lord and Peasant in the Making of the Modern World*. Boston: Beacon Press. 1966.

Morgan, Edward S. 'The Heart of Jefferson.' *New York Review of Books*. August 17, 1978.

Morgenthau, Ruth Schachter. *Political Parties in French-Speaking West Africa*. Oxford: Clarendon Press. 1964.

Moumouni, Abdou. *L'Éducation en Afrique*. Paris: Maspéro. 1964.

Muir, Richard. *Modern Political Geography*. New York: Macmillan. 1975.

Musil, Robert. *The Man Without Qualities*. Trans. Eithne Wilkins and Ernst Kaiser. New York: Howard McCann. 1953. vol. I.

Nairn, Tom. *The Break-up of Britain*. London: New Left Books. 1977.

———— 'The Modern Janus.' *New Left Review*, 94 (November–December 1975). pp. 3~29. Reprinted as Chapter 9 in *The Break-up of Britain*.

'Nijs, E. Breton de'. *Tempo Doeloe*. Amsterdam: Querido. 1973.

Norman, E. Herbert. *Soldier and Peasant in Japan. The Origins of Conscription*. New York: Institute of Pacific Relations. 1943.

Orwell, George. *The Orwell Reader*. New York: Harcourt-Brace-Jovanovich. 1956.

Osborne, Robin. *Indonesia's Secret War, The Guerrilla Struggle in Irian Jaya*. Sydney: Allen and Unwin. 1985.

Pal, Bipin Chandra. *Memories of My Life and Times*. Calcutta: Bipin Chandra Pal Institute. 1973.

'3349' [pseudonym for Phetsarath Ratanavongsa]. *Iron Man of Laos: Prince Phetsarath Ratanavongsa*. Trans. John B. Murdoch. Ed. David K. Wyatt. Ithaca: Cornell University, Southeast Asia Program Data Paper No. 110. 1978.

Polo, Marco. *The Travels of Marco Polo*. Trans. and ed. William Marsden. London and New York: Everyman's Library. 1946.

Pramoedya Ananta Toer. *Bumi Manusia*. Jakarta: Hasta Mitra. 1980.

———————— *Rumah Kaca*. Jakarta: Hasta Mitra. 1988.

———————— *Tjerita dari Blora*. Jakarta: Balai Pustaka. 1952.

Reid, Anthony J.S. *The Indonesian National Revolution, 1945~50*. Hawthorn, Victoria: Longman. 1974.

Renan, Ernest. 'Qu'est-ce qu'une nation?' In *Oeuvres Complètes*. Paris: Calmann-Lévy. 1947~61. vol. I. pp. 887~906.

Rizal, José. *Noli Me Tangere*. Manila: Instituto Nacional de Historia. 1978.

———— *The Lost Eden. Noli Me Tangere*. Trans. León Ma. Guerrero. Bloomington: Indiana University Press. 1961.

Roff, William R. *The Origins of Malay Nationalism*. New Haven and London: Yale University Press. 1967.

Said, Edward. *Orientalism*. New York: Pantheon, 1978.

Scherer, Savitri. 'Harmony and Dissonance. Early Nationalist Thought in Java.' M.A. thesis. Cornell University. 1975.

Schwartz, Stuart B. 'The Formation of a Colonial Identity in Brazil.' In Nicholas Canny and Anthony Pagden, eds. *Colonial Identity in the Atlantic World, 1500~1800*. Princeton: Princeton University Press, 1987. pp. 15~50.

Scott, William Henry. *Cracks in the Parchment Curtain*. Manila: New Day. 1982.

Seton-Watson, Hugh. *Nations and States. An Enquiry into the Origins of Nations and the Politics of Nationalism.* Boulder, Colo.: Westview Press. 1977.

Shiraishi, Takashi. *An Age in Motion: Popular Radicalism in Java, 1912~1926.* Ithaca: Cornell University Press. 1990.

Sitorus, Lintong Mulia. *Sedjarah Pergerakan Kebangsaan Indonesia.* Jakarta: Pustaka Rakjat. 1951.

Skinner, G. William. *Chinese Society in Thailand.* Ithaca: Cornell University Press. 1957.

Smith, Donald Eugene. *India as a Secular State.* Princeton: Princeton University Press. 1963.

Spear, Percival. *India, Pakistan and the West,* London, New York and Toronto: Oxford University Press. 1949.

Steinberg, S.H. *Five Hundred Years of Printing.* Rev. ed. Harmondsworth: Penguin, 1966.

Stony, Richard. *The Double Patriots. A Study of Japanese Nationalism.* London: Chatto and Windus. 1957.

Strong, Charles Frederick. *Modern Political Constitutions.* 8th Rev. ed. London: Sedgwick and Jackson. 1972.

Summers, Laura. 'In Matters of War and Socialism, Anthony Barnett would Shame and Honour Kampuchea Too Much.' *Bulletin of Concerned Asian Scholars,* 11:4 (October-December 1979). pp. 10~18.

Taylor, Robert H. *The State in Burma.* London: C. Hurst & Co. 1987.

Tickell, Paul. *Three Early Indonesian Short Stories by Mas Marco Kartodikromo (c. 1890~1932).* Melbourne: Monash University, Centre of Southeast Asian Studies, Working Paper No. 23. 1981.

Timpanaro, Sebastiano. *On Materialism.* London: New Left Books. 1975.

_____ *The Freudian Slip.* London: New Left Books. 1976.

Thongchai Winichakul. 'Siam Mapped: A History of the Geo-Body of Siam.' Ph.D. thesis. University of Sydney. 1988.

Toye, Hugh. *Laos: Buffer State or Battleground.* London: Oxford University Press. 1968.

Turner, Victor. *Dramas, Fields and Metaphors. Symbolic Action in Human Society.* Ithaca: Cornell University Press. 1974.

_____ *The Forest of Symbols. Aspects of Ndembu Ritual.* Ithaca: Cornell University Press. 1967.

Vagts, Alfred. *A History of Militarism, Civilian and Military*. Rev. ed. New York: The Free Press. 1959.

Vandenbosch, Amry. *The Dutch East Indies: Its Government, Problems, and Politics*. Berkeley and Los Angeles: University of California Press. 1944.

Vella, Walter F. *Chaiyo! King Vajiravudh and the Development of Thai Nationalism*. Honolulu: University of Hawaii Press. 1978.

Veyra, Jaime de. *El 'Último Adiós' de Rizal: estudio critico-expositivo*. Manila: Bureau of Printing. 1946.

White, Hayden. *Metahistory: The Historical Imagination in Nineteenth-Century Europe*. Baltimore: The Johns Hopkins University Press. 1973.

Wickberg, Edgar. *The Chinese in Philippine Life, 1850-1898*. New Haven: Yale University Press. 1965.

Williams, Raymond. 'Timpanaro's Materialist Challenge.' *New Left Review*, 109 (May-June 1978). pp. 3~17.

Wills, Gary. *Inventing America: Jefferson's Declaration of Independence*. New York: Doubleday. 1978.

Wolfe, Charles. *The Poems of Charles Wolfe*. London: Bullen. 1903.

Wolters, O.W. *The Fall of Srivijaya in Malay History*. Ithaca: Cornell University Press. 1970.

Woodside, Alexander B. *Vietnam and the Chinese Model. A Comparative Study of Vietnamese and Chinese Government in the First Half of the Nineteenth Century*. Cambridge, Mass.: Harvard University Press. 1971.

Yabes, Leopoldo Y. 'The Modern Literature of the Philippines.' In Pierre-Bernard Lafont and Denys Lombard, eds. *Littératures contemporaines de l'asie du sud-est*. Paris: L'Asiathèque. 1974. pp. 287~302.

Zasloff, Joseph J. *The Pathet Lao: Leadership and Organization*. Lexington, Mass.: Lexington Books. 1973.

옮긴이 해제

　이미 수없이 되풀이 소개된 책을 다시 또 소개하는 일은 매우 부담스러운 작업이다. 훌륭한 학술서인 이 책의 논지는 깔끔하게 정리된 서론에 잘 요약되어 있으며, 제2판에 추가된 새로운 챕터에 대해서도 지은이의 제2판 서문을 읽는 것이 가장 큰 도움이 된다. 이 책이 놓인 학술적 맥락, 즉 1960~70년대 영국 지성계에서의 민족주의 논쟁과 거기에 이 책이 기여하려던 지점들 등에 대해서는 최신 판본에서 추가된 마지막 장에서 역시 지은이 본인이 직접 명쾌하게 정리하고 있으므로 옮긴이가 보탤 것이 별로 없다.

　이 외에 일찍이 도서출판 길에서 펴낸 『책으로 읽는 21세기』(2004)에서 '21세기 지적 흐름의 양상을 대표적으로 보여주는' 책 76권의 하나로 소개되었으며, 『뉴레프트리뷰』 한국어판 제3권(2011)에 실린 베네딕트 앤더슨의 강의록 「서양 민족주의와 동양 민족주의: 중요한 차이가 있을까」에서는 크리올 민족주의와 관제 민족주의 등 이 책에서 다루어지는 민족주의의 주요 유형이 아시아 각국의 역사와 더불어 더욱 친숙하게 해설된다. 더구나 앤더슨의 생애와 학문 세계에 대해서는 이미 옮긴이가 2009년에 번역, 출간한 『세 깃발 아래에서: 아나키즘과 반식민주의적 상상력』의 옮긴이 해제에서 정리한 바 있다. 무슨 설명을 더 해야 할까?

나는 틈이 날 때마다 학계의 선배들에게 이 문제에 대한 자문을 구해 왔다. 앤더슨 본인에게 의견을 구했을 때, 그는 한국을 사례로 다루지 않는 이 책을 한국 독자들이 읽어야 할 이유는 무엇인지 알려주어야 한 다며, 이 책과 한국의 주류 (민족주의) 사관을 나란히 달리게 한 후 무슨 일이 일어나는지 보라는 친절한 조언을 건넸다. 그러나 이 책을 한창 번 역하던 당시 나는 미국 학교의 학생으로서 인도네시아에서 현지 조사를 하고 있었으므로 한국의 주류 민족주의 사관에 대해 연구할 자료가 부 족했고, 더구나 대단히 많은 학자들이 한국사와 민족주의에 대한 연구 를 발표하고 있는 마당에 내가 섣불리 끼어들 자리가 있을 것 같지도 않 았다.

동남아 출신의 어느 동남아 연구자는 내가 지은이 인터뷰를 하여 서 문 대신 활용하면 좋겠다는 아이디어를 줬다. 그러나 내가『세 깃발 아 래에서』의 서문을 쓰기 위해 모은 자료를 보면 앤더슨에게 뜬금없이 자 국에 전할 교훈 같은 것을 묻는 사람들은, 인도네시아 · 태국 · 필리핀 등 지은이가 지역 전문가로서 활약하는 나라들 바깥에서는, 오로지 한 국과 인도 사람들밖에 없었다. 노르웨이의 인터뷰어는 지은이에게 노르 웨이 민족주의의 미래에 대해 묻지 않는다. 그렇다고 이런 식의 한국적 인 인터뷰를 하는 대신 앤더슨이 잘 알고 있고 따라서 할 얘기가 많은 동남아에 대해 질문을 던지면서 상세히 논의한다면 한국 독자들이 거리 감을 느낄지도 모른다. 이래저래 난감한 상황이다.

민족 공동체가 상상되는 방식에 대해 이해하려면 옮긴이의 해제보다 는 이 책에 중요하게 소개된 필리핀 최초의 근대 소설인 호세 리살의 『놀리 메 탕헤레』(Noli Me Tangere, 나를 만지지 말라)나 라틴아메리카 최 초의 소설『페리키요 사르니엔토』, 또는 인도네시아 작가 프라무디아 아 난타 투르의, 한국어로는 절판되었지만 영어 등 다른 언어로는 구할 수 있는 역사소설 등을 읽는 것이 낫다. 그렇다고 해서 책의 내용을 옮긴이가 이해한 대로 간략하게 요약하면서 학문적 배경 등을 덧붙이는 관행을 저버릴 수는 없어 다음 내용을 붙인다.

앤더슨의 출신과 배경에 대해서는 이미 『세 깃발 아래에서』의 옮긴이 해제에서 자세히 소개한 바 있다. 여기에서는 2009년에 『코코넛 껍질 밖으로』(ヤシガラ椀の外へ)라는 제목을 달고 일본어로 먼저 번역되어 나왔으며, 얼마 전 영문으로도 출간된 자전적 회고록에 실린 내용 몇 가지만 추가하려고 한다.[1]

나는 앤더슨이 20대 이후 계속 미국에서 생활하며 학문 활동을 했는데도 미국인이 아니라는 사실은 인지하고 있었다. 그렇지만 그의 아버지와 할아버지가 대영제국의 일원으로서 중국과 말레이시아에서 복무했으며, 앤더슨 본인도 영국의 이튼학교와 캠브리지대학교를 졸업했고, 영국 학계의 논쟁에 뛰어들기 위해 이 책 『상상된 공동체』를 썼다고 하는데도 불구하고 그가 영국 국적이 아닌 아일랜드 국적을 갖고 있다는데 대해서는 전혀 의문을 품지 않았다. 그런데 회고록을 읽어 보니 그의 아일랜드 국적은 30대 중반이 되어서야 얻은 것으로서, 어머니와 동생들을 비롯한 다른 가족 구성원들은 영국 국적이고 본인도 어린 시절에는 영국 여권을 들고 여행을 다녔다고 한다. 그러다가 굳이 어머니 친구인 족보 연구가의 도움을 받아 아일랜드계 뿌리를 증명해 가면서까지 아일랜드 국적을 취득했다는 것이다.[2]

민족주의를 연구하는 다른 학자들은 민족주의와 민족주의자들을 멸시하거나 딱하게 여기는 입장이지만, 이와 달리 본인은 반식민주의 민

---

1 Benedict Anderson, *A Life Beyond Boundaries*, London: Verso, 2016. 일본어판은 NTT출판에서 나왔다. '코코넛 껍질 안의 개구리'라는 인도네시아 속담은 한국의 '우물 안 개구리'와 같은 뜻이라고 한다.

2 Ibid., p. 5.

족주의에 대한 애정을 간직하고 있다고 주장해 온 앤더슨의 입장을 이보다 더 분명히 드러내는 일화가 있을까?

그는 학창 시절에 대해 주로 도서관에서 전공인 고전학 관련 서적이나 여러 유럽 언어로 된 소설책을 읽거나 스페인, 소련으로 여행을 떠나는 등 캠퍼스 정치와는 크게 관련되지 않은 평범하고 학구적인 나날들이었다고 회상하고 있다. 다만 '평생 이렇게 화가 나본 적이 없을 만큼' 그에게 큰 충격을 던져주었던 사건이 하나 있었는데, 그것은 지나가다가 우연히 말려들게 된 학생들 간의 정치적 폭력사태였다. 영국은 1956년 수에즈 운하를 국유화한 이집트가 못마땅하다며 프랑스와 함께 이집트를 침공했고, 학내에서 침공에 반대하는 연설을 하던 유색인 학생 시위대는 이내 영국의 (비공식) 국가인 「신이여 여왕을 구하소서」(God Save the Queen)를 부르며 이들을 조롱하는 거구의 영국인 학생들에게 에워싸이고 만다. 시위대 학생들을 보호해야 한다는 생각에 싸움판에 끼어들었다가 안경이 내동댕이쳐지는 피해를 입은 앤더슨은 이 경험에 대해 "내가 나중에 마르크스주의와 유럽 바깥의 반식민주의 민족주의에 이끌리게 된 이유 중의 하나"라고 회고한다.[3]

진로를 정하지 않고 학교를 졸업한 후 6개월간 어머니의 구박과 걱정을 견디며 집에서 하루하루를 보내다 코넬대학교 정치학과 조교 일자리를 주선하는 친구의 편지를 받고 짐을 쌌다는, 정치에 관심이 없던 스물한 살 졸업생은 곧 아시아와 아프리카를 휩쓸고 있던 탈식민주의 정치의 현장에 관찰자로서 뛰어든다. 코넬대학교 박사과정 학생 신분으로 처음 인도네시아에 조사차 방문했을 때, 그는 인도네시아 학생들에게 '미국 대학교에서 공부하고 있지만 아일랜드인'이라는 설명과 함께 소개되었다. "당시 인도네시아 민족주의자들은 미국을 의심의 눈초리로 바라보았지만, 아일랜드의 독립투쟁에 대해서는 알고 있었기 때문에"

---

3 Ibid., pp. 21~22.

이러한 소개는 처음 만난 친구들과의 거리를 좁히는 데 큰 도움이 되었다.[4] 시간이 지나면서 그는 토착민들의 반식민주의·반제국주의 정치에 물들어갔다. 1963년 말레이시아 건국에 반대하던 인도네시아 수카르노 대통령 지지 세력이 쿠알라룸푸르 영국대사관에 불을 지르며 시위하는 모습을 구경하던 그에게 시위 지도자가 다가와 "너는 안전하니 걱정하지 마라"라고 했을 때, 그는 자신이 (영국 편으로 여겨져서) 위험할 것이라는 생각은 전혀 해보지 않았음을 깨달았다고 회고한다.[5] '아일랜드인의 샤덴프로이데'에 젖어 있었던 것이다.

앤더슨이 사랑하던 연구대상국 인도네시아에서는 이후 1965년 10월 1일의 실패한 쿠데타 시도 이후 합법 정당이던 공산당의 당원과 대중조직원들에 대한 대대적인 유혈의 숙청이 있었고, 한편 통킹 만 사건 이후 미국이 베트남전에 참전을 결정하면서 동남아시아의 탈식민주의 정치 변동에 대한 미국인들의 관심은 더욱 커져갔다. 당시의 심경에 대해 앤더슨은 훗날 다음과 같이 밝히고 있다.[6]

저 대단한 시대에 베트남과 인도네시아는 나에게 새로운 방식으로 함께 다가왔다. …… 수카르노와 호치민은 1945년 8월에 며칠의 차이를 두고 각각 나라의 독립을 선포했다. 두 나라 모두 저물어가는 유럽의 제국주의 강대국을 상대로 유혈의, 그리고 어느 정도는 성공적인 독립 전쟁을 치렀다. 연결고리는 민족주의였으며, 아마도 더 깊이 들어가자면 아일랜드였던 것 같다. 아일랜드는 제2차 세계대전 이전 시대의 가장 강력한 제국주의 국가에 자치를 요구하는 길고 잔인한 투쟁으로 모범을 보이고 있었다. ……

4 Ibid., pp. 64~65.

5 Benedict R. O'G. Anderson, *Language and Power: Exploring Political Cultures in Indonesia*, Ithaca: Cornell University Press, 1990, p. 4.

6 Benedict Anderson, *Language and Power*, pp. 6~7.

[아일랜드가 동족상잔의 비극, 경제적 퇴보 등에도 불구하고 독립할 권리가 있다면] 인도네시아와 베트남도 마찬가지였다. 나는 수카르노가 화가 머리 끝까지 난 미국 관리들에게 "원조를 가지고 지옥으로 꺼져라"라고 말할 때 공감하는 편이었던 것을 기억한다. …… 미국 관리들 대다수는 인도네시아나 베트남의 민족주의가 공산주의와 반미주의의 가리개 정도라고 엄숙하게 (imperially) 확신하고 있었다. …… 역(逆)오리엔탈리즘이었는지도 모르겠지만 나는 당시 다른 여러 동남아시아 연구자들과 마찬가지로 이 지역의 민족주의에 강하게 공감하고 있었다. 미국의 포화에 맞선 베트남의 영웅성을 나는 사회주의적 영웅주의라기보다는 민족주의적인 것으로 보았고, 이는 인도네시아의 운명에 연결되었다.

1960년대 중반에 일어난 베트남전쟁과 인도네시아 공산당 숙청으로 인해 앤더슨의 좌파적 감성은 더욱 깊어졌고, 그의 아일랜드 국적은 그렇게 청년 학자의 학문적 여정 속에서 적극적으로 얻어진 것이었다.

미국과 베트남의 전쟁이 끝난 후 몇 년이나 지나 발간된 『상상된 공동체』이지만 앤더슨의 청년 시절 이야기는 이 책에서 논하는 민족주의의 성격과도 관련이 있다. '민족주의의 기원과 보급에 대한 고찰'이라는 부제가 붙은 이 책을 쓰면서 앤더슨 선생이 애초에 염두에 두고 있었던 민족주의는 영국에 대항한 아일랜드 민족주의, 네덜란드에 대항한 인도네시아 민족주의, 프랑스와 미국에 대항한 베트남 민족주의였으며, 민족주의의 기원은 식민 지배에 항거하는 반식민주의(anti-colonialism)에 있다는 것이 그의 생각이었다.

반식민주의 민족주의, 즉 국가(state) 없는 민족(nation)에게서 민족주의의 봄날, 청춘, 기원을 찾는 그의 관점은 민족주의가 영국·프랑스로 대표되는 '전 세계적인 의미를 가지는 민족국가들' 간의 갈등에서 비로소 시작되었고, 반식민주의 민족주의는 후대의 일탈 내지는 변종이라는 유럽중심주의적인 사고와는 전혀 다른 출발점에 서 있다.[7] 또한 최초의

350

민족주의를 일궈낸 주역이 남·북 아메리카의 크리올, 즉 대서양을 건너와 아메리카에 식민지를 건설했던 식민자들의 후예라는 그의 주장은 배타적인 영토에 뿌리박은 배타적인 언어, 문화, 종족성을 민족주의의 전제로 삼는 낭만주의적 경향에 반기를 드는 것이다.[8] 아메리카의 크리올 민족주의자들은 브리튼 섬이나 이베리아 반도에 사는 그들의 먼 친척들과 언어, 문화, 종족성을 공유하고 있었고, 그들의 나라는 수천 년 전부터 그곳에 살아온 선조들에게 물려받은 것도 아니었다. 그런데도 그들은 (적어도 페루에서는) 원주민들까지도 포함한 아메리카인들의 심원한 우애를 바탕으로 근대적 공화국이라는 새로운 정치공동체를 건설한다는 민족주의의 실험을, 때로는 그들 개개인의 재산과 목숨까지도 버리는 희생을 감내해 가며 시작했다.

이 책에서도 자주 인용되는 프랑스의 사상가 르낭은 종족적(ethnic) 고려가 근대 민족국가를 구성하는 기본 원리가 아니라고 하면서 "우리는 사람들의 두개골을 살펴보거나 '너는 우리 혈통이니까 우리에게 속한다'라면서 사람들의 목을 잡고 우격다짐할 권리가 없다"라고 지적한 바 있다.[9] 이와 같은 맥락에서, 민족을 이루는 것은 외부의 관찰자들이 판단하여 정하는 기준에 의한 것이 아니라 민족 구성원들의 수평적인 동지애 위에 세워진, 주권을 가진 정치공동체를 향한 '상상'이라는 정치적 행위라고 이 책은 주장한다.

---

7 이를테면 널리 쓰이는 국제정치학 교과서는 민족주의가 1750년경부터 영국과 프랑스의 갈등과 함께 시작되었다고 서술하고 있다. 존 브륄리, 김범수 옮김, 「민족주의」, 존 베일리스 외 엮음, 『세계정치론』 제6판, 을유문화사, 2015, 514쪽.
8 앤더슨은 회고록에서 겔너, 홉스봄, 케두리 등 영국의 주요 민족주의 연구자들 대부분이 유대인이며 특히 앤서니 스미스는 정통파 유대교도인데, 이러한 배경으로 인해 오래된 종족성을 중시하는 것 같다는 추측을 내놓는다. Benedict Anderson, *A Life Beyond Boundaries*, p. 123.
9 에르네스트 르낭, 신행선 옮김, 『민족이란 무엇인가』, 책세상, 2002, 72쪽.

특히 식민 지배 하에서 종족-인종적 기준은 식민지 국가가 모든 피지배자들을 계량적으로 '파악'하기 위해 사용하던 임의적인 분류법에 불과할 뿐으로, 측량사들이 들고 온 지도에 그려진 모눈과 다를 바 없었다. 이러한 모눈 그리기 작업은 민족주의가 의미하는 피식민집단의 정치적 각성, 정치적 주체화와는 정반대의 의도에서 기획되었고, 어떠한 종족 집단에 속한다고 분류된 사람들 본인은 태어나서 돌아갈 때까지 그러한 사실을 전혀 자각하지 못하고 살아갈 수도 있었다. 그렇다면 20세기 중·후반 이후 세계 곳곳에서 발흥한 종족적 민족주의(ethnonationalism)는 식민지 국가에 의해 억압당했던 기존의 문화적·정치적 공동체를 복원하려는 시도라기보다는 식민지 국가를 거쳐 주조된 정체성의 발현, 즉 민족들이 모눈 속에서 뛰쳐나와 자신을 상상하기 시작한 것으로 이해해야 할 것이다.

그런데 민족주의적 상상은 어떻게 하여 가능해진 것일까? 종족성이 민족적 상상에서 반드시 필요한 핵심적 요소가 아니라면, 남은 것은 순수하게 주관적이고 선택적인 의지와 결의뿐일까? 현실적으로 구성원 한 사람 한 사람의 선택에 의해 형성되는 정치공동체란 없다. 그리고 민족 공동체가 제한적이라면, 그 한계는 역사적으로 주어진 조건과 결부되기 마련이다. 무엇보다 앤더슨의 집필 의도가 마르크스주의의 시각에서 민족주의에 대한 그럴듯한 설명을 제시하려는 것이었던 만큼, 민족에 대한 상상은 물적 토대에서 벗어나 자유롭게 발휘되는 성질의 것이 아니었다. 이 책에서 제시하는 민족적 상상의 메커니즘 중 가장 중요한 것은 자본주의와 인쇄술이 만나 빚어진 인쇄자본주의이며, 세계의 주요 종교들이 저마다 비교가 불가능한 유일한 공동체라고 자신을 인식했던 이전 시대의 진리의 언어를 대체한 각 지역의 일상어가 민족적 상상의 매개였다.

민족적 상상이란 무엇인가? 인쇄자본주의와 관련해서는 대략 세 가지 층위와 그에 속한 행위자를 생각해 볼 수 있을 것 같다. 첫 번째 층위는 의식적인 민족주의 정치에 임하는 운동가들과 정치사상가들이다. 두 번째는 민족 공동체에 재현의 방식을 제공하는 소설과 신문을 '생산'하는 일상어 인쇄자본주의, 그리고 그에 복무하는 소설가와 신문기자, 편집자들이다. 세 번째 층위는 이들의 독자층, 서점에서 일상어로 된 책을 구입하거나 매일 아침 신문을 읽으며 민족적 상상의 '성찬'에 참여하는 이름 없는 민족 구성원들이다. 물론 '최초의 필리핀인' 호세 리살이 소설가에서 정치운동가로 거듭났다가 식민 당국에 처형당했듯이, 그리고 리살의 소설을 읽은 안드레스 보니파시오가 혁명 단체 '카티푸난'을 결성하여 아시아 최초의 민족주의 혁명을 이끌었듯이, 행위자들은 역할을 바꾸어가며 민족의 상상에 일익을 담당했다.

제8장에 잘 드러나 있듯이, 언어는 이 모든 상상의 과정에서 결정적이다. 민족주의의 탄생은 근대적 계몽주의 철학에 의해 가능해졌지만, 민족주의자가 되는 길은 이를테면 하버마스 같은 정치철학자들이 정치공동체를 이루는 메커니즘으로 상정하는 지적이고 합리적인 의사소통과는 거리가 멀다. 민족주의는 기본적으로 정서적이다. 운명공동체인 민족의 일원으로서 '비어 있는 동질적 시간'을 함께 헤쳐 나가려는 의지에 도달하려면, 그에 앞서 모어와 일상어로 경험하는 조국과 민족에 대한 사랑이라는 정서적 충만감이 필요하다. 민족주의의 상상이 역사적으로 등장하는 데에는 언어적 숙명 외에도 테크놀로지와 자본주의가 필요했다지만, 민족주의의 정서를 불러일으키는 가장 핵심적인 자연적 유대는 역시 언어인 것이다.

정치공동체의 기본적인 구성 원리를, 일단 운명적으로 타고난 이후에는 바꿀 수 없는 인종적 특질과 본인의 자유의지에 따른 선택이라는 양극단이 아닌, 성장한 이후에 습득할 수도 있고 이중, 삼중으로 속할 수도 있는 언어 사용 집단으로 상정한 것은, 세계적인 시각에서 민족과 민족주의를 설명하려는 입장에서 현실에 더 부합하는 설명이라고도 할 수 있겠다. 다만 19세기에 유럽에서 언어민족주의가 흥기하면서 유행한,

하나의 민족이 하나의 언어와 배타적인 일대일 대응 관계를 맺는다는 생각은 사실과 다르다고 앤더슨은 지적한다. 앞서 언급했듯이 크리올 민족주의는 본국을 비롯하여 다른 여러 민족들과 공유하는 언어를 매개로 하고 있으며, 리살은 식민 지배자의 언어인 스페인어로 애국적인 시와 소설을 지었다. 스위스, 인도네시아 등 '마지막 물결'에 속하는 민족주의의 경우 민족 구성원들이 구사하는 모어가 다수인 상황에서 이중언어를 구사하는 인텔리들이 중요한 역할을 수행하며, 이러한 상황은 인도나 모잠비크 등 피식민자 인텔리들이 식민 본국의 언어로 민족주의적 기획에 나섰던 여러 나라에서 공통으로 관찰된다.

또한 언어는 시간이 흐르면서 변화한다. 언어민족주의의 흥기를 겪는 유럽인들이 누구보다도 잘 알고 있었듯이 민족어가 된 일상어들은 (행정 언어가 이른 시기에 정착했던 영국과 프랑스 정도를 제외하면) 대개 인쇄자본주의가 발달하고 민족주의의 상상이 일면서 비교적 짧은 시간 내에 개별어로부터 조립되어 나와 새로운 모어로서 자리를 잡았다. 말레이 세계에서의 역내 교역과 식민 국가의 공무에 사용되는 링구아 프랑카였다가 20세기 초반에 민족주의자 청년들에 의해 민족의 언어로 선언된 후 단시간 내에 성공적으로 정착한 '바하사 인도네시아'는 그중 가장 모범적인 사례일 것이다. 언어는 숙명이지만, 개인의 수준에서나 민족의 수준에서나 어느 한도 내에서 바꿀 수 있는 숙명이다.

민족적 상상은 어떻게 보급되었는가? 이 책에서는 혁명이나 민족 같은 상상된 모델이 국경을 넘어 보급되는 과정을 '해적판 만들기'라는 재치 있는 비유를 들어 설명한다. 지적 재산권 개념이 확립된 현대 세계에서는 문화 '상품'을 상업적으로 이용하려면 돈을 주고 저작권을 구매해야 한다. 또한 학술적 자료의 비상업적 이용이라고 하더라도 자료의 출처를 표시하는 등 일정한 규칙에 따라야 하며, 이것을 어기면 표절이라는 비난을 받게 된다. 그러나 정치적 상상의 영역에는 이런 식의 저작권이 존재하지 않는다. 베네수엘라의 혁명가들이 미국의 헌법을 토씨 하나 다르지 않게 베꼈다고 해서 미국인들이 이들을 세계무역기구에 제소하거나 표절 혐의를 씌우지는 않았다. 미국 혁명과 프랑스 혁명이 활자화되면서 여러 나라에서 원작자에게 양해를 구하지 않고도 도입할 수 있는 모델이 되었듯이, 민족주의라는 상상도 그렇게 국경을 넘어 전파되었다. 민족주의 운동이 두 사회 모두에서 발생한 이유가 미국과 베네수엘라가 같은 '발전 단계'에 있거나 공통된 기저의 원인이 있기 때문이라기보다는 타국에서 발생한 민족주의 운동을 보고 그들만의 해적판을 만들려는 민족주의 지도자들의 의식적인 노력에 있다는 관점에서 본다면, 민족주의가 단시간 내에 서로 다른 점이 많은 여러 사회에 확산되었다는 사실도 놀랍지 않을 것이다.

그런데 해적판의 저작자들은 때로 원래의 모델을 그들이 원하는 대로 자유롭게 변형하고자 한다. 이 책에서 지적하는 가장 대표적인 변형은 관제 민족주의(official nationalism)이다. 관제 민족주의에 대응하는 인민 민족주의(popular nationalism)에 대해 책에서는 별도의 개념화를 시도하고 있지 않으며, 아메리카와 유럽에서 민족주의 운동이 싹트던 시절 일반적이었던 공화주의적 민족주의, 식민지와 제국의 지배에 대항하는 민족주의 일반을 일컫는 말로 사용한다.[10] 이에 반해 '왕조들의 귀화'라는 설명이 붙은 관제 민족주의는 제국의 지배자인 왕조가 자신들을 제국 내의 어떤 민족과 동일시하는 '거짓말'을 통해 민족주의가 보편적 이념이 된 사회에 적응하려는 아슬아슬한 시도이다. 궁정 문화와 민

---

10 이 번역본에서 '대중 민족주의'가 아닌 '인민 민족주의'를 택한 이유는 다음과 같다. 첫째, '대중 정치'(mass politics)라는 표현에는 대중이 만들어내는 민주주의를 불신하는 경향이 깔려 있곤 한데, 이 책에는 그러한 경향이 전혀 없다. 둘째, 이 시대의 공화주의적 민족주의는 인민주권론을 사상적 배경에 두고 있는데, '대중주권론'이라는 표현은 없다. 이 선택으로 인해 민족주의와 '대중문화'(popular culture) 사이의 틈이 벌어졌지만, 이 책에서 다루는 대중문화란 문고본 소설 정도이고 영화나 가요는 아직 등장하지 않았다.

속 문화가 서로 동떨어진 것만큼이나, 제국 또는 왕조령과 민족은 그 근본적인 구성 원리가 전혀 다른 정치체이다. 왕조의 지배 영역이 하나의 언어문화적 사회 집단만을 포괄하는 경우는 거의 없었기에, 관제 민족주의라는 '드랙 쇼'는 동시에 작은 옷을 거대한 몸통에 억지로 끼우는 것에도 비유된다.

민족적 상상의 보급 과정을 추적하면 그 기원에 대해서도 곱씹어보게 된다. 인쇄자본주의, 행정적·교육적 순례 여행 등이 민족주의의 상상을 부추기고 그 경계를 정했다면, 민족이라는 관념의 형태는 '비어 있는 동질적 시간'이라는 표현으로 설명되는 근대적 동시성의 출현과 함께 가능해졌다고 이 책은 설명한다. 고전역학의 관념에 가까우면서도 행위자성의 내부에 존재하는 이 근대적 시간의 동시성에는 이중적인 측면이 있다. 명시적으로 설명되는 측면은 각각의 민족이 익명의 공동체로서 결속할 수 있도록 하는 민족 내의 동시성이며, 반쯤 숨어 있는 측면은 민족들이 자신들과 평행하게 전진하고 있는 다른 민족들에 대해 인식할 수 있도록 하는 민족 간의 동시성이다. 비교 가능성(comparability) 역시 민족적인 전형성으로 표상되는 비슷비슷한(comparable) 사회적 풍경을 묘사하는 초기 소설에서 이루어내는 민족 내부의 것, 그리고 역사학·언어학에서의 비교 방법론과 함께 등장한 민족주의자들의 경쟁적 비교라는 민족 간의 것, 이렇게 두 가지 차원에서 논할 수 있다. 이 두 가지 차원을 연결하는 것은 비교하고 성찰하는 민족주의자의 주체성이며, 이는 베낀 해적판이든 변형하여 각색한 해적판이든 해적판을 제작하는 데에 필수적인 요소이기도 하다.[11]

---

11 비교하면서 성찰하는 민족주의자의 주체성은 Benedict Anderson, *The Spectre of Comparisons: Nationalism, Southeast Asia and the World*, London: Verso, 1998, p. 2 에서 잠깐 언급된다.

얼마 전 이 책을 논하는 학생들의 세미나에 참석했다가 다음과 같은 질문을 받은 적이 있다. "그래서 민족주의가 좋다는 건가요, 나쁘다는 건가요?" 가장 단순하게 대답하자면 이 책은 민족주의는 좋은 것이라고 말한다. 민족주의의 정수는 해방적인 것이기 때문이다. 최근의 회고록에서 앤더슨은 소수민족뿐만 아니라 여성, 게이 등의 소수자 운동, 그리고 미국의 민권운동까지 수많은 해방적 운동들이 민족주의의 도움을 받았다고 주장한다.[12] 또한 이 책의 본문, 특히 제8장에서는 민족주의를 다른 배타적인 이데올로기, 특히 인종주의와 동일시해서는 안 된다고 단언하고 있다. 민족주의는 평등한 우애에 기초한 사랑, 그것도 자기희생적 사랑이며, 인종주의적 증오는 민족이 태어나기 전부터 꾸준히 존재해 온 계급적, 귀족주의적 사고방식에서 자라난 것이므로 족보가 전혀 다르다는 논리이다.

그런데 서문에서 밝히고 있듯이 이 책의 집필 배경에 캄보디아의 크메르루주 통치에 대한 베트남 군대의 '인도적 개입'이 있었다는 점을 생각해 보면, 민족주의와 배외주의·인종주의 사이에 개념적 선을 그으려는 노력으로 민족주의의 추한 순간을 가릴 수 있을지 의심스러워지기도 한다. 혁명적 크메르 공산주의자들이 베트남인들과 중국계 주민들, 참족 무슬림, 고지대의 소수민족에 대한 강제이주와 학살 등 제노사이드를 자행했던 끔찍한 4년에서 민족주의와 배외주의, 인종주의, 공산주의를 깔끔하게 분리해 내기란 쉽지 않은 일이다.[13]

국가를 갖지 못한 저항적 민족주의에서 민족주의의 봄날을 찾는가 하면, 국가 권력을 쟁취한 후에는 '장원의 영주' 노릇을 하며 관제 민족주

---

12 Benedict Anderson, *A Life Beyond Boundaries*, pp. 194~95.

13 Ben Kiernan, 'Introduction: Conflict in Cambodia, 1945~2002,' *Critical Asian Studies*, 34: 4(2002), pp. 483~95. 크메르루주의 민주캄푸치아는 1975년부터 1979년까지 존재했지만 그들은 1970년대 초 게릴라 시절부터 베트남인들과 친베트남 캄보디아 공산주의자들, 소수민족들을 탄압, 학살해 왔다.

의 모델에 기울어지는 마르크스주의 지도자들을 맹비난하는 앤더슨의 관점에는 분명 이상주의적인 데가 있다. 민족과 국가의 결합이 운명적인 것이라면, 관제 민족주의는 인민적 민족주의의 불쾌한 변형태가 아니라 민족주의의 성숙된 모습일 수도 있다. 피식민 사회에서의 다양한 순례 여행, 센서스·지도·박물관 만들기, 향후 일상어로 기능하게 될 행정 언어의 발달 등 이 책에서 제시한 방법들을 포함한 수많은 경로를 통해 국가는 민족주의의 틀을 형성해 왔으며, 국가 없는 민족도 결국 국가를 열망하는 민족이다. 성공적인 민족은 언젠가는 국가를 만나 손을 잡고 같이 늙어간다. 그렇다면 민족들의 앞에 놓인 모호한 미래에서 이런 질문을 읽어내야 할 것이다. 우리 민족은 편협하지 않게, 아름답게 늙을 수 있을까?

이 책의 번역은 2009년『세 깃발 아래에서』가 출간된 직후, 내가 전북대학교 사회과학연구소에 객원연구원으로 적을 두고 박사학위논문 계획서를 준비하던 시절 시작되었다. 초고는 2010년 자카르타에서 라마단 연휴 직후 완성했으며, 이후 오하이오주 콜럼버스와 서울에서 교정지 작업을 했지만 원고를 이곳 창원까지 들고 오게 될 줄은 몰랐다. 격려해 주신 분들 중 특히 초고를 읽고 어휘 선정에 대해 중요한 지적들을 해주신 전북대학교 박동천 교수님과 디포의 시 번역을 감수해 준 인천대학교 하인혜 교수, 크메르어 표기에 대한 질문에 친절하게 답해 준 부경환 님과 고은비 님, '모듈'이라는 번역어를 제안한 친구 이건호에게 감사의 말씀을 전한다.

인도네시아 젊은이들에게 '옴 벤'(벤 아저씨)이라고 불리는 베네딕트 앤더슨 선생은 이 책의 세 번째 한국어 번역본을 받아보지 못하고 지난 2015년 12월 인도네시아 동부자바의 바투 근교 여관에서 평화롭게 영면하셨다. 선생은 은퇴한 이후에도『세 깃발 아래에서』를 비롯하여 거대한 불상이 가득한 태국의 기이한 불교 사원에 담긴 욕망을 다룬 *The Fate of Rural Hell*(2012), 태국에 대한 저작들을 묶어낸 *Exploration and Irony in Studies of Siam over Forty Years*(2014) 등으로 활발한 출판·저술 활동을 펼쳐왔다.[14] 또한 2015년 봄 광주에서 열린 국립아시아문화전당 비전 포럼에 참석하는 등 각국의 강연 요청에 응하며 바쁜 나날을 보냈다. 같은 해 12월 초에도 선생은 『세 깃발 아래에서』 번역본의 출간을 기념한 인도네시아대학교 강연 일정을 소화한 후 가장 좋아하는 고장인 동부자바를 여행하는 중이었다.

장례식은 인도네시아의 화합을 바라며 인도네시아의 모든 주요 종교로 의례를 치르고자 했던 고인의 뜻에 따라 가톨릭교와 전통주의 이슬람 단체로서 많은 동부자바인들이 따르는 나다툴 울라마(Nahdlatul Ulama, 엔우), 그리고 태국의 주류 종교이자 인도네시아에서는 화교들이 주로 따르는 테라바다(상좌부) 불교 승가, 이렇게 세 교단이 함께 진행했다. 화장된 유해의 일부는 자바 해에 뿌려졌으며, 나머지는 여러 나라를 사랑하며 살았던 고인의 뜻에 따라 태국·필리핀 그리고 미국으로 옮겨졌다.

인도네시아 현지 언론은 고인의 장례에 대해 세세히 보도했으며, 수많은 인도네시아 젊은이들이 마치 그들의 '국민 지식인' 또는 '국민 학자'가 사망한 것처럼 고인을 추모했으니 가시는 길이 외롭지는 않았으리라. 한편 네덜란드 점령기부터 종종 일어났던 인종폭동의 피해자이자 수하르토 치하에서는 창씨개명을 강요당했을 정도로 인도네시아의 주변인이었던 화교들이 고인의 장례를 앞장서서 치렀다는 것, 그리고 티모르레스테(동티모르) 정부 대변인이 인도네시아 점령 치하에서 동티모르인들이 겪은 고통을 국제사회에 폭로한 몇 안 되는 지식인으로서 그들의 현실에 진정한 공감을 보여주었고 그들의 투쟁을 존중했던 고인을

---

14 2012년작은 캘커타의 Seagull Books에서, 2014년의 단행본은 코넬대학교의 동남아시아프로그램에서 나왔다.

애정과 존경을 담아 기억할 것이라는 추모 성명을 낸 것으로부터 인도네시아 민족(bangsa Indonesia)뿐만 아니라 민족주의의 가장자리에서 소외된 이들, 그리고 인도네시아에 대항한 저항적 민족주의까지 한꺼번에 옹호했던 고인의 품 넓은 따뜻함을 짐작할 수 있을 것이다.

개정증보판의 마지막 장인 "여행과 교통"에서 짐작할 수 있듯이 앤더슨 선생은 번역에 대한 애착이 많았다. 선생 본인이 직접 다수의 텍스트를 번역했으며,[15] 자신의 저작이 다른 언어로 번역되는 데에도 많은 주의를 기울였던 것으로 알고 있다. 그러나 제아무리 다수의 언어에 능통한 선생이라고 할지라도 바벨탑의 숙명 탓에 한국어는 읽을 수 없었기에 나는 운이 좋았다. 선생은 나의 번역 관련 상담에 늘 친절하게 답해 주셨다. 인도네시아어판의 지은이 주를 가져온 것도 선생의 제안에 따른 것이다. 그렇지만 텍스트를 한국적으로 각색하여 한국인들에게 쉽게 다가가도록 했으면 좋겠다는 제안은 거의 받아들이지 못했다. 옮긴이의 능력이 부족하기도 했고, 한국인들은 원전을 좋아하지 원전에 대한 섣부른 각색은 좋아하지 않을 것이라고 생각했기 때문이다. 대신 아메리카 크리올에 대한 차별을 논하는 부분에서 '반도인'(peninsulares)이라고 표현된 스페인 태생자를 거꾸로 '내지인'이라고 번역하고, 만주국에 대한 역주를 추가하는 등 몇 군데에만 소소하게 김칫국물을 뿌렸다. 아무쪼록 원저에 누가 되지 않았으면 하는 바람이다.

이 책의 초판은 민족주의적 상상의 탄생과 그 보급 과정을 제1차 세계대전 무렵까지 추적했다. BBC 라디오가 1922년에 방송을 시작하기 전

---

15 선생은 주로 인도네시아나 태국의 운동가들이 현지어로 쓰거나 말한 텍스트를 영어로 번역했으며, 이 중 인도네시아의 1965년 공산당 숙청을 다룬 수기는 한국어로 중역되었다. 삐쁫 로치얏, 「나는 공산당인가 안 공산당인가?」(주석, 후기: 벤 앤더슨), 『아시아저널』 2011년 겨울(제4호), 19~57쪽.

까지 가장 대중적인 매체는 인쇄물이었다. 제2장의 서두를 멋지게 여는, 민족의 영광을 위해 싸운 무명용사의 묘와 비는 제1차 세계대전의 특징적인 유산이었으며, 제2차 세계대전 기념부터는 정말로 신원을 알 수 없는 유골이 아닌 한 묘비에 참전용사 각각의 이름을 새기는 것이 통상적인 관습이 되었다.[16] 초판에서 다룬 민족주의의 흥기 이후 이미 100여 년이 흘렀고, 초판이 출간된 지도 30년이 넘었다. 새로운 민족들의 탄생 소식은 이제 별로 들리지 않지만, 민족주의의 힘은 여전하고 우리는 그 힘에 대해 이해해야 한다. 인문사회과학의 제 분야에서 민족주의를 연구하는 학자들과 민족주의를 더 잘 이해하고 싶은 학생들에게 이 번역본이 원본의 내용을 이해하기 위한 유용한 징검다리로 쓰였으면 한다.

---

16 Jay Winter, *Sites of memory, Sites of Mourning : the Great War in European Cultural History*, p. 8.

찾아보기

364